成功
心理學

PSYCHOLOGY OF SUCCESS
Maximizing Fulfillment
in Your Career and Life, 7e

丹尼斯‧魏特利 Denis Waitley Ph.D. 博士 / 著　　王婉卉 / 譯

50個發現與反思
找到工作與生活的
意義與價值

Contents

Chapter 3　目標與障礙

Chapter 4　自尊

Chapter 7　自我激勵

Chapter 8　管理資源

Chapter 9　溝通與關係

前言

　　第七版的《成功心理學》也許比起前幾版要更為詳盡、更富意義，因為此版結合了最先端的科學研究與亙古不變的知識，並證實了瞭解我們如何以及為何在工作與個人的生活中表現出種種行為有多重要。自古常言道：「發生什麼並不重要，重要的是如何應對、如何看待！」

　　此一新版的目的是要協助你找出對你而言何謂真正的成功，並訓練大腦，使其將成功視為更像是一種習慣，就如同奧運選手、太空人、天賦異稟的表演者，因知識、技能、練習而得以在眾人之中脫穎而出。

　　過去十年來，神經科學家對於人腦功能的瞭解，比此前五十年所累積的研究成果還要多。隨著神經科學研究人員致力於揭開大腦內部的運作方式，大眾比以往要更加瞭解大腦相關謎團的成因，像是情緒源自何處，直覺、智力、情緒之間的關聯為何。研究成果帶來了很有意思的深刻見解，可用來瞭解我們是如何對不同的情況與人做出反應。大腦是個遠比以往認為還更具靈活彈性的器官，人可以有意識地使其重新連結，因而更懂得表達情緒、理解情緒，對情緒也更敏感。

　　近來，大型企業為了從全新角度瞭解員工與顧客的行為，而雇請神經研究公司，使得行為心理學與神經科學的整合愈趨複雜多變。正如昨日的世界紀錄是今日的入門條件，想要知道如何給予激勵並與公私生活中的新興領袖進行有效溝通的祕訣，也來到了新的臨界點。

　　我們如今生活在一個步調快速的世界，一天之中的變化，比祖父母輩一生當中的十年還要多。每五分鐘就有一篇新的科學研究論文發表，內容探討的是某項新發現的技術或生物科技。

　　不幸的是，人類所創造的一些最驚人科技奇蹟，包括虛擬實境、人工智慧、機器人技術、即時社群互動，無時無刻都在轟炸我們的感官。人腦每天平均會出現大約五萬個念頭，其中七成屬於負面想法。

　　我們透過觀察、模仿、重複來學習。我們找到榜樣，觀察對方的行動，加以模仿，再轉化為自己的所見、所聞、所讀、所感、所觸。沒有任何體悟，比像這樣瞭解並對待自己的大腦與心智還來得重要。「當人知其所知，又為何為其所為？」每個人都很清楚不該落入藥物濫用的陷阱、不該內化有害健康的習慣、不該因循拖延、不該疏遠他人、不該含糊其辭、不該為了雞毛蒜皮的小事而失態大吼，也不該有時讓路怒症發作。所以，當人知其所知，又為何為其所為？因為我們未必總是會做自己知道該做的事，而是做自己學到的事！

　　人在學習時，大多是經由無意識的仿效。觀察、模仿、重複＝內化。此版的《成功心理學》旨在讓你更容易在屬於自己的人生中，實現你所定義的成功。我們希望本書能讓你更清楚知道：

9

- 如何將自身心智視為內在的「軟體」程式，其中包含了可覆寫以產生預期結果的態度、信念、習慣。
- 如何將自身大腦與中樞神經系統當作生理的「任務控制中心」，由預設的基因資料和基於過去和現在生活經歷的資料所構成，可阻礙或驅策你實現抱負。
- 實際可行的有用日常實例與行動步驟，讓你懂得如何使自己和他人進行更有效的個人內在溝通與人際溝通，更專注於主要優先事項，以更健全、更樂觀的態度看待未來，也曉得如何運用韌性與情緒智力面對挫折、挑戰、困境。

關於本書

歡迎你閱讀《成功心理學》一書。成功是賦予生活各個層面意義，達成終生的個人自我實現。為了獲得這種成功，我們必須積極主動發掘與追求個人定義的成功，並運用書中的心理與基本策略來達成目標。本書將介紹成功的基本心理原則——不分年齡、背景或專業，人人皆適用。

與許多心理學書籍不同的是，**本書並不提供一體適用的方法，而是請你積極主動定義什麼才適合你這一個人**。本書將請你運用自覺與批判思考策略，檢視自己的夢想、價值觀、興趣、技能、需求、身分、自尊、人際關係。這麼做有助於你設定並達成目標，而這些目標皆與你個人想像中的成功相符。

本書按照邏輯順序，一一探討成功法則。首先，你會評估自己是誰、擁有什麼與眾不同的特質，這將有助於你建立自覺、釐清目標。接著，你會學到要過上心滿意足的生活，自尊與正向思考有多重要。你也會對自律與自我激勵有所瞭解，想要持續走在通往目標的道路上，就必須利用這兩項工具。當你可以將這些心理工具運用自如時，就會學到時間與金錢管理、溝通、正向人際關係的基本原則。

由於每章都會提到前幾章介紹的概念，按照章節順序閱讀，成效會最好。不過，如果你時間有限，也可以選擇把重點放在自己最感興趣的主題上。

本書特色

本書旨在協助你理解並記住每章所介紹的心理學原理。下例各項內容將促使你主動思考和探討，讓你得以在生活中實際運用本書內容。

成功案例

閱讀「成功案例」，為每一章揭開序幕，這些小短文描述的都是某個普通人，遇到了該章要探討的問題與挑戰。利用緊接在案例後的問題，站在那個人的立場思考，同時仔細想想自己對接下來這一章所要談的主題有多瞭解。在每章的結尾重溫成功案例，運用所學的概念，為案例主角身處的困境打造一個成功的解決方案。

章節簡介與學習目標

每章都會提供簡介，可供預習該章將探討的重點主題，也會列出多項學習目標，一一點出讀完章節內容並完成活動後預期將可掌握的技巧與資訊。

章首引文

　　章首引文與該章探討的概念有關，也值得你深思玩味。花點時間思考引文的作者想要表達什麼。你同意對方所說的話嗎？為什麼同意，又為什麼不同意呢？

關鍵詞

　　關鍵詞會在內文以粗體呈現，並在頁緣提供其定義，便於複習。詞彙表也提供了關鍵詞的定義。

成功祕訣

　　每章提到的重大教訓都總結於「成功祕訣」當中。這些註解可用來預習和複習該章節，也可用來提醒自己將這些重要成功法則應用在日常生活中。

應用心理學

　　聚焦在發人深省的議題上，例如文化與身體意象、衝動控制、老年心理學。這個部分會將該章的一個或多個主題，連結到心理學領域的前瞻議題。

專業發展

　　「專業發展」讓章節概念與工作業界實際連結，提供諸如工作壓力、問題解決、履歷撰寫等主題的相關資訊。

上網動手做

　　探討如何以有效且高效的方式利用電腦、網路、電郵。這個部分也闡明了科技與一些心理學領域之間的關聯，例如人工智慧以及線上合作學習。

練習

　　每章都附有多項練習，是章節內容不可或缺的一部分。你可以透過練習提供的自我評估、實際觀察、批判思考，在自己的生活中應用新學到的概念。

個人日誌

　　每章包含了數篇「個人日誌」，這些採用筆記本形式的小活動可讓你停下腳步，寫下對於章節內容的個人反思。

McGraw-Hill Connect®（麥格羅希爾連線平台）

　　此連線平台提供多項強大工具，讓講師管理作業更為輕鬆，可以將更多時間用於教學。有了 Connect®，學員可以隨時隨地做課堂作業，更容易進行學習，學習過程也更有效率。講師也可以從 Connect® 取得各章附註、題庫問題、PowerPoint 簡報、補充資源。學員則可獲得練習試題、評估活動、與研究專題相關的教材網址、有用的線上工具、求職資源等等。

LearnSmart

　　學員都會想充分運用自己的讀書時間。Connect® 連線平台的 LearnSmart 適性自學科技，為學員提供無縫整合學習方式，將練習、評估、教科書中每個概念的補救教材全部結合在一起。LearnSmart 的智慧軟體會隨每位學員的反應進行調整，自動傳送可加深學員理解的概念，同時減少學員用於學習早已精通概念的時間。LearnSmart 可以：

- 自動隨每位學員的學習進度調整，讓學員在已理解的主題上花較少的時間，而多加學習尚未精通的概念。
- 持續加強概念與提供補救措施，但只在學員有需要時才給予指引。
- 將學習診斷整合為學習經驗的一部分。
- 讓你得以評估哪些是學員已經有效自行學習的概念，因此可以騰出課堂時間，進行更多相關的應用與探討。

快速入門

　　《成功心理學》是一本習作，也是一本教科書。寫上筆記，在重要概念處劃重點，在想更進一步探索的段落貼標籤。花時間好好完成每個「練習」和「個人日誌」，再進行下一個，因為這些部分都會有助於你從個人角度理解本書內容。不過，別擔心自己能不能找到「正確」答案，因為唯一的正確答案，就是經由反思與批判思考，得出無愧於心的誠實回答。

　　當你完成《成功心理學》，將會擁有一本關於自身目標與未來想往何處前進的珍貴紀錄。

「我做的事是對的嗎？」

展望未來

比爾‧桑托斯是在洛杉磯工作的自由電影製片助理，最近有人邀他擔任全職的製片助理。每個人都恭喜他獲得加薪，以及更令人刮目相看的職稱。然而，比爾對這份新工作的可能發展並不是完全滿意。這次的升遷意味著工時更長，責任也更多。此外，現在仔細一想，比爾發現他根本不喜歡自己協助製作的那些節目。他為什麼要這麼做？

審視自身

比爾過去一直都夢想著能以寫作維生。當製片助理不是他夢寐以求的工作，但他很擅長，工作也附帶了很多額外好處。最近，比爾開始為一家新創公司撰寫文章。雖然薪水微薄，但這份工作提醒了他為何當初想成為作家。如果他接下那份新工作，就沒有時間寫作了。比爾很清楚接下這份工作是明智的決定，卻對此提不起勁。

你覺得呢？

你覺得比爾究竟是接下製片的工作，還是花更多時間在寫作上，才會比較成功？為什麼呢？

1 心理學與成功

人在過去與未來所面臨的一切，
比起內心的力量，都微不足道。

——拉爾夫‧沃爾多‧愛默生
（Ralph Waldo Emerson），哲學家

簡介

　　通往成功的第一步，便是定義你所謂的成功。

　　你將在第 1.1 節中釐清自己的成功願景，開始思考要如何使其化為現實。你也將仔細思索有助於自己成功的個人特質，發覺學習心理學如何有助於瞭解自己與自己身處的環境。你將在第 1.2 節中開始思考自己的身分與自我形象。你將仔細思索你是如何看待自己，以及何謂做自己。

學習目標

本章結束後，你將能夠：

● 定義成功。

● 列出數種能使人感到幸福快樂的個人特質。

● 定義心理學，並舉出其四大目標。

● 說明想法、感受、行動之間的關係。

● 定義自我、自我形象、身分。

● 描述構成身分的要素。

何謂成功？

　　我們每個人對成功都有各自的定義。全球約有 95％的人屬於貧窮人口，且大多數都為赤貧。

　　對像這樣赤貧家庭的任何一員來說，成功代表有地可耕、有工作可賺錢，並有辦法賺到足夠的錢，讓孩子有飯吃，健健康康地長大成人。

　　就美國文化與許多工業化國家而言，成功通常與物質財富和名聲有關。有錢有名的人的生活方式意象不斷轟炸著眾人的感官，誘使大家把膚淺的價值觀與真正的滿足感劃上等號。二十世紀哲學家厄爾‧南丁格爾（Earl Nightingale）在著作《最神奇的祕密》（*The Strangest Secret*，暫譯）中寫下了更富有意義的成功定義，他為該書錄製的經典朗讀也談到：「成功是逐步實現一件值得去做的事。」這意味著人如果努力想達成某件事，或朝著這個目標邁進，尤其當這件事能為自己帶來身為人類一分子所擁有的尊敬與尊嚴時，便是走在成功的路上。其無關天賦、智商、年齡、性別、族群或與生俱來的權利。也不代表當個名人、偶像或大亨才叫成功。

成功　在工作與個人生活中創造意義時所帶來的終生實現。

　　那麼，成功是什麼？在本書中，**成功（success）**意味著終生的個人自我實現。個人自我實現來自在工作與生活中創造的意義。這種成功不是由其他人所給予，也無法被其他人奪走。它需要你冒著風險、克服挑戰、充分運用最好的資源——你自己。

　　成功是一趟旅程，而非終點；成功是一個過程，而非狀態。你不是達到成功，而是日復一日過著成功的生活。想要成功，就要審視內心，思索自己重視之物，行走在自己認為最有意義的人生道路上。請利用**練習 1**，開始思考你覺得成功代表什麼。讀著本書內容時，不妨時常翻回這項練習，釐清自己的成功願景。

成功要素

　　終生成功具有幾個重要要素，全都可以在本書中學到。這些要素如個人日誌 1.1 所示，都是思考與行動的正向習慣，每個人都可以將其融入生活中。第一個要素便是自覺。與自覺密切相關的則有自主、自尊、自律、自我激勵，全都可使人持續朝目標和

成功祕訣
金錢與名聲不等於成功。

練習 1　你的成功定義

A　當你想到「成功」時，腦中會浮現什麼字詞或語句，請花至少三四分鐘進行腦力激盪，想出所有可能的詞語。在下方的方框中寫下這些詞語。

成功＝

B　請研究自己寫下的一切。關於你的成功願景，這些字詞或語句透露出什麼？

_____

_____

_____

_____

C　現在把你對成功的定義寫下來。

對我來說，成功代表：_____

_____

_____

_____

D 你的成功定義是否與本書所定義的成功有所不同？如果是的話，是哪裡不同？

_____

_____

_____

_____

_____

_____

E 根據你自己的成功定義，你覺得自己會變得成功嗎？為什麼會，又為什麼不會？

_____

_____

_____

_____

_____

_____

_____

F 請描述你所知道的符合你成功定義的兩位人士。

_____

_____

_____

_____

_____

_____

內在職業動機

　　如果想在選擇職業以及轉換跑道時能採取主動，就必須瞭解自己的屬性、能力、興趣、長處、缺點、特質。在這些關鍵之處清楚界定外在與內在的標準，至關重要。絕大多數的求職者與轉職者，純粹都只是因為外在的壓力與環境——尤其是為了錢——才決定有所行動。這種什麼才是高薪工作的想法可能都過時了，因為如今有許多工作的內容在十年前並不存在。就算選了很賺錢的職業，工作卻讓自己很痛苦，最終很有可能就會把「工作」當作是中斷週末時光的無可避免干擾。

　　重大人生抉擇往往取決於「起薪與福利」，而不是為了找到自己的熱情與天賦所在，而進行的準備工作。繼金錢後，第二個外在因素是無知的忠告，這種建議大多是出於好意，有些卻思想狹隘、充滿偏見。第三個外在因素是家庭或社會壓力：人要依循傳統，繼承父母衣鉢。第四個是認為就業市場的趨勢，只不過是近期廣告或媒體顧問所勾勒出來的樣貌。第五點則是全交由運氣來決定。

　　多數抱持異常消極態度的人，都只是偶然得到了現有的工作，卻往往得不到滿意的結果。每個人都必須應付外在的壓力與環境，但從外在而非內在因素——自身的想法與感受——開始著手，可說是本末倒置了。花時間好好完成本章的各項練習，並誠實以對。先照照鏡子，再穿過辦公室的門，尋找自己的第一個或下一個工作機會。

夢想的方向邁進。態度也是成功的一個重要要素，正向思考有助於人綜觀全局，度過難關。最後，少了與他人之間的正向關係，是不可能真正成功。現在來一一檢視這些成功的關鍵要素。

自覺

　　自覺表示要找出並欣賞個人價值觀、個人特質、技能、興趣。少了自覺，便很難釐清自己人生真正想要什麼。成功人士會運用自覺來建立自信，找到追逐夢想的勇氣。他們也會利用自覺，瞭解自身的想法、感受、行動，與他人相處得更為融洽。

成功祕訣
成功是一趟旅程，而非終點

自主

　　成功人士之所以能脫穎而出，是因為培養了一個重要特質：自主。**自主（self-direction）**是指人能夠設定清楚明確的目標，並努力達成。成功人士可以表示自己正朝何處前進、途中有何計畫、要與誰一同展開這段冒險旅程。他們有自己的生涯規畫。他們會設定目標，得償所願。他們會指引自己走在通往成功

自主 設定清楚明確目標並努力達成的能力。

的道路上。

自尊

自尊代表尊重自己是有價值的獨一無二個體，是另一個成功的基礎。自尊有助於人努力實現夢想與目標，並在他人批評或妨礙自己時，堅持下去。自尊也會使人一開始就相信自己值得成功。

正向思考

成功祕訣

運用正向思考，
達成目標。

＊

每個人都會擁有或好或壞的經歷。與其老是想著不好的經歷，成功人士反而學會要專注在未來的可能性上。他們也會把挫折當成機會，仔細評估後，再努力嘗試。不是每位成功人士天生就很樂觀，但他們都懂得運用正向思考的力量，驅策自己朝目標邁進。

自律

成功不會憑空發生，而是需要努力。不論計畫有多完善，你都需要自律，才能將計畫付諸實行。成功人士都掌握著自己的人生。事情出錯時，他們會扛起責任，但事情順利時，他們也會居功。他們懂得如何做出必要改變，戒除惡習。習慣可以藉由持續不變的訓練與實踐，隨著時間而被取代，這些訓練與實踐則需要專心致志的自律態度。成功人士也懂得進行批判思考、做出好決策，利用這些技能來管理自己的時間與金錢。

自我激勵

為了獲得激勵並保持動機，成功人士會替自己設定具有挑戰性且激勵人心的目標。他們會專注在帶有個人意義的目標上，而不是社會或別人認為他們應該要有的目標。他們瞭解自己的需求與想望，也能不畏恐懼，持續鼓舞自己向前邁進。

正向關係

成功祕訣

永遠都要空出時間，
培養人際關係。

＊

對成功的人生而言，健全多元的人際關係必不可少。即便是在像美國這樣重視個人成就的社會中，也從未有人能夠在少了他人提供幫助、點子、情感支持的情況下，獲得成功。最快樂也最

個人日誌 1.1

成功要素

請在每個橢圓形的線上，寫下你認為該行動或特質可以如何助你成為理想自己的一種方法。

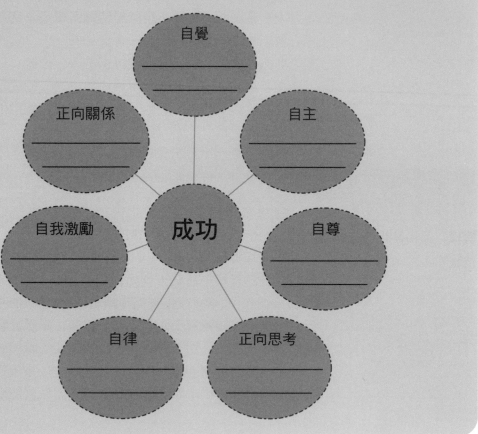

有成就感的人，通常是那些會為生命中其他人騰出時間的人，而不是把所有精力都投注在累積成就上。

你已經擁有哪些成功要素了？還需要培養哪些要素？請將自己的想法記錄在**個人日誌 1.1**。

誰是成功人士？

成功人士都能得償所願。他們會設定並達成利己利人的目標。他們不需好運上身也能成功，也不必為了取得成功而犧牲他人。他們之所以能成功，是因為發掘了與生俱來的潛能，使其充分發展，再依據自身標準，發揮在自認值得去做的目標上。

在社會中，誰才是真正的成功人士，未必總是顯而易見。比方說，媒體經常美化家財萬貫、名揚四海或有權有勢的人，但他們未必一定是最成功的人。事實上，坐擁大量的金錢、名聲或權力，有時可能會導致人覺得生活漫無目標。

就像每個人都有不同的成功願景，每個人也對誰才是成功人士，各有不同的看法。在你眼中，誰才是成功人士？有權有勢的生意人？電影明星？獲頒諾貝爾獎的科學家？關心學生的老師？專心致志的工匠達人？善盡養育責任的父母？對許多人來說，最為成功的人是那些自己覺得很特別的人，像是父母、親戚、老師或朋友。我們之所以往往能對關係親密之人的成功表示敬佩，是因為他們改變了我們的人生，也是因為我們知道他們克服了多少障礙才達成目標。

榜樣

榜樣 具備你想擁有特質的人。

回想童年時期，你可能曾把某人當成榜樣。**榜樣（role model）**是具備你想擁有特質的人。

小孩需要榜樣，但大人也需要。榜樣通常就代表自己長大後想成為的模樣。詹姆士就讀資訊科學系，便以戴爾公司（Dell Inc.）的創辦人兼執行長麥克·戴爾（Michael Dell）作為激勵自己的榜樣。得知戴爾十九歲時，只靠著一千美元和一個好點子，就創立了自己的公司，詹姆士於是決定深入瞭解。他在網路上讀了關於戴爾的經歷，選他作為自己在倫理、技術與商業技能、正向態度方面的榜樣。如今，詹姆士正致力於展開屬於自己的電腦事業。

歐普拉（Oprah Winfrey）認為多虧了瑪麗·泰勒·摩爾（Mary Tyler Moore）這個榜樣，她才受到鼓舞，決定從事媒體業；唐娜·凱倫（Donna Karan）則表示，曾在美國傳奇設計師安·克萊恩（Anne Klein）手下當過實習生，讓自己為將來的時尚設計師職業生涯做好了準備。榜樣可以是歷史上的知名人物，也可以是曾為你帶來正面影響卻沒沒無聞的教練和老師。你不需要親自認識對方，也能視其為榜樣，這個人可能是來自世界的不同地區，或甚至是出生於不同的世紀。你的榜樣可能各個大不相同——有些人可能擁有特殊的技能或成就，其他人則可能具備個人美德，像是勇氣、慷慨或榮譽。你可能會有一個或多個榜樣。請利用**練習 2** 選出一個榜樣，再更深入瞭解對方。

> **成功祕訣**
> 成年人也需要榜樣。
> *

練習 2　你的榜樣

A　請挑一位你仰慕也有地方想仿效的人。針對這個人的生平做一番調查，再填寫下方的人物簡介。

榜樣人物簡介

1. 姓名 _____

2. 出生日與出生地 _____

3. 特殊成就

   _____

   _____

   _____

4. 克服的障礙

   _____

   _____

   _____

5. 如何克服上述障礙

   _____

   _____

6. 專屬個人特質

   _____

   _____

7. 如何展現上述專屬特質

_____

_____

_____

8. 如何獲得上述特質

_____

_____

_____

9. 你和你的榜樣所擁有的共通點（個人特質、經歷、興趣、挑戰）

_____

_____

_____

_____

10. 你希望變得更像你的榜樣的地方

_____

_____

_____

_____

B 在所有可供挑選的人之中，你為什麼選了這個人作為榜樣？你覺得自己的選擇透露了你是怎樣的人？

_____

_____

_____

_____

_____

C 請仔細研究你是如何回答榜樣人物簡介中的第 10 題。為了讓這些地方變得更像你的榜樣，你可以採取哪些具體行動？

_____

_____

_____

_____

_____

_____

_____

_____

_____

_____

_____

_____

_____

_____

練習 3　自覺清單

A 如果把幸福視為解決方法的一環，而非問題的一部分，幸福看起來就是一種看待自身與周遭世界的方式。幸福是意識到加諸在自己身上的限制，是敞開心胸，接受身邊會帶來正向改變的可能性。請選出你認為符合自己出現下述感受的頻率，在其方框中打勾，以瞭解你的自覺程度。

	總是	經常	有時	很少	從不
我渴望學習。					
我的工作很刺激。					
我很樂意抱持開放心胸去傾聽。					
我有新見解。					
我經常與非我專業領域的人士進行交流。					
我會試著透過他人的觀點來看待世界。					
我會專注在自己可以控制的事物上。					
有人跟我說話時，我會用心聆聽。					
我對自己和他人都很誠實。					
我思考過自己的長處與弱點。					
我持續不斷挑戰自己的假設看法。					
我看出其他人可能覺得我在某些方面很奇怪或古怪。					
我很容易就能適應當前身處的環境和情況。					

B 希望你大部分的勾都是在「經常」。所有的勾都落在「總是」方框中很少見。每個人都獨一無二，各自以不同的方式看待自己與這個世界。沒有人是完美的。如果你有一些勾在「有時」，可以採取什麼行動，讓正面自覺更常出現在這些情境中？

_____

_____

_____

_____

_____

C 你覺得幸福是來自生命中發生的事，或者比較像是源自你如何應對發生在自己身上的事？為什麼這麼認為？

_____

_____

_____

_____

_____

D 你覺得公私生活中的什麼行動或事件，對自己的幸福最有影響力？

_____

_____

_____

_____

_____

E 從現在起的兩年後，你覺得自己會比現在還要幸福快樂嗎？為什麼？

_____

_____

_____

_____

_____

成功與幸福

真正的成功會帶來一項重要好處，就是幸福。**幸福**（happiness）是一種積極正面看待自身生活而產生的安適狀態。幸福是指你對自己是誰、在做什麼、與他人擁有什麼關係，整體而言都感覺良好。當人對自己的日常活動很感興趣、熱切期待著事情的發展、對未來抱持樂觀態度，就是處於幸福快樂的狀態。你現在有多幸福快樂呢？請完成**練習 3** 來瞭解。

什麼會帶來幸福？

幸福是贏得自我尊重與他人尊重的自然經驗。幸福不應該與放縱自己、逃避事情或尋歡作樂混為一談。幸福沒辦法用吸入、喝下或抽的方式得到。幸福也沒辦法用買到、穿上、駕駛、吞下、注射或是旅行至目的地的方式得手。幸福不是結果。幸福意味著不管發生什麼事都善盡其用，並保持樂觀。

你知道像是財富、年輕、身體健康、婚姻狀態、外貌、教育程度、社會地位等外在因素，對幸福幾乎沒有影響嗎？一般來說，開著豪華轎車的企業總裁不會比搭公車的零工要來得快樂。假如你明天醒來，外表看起來像電影明星，口袋裡還有中獎的樂透彩券呢？你大概會覺得更快樂——但只會維持一陣子。一年過去後，你的生活可能到頭來還是沒有太大的差別。研究顯示，像這樣的巨變發生後，過了一年左右，幸福感很可能會降回跟前一年同樣的程度。換句話說，儘管人生會起起伏伏，多數人所擁有的幸福感都還是會維持得相當穩定。

這表示幸福感無法提高嗎？不是。你永遠都能找到創造幸福的機會，例如：

- 產生人生使命感
- 與他人建立深交的關係
- 精進技能、不斷學習、有生產力
- 玩玩遊戲，玩得快樂
- 更加瞭解自己
- 致力變得更像自己仰慕的人
- 積極展望未來
- 享受身邊的美好事物
- 為好奇而感到好奇

快樂的人不會什麼也不做，等著幸福憑空出現。他們反而會創造機會，讓幸福走進自己的生命。

正向特質

另一種提高幸福感的方式，就是培養有助於享受人生並應付挑戰的個人特質。研究成功與幸福的心理學家已經發現了數個這種特質。其中最重要的特質有：

- **愛人的能力** —— 可以針對愛、感情、溫情、同情，有所感覺、表達、接受的能力，以及為他人付出的能力
- **天職** —— 可以對某件事感到有興趣和雀躍，使其變成畢生志業的能力
- **勇氣** —— 可以冒著風險、挑戰自己的能力
- **信任** —— 信任他人和其動機
- **樂觀** —— 希望一切都會出現最好的結果
- **放眼未來** —— 一心想著未來的可能性，而非過去的錯誤或挫敗
- **社交技能** —— 可以理解他人、與他人相處融洽、建立充實關係的能力
- **審美感** —— 可以欣賞並沉醉於藝術、音樂、自然之美的能力
- **工作倫理** —— 保證會履行義務、拿出可靠且盡責的表現、完成工作、具有生產力
- **誠實** —— 不論對自己還是他人，都以直截了當的方式思考、說話、行動
- **情緒覺察** —— 可以感受並表達各種情緒的能力
- **堅持不懈** —— 能夠在面臨挫折與逆境時依然不屈不撓，以及可以持續走在通往目標的路上、處理壓力的能力
- **寬恕** —— 懷有寬宏大量之心，可以不抱怨恨、不指責他人的能力
- **創意思考** —— 願意思考新看法和新觀點，並嘗試新思維與新做法
- **靈性** —— 探索對於人類存在的更偉大利益、使命或意義
- **自尊** —— 對自身價值抱持正向看法，此價值包含自重以及尊重他人的權利、感受、心願
- **智慧** —— 可以善用知識與經驗做出明智決定的能力

成功祕訣
嘗試新思維與新做法。

*

建立這些特質將會讓你身體變得健康、享有深厚的友誼與家庭關係、從用心培養的感情關係中獲得滿足感、成為具有效能又慈愛的父母、對工作感到滿意、自我感覺良好。

瞭解心理學

要清楚知道自己人生想要什麼，就必須先瞭解自己。我是誰？我的想望與需求是什麼？我為何會以現在這種方式思考、感覺、行動？提出這些問題是展開成功之旅的起點。這些問題也是心理學研究的一些重要問題。**心理學（psychology）**是研究人類行為的科學。心理學一詞源自兩個希臘字：psyche，意思是「精神」或「自我」，以及 logos，意思是「科學」或「研究」。

心理學 研究人類行為的科學

心理學聚焦於人類行為。**行為（behavior）**是人所思、所感或所為的一切，包括：

行為 人所思、所感或所為的一切。

- 行動
- 反應
- 說話
- 感知
- 感覺
- 想像
- 欲求
- 回憶
- 睡覺
- 做夢

心理學家（psychologist）透過觀察人的行為來瞭解人。雖然心理學家無法直接測量人在想什麼或有什麼感受，卻可以觀察他們的行動，傾聽他們的話語，試著瞭解他們的經歷。

為什麼要學心理學？

心理學研究的是關於人為何為人的基本問題。心理學家會提出諸如下列的問題：

成功祕訣
心理學有助於瞭解自己與他人。

- 為何每個人都有所不同，又是不同在何處？
- 所有人的共同需求為何？
- 情緒從何而來？又有什麼功用？
- 態度從何而來？又是如何改變？
- 身與心的差異為何？

心理學針對這類問題提出深刻見解，協助我們瞭解自己與他人。因此，學習心理學家的發現與理論，可以讓你更瞭解自身與自己所處的世界。

虛擬治療

　　有愈來愈多心理師開始在線上提供服務。許多心理師現在都透過電子郵件、即時通訊、聊天室，甚至是雙向視訊的方式，提供諮詢。線上治療並不適合面臨重大危機的人，例如擁有自殺念頭或心理疾病的人。不過，這種治療方式可以觸及住在偏遠地區、有社交焦慮傾向或行動不便的人。一般人也可以利用網路，找到線上虛擬的支持團體、篩檢與療法的相關資訊、居住地區附近的諮商師和心理師清單。

　　不過，線上心理健康服務有什麼缺點？批評人士認為線上療法根本沒用。成功的療法是奠基於人與人之間的聯繫。兩個人真的可以在電腦螢幕上建立深厚的人際關係嗎？批評人士也擔心，大眾會淪為假治療師的受害者，個資放在線上也不安全。

想一想

　　你覺得線上治療的優缺點各是什麼？你會想嘗試嗎？為什麼會，又為什麼不會呢？在課堂的小組討論中分享你的看法。如果想更瞭解線上心理治療，請利用搜尋引擎，或是前往以下任一網站：

http://www.psychology.info/
此網站探討了線上心理學的各個面向，也列出多項資源。

http://www.ismho.org
這個組織專門推廣在進行心理健康治療時利用科技與網路，此為該組織的首頁。

http://locator.apa.org/
由美國心理學會（American Psychological Association）所架設的網站，以協助一般人找到心理師，也能閱讀心理健康的相關文章。

http://www.metanoia.org/imhs/identity.htm
此網路服務可讓人確認線上治療師是否擁有資格認證。

心理學的目標

　　心理學有四大目標：描述（describe）、預測（predict）、解釋（explain）、（在某些情況下）改變（change）人類行為。

　　由於人類行為過於複雜，許多心理學家都只聚焦在上述目標的其中一兩個上。舉例來說，有些心理學家把重點放在觀察人如何在非常特定的情境下思考與行動。接著，他們利用觀察結果，建立人在身處這類情境時的思維與行為模式。比如說，專攻婚姻關係的心理學家可能會調查影響一般人擇偶的因素，或是研究婚姻關係隨著時間過去通常會如何改變。

　　其他心理學家感興趣的則是描述個體與團體如何思考與行動，以便預測他們未來有可能會如何思考與行動。比方說，專門研究兒童的心理學家可能會試著預測，哪些兒童較有可能出現像

是憂鬱症和低自尊的問題。

許多心理學家則專注在心理學的第四個目標，也就是改變人類行為。例如，臨床心理師會協助人改變與心理疾病有關的討厭行為。臨床心理師在治療害怕社交場合的人時，可能會協助這些人面對自己的恐懼，採取積極行動，克服恐懼。之所以稱其為臨床心理師，是因為他們和醫師一樣，可以開處方來幫助病患。

解釋人類行為

為什麼人會以各自的方式思考、感覺、行動呢？才不過數個世紀前，大家都還認為人類行為是由存在於身體之外的外力所控制。古時候的人相信，像是壓力、焦慮、憂鬱等心理問題都是由惡靈所造成。由於心理學關注的重點是可觀察的行為，因此今日很少有心理學家會聚焦於研究存在的心靈層面。確實，多數心理學家都是從試圖瞭解生物行為基礎開始著手。

神經科學：新興領域

神經科學　深入瞭解人類想法、情緒、行為的科學。

神經科學（neuroscience）一般被形容成是深入瞭解人類想法、情緒、行為的學門。大腦極為複雜。與之相比，所有人類的發明，包括電腦、太空船、智慧型手機、無人機、自動駕駛車、醫療裝置，都是小巫見大巫。生物學家萊爾・華特森（Lyall Watson）如此簡要總結：「如果大腦簡單得連我們都可以瞭解，我們就會頭腦簡單到無法瞭解！」

我們才剛開始要揭露大腦那幾近無限的能力，而科學家過去十年來對大腦功能的瞭解，比過去一世紀還要多。就像身體會對記憶以及來自外在世界的影像有所反應，身體也會對人自行想像出來的經驗或預想有所反應。

美國生理學家艾德蒙・傑克布森（Edmund Jacobsen）所進行的研究顯示，人在想像跑步時，腿肌會真的出現微小卻測量得到的收縮。同樣的道理，當你在腦中產生嚇人的鮮明畫面時，身體也會以脈搏加快、血壓升高、流汗、起雞皮疙瘩、口乾舌燥的方式來回應。相反地，當你在腦中想像出正面又放鬆的強烈影像時，身體就會以心跳減緩、血壓降低來回應，所有肌肉通常也會因此放鬆。上述功能都是在無意識的情況下自動發生。人很少會意識到身體出現這些反應的原因，只會認為這些反應「就發生了」。

直到最近，人腦的復原力與再生能力都還受到低估。經歷

中風和其他腦傷後依然恢復健康的人，顯示出大腦擁有驚人的再生能力。當大腦某些部分遭到破壞或損傷時，其餘部分能夠「提供救援」，學會如何接管失去的功能。舉例來說，如果損傷出現在掌管語言與說話的左腦，位於右腦的「鏡像神經元」（mirror neuron）就會開始參與這些功能的運作過程。

如果正在康復的病患無法說話卻依然能哼歌，就可以學習把詞語和旋律搭配在一起，協助他們進行溝通。為中風後病患所打造的認知或心理復健，包含了語言治療和物理治療，以及記憶輔助工具，都能協助大腦重新組織受損的基本功能。當病患重新學會要如何執行基本任務時，就會出現神經新生（neurogenesis）。其目的是要刺激大腦，重新形成已喪失的神經路徑與迴路。雖然大腦細胞確實可以再生，但不使用的話也會退化。因此，談到使用四肢或記憶時，耳熟能詳的說法確實適用：「不用則廢」。例如，如果不用右臂，其對應到的腦區就會退化。[1]

心智練習（mental practice）一詞是用來形容在腦中預先演練身體活動和動作，眾所皆知心智練習可為世界頂尖水準的運動員帶來最佳表現。近期研究顯示，心智練習可以和其他認知療法一同應用於中風病患，以及因交戰而身受重傷的士兵身上，這種練習運用心理想像把刺激神經可塑性過程的運動動作視覺化，改善運動功能，尤其是手臂動作。

神經回饋（neurofeedback）已經比生物回饋診療在過去二十年間的發展還要來得進步，複雜精細的數據結果可顯示不同腦區是如何回應視訊影像、聲音、顏色、想法、模擬情境。大腦研究專家使用正子斷層造影（positron emission tomography，簡稱PET）掃描正在觀看或想像不同場景的人腦，觀察掃描結果後，知道人腦並不清楚實際、觀看或想像經驗之間的差別。如今，神經心理學（neuropsychology）提供了確鑿證據，指出長時間在心中不斷重複鮮明的預先演練，可以在腦中打造能夠將虛擬現實化為現實的基礎結構。新研究也證實了人腦會透過頻繁使用的化學物質傳遞訊息模式，發展出神經路徑，因而建立起支持慣性思路的突觸連結。想要瞭解人在接收實際和感受到的輸入資訊時，是如何採取行動和做出反應，以及為什麼這麼做，神經科學正是處於此研究領域的最前線。

1. Elizabeth Landau, (May 5, 2011)."The Brain's Amazing Potential for Recovery," CNN.com.

神經科學與心理學

近來，大型企業為了從全新角度瞭解員工與顧客的行為而雇請神經研究公司，使得行為心理學與神經科學的結合愈趨複雜多變。不論你在職涯的哪一刻起決定要從工作與生活中獲得最大的滿足，對大腦是如何回應每天接收到的數不清訊息有基本瞭解，將有助於你擺脫迷思、看清真相，區分清楚什麼會帶來正面影響、什麼是令人分心的負面事物。

針對消費者購買決定，以及如何說服他人相信自己的概念與構想，神經科學已經協助科學家辨識並測量出相關的大腦活動。大型產業、機構、組織都利用這點，讓員工可以與彼此和顧客更有效互動。

我們已經知道哪些行為模式會影響一般人對我們試圖向他們推銷的東西說「好」，無論這個東西是指產品、服務或生活方式都一樣。舉例來說，大家都想要買得划算，因為這等於是用最少投資換取最高價值。不過，人人都以為高價就代表更高的價值，這當然未必是真的。但人之所以願意出更多錢，是因為他們認為這樣可以得到更多。大家會對名人代言買帳，似乎就是將名氣與專業劃上了等號。大眾對一般同儕團體背書的情形都會表示贊同，相信「假如那個人做得到，我也可以」。想讓人買帳的一個關鍵，就是要瞭解多數人都會對自己認識且喜歡的人說「好」，尤其是當他們認為這些人值得信賴的時候。

當然還有更多顯而易見的固定行為模式：限量和限時的因素會促使人做出決定；互惠意味著人會覺得有必要還人情；人會為了需求而討價還價，對慾望卻毫不節制，這也是為什麼比起恐懼動機和威嚇，報酬動機與激勵更有效；特別是在今日，一般人對脅迫和「強迫推銷成交手法」的反應都不怎麼好。大家都想要覺得，自己是在沒有外在壓力的情況下才做出決定。現今，競爭如此激烈、干擾五花八門、選擇如此眾多，成交的觀念已經過時了，培養長期關係的概念才是擁有致勝團隊、高留客率、創新的祕訣。最後，大家都知道在談到銷售、定額、目標設定時，採取漸進式的方法最為有效，因為最低消費會讓投入程度提高，就如同小成功會帶來增強的自信心，讓人更敢於冒險。[2]

關於人的大腦與心智是如何運作，有許多錯誤假設。幾乎所有自古流傳至今的迷思，現在都已經被事實真相破除了。以下僅舉數例。

迷思：人都是以理性、線性思考的方式，做出購買決定。

真相：人的決定是先被情緒觸發左右，接著才受邏輯影響。情緒主宰了決策過程。

　　迷思：人立刻就能解釋自己的想法與行為。

　　真相：人對自己心智活動的瞭解程度，遠比一般認為的還要低。約有 95% 的思考過程屬於無意識、慣性。

　　迷思：人的記憶可以精確呈現出自身經歷。

　　真相：人的記憶在不自知的情況下會經常有所變動。記憶與其說是臉書相簿，更像是不斷進行剪輯的音樂影片，充斥著真實與想像的片段。

　　當你記得某件事，大腦就是在「重新連結」神經元之間的連結，這個過程其實會改變大腦結構。比起影片回放，記憶更像是影片剪輯。每次記起某件事，就是在改變、再現或重新記住這件事。記憶會隨著你每次想起而改變。所以，一位年邁的運動員才會說「愈老愈好！」漁夫也才會記得捕到的魚跟船一樣大！

　　迷思：人的才能是在受孕時就決定好的「天賦」。

　　真相：雖然天賦是遺傳而來，人還是可以重新訓練大腦，學習新的才能與能力。這意味著在人生中獲得成功的可能性，比以往所認為的還更不受先天特質所限制。

　　迷思：人出生時，腦細胞只有一定的數量（一千億個），腦細胞死掉後不會長出新細胞。人創造新神經路經的能力會在二十歲左右開始大幅衰退。

　　真相：神經科學家正在深入瞭解神經「可塑性」（plasticity），這種能力讓大腦可以製造新神經細胞，重新組織以形成新神經路徑，並根據需要進行調整。神經新生（neurogenesis，也就是產生新神經元）會持續一輩子，甚至邁入老年後也一樣。要創造新的神經路徑，確實需要長時間投注心力才能做到，不過，這種重新連結大腦的能力，得以創造成功以及與健康有關的路徑，是個人與團隊可以拿出最佳表現的最重要關鍵。

　　迷思：人以文字思考。

　　真相：大腦的所有刺激中有三分之二屬於視覺。神經活動（想法）會比以文字或語言所表達的方式更早出現。文字和其他感官可以引發想法，但想法不是「文字」。

　　以下是上述探討內容的重點概念：

2.　Robert B. Cialdini, Ph.D. (2006)."Influence: The Psychology of Persuasion," *Harper Business*.

我們必須考慮到促使人對溝通訊息產生立即正面反應的情緒觸發。我們必須在不讓人感到脅迫的情況下，促使人做出反應。我們之間的交流與訓練應該是雙向互動，才能建立專屬於彼此的關係，培養忠誠，長久維持下去。我們應該專注在想得到的成果，而非失敗會帶來的後果。我們有能力可以編輯與改編自己不好的記憶，才不會因此受其阻礙。我們有能力可以編輯、改編、編接、修飾美好的記憶，使其驅策我們向前衝。

我們的腦細胞經常透過化學物質傳遞訊息，與彼此「交談」。大腦每秒進行著逾十萬種化學反應。我們在學習新事物時，細胞傳送和接收這項任務資訊的過程就會愈來愈有效率。我們愈專注、愈練習，腦內就會形成新的神經連結（原本通常不會一起發射的突觸〔synapse〕，現在會一起發射），有助於磨練技能。等到這條新的神經路徑穩固成形且相當牢固後，我們就不再需要像以往一樣集中那麼多注意力，因為學到的新事物已經自動化，成為我們的一部分了。

接下來也會看到，我們能夠立即重播正面記憶，也可以挑出並強化正向經歷，讓自己在艱苦時期得以更快重新振作。由於我們知道大腦分不清真實經驗，以及逼真想像出來、充滿情感的熱情，因此也可以透過不斷實踐，內化這份熱情，讓自己能夠立即預先演練目標和慾望，創造新的神經路徑，將腦中的想像逐漸呈現出成功的結果。

神經系統 神經細胞所組成的系統，在大腦與身體其他部位之間來回傳遞訊息，藉此調控人的行為。

人類具有複雜的**神經系統**（**nervous system**），這套系統負責控制想法、感受、行動。神經系統是由神經元（neuron）組成的龐大網絡，這些神經細胞將訊息傳遞至大腦，也帶離大腦。神經元使用化學物質和電子信號與彼此溝通。它們會告訴腺體和肌肉該做什麼，從感覺器官將訊號接力傳送至大腦。人體隨時都有上百萬個神經脈衝在全身到處流竄，休息或睡著的時候也是。

意識

神經系統不只負責監管人的身體功能，也負責掌管意識（consciousness），也就是一個人在特定時刻對自身感覺、想法、感受的覺察。意識可以是極度警覺，比如在考試的時候，或是想在擁擠的街道上找到停車位。意識也可能是警覺降低，比如在做白日夢的時候，或是開在熟悉的路線上，而不用費心去想自己在做什麼。

意識活動是由**意識心智**（**conscious mind**）所控制，大腦

的這個部分負責控制人有所覺察的心理歷程。意識心智會從周遭環境蒐集資訊，儲存在記憶中，讓人做出合理決定。不過，人不只有意識心智而已。人也擁有**潛意識心智（subconscious mind）**，儲存著自己不太有所覺察的情緒與感覺，意即那些就位於意識表面下的感受。潛意識心智也有助於解決問題。你是否曾試著要解決一個難題，卻徒勞無功，結果反而在之後思考其他事情時，腦中突然就冒出解決辦法了？這就是潛意識心智的力量。當意識心智忙著想其他事的時候，潛意識心智就想出了解決辦法。

意識心智 大腦中負責控制人有所覺察之心理歷程的部分。

潛意識心智 大腦中負責控制人並非主動覺察之心理歷程的部分。

想法、感受、行動

人是否會依據想法或感受而行動？是感受促成了想法，還是想法帶來了感受？事實上，想法、感受、行動全都息息相關，彼此在一個連續不斷的循環中互相影響。

我們對人事物和情境有什麼想法，會大幅影響我們對其抱持什麼感受。舉例來說，如果我們相信某件事會出現預料的結果，實際上卻不是如此，大概就會感覺到一股失望之情。另一方面，如果我們相信某件事的結果會不如預期，卻意外順利，大概就會感覺鬆了一口氣。

同樣的道理，人對這個世界抱持什麼感受，也會大幅影響自己對其所抱持的信念與想法。如果我們對某種情況抱持正面的想法和感受，就會想再次置身同樣的情境；如果我們對某種情況抱持負面的想法和感受，未來就會避開這種情境。

如何採取行動也會影響想法與感受。比方說，工作時採取負責任的態度會讓自我感覺良好，採取不負責任的態度則會產生相反的結果。

請利用**個人日誌 1.2**，繼續思考你的想法、感受、行動如何互有關聯。

成功祕訣
想法、感受、行動全都息息相關。

認知與情緒

想法與感受究竟是什麼？在心理學中，想法稱為**認知（cognition）**，指的是處理資訊的功能。這裡說的資訊可能是用文字、影像或聲音的形式呈現。人每次與自己對話、做白日夢、重播過去的情景、在腦中聽到歌曲或看到圖片，都是在思考。認知包含的活動有：

個人日誌 1.2

你的想法、感受、行動

請想出一個最近引發你強烈情緒的情況。在下方圓圈中寫下當你身處該情況時，在想什麼、有何感受、採取什麼行動。

情況：

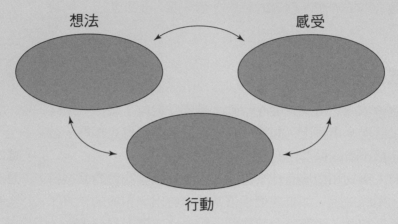

你的想法、感受、行動如何影響彼此？

認知 心智處理任何形式資訊的過程。

- **感知（perceiving）**——賦予感官資訊意義
- **辨識（recognizing）**——確認自己是否有或沒有遇過某個人、碰上某件事、思考過某個想法或經歷某個情況
- **記憶（remembering）**——儲存與提取資訊
- **推論（reasoning）**——利用資訊得出結論
- **做出決策（making decisions）**——在各種選項與行動方案之間進行評估並做出選擇
- **解決問題（solving problems）**——針對擋在自己與目標之間的障礙，想出克服的辦法，並評估是否可行
- **形成概念（forming concepts）**——根據共同特色，將物體、事件或人分成同一類
- **視覺化想像（visualizing）**——在腦中仔細想像希望能實際採取的行動

　　認知與情緒密不可分。**情緒（emotion）**是指人的主觀感受，伴隨著身體和行為上的改變，像是臉部表情和手勢。雖然情緒沒有所謂的「好」或「壞」，但有些情緒會比其他要來得更愉快。譬如，喜悅、有興趣、驚奇都比恐懼、憤怒、內疚要更讓人

愉快。情緒除了可分為正面或負面外，也有較強烈或較不強烈之分，如圖 1.1 所示。舉例來說，喜歡的情緒比愛更不強烈，而愛的強烈程度又低於激情。情緒的成因數不清，包括了景象、聲音、氣味、回憶、思想或是與他人的互動情形。事實上，人們總是抱持著某種感受，洗碗或開車上班的途中也不例外。

正向情緒有助於學習、解決問題、做出決策、將心比心、自我同情。愉快的情緒包括：

- **喜悅（joy）**——達成目標後的快樂感覺
- **愛（love）**——喜愛、熱愛或依戀的感覺
- **有興趣（interest）**——好奇、關心或專心的狀態
- **自豪（pride）**——人在獲得成功時所感覺到的正面感受

與正向情緒不同，負面情緒會使人把注意力集中在讓自己感到困擾的事物上。比方說，如果我們感到恐懼，就會把所有精力都用在逃離造成這股恐懼的事物上。由於負面情緒會消耗大量精力，因此會讓人難以做出有生產力的事，像是學習或努力朝目標邁進。負面情緒包括：

情緒 一種主觀感受，伴隨著身體與行為上的改變。

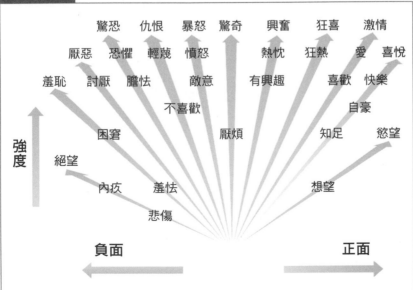

圖 1.1　正面與負面情緒

情緒光譜
情緒可以極為負面，例如感到內疚和絕望，或是極其正面，例如感到快樂和喜悅。情緒也可以更為中性，例如感到厭煩和驚奇。請描述一次引發強烈喜悅之情的經驗。

- **困窘（embarrassment）**——當你認為其他人在你身上找到缺點時，所出現的不愉快感受
- **內疚（guilt）**——當你認為自己的行動傷害到他人時，所感覺到的負面感受
- **羞恥（shame）**——人在經歷個人失敗後，所感覺到的負面感受
- **絕望（despair）**——無助與挫敗的不愉快感受
- **恐懼（fear）**——焦慮以及預期會有危險的不愉快感受
- **憤怒（anger）**——不滿、憤恨或帶有敵意的強烈感受
- **厭惡（disgust）**——反感或嫌惡的負面感受
- **悲傷（sadness）**——為失去而感到傷心的陰鬱情緒

　　知道人類具有種種情緒，有助於理解自己腦中正在發生的事，以及背後的原因。學會偶爾停下腳步，像心理學家一樣觀察自己的想法、感受、行動。這麼做將有助於瞭解自己的行為，這會是做出正向改變，帶領你通往成功之路的第一步。

✅ 自我檢查

1. 何謂榜樣？（第 22 頁）
2. 學習心理學有哪些好處？（第 30 頁）
3. 何謂神經系統？（第 36 頁）

你的內在我

人不是天生就擁有**自我**（self）感。如同一個人所抱持的多種態度，自我也是根據來自環境不斷重複的輸入資訊，逐漸發展而成。成功與失敗、恥辱與成就、如何與身邊的人和愛我們的人互動，這些過往經驗的總和讓我們對於自己是怎樣的人有了主觀看法。但這裡隱藏著一個重要問題。人的所有經驗都是受自身知覺影響的輸入資訊片段，而由於知覺未必與現實相符，人是如何看待自己，可能與實際情況相差十萬八千里。不幸的是，看法一旦成了信念，就會成為一個人心中的「事實」。

多數人對這個世界的瞭解，都是透過對自我的瞭解。我們會根據我們看待自己的方式以及我們與外界的關係，自行決定事情的對錯、吸不吸引人的標準、什麼令人愉快還是痛苦。擁有堅定的自我感有助於擬定計畫、做出預測。這種自我感讓人在自己的所作所為中投入感情，激勵自己達成目標，精進自身。擁有堅定的自我感也有助於與他人建立並維持人際關係。

自我　認為自己是獨一無二的、有意識的存在的感覺。

你的自我形象

一張圖勝過千言萬語。你是否曾注意到要花上好幾頁的書面文字，或是講上數分鐘、數小時的資訊，有多容易用一張圖片或一幅影像就可以傳遞了？你的**自我形象**（self-image）是你看待自己的方式，決定了你會採取什麼行動、如何表現、表現多好、多努力或多專注在某件事上。事實上，自我形象勝過千言萬語，因為它為人的表現和所作所為設定了範本或「恆溫器」。

只要瞭解自我形象背後的原理，就可以著手處理，想要的話也可以使其改變。你可以改變自己奉行的表現標準，也可以改變你看待自身能力的方式，讓未來的表現水準更上一層樓。許多人都沒有意識到自己的「自我形象」，以及心中是如何看待自己，因此也沒有意識到糟糕或自我侷限的自我形象，可以大幅影響他們對自己的看法以及能夠發揮最佳表現的潛力。

自我形象　人對自己抱持的所有信念。

多種自我形象

一般人在看向內心反映出的自身寫照時，可以看到許多自

成功祕訣
自我感有助於瞭解這個世界、擬定計畫、做出預測。

我形象，像是與自身相關的身分，例如作為兒女、摯友、商人、父母、伴侶，或是相關的特質，比如健康、富有、懂得變通或有幽默感。人永遠沒辦法將自身經歷從記憶中完全抹除。如果我們擁有負面經驗，可能就會建立表現不佳或甚至注定失敗的自我形象。但自我形象可以重建。我們可以更有效預設未來的成功，方法就是開始察覺、處理、改變自我形象或自我投射，改為我們相信自己可以成為的那種人。

未來展望決定極限

人要在自我形象努力下功夫的部分，是如何將自我感投射到未來。這將界定人所擁有身分的局限和可能性，以及自認什麼可行。這也將設定各種行為與表現標準的恆溫器。假如我們建立的自我形象比目前的表現水準還要來得高，就會激勵我們從內心與手邊集結資源，將新的自我形象化為現實，而不會淪為只是憑空想像的產物。要創造新的自我形象，確實需要長期投注心力，但這種透過視覺化想像和重複來重新連結大腦活動的能力，得以創造新的神經路徑，是個人與團隊能夠拿出最佳表現的最重要關鍵。這就是為什麼夢想和目標愈具體逼真，愈有可能達成，第三章將會探討這點。

生活中所發生的一切，都受到自身知覺所影響。由於知覺未必與現實相符，人是如何看待自己，可能與實際情況相差十萬八千里。不幸的是，看法或信念一旦成了知覺，就會成為自我形象的事實。人每在日益增長的自我形象長鏈上添加一個鏈環，就有可能擴展，也可能更加限縮自己的人生。

大腦的守門人

神經科學家對大腦功能愈瞭解，人們就愈能夠影響自身信念和行為上的改變，為公私生活都帶來最大的滿足感。

從腦幹向上呈輻射狀的小型細胞網絡，長約 10 公分，稱為網狀活化系統（reticular activating system）。這個系統的大小與形狀差不多等同四分之一個蘋果，如果想達成目標，這就是你要瞭解並運用的最重要腦區之一。大腦的網狀核掌管人的行為模式，包括飲食習慣、運動習慣、選擇要怎麼過生活。網狀核位處大腦內的絕佳之處，得以監管所有連結至大腦與身體的神經，也比其他任一腦區要「清楚」腦中發生的一切。它還可以無視脊髓活動發出的訊號。網狀核會調節來自眼睛、耳朵、其他感覺器官

的訊號，顯然也與情緒的表達和感受有關。

網狀活化系統負責執行獨特的功能，也就是過濾接收到的刺激，例如影像、聲音、觸感，再決定哪些資訊會成為經驗的一部分。它會決定什麼是重要的資訊、什麼可以忽略。舉例來說，如果你住在繁忙的街道上，網狀活化系統很快就會讓你對呼嘯而過的汽車聲充耳不聞，晚上才能睡得安穩。

當你決定某個價值觀、想法、感受、聲音或圖像具有意義時，網狀活化系統就會有所警覺，立刻將接收到關於該事物的任何資訊傳送到你的意識。所以，比如你買了新車，就是這個網絡系統讓你突然開始注意到公路上所有相同的車款，或甚至是相同顏色的車。

網狀活化系統的絕妙之處，就在於可以將它設置成隨時留意與成功相關的輸入資訊。不用鬧鐘，這套系統就會在早上叫你起床。它如果知道你很期待要展開另一個多采多姿的日子，就會讓你立刻下床。它如果知道你在其他人身上尋找價值觀與特質，就會讓你注意到那些價值觀與特質。如果你在尋求更高的財務報酬，它就會對任何幫得上忙的財務導向資料格外敏感。網狀活化系統解釋了為什麼有人很容易出差錯，也反過來解釋了為什麼有人很容易成功。它也說明了為什麼有些人在每個解決辦法中都會看到問題，有些人則會在每個問題中都看出解決辦法。

人人無時無刻都在設置（或讓其他人為自己設置）大腦，為自己所用或不利於自己。由於網狀活化系統沒有判斷功能，因此不論為其設定的態度和信念是好或壞、是真或假、是對或錯、是安全或危險，它都會努力達成設定的目標。它唯一的功能就是絕對遵從人先前所下的指示，就像個人電腦重播儲存的內容一樣自動回應。雖然網狀活化系統是大腦的一個實際部分，其對應的自我形象卻屬於大腦意識中的抽象部分，一種心智功能。而你的自我形象是「心理恆溫器」，會在你所處的環境中為自己設限，決定自身表現有其極限。

limit（限制）指的是身體上的限制，因為遺傳和其他健康因素、年齡、技能確實都會對表現造成一定的限制。然而，對多數人來說，這些限制永遠都不會受到徹底的考驗，原因就在於信念所帶來的心理限制。limitation（局限）指的是心理上的限制。每個人都會因為自身經歷，逐漸學會要提高或降低自我期望。失望的經驗會化為實際的阻礙，成功則能賦予自信。隨著年歲漸長，人無法輕易就越過這些已經內化的心理限制。有些心理限制還會跟隨人一輩子。成功人士始終都在尋求成長與絕佳表現，一步步

不斷提高這些無形阻礙的標準。

　　有位運動心理學家訴說的真實故事便闡明了這點，他是在與一名準備參加夏季奧運的世界頂尖跳高選手合作時，注意到了這件事。這名運動員在練習和比賽時都可以跳過 226 公分，但不管是藉由技巧還是多加練習，就是沒辦法跳得比這還高。有天，當他沒注意時，教練把橫桿提高 3 公分，變成了 229 公分高。這名運動員以為橫桿還是在較低的位置，便跳了過去。當教練告訴他，他剛做了什麼以後，這名運動員一臉懷疑地看著教練，幾近激動。「但我跳不過那麼高啊，」他大喊。「你剛跳過了，」教練笑著說，「你剛克服了屬於自己的四分鐘障礙，就像跑者羅傑・班尼斯特（Roger Bannister）在多年前成功做到一樣。」班尼斯特在 1954 年五月六日證明了人有可能在四分鐘內跑完一英里後，突然間，愈來愈多田徑選手也能做到，這為所有人上了重要的一課：**當你不再相信某件事做不到，就有可能做到。**

　　許多人都不瞭解也不相信，自己其實在很大程度上可以控制人生中所出現的結果。他們感覺就像是溫度計，根據那些外界如何影響自己的事，來反映出自己是怎樣的人。溫度計顯示的溫度會隨著外在環境上升或下降。多數自我形象都因為媒體和榜樣每天各種對於感官的轟炸，而受到大幅影響。不過，人確實能夠控制自己當下的想法。我們可以重設有如內在恆溫器般的自我形象，讓表現從普通達到最佳的水準，同時隨著時間擴展舒適圈。

　　每個人都擁有許多終生逐步建立而成的舒適圈，控制著人在做出調整前願意承受多少的不便。先好好思考一下，當你離開這些舒適圈時，究竟有多少行為是由此而生。「太多」所帶來的刺激就和「太少」一樣強大。就有意識的想法而言，例子層出不窮：花多少時間與身邊的人相處會讓我們感到自在、花多少精力在工作或家裡的日常要務會讓我們感到自在、花多少金錢在生活方式上會讓我們感到自在，以及賺多少錢會讓我們感到安心。

　　自我形象完全可以比作是一種恆溫器，讓人在心理上可以待在舒適圈中。許多自我形象低的人，心理恆溫器也相對設定在低溫。自我形象低的人不相信自己能有所成就或具有價值，因此都安於平庸，甘心做個旁觀者。當有人刺激他們採取高風險行動，或是冒險改變現狀時，他們就會退卻。「我做不到那件事，我的能力不足以勝任那件事。它不值得費力去做，為何要自討苦吃？」他們會進行像這樣的負面自我對話。他們已經發現想像力能夠左右人生——如果自我形象沒辦法描繪出自己做到或達成某件事，就真的做不到。「**阻礙你的不是你是怎樣的人，而是你認**

為自己不是怎樣的人。」

我們取得成功的「關鍵時刻」，是經歷長時間日復一日相信自身、自身能力、自身價值的結果。對自己與自身能力所及之事抱持健全的強烈信念，人便能踏出舒適圈，在面對日常生活的壓力時依然能夠堅持下去，達成值得去做的目標。當自我形象恆溫器升得更高時，我們會相信自己幾乎可以應付所有迎面而來的挑戰。我們會開始對拿出最佳表現感到自在，同時對未達水準的表現感到渾身不自在。不過，每個人都會碰上走運或倒楣的日子，因此，如何有效應對挫折就很重要了。假如為了成功所做的努力低於舒適圈表現的標準，就要給予自我形象一些正向強心針和積極自我對話的回饋：「我下一次會做得更好；我**可以**做到。」「具備更多知識、多加訓練、更為專注的話，就能**達成**那個目標。」這個部分將在第四章進行詳細探討，該章的重點便是積極正向的自我對話如何影響自尊。

創造力是預先看出某個想法可以成為某個重大問題或需求的解決辦法。堅信這個想法可行，直到它真的發揮作用，或是直到有更好的點子能派上用場；創造力是在其他人都嘲笑你的時候，堅信著自己的夢想；創造力是來自擁有對你的成功感興趣的人生導師與教練，這些教練會無條件傾聽你說的話，時常給予稱讚，以有建設性的方式批評討人厭的行為，卻不會直接批評人本身；創造力是擁有懷有好奇心的領導者，他們願意接受新思想與更好的做法，也不會過於僵化，凡事都帶有成見。缺乏想像力也沒有生產力的人會說：「這或許有可能做到，但太難了。」有創造力的人則會說：「這或許很難做到，但可能性一直都存在。」

人看著鏡子時，會映照出三種樣貌：過去還是小孩的自己、現在所成為的人、未來將成為的人。只要有適當的榜樣，並給予大腦軟體適當的輸入資訊，人就可以改變那些一直以來扭曲又影響看待自己究竟是誰的方式。這個想像過程有多大能耐，瞭解其奧妙之處，對於想知道如何以高水準表現有所成就，極為重要。

你最主要的自我形象是什麼？你認為自己有創造力、友善、有趣、聰明，還是會看輕自己？請將你的想法記錄在**個人日誌1.3**中。

建立健全的自我形象

健全的自我形象不只積極正面，也符合現實。不過，擁有符合現實自我形象的人不會受自身缺點所困擾，因為他們很清楚自

成功祕訣
健全的自我形象不只積極正面，也符合現實。

己的長處比這些缺點要來得重要。與其擔心自己做不好的事，他們會盡全力將自己擅長的所有事都做到最好。比方說，莎拉知道自己是數學和電腦高手，但在藝術層面水準相當普通；艾米特以身為優秀的作家與音樂家感到自豪，但很清楚自己口頭報告時通

個人日誌 1.3

你如何看待自己？

請根據你對每項陳述的同意程度，在陳述下方的量表中，圈選 1 至 10 之間的一個或多個數字。1 代表完全不同意，10 則代表完全同意。你可以圈選單一一個數字或一段範圍的多個數字。

1. 我擁有高智能。

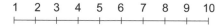

2. 我很擅長運動。

3. 我很有創造力。

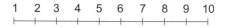

4. 我與摯友關係良好。

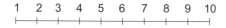

5. 我很有幽默感。

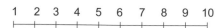

6. 我受眾人歡迎。

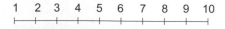

7. 我工作很能幹。

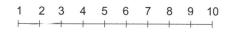

8. 我學業表現佳。

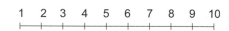

9. 我在情場上很有魅力。

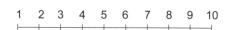

10. 我外貌出眾。

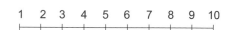

11. 我很有道德。

12. 我與父母關係良好。

請找出評分最高的三個領域。你對這些方面格外感到自豪的地方是什麼？再看評分偏低的領域。你有沒有可能對自己太過吹毛求疵了？

常都會結巴。這兩個人都擁有健全又實際的自我形象。

相較之下，人如果擁有不符合現實又負面的自我形象，就會高估自己的弱點，受低自尊所苦。（你將在第四章學到更多自我形象與自尊之間的關聯。）而擁有不符合現實卻正面自我形象的人，自尊偏高，卻會高估自己的長處，不會投注成功所需的精力。他們也因為通常看起來滿懷敵意又自大傲慢，因此很難與其他人和睦相處。

健全的自我形象除了注重實際以外，也會以你現在是怎樣的人為根據。你今天是怎樣的人，不會限制你下週、下個月或明年會成為怎樣的人。你的潛力、興趣、能力每天都會有所發展，也將會持續發展下去。你受到周遭世界影響的同時，也影響著這個世界。

複雜性與自我形象

健全的自我形象也很複雜。擁有複雜的自我形象，意味著擁有各種正面看待自己的方式。擁有複雜自我形象的人，比較不會受心理問題所苦，像是壓力、焦慮、憂鬱。當他們在生活的某個領域遭逢挫折或困難時，可以仰賴自己在生命中扮演的其他眾多正向角色之一。舉例來說，拉多娜就擁有複雜的自我形象：她視自己為商場女強人、母親、藝術家、環保人士。工作不順利時，她還有許多其他積極的自我面向能引以為傲。反觀，傑瑞德擁有相當簡單的自我形象：他大多都把自己視為成績全優的學生。當他偶爾考不好時，就會覺得自己很失敗。

要擁有複雜自我形象的關鍵，便是在生活的各種重要領域之間達成平衡，例如人際關係、學校、工作與職業、社區、健康、嗜好與休閒、靈性。當你為生活的每個重要領域付出時間與精力，就能為自我感覺良好建立穩固基礎。你的生活有多平衡？請進行**練習 4** 瞭解一下。

成功祕訣
在生活中求取平衡有益健康。

你與你的社交圈

如果要你詳細寫下關於內心深處自我的描述，再請你最好的朋友用文字形容你這個人，你覺得兩者的內容會有多相似？假如你是請兄弟姊妹來形容呢？或是父母？那麼剛認識的人呢？很有可能他們之中沒有哪個人的描述會與你的非常相似。這是因為沒有人看待你的方式會與你一模一樣，也是因為你可能在與上述的

練習 4　生命之輪

A　請閱讀下列每項陳述。請判斷每項陳述有多符合你的實際情況，再寫下 1（完全不符合）到 10（完全符合）之間的任一數字。

	評分（1～10）
1. 我會和朋友去看電影、去餐廳吃飯等等。	
2. 我會花時間思考生命的意義。	
3. 我有規律運動的習慣。	
4. 我很享受與情人相處的時光。	
5. 我會為收入與消費設定目標。	
6. 我很滿意自己的職涯選擇以及到目前為止的職涯發展。	
7. 我會參與社區事務。	
8. 我喜歡看書或看雜誌。	
9. 我是俱樂部或社會團體的一員。	
10. 我會空出時間冥想、禱告、敬拜或進行其他靈性實踐。	
11. 我會吃有益健康的食物。	
12. 我會寫信或打電話給與我相隔兩地的親朋好友。	
13. 我賺的是我希望擁有的收入。	
14. 我在工作、學校或其他地方參與需要創意的工作。	
15. 我是社區發展協會的一員。	
16. 我會參加工作坊或特別課程，增進知識或技能。	
17. 我喜歡認識新朋友，也喜歡社交。	
18. 我會思考要如何將人生奉獻給更崇高的使命。	
19. 我會試著維持健康的體重。	
20. 我擁有同時是朋友的同事或同僑。	
21. 我會規劃如何存錢。	
22. 我已經達成一部分但不是全部的職涯目標。	
23. 我會自願參與社區或慈善相關的計畫。	
24. 我會觀看或收聽教育性節目。	

B 得分：請根據上述 24 個項目，將你給的評分（1～10）寫在下方的線上。

人際關係		工作與職業		社區		學習與學校	
第 4 項	_____	第 6 項	_____	第 7 項	_____	第 8 項	_____
第 12 項	_____	第 14 項	_____	第 15 項	_____	第 16 項	_____
第 20 項	_____	第 22 項	_____	第 23 項	_____	第 24 項	_____
總計	_____	總計	_____	總計	_____	總計	_____

健康體適能		嗜好與休閒		靈性		金錢	
第 3 項	_____	第 1 項	_____	第 2 項	_____	第 5 項	_____
第 11 項	_____	第 9 項	_____	第 10 項	_____	第 13 項	_____
第 19 項	_____	第 17 項	_____	第 18 項	_____	第 21 項	_____
總計	_____	總計	_____	總計	_____	總計	_____

C 請在下方生命之輪圓圈中的每個區域都畫上弧線，標明各個部分的總計分數。

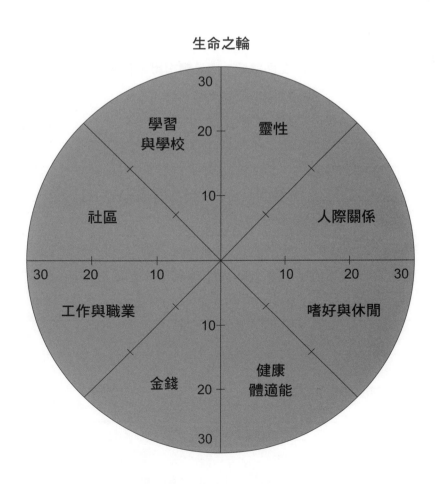

生命之輪

D 理想上，完成的圖應該要像一個圓圈。然而，多數人在不同的生命階段都有不同的優先考量。你對自己生活所呈現的不平衡結果有感到驚訝嗎？請說明為什麼有，或是為什麼沒有。

_____

_____

_____

_____

E 你想要或需要花更多時間在哪些生活領域上？請說明。

_____

_____

_____

_____

F 為了留更多時間給受到忽略的生活領域，請具體指出你在某一兩個領域中可以放棄不做的事。

_____

_____

_____

_____

G 本活動所包含的八大生活領域，是否有哪個你覺得格外重要？請說明。

_____

_____

_____

_____

每個人互動時，都表現得略有不同。

你是否曾注意到人會隨著社交場合不同而改變行為舉止？比如說，金妮工作時認真負責、善於管理，上課時既害羞又安靜，與朋友相處時則隨和外向。她是否在某些場合表現得很虛偽？她是否對自己究竟是誰沒有信心？情況未必如此。金妮的行為顯示社會角色的影響力。**社會角色**（**social role**）是一套規範（行為標準），規定著人在身處某個社會位置或社交場合時應該要如何表現。就像金妮一樣，每個人都會受眾多社會角色所影響：伴侶、朋友、父母、公民、子女、學生、員工。

人之所以依照社會角色來行事，是因為渴望被社會接納。有時候，這種渴望會使人做出不能代表真正自我的行為。改變行為以便在他人心中留下好印象，稱為**自我呈現**（**self-presentation**）。比方說，崔娜受人稱讚後，故作謙遜，是因為怕自己看起來很高傲。

每個人都會使用自我呈現，有時還不自覺。舉例來說，我們可能會在派對上表現得很友好、興高采烈，以留下好印象，即便內心其實覺得很累又不爽。你面對不同的人時會出現怎樣的行為舉止？你會採用自我呈現的方式嗎？請在**練習 5**中寫下你的想法。

身分

我們選擇要如何向這個世界定義自己，構成了我們的**身分**（**identity**）。身分就是公開的自我。人的身分很複雜，且是在一生當中一點一滴建構而成。接觸到新的人、地點、信念、挑戰，身分就可能慢慢改變。

雖然每個人的身分都很複雜，多數心理學家都同意，人的身分是由三大要素所構成：個人身分、關係身分、集體身分。當你把個人、關係、集體各自的身分結合成一個有意義的完整存在，你的身分就會逐漸成形。

個人身分（individual identity）

個人身分是由可將自己與眾人區別的個人特徵所構成。這些特徵不只是身體方面，例如外表與所有物，也包括心理方面，例如人格與天賦。構成個人身分的要素有：

• 姓名（名字、綽號）

成功祕訣
沒有人看待你的方式會與你一模一樣。

社會角色　一套規定人在身處特定社會位置或社交場合時應該要如何表現的規範。

自我呈現　改變行為以便在他人心中留下好印象。

身分　一個人決定如何向這個世界定義自己。

練習 5　你的多面向

A　請在下方的圖中，各寫出五個形容詞，形容當你與圖上所示的每個人相處時，自己有什麼想法、感受或行動。

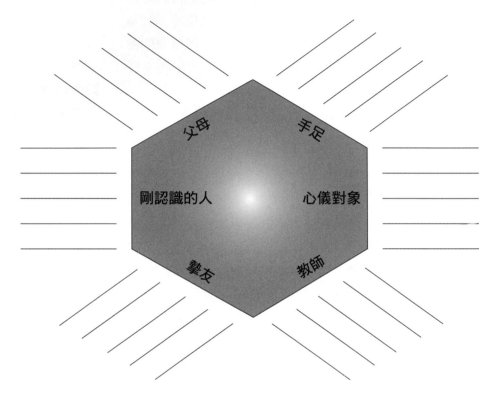

B　你是否在跟圖上的某個人相處時，更像「你自己」，還是你與所有人相處時的想法、感受、行為都維持得相當一致？請說明。

_____

_____

_____

C　每個人不時都會運用自我呈現的策略。你什麼時候會利用自我呈現？請說明。

_____

_____

_____

_____

- 年齡
- 性別
- 身體特徵（高、矮、身材適中、髮色等等）
- 所有物（家、車子、衣服等等）
- 與他人的互動方式（害羞、外向、友好等等）
- 天賦與個人特質（聰明、有創造力、擅長運動等等）
- 愛好與偏好（食物、音樂、嗜好等等）
- 情緒（快樂、傷心、喜怒無常、安穩、容易激動等等）
- 信念與意識形態（環保人士、保守派等等）
- 智識興趣（文學、科學等等）
- 藝術活動（繪畫、唱歌、跳舞等等）

個人身分 可以將自己區別出來的身心特徵。

關係身分（relational identity）

　　關係身分指的是在談到生命中的重要之人時，例如父母、手足、摯友、孩子、情人，人是如何看待自己。這些重要他人對我們的自我感是如此重要，以至於我們經常以他們的成就為榮，彷彿達成這些成就的是我們自己。構成關係身分的要素有：

關係身分 人如何看待與重要他人有關的自己。

- 親屬／家庭角色（母親、父親、兒子、女兒等等）
- 戀愛／性別角色
- 職業角色（老闆、員工等等）
- 朋友角色（同事、至交、熟人等等）

集體身分（collective identity）

　　集體身分是人扮演的所有社會角色以及所屬社會團體的總和。人類是社會性動物，每個人都是許多團體的一員，像是文化團體、族裔團體、宗教團體。文化與族裔對身分認同格外具有影響力。想一想，假如你今天是在另一個國家長大，或是以不同的族裔身分誕生的話，結果會有多不同。你還會是「你」嗎？

　　仔細想想以下構成集體身分的要素是如何形塑你這個人：

集體身分 人所扮演的社會角色以及所屬社會團體的總和。

- 種族／族裔
- 宗教
- 文化（歐洲、亞洲等等）
- 社會階級或地位（中產階級、勞工階級等等）
- 職業

- 公民／領域性（美國人、加州人等等）
- 團體成員（學生管弦樂團的一員等等）
- 政治立場（美國的民主黨、共和黨、綠黨等等）

　　每個人對這些身分面向的重視程度都各有差異。例如，有人可能會將宗教視為構成自己是誰的主要要素，其他人則可能更重視自己的職業。

　　構成你身分的要素是什麼，哪些是你在看待自己時最重要的要素？**練習 6** 將協助你找到答案。

文化與身分

文化　大型社會群體共享且世代相傳的行為、觀念、態度、傳統。

　　文化對身分具有強大的影響力。構成**文化（culture）**的是大型社會群體共享且世代相傳的行為、觀念、態度、傳統。每個文化都有不同的價值觀、倫理、信念、生活型態、可接受與不可接受行為的標準，比方說應該要如何打扮、表達意見、與他人和諧相處。文化影響著生活的各個層面，從教育、職業到家庭皆無例外。

　　西方文化通常推崇個人主義（individualism）。這意味著西方人比起團體目標，更重視個人目標，並會根據個人而非團體的屬性，來定義自己的身分。身處個人主義文化的人會強調要與他人競爭，從眾人之中脫穎而出。因此，來自美國和加拿大等國家的人，比起集體身分或關係身分，通常都更重視個人身分。對身處個人主義文化的人來說，其他重要的價值觀包括：

- 享樂
- 創造力與想像力
- 充滿挑戰、新奇事物、改變的豐富多彩生活
- 大膽無畏，勇於追求冒險與風險
- 思想自由與行動自由
- 獨立、自立，可自行決定目標

練習 6　身分剖析

A　請填寫下方關於個人身分的各個面向。

個人身分

我的全名是＿＿＿＿＿＿＿＿＿＿＿＿＿＿＿＿＿＿＿＿＿＿＿

我今年＿＿＿＿＿＿＿＿＿＿歲

我的性別是＿＿＿＿＿＿＿＿＿＿＿＿＿＿＿＿＿＿＿＿＿＿＿

可以將我與他人區別的身體特徵有＿＿＿＿＿＿＿＿＿＿＿＿＿＿

＿＿＿＿＿＿＿＿＿＿＿＿＿＿＿＿＿＿＿＿＿＿＿＿＿＿＿＿＿

我最重要的所有物有＿＿＿＿＿＿＿＿＿＿＿＿＿＿＿＿＿＿＿＿

我與他人相處時，通常表現得＿＿＿＿＿＿＿＿＿＿＿＿＿＿＿＿

＿＿＿＿＿＿＿＿＿＿＿＿＿＿＿＿＿＿＿＿＿＿＿＿＿＿＿＿＿

我特有的特質／天賦包括＿＿＿＿＿＿＿＿＿＿＿＿＿＿＿＿＿＿

＿＿＿＿＿＿＿＿＿＿＿＿＿＿＿＿＿＿＿＿＿＿＿＿＿＿＿＿＿

我喜歡＿＿＿＿＿＿＿＿＿＿＿＿＿＿＿＿＿＿＿＿＿＿＿＿＿＿

我經常出現的情緒是＿＿＿＿＿＿＿＿＿＿＿＿＿＿＿＿＿＿＿＿

我極為相信＿＿＿＿＿＿＿＿＿＿＿＿＿＿＿＿＿＿＿＿＿＿＿＿

我非常感興趣的是＿＿＿＿＿＿＿＿＿＿＿＿＿＿＿＿＿＿＿＿＿

關係身分

我是＿＿＿＿＿＿＿＿的兒子／女兒

我是＿＿＿＿＿＿＿＿的摯友

我是＿＿＿＿＿＿＿＿的配偶／伴侶

我是＿＿＿＿＿＿＿＿的母親／父親

我摯友或親戚所擁有讓我引以為豪的成就或特質包括＿＿＿＿＿＿＿＿＿＿＿＿＿

＿＿＿＿＿＿＿＿＿＿＿＿＿＿＿＿＿＿＿＿＿＿＿＿＿＿＿＿＿＿＿＿＿＿＿＿＿＿

＿＿＿＿＿＿＿＿＿＿＿＿＿＿＿＿＿＿＿＿＿＿＿＿＿＿＿＿＿＿＿＿＿＿＿＿＿＿

＿＿＿＿＿＿＿＿＿＿＿＿＿＿＿＿＿＿＿＿＿＿＿＿＿＿＿＿＿＿＿＿＿＿＿＿＿＿

集體身分

我的種族或族裔是＿＿＿＿＿＿＿＿＿＿＿＿＿＿＿＿＿＿＿＿＿＿＿＿＿＿＿＿＿

我的文化背景是＿＿＿＿＿＿＿＿＿＿＿＿＿＿＿＿＿＿＿＿＿＿＿＿＿＿＿＿＿＿

我的宗教信仰是＿＿＿＿＿＿＿＿＿＿＿＿＿＿＿＿＿＿＿＿＿＿＿＿＿＿＿＿＿＿

我的職業是（或將會是）＿＿＿＿＿＿＿＿＿＿＿＿＿＿＿＿＿＿＿＿＿＿＿＿＿＿

我出生於＿＿＿＿＿＿＿＿＿＿＿＿＿＿＿＿＿＿＿＿＿＿＿＿＿＿＿＿＿＿＿＿＿＿

我居住在＿＿＿＿＿＿＿＿＿＿＿＿＿＿＿＿＿＿＿＿＿＿＿＿＿＿＿＿＿＿＿＿＿＿

我所屬的社會團體包括＿＿＿＿＿＿＿＿＿＿＿＿＿＿＿＿＿＿＿＿＿＿＿＿＿＿＿

我的政治傾向是＿＿＿＿＿＿＿＿＿＿＿＿＿＿＿＿＿＿＿＿＿＿＿＿＿＿＿＿＿＿

B 你認為上述資訊在總結你的身分時有多完整？請說明。

＿＿＿＿＿＿＿＿＿＿＿＿＿＿＿＿＿＿＿＿＿＿＿＿＿＿＿＿＿＿＿＿＿＿＿＿＿＿

＿＿＿＿＿＿＿＿＿＿＿＿＿＿＿＿＿＿＿＿＿＿＿＿＿＿＿＿＿＿＿＿＿＿＿＿＿＿

＿＿＿＿＿＿＿＿＿＿＿＿＿＿＿＿＿＿＿＿＿＿＿＿＿＿＿＿＿＿＿＿＿＿＿＿＿＿

＿＿＿＿＿＿＿＿＿＿＿＿＿＿＿＿＿＿＿＿＿＿＿＿＿＿＿＿＿＿＿＿＿＿＿＿＿＿

C 如果將這份清單交給從未見過你的人，你覺得這個人會多瞭解你？請說明。

＿＿＿＿＿＿＿＿＿＿＿＿＿＿＿＿＿＿＿＿＿＿＿＿＿＿＿＿＿＿＿＿＿＿＿＿＿＿

＿＿＿＿＿＿＿＿＿＿＿＿＿＿＿＿＿＿＿＿＿＿＿＿＿＿＿＿＿＿＿＿＿＿＿＿＿＿

＿＿＿＿＿＿＿＿＿＿＿＿＿＿＿＿＿＿＿＿＿＿＿＿＿＿＿＿＿＿＿＿＿＿＿＿＿＿

＿＿＿＿＿＿＿＿＿＿＿＿＿＿＿＿＿＿＿＿＿＿＿＿＿＿＿＿＿＿＿＿＿＿＿＿＿＿

D 請填寫下列調查表，仔細思考你身分的每個面向對你來說有多重要。請給每項陳述一個 1 到 5 之間的分數，1 代表對你的自我感完全不重要，5 則是對你的自我感極為重要。

	評分（1～5）
1. 我的夢想與目標	
2. 我的摯友	
3. 我的親戚與親密家人	
4. 我的認知與情緒	
5. 我的人生伴侶	
6. 我的種族或族裔	
7. 我的自我形象	
8. 我的職業與經濟狀況	
9. 我的宗教	
10. 我的倫理與價值觀	
11. 我的交友圈與熟人圈	
12. 我對所屬社群的歸屬感	

E 得分：要得知你的「**個人身分**」分數，請把第 1 項、第 4 項、第 7 項、第 10 項的分數加總起來。要得知你的「**關係身分**」分數，請把第 2 項、第 3 項、第 5 項、第 11 項的分數加總起來。要得知你的「**集體身分**」分數，請把你給第 6 項、第 8 項、第 9 項、第 12 項的分數加總起來。你的總分是多少？

個人身分 ＿＿＿＿＿＿　　關係身分 ＿＿＿＿＿＿　　集體身分 ＿＿＿＿＿＿

對你來說，哪個構成自己身分的要素最為重要？＿＿＿＿＿＿＿＿＿＿＿＿＿＿＿＿

F 在所有身分的面向當中，你最重視哪四五個？為什麼？

＿＿＿＿＿＿＿＿＿＿＿＿＿＿＿＿＿＿＿＿＿＿＿＿＿＿＿＿＿＿＿＿＿＿＿＿＿＿＿

＿＿＿＿＿＿＿＿＿＿＿＿＿＿＿＿＿＿＿＿＿＿＿＿＿＿＿＿＿＿＿＿＿＿＿＿＿＿＿

＿＿＿＿＿＿＿＿＿＿＿＿＿＿＿＿＿＿＿＿＿＿＿＿＿＿＿＿＿＿＿＿＿＿＿＿＿＿＿

與西方文化不同，許多東方文化推崇的是集體主義（collectivism）。這表示東方人重視團體目標勝過個人目標，並會根據團體認同而非個人屬性，來定義自己的身分。舉例來說，在集體主義的亞洲文化中，像是在日本、印度、中國，比起表現得與眾不同或鶴立雞群，大家重視的是合作與和諧的人際關係。集體文化強調的其他價值觀包括：

- 尊重並敬重父母與長輩
- 社會當中的社會秩序與社會穩定
- 國家安全以及抵禦外敵
- 自律與抗拒誘惑
- 彬彬有禮且教養良好
- 服從、盡職、盡責

由於集體文化強調人際關係與社會秩序，因此比起個人身分，身處其中的人往往更重視關係身分與集體身分。

性別與身分

性別角色 一套規定男性與女性應該要有何種行為舉止的規範。

文化中有某個特別面向——性別——對人的身分特別具有影響力。社會性別（gender）是一組用來定義男性與女性的特徵。與生理性別（sex）不同，社會性別是文化的產物。孩童在成長與建立身分的過程中，深受性別角色所影響。**性別角色**（**gender role**）是一套規定男性與女性應該要有何種行為舉止的規範。

性別角色會因為文化不同而大為不同。在西方社會的傳統中，男人被認為應該要果斷、獨立、好勝，女人則被認為應該要樂於助人、感情豐沛、溫柔婉約。由於男孩與女孩在校和在家都被以不同的方式對待，上述的性別角色便因此受到強化。舉例來說，女孩比男孩更有可能會因為攻擊行為而被懲罰，原因在於大家認為比起女孩，這類行為出現在男孩身上較為適當。另一方面，男孩更有可能會因為哭泣而被懲罰，並被告誡「男孩子不能哭」。

甚至連給男女孩玩的玩具也都會強化性別角色。女孩往往得到的是洋娃娃、娃娃屋，並會玩化妝遊戲，而男孩則經常收到玩具卡車、玩具火車、可動人偶，甚至是玩具槍。對洋娃娃有興趣的男孩，或對卡車感興趣的女孩，可能會遭到父母、老師、同儕的批評指責與排拒。

在美國，性別角色正迅速改變。從高中畢業的女性比男性還多，總勞動人口也幾乎快要男女各半了。進入大學就讀的女性比男性要來得多，取得高等學位以及學士學位的女性人數也超越了男性，這只是整體趨勢的一部分，而這個趨勢有助於重新定義誰要出門上班、誰要待在家照顧孩子。大約每五位全職父母，就有一位是父親。所有企業中逾四分之一為女性所有，而所有新興小型企業中有一半以上是由女性所創辦。

不幸的是，儘管社會在賞識與獎勵技能、天賦、成就符合或超越預期的能幹員工方面，已經有長足進步，**性別偏見（gender bias）**，人因其性別而遭受不同或不公平的對待）依然沒有完全消除。女性（甚至是男性）可能會碰上「母職障礙」的偏見，這種偏見會假定女性對家庭的投入程度會勝過對工作的投入程度，於是工作將會受到不良影響。或者被認為「過於果斷」的女性可能會被誤貼上「太不隨和」或「太有野心」的標籤，然而男性同胞卻有可能因為類似的行為而受到獎賞。

另外，多數研究都指出，在職場上，女性依然賺得比男性少，這有一部分可以歸咎於性別偏見。之所以會出現這種情況，也是因為女性通常都會選擇專業領域中薪水較少的工作。舉例來說，比起主修數學的男性，主修數學的女性較有可能會選擇教書，而教師向來都是待遇較低的職業。此外，女性一直以來都不被鼓勵去協商薪資或提高最低薪資，只能接受既有薪水，反觀男性更傾向會去談（並獲得）更高的薪資。不過，上述這些都是任何人可以學習並掌握的技巧。

角色定義

許多研究人員建議，最健全的做法就是同時兼具刻板印象中的陽剛與陰柔特質。同時兼具多種特質的人，在必要時可以既有說服力又有邏輯，也能在適當場合展現充滿情感和感性的一面，作為最佳的回應方式。比方說，女性如果擁有傳統的陽剛特質，像是邏輯推理、獨立自主、大膽無畏，比起行事被動又唯命是從的女性，在職場上更能夠堅持己見。此外，男性如果擁有傳統的陰柔特質，像是溫和有禮、心思細膩、富有同情，比起覺得自己必須與人保持疏離、不顯露情緒的男性，更能夠享有較親密且和諧的感情關係。

每個人天生就能夠感覺並表達人類所擁有的各種想法與情緒。把個人特質視為人性的一部分，而不是將其區分為好壞、強

成功祕訣
別限制自己可以成為怎樣的人。

弱或男女特有，可以讓我們自由定義自己的身分與個人志向。如同本書之後將探討的內容，職業選擇不應該取決於個人性別或「什麼才可接受」的文化觀念。它要以眾多個人因素為根據，尤其是你的興趣與價值觀。

✔️ 自我檢查

1. 請定義自我形象。（第 41 頁）
2. 何謂社會角色？（第 51 頁）
3. 請列出身分的三大構成要素。（第 51 頁）

關鍵詞

成功（第 16 頁）	意識心智（第 37 頁）	身分（第 51 頁）
自主（第 19 頁）	潛意識心智（第 37 頁）	個人身分（第 53 頁）
榜樣（第 22 頁）	認知（第 38 頁）	關係身分（第 53 頁）
幸福（第 28 頁）	情緒（第 39 頁）	集體身分（第 53 頁）
心理學（第 30 頁）	自我（第 41 頁）	文化（第 54 頁）
行為（第 30 頁）	自我形象（第 41 頁）	性別角色（第 58 頁）
神經科學（第 32 頁）	社會角色（第 51 頁）	性別偏見（第 59 頁）
神經系統（第 36 頁）	自我呈現（第 51 頁）	

學習目標重點整理

- **定義成功。** 成功是在工作與個人生活中創造意義，以及對自己與自身成就感到滿意時，所帶來的終生實現。
- **列出數種能使人感到幸福快樂的個人特質。** 可以使人快樂看待生活的個人特質，包括了愛人的能力、天職、勇氣、信任、樂觀、放眼未來、社交技能、審美感、工作倫理、誠實、情緒覺察、堅持不懈、寬恕、創意思考、靈性、自尊、智慧。
- **定義心理學，並舉出其四大目標。** 心理學是研究人類行為的科學。其四大目標分別為描述、預測、解釋、（在某些情況下）改變人類行為。
- **說明想法、感受、行動之間的關係。** 想法、感受、行動全都息息相關，彼此互相影響。舉例來說，我們對自己的看法會影響我們對自己有什麼感覺，以及我們如何採取行動。
- **定義自我、自我形象、身分。** 自我是認為自己是獨一無二有意識存在的感覺。自我形象是人對自己抱持的所有信念。身分是人決定如何向這個世界定義自己。
- **描述構成身分的要素。** 身分具有三大構成要素：個人身分、關係身分、集體身分。個人身分是可以將自己區別出來的身心特徵。關係身分是人如何看待與重要他人有關的自己。集體身分是人所扮演的社會角色以及所屬社會團體的總和。

複習題目

1. 根據本章內容，成功人士的定義為何？
2. 請說明想法、感受、行動之間的關係。
3. 為什麼負面情緒會讓人難以學習或努力朝目標邁進？
4. 何謂集體主義？與個人主義又有何不同？
5. 如果你說：「我是天主教徒」，你所透露的是身分中的哪個部分？
6. 請比較社會角色和性別角色。

批判思考

7. **幸福** 許多心理學家認為每個人都擁有幸福的「設定點」，這指的是一個人通常會回復到的一般幸福程度。這表示有些人純粹就是比別人要幸福快樂。若真是如此，你覺得耗費心力，試著變得更快樂值得嗎？為什麼值得，又為什麼不值得呢？

8. **身分** 想像你在不同的文化中（可以是國內也可以是國外）長大成人。你覺得自己的身分會和現在一樣嗎——你還會是「你」嗎？假如你被完全不同的家庭領養了呢？請說明。

應用

9. **性別角色** 性別角色會因為給男女孩各自不同的玩具而被強化。請造訪你當地的一家玩具店或書店，研究以六到十二歲男女孩為對象的玩具或書籍。（如果無法造訪玩具店或書店，請上網查看大型玩具或書籍零售商的網站。）請比較與對照給女孩和給男孩的玩具或書籍。強化傳統性別角色的玩具或書籍佔了多少比例？

10. **生活平衡** 請找兩個人，針對他們的生活平衡程度進行調查。請向對方說明，你想訪問的是他們在「生命之輪」中所示的八大生活領域：人際關係、學習與學校、工作與職業、社群、健康、嗜好與休閒、金錢、靈性。請讓每位受訪者都填寫練習 4，再把他們各自的分數加總起來。你的受訪者生活平衡嗎？他們想讓自己的生活更加平衡嗎？在「生命之輪」的八大生活領域當中，哪個對他們來說最為重要？請比較與對照你自己和他們的回答。

上網活動

11. **成功觀點** 請上 www.incomediary.com/50-great-thoughts-on-success，此網站提供了關於成功的十個定義、引文、方程式、錯誤觀念、法則。請從上述五個類別各自的十個陳述中，分別挑出兩個，並寫下來。接著，請用一兩頁總結，為什麼選出的這些陳述對你個人而言意義最為重大。

12. **榜樣文章** 請從歷史中挑出一位啟發你的榜樣，撰寫一頁內容，描述這個人為何以及如何影響你。

成功案例　「我做的事是對的嗎？」

請回顧你是如何回答第 14 頁的實際成功案例問題。既然現在已經完成本章了，想一想你會如何回答這個問題。

完成故事　請續寫一小段比爾的故事，顯示比爾可以如何運用自己定義的成功，決定正確的職涯道路。

「我真正想要的是什麼？」

尋找工作

瑪麗亞‧坎皮歐內已經為家族經營的布料事業工作了十二年。她正式的頭銜是接待員，卻慢慢開始肩負起各種重責大任，從銷售、會計到人事都包含在內。瑪麗亞的父親病倒後，一切都變了樣。她們家的公司被迫關門大吉，瑪麗亞的求職過程則困難重重。幾個月後，她得到了一份期滿轉正職的派遣工作，職務是行政主管。

探尋內心

瑪麗亞的親友都鼓勵她接下這份工作，但她卻懷疑自己沒本事能成功。「我只是個接待員，哪有什麼技能可言？」瑪麗亞想起有位朋友曾提供她電話行銷的工作，但她不曉得自己對那份工作有沒有興趣。她發覺，自己從未花時間思考自己是誰、想要什麼。

你覺得呢？

瑪麗亞如果想要更清楚瞭解自己的技能和興趣，可以怎麼做？

2 自覺

我們不需魔法，也能改變世界，因為我們內心已經擁有自己所需的一切力量——能夠想像更美好未來的力量。

——J・K・羅琳（J. K. Rowling），作家

簡介

想要過上得償所願的人生，你就必須先知道自己是誰、想要前往何處。

在本章中，你會藉由自我覺察的過程來認識自我。你將在第 2.1 節中學到自覺如何有助於找到前進的方向。你將仔細思考未來的夢想，確立將會引導自己做出選擇的價值觀。你將在第 2.2 節中檢視自己的多種面向，包括人格、技能與智能、興趣。接著，你將結合上述所有資訊，考慮可能適合自己的職業。

學習目標

本章結束後，你將能夠：

● 定義自覺，並舉出其好處。

● 說明影響價值觀的因素。

● 定義人格，並列出「五大」人格特質。

● 比較與對照技能、知識、興趣。

● 說明人格、技能、興趣如何與職業選擇有關。

第 2.1 節　尋找方向

建立自覺

自覺 將注意力集中在自己身上的過程。

你是否曾停下腳步，自問想從人生中得到什麼？自己是否正朝對的方向前進？要回答這些重要問題，你得先建立自覺。

自覺（self-awareness） 是將注意力集中在自己身上的過程，這裡的自己包含了想法、感受、態度、動機、行動。自覺是來自你退後一步，好好真正看著自己，瞭解自己與周遭世界建立起來的關係。

自覺具有多項好處。自覺有助於你辨識內心真正的感受與想法；自覺有助於你根據自己的個人價值觀來採取行動，而不是受到他人的話語或行為影響才行動；自覺有助於你懂得欣賞自己獨特的人格、技能、興趣。人有自覺時，就能做出適合自己的決定。

自我誠實的重要性

自我誠實 可以清楚看出自己優缺點的能力。

自覺很重要，但要做到，有時可能會非常困難。真正的自覺需要**自我誠實（self-honesty）**，也就是以清楚實際的方式看待自己優缺點的能力。自我誠實是建立自知（self-knowledge）的基礎。如果想精進自身，能夠用清楚正確的方式看待自己，既不過於苛刻也不過於仁慈，極為重要。問問自己：「我看到的是自己真實的模樣嗎？我是不是太有自信，或是太看不起自己了？」「我的行動是否符合我的核心價值觀？」「我是不是很容易就受同儕影響？」

自我誠實需要努力才能做到。它需要你講出關於自己的真實情況，不管是對自己還是他人都一樣。講出關於自己的真實情況表示要坦承自己只是人，所以並不完美。誠實做自己可能會帶來很大的挑戰，因為這麼做需要坦承自己可能不喜歡也不符合自我形象的想法和感受。自我誠實意味著要面對過去和現在的不愉快或甚至痛苦經驗，可能甚至要面對痛苦的感受，像是傷心、悲痛、憤怒、恐懼、羞恥或內疚。

自我誠實的好處

幸好，自我誠實的好處遠勝過為其所需付出的心力。做得到

自我誠實，就可以同時看出自己必須付出什麼以及需要做什麼，才能成為理想的自己。當你對自己誠實，就能與自己的夢想、價值觀、興趣建立起聯繫。你能夠以自己的進步為榮，因為你知道自己設定了有意義的目標，也投注了必要的心力來達成這些目標。你自己是誰、有什麼想法、有什麼感受，全都達成一致。

想要更自我誠實的話，就試著把自己當成是天文學家，透過繞軌運行望遠鏡的鏡片，觀看宇宙，發現新的行星或恆星。天文學家不會批判自己找到的發現，而會試著去瞭解。同樣的道理，別尋找事情「該有」的樣子，而要尋找它本來的樣貌。一一清點自己的發現，不管是現在和未來的可能性與喜悅之情所帶來的珍貴價值，還是形塑自身信念的人生過往事件所帶來的衝擊影響。任一要素都是人之所以獨一無二的不可或缺一部分。請利用**個人日誌 2.1**，開始深入瞭解自己。

自我意識

沒有人天生就具有自覺，大家都是在進入青春期以及長大成人的過程中，逐漸開始意識到自己是誰。時常反思自身的傾向通常被稱為**自我意識（self-consciousness）**，內在自我意識與公眾自我意識便是典型的例子。**內在自我意識（private self-awareness）**是人傾向意識到自己私下、內心的一面。**公眾自我意識（public self-awareness）**則是人傾向意識到自己在社交場合中展現出來的一面。

內在自我意識有助於我們瞭解自己。對私下自我有自覺的人，通常擁有實際複雜的自我形象。這些人往往會在親密關係中顯露私下的一面，進而強化人際連結，減輕寂寞感。他們也較不會出現因壓力而造成的身體不適問題。（第三章將更深入探討壓力。）

就像內在自我意識，公眾自我意識也會帶來好處。此種意識有助於人瞭解自己的行為是如何影響他人，以及適應不同的社會與職業角色。但如果高度公眾自我意識導致人在社交場合出現焦慮的情形，就可能有害了。舉例來說，有些人會開始不停擔心自己的外表、其他人怎麼看自己。這通常被稱為過度自我意識，也就是太過在意我們拿自己外表和成就與他人相比較的結果，以及他人給自己未必總是有建設性且準確的批評。

每個人都會被迫要遵守某些職場和社交生活中的規範。當我們與公私生活中的人互動時，文化與倫理規範幾乎是無所不在。

成功祕訣
自我誠實有助於你與自己的夢想、價值觀、興趣建立起聯繫。

自我意識 時常思索並觀察自身的傾向。

內在自我意識 意識到自己私下、內心一面的傾向。

公眾自我意識 意識到自己向外展現、屬於社交方面的傾向。

成功祕訣
過度自我意識可能會產生焦慮。

個人日誌 2.1

你有多瞭解自己？

請完成以下每項關於自己的陳述。

最瞭解我的人是 _____

我的其中一個畢生夢想是 _____

可以貼切形容我的三個形容詞是 _____

我最喜歡自己的一點是 _____

我最不喜歡自己的一點是 _____

我很擅長 _____

我不擅長 _____

我喜歡（做什麼） _____

我不喜歡（做什麼） _____

我感興趣的三種職業是 _____

我的人生使命是 _____

你在填寫以上陳述時，有沒有哪個難以下筆，特別是最後一項？如果是的話，再更仔細檢視自身，瞭解自己人生想要什麼，將會有所幫助。

然而，很多人都不會從日常例行公事中暫時抽身，花時間好好發自內心反思私下、內在的自覺。請誠實完成**練習 7**，如此便可反思你有多常檢視內心是如何看待自己。

情緒覺察

情緒覺察 認清、辨識、接受自己情緒的過程。

自覺的另一個關鍵部分是情緒覺察。**情緒覺察（emotional awareness）**是認清、辨識、接受自己情緒的過程。這種覺察需要你觀察自己，某種感受一出現時就認清它，並看出自己的想法、感受、行動之間有何關聯。對情緒有所覺察，有助於以正面

練習 7　內在自我意識檢核表

A　請閱讀下列項目，選出你認為符合自己出現下述感受的頻率，在其空格中打勾，以瞭解你的內在自我意識程度。

	總是	經常	有時	很少	從不
1.　我渴望學習。					
2.　我的工作很刺激。					
3.　我很樂意抱持開放心胸去傾聽。					
4.　我有新見解。					
5.　我喜歡從瞭解我不知道事物的人身上獲得指引。					
6.　我會試著透過他人的觀點來看待世界。					
7.　我相信每個人都獨一無二。					
8.　有人跟我說話時，我會用心聆聽。					
9.　我對自己與他人都很誠實。					
10.　我思考過自己的長處與弱點。					
11.　我持續不斷挑戰自己的假設看法。					
12.　我看出其他人可能覺得我在某些方面很奇怪或古怪。					
13.　我很容易就能適應當前身處的環境和情況。					

B　得分：答案沒有所謂的對或錯。這不是與他人比較的練習。請回顧與思考你是在每個項目的哪一欄打勾。致力於尋找貨真價實的榜樣、人生導師、朋友，他們是真正會對你的成長與成功感興趣的人。請更常檢視自己的正向特質，並在勾選上述項目的發生頻率時，設法在「經常」欄位中打愈多勾愈好。

方式處理情緒，並善用情緒做出好決定。

　　一切順利時，人通常相當容易就能察覺到自身情緒。你如果在重要考試拿到了優，大概就會意識到自己感覺很快樂、自信、驕傲、能幹。你如果正在享受等待已久的假期，大概就會很高興自己覺得放鬆、自由、滿足。

　　一切不順利時，人要察覺到自身情緒就會難上許多。人在身處這種情況時，可能會避免去細究自己的情緒。為了不要面對痛苦的感受，我們可能會告訴自己，我們不在乎或是什麼感覺也沒有。而在其他時候，人可能會察覺到自己有某種感覺，卻不清楚究竟是什麼。

辨識情緒

　　要辨識自己正在經歷什麼情緒，首要線索就是留意身體有什麼感覺。緊繃嗎？放鬆嗎？興奮嗎？激動嗎？疲倦嗎？因為情緒是由身心兩方面的要素所構成，懂得理解身體的反應有助於辨識情緒。

　　想瞭解情緒狀態的話，另一條線索就是研究情緒開始出現的前一刻，發生了什麼事。是不是有事情發生了？是不是腦中閃過了某個念頭？比方說，你被批評後，可能會感到受傷或覺得被侮辱。如果你在想要獲得其青睞的人面前絆倒摔跤，可能會覺得很尷尬、自己很蠢或成事不足。當你不確定是什麼情況導致自己出現某種感受，就自問這股感覺是針對什麼而來。你所感受到的情緒是針對你自己、某個人，或是沒有哪個特定的人？

　　找到精準用詞來表達自己正經歷的情緒，也會有所幫助。假設你現在感到「低落」或「很糟」，卻搞不清楚究竟為何會如此，就自問哪個形容詞最能貼切表達你當下的狀態。你覺得沮喪嗎？辛酸嗎？寂寞嗎？被排拒嗎？建立可形容感受的龐大詞彙量，有助於你與自己的情緒產生聯繫。圖 2.1 列出了各式各樣可形容感受的字眼，讓你可以精確表達自己的情緒。一旦你找到貼切的字眼，可能就會立刻感到自己被賦予了一股力量。為情緒命名的簡單之舉，讓你知道自己正在面對什麼，也知道或許可以如何處理。辨識自身感受還有助於你與這些情緒和平共處。

定義夢想

　　在構成你是誰以及你之所以獨特的要素當中，夢想佔了很大

| 圖 2.1 | 感受字眼 |

我感到自在

受人欣賞	欣喜	追根究柢	滿意
受人愛慕	專心致志	聰明	安全
愉快	認真	有興趣	接納自我
受人賞識	狂喜	充滿喜悅	有自信
有魅力	令人印象深刻	博學多聞	真誠
勇敢	得意揚揚	深情	熟練
有能力	受到鼓舞	樂觀	溫柔
興高采烈	興奮	熱情	振奮
能幹	受人吸引	高興	有用
有信心	受寵若驚	驕傲	受人重視
知足	得體	活潑好動	清白
英勇	感激	堅韌	熱心
富有創意	英雄氣概	足智多謀	完整
好奇	充滿希望	受人尊敬	有價值
大膽	重要	浪漫	狂熱

我感到不自在

害怕	不受重視	無能	自我懷疑
躁動不安	身心交瘁	嫉妒	心煩意亂
冷漠	失望	緊張不安	愚蠢
憤怒	灰心喪氣	寂寞	多疑
焦慮	困窘	失落	遭到冷落
羞愧	空虛	平庸	傷心
尷尬	擔憂	受到忽略	疑心病重
遭到背叛	可笑	緊張	神經緊張
身負重擔	受驚	失控	懼怕
遭到欺騙	內疚	驚慌失措	可憎
笨拙	心碎	悲觀	煩躁
暴躁不安	無助	遭到貶低	無用
防衛心重	懷有敵意	遭到拒絕	厭倦
情緒低落	遭到羞辱	自我批判	擔心
遭人拋棄	遭到忽視	自生自滅	無價值

情緒覺察

如果想更懂得察覺情緒，請練習自問以下三個問題：我的身體感覺如何？我開始經歷這種情緒的前一刻發生了什麼事？我可以賦予這種情緒具體名稱嗎？為什麼建立感受字眼的詞彙量會有助於你更懂得察覺自己的情緒？

一部份。**夢想(dream)**是對未來所懷有的志向、希望或願景。擁有夢想賦予我們人生意義,協助我們做出決定,有助於我們在碰上障礙或難關時堅持下去。相較之下,活著卻沒有夢想,可能會使人漫無目標、缺乏動力。

那些最為成功的人,都是從擁有一個夢想開始出發。夢想這個強大慾望會讓人緊抓著不放,使其總有一天成真。夢想賦予人生目標,給予眾人存在的理由。唯有你,也只有你,才擁有讓自身夢想成真的力量。為了讓夢想成真,就必須具備自覺,擁有不半途而廢的強烈渴望。

目標的重要性

有時候,目標的有無可能足以決定生死。維克多·法蘭可(Viktor Frankl)醫師在 1930 年代的奧地利維也納以精神醫師的身分執業,於二次大戰期間淪為納粹集中營的階下囚。他在達豪(Dachau)與奧許維茲(Auschwitz)度過了三年的恐怖生活,多次從毒氣室與死神的手中死裡逃生。法蘭可在其著作《活出意義來》(*Man's Search for Meaning*)中,運用他在集中營的經歷與觀察結果,探討身處極端環境下的人類行為。《辛德勒的名單》(*Schindler's List*)、《戰地琴人》(*The Pianist*)、《偷書賊》(*The Book Thief*)等電影,都會讓人想起這段人類受苦受難的過往。法蘭可在認為自己和其他人都被剝奪了一切——家人、工作、衣物、財產、健康、尊嚴——的情況下,開始研究俘虜的行為。他寫下事實,沒有讓自己的情緒摻雜其中。他注意到每天都有可能會死的集中營囚犯,如果覺得活著有目標的話,就能夠捱過飢餓與拷打。那些覺得沒有理由活下去的人,很快就輕易死去了。而那些從集中營存活下來的人之中,幾乎各個都懷抱著強烈決心,想要再見到摯愛的人,或還想做一件人生大事。

比起任何研究人類行為的權威,法蘭可都更以親身經驗作為他對人類行為瞭解的基礎。他的觀察結果與佛洛伊德(Sigmund Freud)的研究極為不同。佛洛伊德表示,每個人可能外表看似不同,但當食物都被剝奪後,所有人都會出現同樣的行為。他覺得人全都會退化成仰賴著動物般原始本能的生物。

法蘭可在集中營目睹到當兩個人碰上一模一樣的情況時,發現其中一人崩潰放棄,另一人則堅持下去、心懷希望。他看到人會因為內在驅力與動機有所不同,而對同樣的情況做出非常不一樣的反應。許多囚犯告訴法蘭可,自己不再對生命抱有任何期

望。法蘭可指出，他們弄反了。他說：「生命對他們有所期望。生命期望每個人都能發現自己的人生應該要如何發展。」讓人人得以面對生命中艱苦時期與悲劇經歷的正是目標。

成功祕訣
生命對每個人都有所期望。

夢想應該要有什麼模樣？

沒有哪個夢想比別的要好。沒有哪個夢想大到無法實現，也沒有哪個夢想小到不算數。不論夢想是什麼都沒關係，只要這些夢想代表的是你覺得有意義且能實現個人抱負的事物就行了。你可能對個人生活懷有夢想，例如能養家糊口或環遊世界；你可能夢想能和動物、孩童或是植物一同工作；你可能夢想受到認可、有所成就，像是獲得特定的工作，或是取得特定的學位；你可能夢想住在鄉間小屋，或是俯瞰紐約市的高樓公寓。你可能擁有一個引導自己前行的夢想，或是數個加起來就能描繪出理想滿意生活的夢想。

成功祕訣
夢想可以是任何你想使其成真的一切。

瞭解自己的夢想，是擁有自覺的一環。人在自問夢想是什麼時，其實就是在問：我人生想要什麼？

重拾夢想

每個小孩都有夢想。然而，人在長大的過程中，夢想通常會消失不見、被埋葬起來，或擱置一旁。人會變得汲汲營營於日常生活的各種事務，開始擔心其他人會怎麼看待自己。我們的父母、親戚、其他在自己生命中具有分量的大人，往往會傳達出不贊同的訊息，破壞我們的夢想。有些父母想要孩子繼承自己的衣缽，其他父母則想要孩子達成自己過去沒能完成的目標。許多人都認為，比起動腦找出自己想要什麼，順從其他人的意思、隨波逐流，要容易得多。但如果你所做的計畫，只是為了要滿足父母、伴侶或同儕，你的成功將讓自己感到空虛——因為你不是在實現自己的夢想，而是其他人的夢想。這就是為什麼人如果想達成個人與事業上的成功，擁有並追逐自己的夢想至關重要。

如果你不確定自己的夢想是什麼，試著回想童年早期，在你還沒學會批評自己，或擔心其他人可能會有什麼看法之前。你以前長大時想當什麼？你以前對未來有什麼會讓自己感到激動的幻想？什麼學科讓你著迷？在有人跟你說某件事不可能辦到、很愚蠢，或是個壞主意之前，你想實現什麼？如果想要與自己的夢想建立起聯繫，請完成**個人日誌 2.2**。

成功祕訣
你的目標是要滿足自己，不是其他人。

個人日誌 2.2

你的夢想是什麼？

請完成以下句子。寫下你想到的第一個念頭，不要批判自己。

我一直都想_____

_____

_____

如果我有機會受到表彰，我希望獲獎的原因是_____

_____

_____

讓人生值得一活的事情有_____

_____

_____

在我身上可能發生的最好事情是_____

_____

_____

如果我的生命即將走到盡頭，我不會後悔曾經_____

_____

_____

請仔細看看你在上方所寫的內容。你有看到任何共通的字眼、意象或主題嗎？請寫下你現在懷抱的四五個夢想。這些夢想不限大小、所需花的時間，以及所屬的生活領域，例如教育、職業、人際關係、生活方式、外表、健康、旅行或靈性。

與價值觀建立聯繫

　　想變得更有自覺的下一步，就是探索自己的價值觀。**價值觀**（values）是人選擇要堅持的信念與原則。價值觀包含了道德與宗教方面的信念，卻也涵蓋了生活的所有其他面向。你的價值觀有助於定義你是誰。價值觀會形塑你的態度，幫助你找到自己的優先考量。沒有先定義好自己的價值觀，就很難替未來制定目標。

　　價值觀與**倫理**（ethics）緊密相連，後者是用來確立可接受行為與判斷對錯的原則。不過，沒有所謂「對」或「錯」的價值觀。你的價值觀反映了對你這個獨一無二之人來說什麼才是最重要的。

　　每個人都有一套不同的價值觀。作家麗塔・巴爾圖斯（Rita Baltus）講了一個傳教士的故事，描述他前往某個貧困國家，為有需要的人提供幫助。兩名觀光客造訪了該國，看到傳教士正在為一位患有痲瘋的男子清潔，而這種疾病會產生皮膚病灶。其中一名觀光客轉頭對另一人說：「就算給我一百萬美元，我也不會做那種事。」傳教士抬起頭回說：「我也不會。」顯然，這名傳教士有比金錢還重視的東西。

檢視價值觀

　　你知道自己覺得最重要的價值觀是什麼嗎？雖然每個人所堅持的原則與信念都有所不同，大部分的人都至少會重視以下其中幾項：

- **冒險**（**adventure**）——探索世界，尋求新體驗
- **投入**（**commitment**）——致力達成目標
- **社群**（**community**）——覺得自己與鄰里或某個團體有所連結
- **愛心**（**compassion**）——對受苦的人抱有同情心，也努力想減少這種情況
- **競爭**（**competition**）——藉由與人之間的競爭以及挑戰，測試自己的能力
- **勇氣**（**courage**）——冒上風險，展現對抗恐懼、危險、困難的力量
- **創造力**（**creativity**）——進行實驗、表達自己的想法、嘗試新點子

價值觀　人選擇要堅持的信念與原則。

倫理　用來確立可接受行為與判斷對錯的原則。

成功祕訣
決定好自己的價值觀極為重要。

✳

- 環境保護主義（environmentalism）——保護自然環境
- 公平（fairness）——待人公正不偏頗
- 財務無虞（financial security）——不用擔心與金錢相關的問題
- 樂趣（fun）——生活過得愉快，擁有美好時光
- 慷慨（generosity）——待人寬厚
- 認真努力（hard work）——不論在職場還是在家都全力以赴
- 健康（health）——覺得身體強健，享有身心健康
- 誠實（honesty）——思考、說話、行動都很直率
- 獨立（independence）——自行做出決定，擁有選擇自由
- 正直（integrity）——做對的事，行為舉止符合道德
- 善心（kindness）——待人有愛心，樂於幫助人
- 知識（knowledge）——尋求真相，瞭解原理
- 學習（learning）——就學；作為一個人，持續成長
- 忠誠（loyalty）——始終忠於某人或某個理想，為其竭盡心力
- 外表（physical appearance）——看起來吸引人、儀容整潔、健康良好
- 力量（power）——對人與情況具有影響力
- 表彰（recognition）——自身努力獲得認可
- 人際關係（relationships）——享受受人所愛，以及擁有歸屬的感覺
- 責任（responsibility）——履行義務，為人可靠
- 安全（security）——不必感到焦慮，需求獲得滿足
- 社會責任（social responsibility）——對社會福祉與解決社會問題的方法有所貢獻
- 獨處（solitude）——享受用來休息充電的獨自一人時光
- 靈性（spirituality）——尋求對人類存在來說更大的利益、使命或意義
- 容忍（tolerance）——接納其他的人、文化、想法
- 財富（wealth）——擁有足以過上富裕生活的錢財

決定要信奉一套價值觀之前，很重要的是先考慮到可能會影響自己做決定的因素。

就像一個人的其他面向，價值觀也會深受家庭、宗教信仰、老師、朋友、個人經歷所影響。一個人的價值觀也會受到自己身處的社會所影響。民主社會（例如美國與加拿大）時常推崇的價

值觀包括獨立、自由、責任、安全、容忍。然而，整體社會的價值觀有時可能會讓人感到混亂。比方說，雖然多數人都學到要重視努力工作和慷慨大方這兩件事，卻也同時暴露在有些媒體美化了一夕成名和身懷鉅富的想像之下。

　　當我們將別人的價值觀納為己用時，也可能會對自己的價值觀感到混淆。假設你父母非常看重財務無虞，你卻願意為了冒險而犧牲財務無虞。你會採納父母的價值觀，按照他們建議的工作與生活方式過活呢，還是會成為依自己想法行事的人呢？你可能在內心深處覺得自己的價值觀是「錯的」，父母的價值觀才是「對的」。但要記得，價值觀是個人認為什麼才重要的信念，不是判斷對錯的絕對準則。如果你不確定自己是否真的信奉著某個價值觀，就問問自己：

* 此價值觀是我自行選擇，還是從其他人身上模仿而來？
* 此價值觀有讓我感覺自我良好嗎？
* 如果我依據此價值觀行事，其他人會受益嗎？
* 如果我不依循此價值觀，會發生真的很糟的事嗎？

成功祕訣
價值觀只是信念，不是絕對準則。

＊

練習 8　價值觀清單

A 請選出你自己覺得很重要的十個價值觀。請從第 75 頁所列出的價值觀中挑選，或是如果你覺得這份清單有所遺漏，那就採用其他資料來源進行挑選。在下方的左欄中填上每個價值觀的名稱。

價值觀	排名	註解

B 現在依這些價值觀對你而言有多重要來排序。請在排名的欄位中，填寫 1（最低）到 10（最高）來代表每項價值觀的重要性。請在右側的註解欄位中，簡單說明你為什麼要如此排序。

C 請寫下你排名前三的價值觀，並針對每一項，說明為什麼你覺得它重要，並描述一種你要如何運用或打算怎麼利用該價值觀的方法，引導自己做出人生抉擇。

#1 價值觀 _____

_____

_____

#2 價值觀 _____

_____

_____

_____

D　你認為誰或什麼事物對自己的價值觀影響最大？請說明。

E　你覺得自己的朋友與情人應該要具備的最重要價值觀是什麼？這些價值觀與你列出的前幾名價值觀一樣嗎？請說明。

F　請想出一個你並未遵循自己任一價值觀的生活領域。舉例來說，你可能很重視誠實，卻因為某個原因，而向朋友或家人隱瞞了重要資訊。請描述你所碰到的情形，並說明你是否覺得自己正在做對的事。

- 此價值觀是否具有足夠彈性，讓我能夠滿足需求，同時追求目標？

現在該來檢視你的價值觀了。請回顧上述列舉的價值觀，再完成**練習 8**。

工作價值觀

價值觀對我們所做出的人生決定有很大的影響。其中一個最重要的決定就是職業。如果你重視冒險，肯定就知道比起擔任會計，當個警察或空服人員會比較快樂；如果你重視創造力，就會在有機會展現自己和想新點子的工作上，愈做愈成功；如果你重視知識，可能就會喜歡與教學、研究、科學或新聞相關的職業。

當然了，沒有工作會完全符合你的所有價值觀。比方說，某份工作可能會讓你享有大量的自主性、進行冒險活動，卻幾乎毫無安全感可言；另一份工作可能會讓你在財務與創造力兩方面獲得回報，卻提供比想像中要少的幫助他人機會。這就是為什麼在工作滿足感與生活滿足感之間找到平衡如此重要。這也是為什麼決定你工作時最想看重哪些價值觀如此重要。

成功祕訣
價值觀會引導你做出人生抉擇。

請看看你在練習 8 中找出的最重要十項價值觀。對你來說，自己工作中最重要的價值觀是哪些？你願意犧牲的又是哪些？比如說，你是否願意犧牲工作的部分薪水，讓自己能夠去幫助他人？你是否願意接受自主性高的工作，就算這代表跟家人相處的時間會減少？

你也要問問自己，可以如何創造更多機會，展現自身價值觀。你工作時可以採取什麼行動，更加展現出自己的價值觀？如果你重視獨處，是否可以預留空檔，讓自己能夠不受打擾地獨立作業？如果你重視學習，是否可以自願參與新專案？

成功祕訣
尋找機會，積極展現自身價值觀。

你也可以在工作之外創造機會，展現自己的價值觀。如果你重視慷慨，可能會在遊民收容所擔任志工，或是送餐給窮人；如果你重視人際關係，可能會從恢復舊時的朋友情誼，以及強化家人之間的羈絆開始著手。諸如社區服務、獨立研究、藝術表現、靈性實踐等活動，全都能提供你機會，展現自身價值觀，實現人生目標。

✅ 自我檢查

1. 何謂自覺？（第 66 頁）
2. 擁有夢想為何重要？（第 70 頁）
3. 何謂價值觀？（第 75 頁）

人格與個體性

你現在應該知道關於自己的一些重要資訊了，也就是你人生想要什麼，又重視什麼。現在該來看看使你獨一無二的個人特質與才能了。

我們星球上有將近八十億人口，卻沒有哪兩個人一模一樣。每個人的行為（例如對情況的反應方式，或是經常會出現的情緒）就和外表（例如髮色或身材）一樣截然不同。

為了瞭解人與人之間的眾多不同之處，心理學家採用了人格的概念。一般人在使用 personality（性格）一詞時，通常是指一個人受人喜愛和歡迎的程度。不過，心理學的 **personality（人格）** 是相對穩定的行為模式，可將一個人與其他所有人區別開來。換句話說，人格是一個人情緒（感受）、認知（想法）、行動的模式。

人格　相對穩定的行為模式，可將一個人與其他所有人區別開來。

人格可以形容成是由多個特質所組成。**特質（trait）** 是人不論在什麼情況下都會表現出特定行為的傾向。舉例來說，如果樂觀是你的特質之一，你很有可能在多數情況下都會表現得很樂觀；如果友善是你的特質之一，你很有可能對多數人都會表現出友善的態度。特質讓我們的行為舉止保持一致。特質讓我們能夠說約翰很外向、蓋布莉耶拉很風趣，或是喬絲琳很健談。

特質　人不論在什麼情況下都會表現出特定行為的傾向。

有哪些人格特質「勝過」其他人格特質嗎？沒有，儘管有些特質可能有助於人在特定的環境或職業中獲得成功。舉例來說，一個善於社交又健談的人，會比更含蓄又安靜的人，在銷售工作上表現得更好；一位充滿好奇且打破常規的學生，可能會很難與思想保守的老師相處融洽。其他像是自律、堅持不懈、自我激勵等特質，對每個人都很有幫助，因為這些特質都有助於達成目標。

特質從何而來？

人的特質是由基因所形塑，但也受到教養方式與個人經歷所影響。心理學家一直都在爭論究竟哪個影響比較重要，是遺傳（先天）還是環境（後天）。雙方都各自能找到證據來證明。比方說，同卵雙胞胎不論是一起長大，還是分開被養大，通常都具

有相似的人格特質。這表示，人很大一部分的人格是遺傳自父母。然而，被領養的孩子通常會與養父母擁有相同的特質。這點顯示出相反的結論，也就是成長所處的環境，對人的行為舉止有決定性的影響。簡而言之，遺傳與環境都會影響人格，但無論哪個都不會控制人要如何思考、感覺或行動。

你是否曾經想過自己擁有什麼人格特質？別人都說你擁有怎樣的人格呢？你覺得有哪個符合自己？請利用**練習 9** 中的形容詞檢核表，建構出屬於自己的人格描繪。

成功祕訣
利用人格特質，協助自己成功。

總共有多少特質？

總共有多少不同的人格特質呢？一百個？一千個？練習 9 列出了將近一百五十個特質。你大概可以想出十幾個形容詞，來描述朋友的人格。誠實、聰明、認真負責、無憂無慮、敏感。仔細研究過《韋氏詞典》（*Webster's Dictionary*）的心理學家發現，可以用來形容人格的詞語有一萬八千個！

「五大」人格特質

你在練習 9 中挑了哪五個特質來描述自己？這些特質大概跟你同學挑出來描述他們自己的五個特質不盡相同。但假如每個人都能用同樣的五個特質來描述呢？聽起來是不可能的事嗎？近期的人格研究顯示，要相當精準描述大家的人格，事實上只用五個特質就能做到。這個人格模型採用的是下列「五大」人格特質：

成功祕訣
找出各式各樣的方式來描述自己。

* **開放性（openness）**——富有想像力，願意接納新的人、想法、經驗
* **嚴謹自律性（conscientiousness）**——自律，渴望有所成就
* **外向性（extroversion）**——堅定自信，善於社交，對刺激事物與活動感興趣
* **親和性（agreeableness）**——值得信賴，熱心親切，樂於合作
* **情緒穩定性（emotional stability）**——善於對抗負面情緒，例如焦慮、憤怒、抑鬱

針對上述每個特質，每個人都會各自展現出不同的程度。比如說，某個人可能會展現非常高的開放性，另一人可能開放性的程度很低或根本沒有，第三個人則可能落在這兩個極端之間。這

線上人格側寫

你空閒時，喜歡一個人獨處，還是置身於人群中會比較自在？你是喜歡採取冒險行動，還是寧願打安全牌？現今，有數十多個網站都提供人格測驗，可以協助你回答上述問題，而且還不只如此。線上測驗的類型上至經過大量研究的測驗方法，例如柯塞人格氣質量表（Keirsey Temperament Sorter），下至輕鬆小測驗，根據選出的顏色或狗的品種來解讀人格。做人格測驗會是令人大開眼界的經驗。這些測驗當中，哪些才真的會有幫助？有些網路上的人格測驗具有科學根據，但多數測驗其實都只是好玩而已，無法供人認真進行自我探索。你要怎麼分辨其中的差別，尤其是當許多網站都沒有澄清這點的時候？值得信賴的網站通常會提供資訊，說明其測驗所根據的心理研究。但最終真正做出判斷的人是你。如果你覺得某個線上測驗的結果似乎不準確，八成就不是真正的人格測驗了！

想一想

上網研究一下人格測驗。測驗分為哪些種類？這些測驗之間有哪裡不同？請試試以下連結中的幾個人格測驗。

· 五大人格測驗
http://www.outofservice.com/bigfive/

· HumanMetrics 榮格人格類型測驗
http://www.humanmetrics.com/cgi-win/JTypes2.asp

· 柯塞人格氣質量表
http://keirsey.com

· 三面向側寫工具
http://personal.ansir.com

五大特質已經在許多國家中進行過檢測，從中國、以色列到西班牙皆有，都出現了類似的結果。

天生性向（才能）、多元智能

二十世紀初，哈佛大學哲學系畢業生強森·歐康納（Johnson O'Connor）發覺，快樂、有生產力、有成就、帶頭的領袖、專業人士、工匠達人、藝術家，通常都從事著能發揮自己天賦的工作。這促使歐康納設計了一套測量先天才能的測驗題組，強森歐康納研究基金會（Johnson O'Connor Research Foundation）與波爾基金會（Ball Foundation）現在依然採用這套測驗題組，後者使用的是略為修改過的版本，而上述兩個基金會皆為美國非營利的科學研究組織。霍華德·加德納（Howard Gardner）博士所進行的劃時代研究證實了歐康納的發現，證明了智能既多元又多變，而非單一的同質性存在，因此，要檢測的應該是各式各樣的與生俱來天賦才對。強森·歐康納與同事辨識

練習 9　人格自我描繪

A　請仔細考慮以下列出的所有人格特質。如果你覺得某項特質在多數時候或是向來都可以用來形容自己，請在旁邊的方框中打勾。（如果你不確定某個詞的意思，請查字典。）請記得沒有哪個特質勝過其他特質。

☐ 抽象	☐ 好勝	☐ 有遠見	☐ 善於創造
☐ 精確	☐ 有自信	☐ 堅定	☐ 親切和藹
☐ 主動	☐ 認真勤懇	☐ 懂得變通	☐ 無憂無慮
☐ 適應力強	☐ 保守	☐ 有說服力	☐ 討人喜歡
☐ 喜愛冒險	☐ 體貼	☐ 寬宏大量	☐ 活潑
☐ 溫柔深情	☐ 表裡如一	☐ 直率	☐ 合乎邏輯
☐ 有警覺心	☐ 冷靜	☐ 友善	☐ 慈愛
☐ 野心勃勃	☐ 樂於合作	☐ 慷慨大方	☐ 忠誠
☐ 焦慮不安	☐ 勇敢	☐ 溫和	☐ 成熟
☐ 憂慮擔心	☐ 有創造力	☐ 脾氣好	☐ 有條不紊
☐ 有藝術天分	☐ 好奇	☐ 理智	☐ 謙虛
☐ 自信肯定	☐ 恭謙	☐ 健康	☐ 充滿幹勁
☐ 有吸引力	☐ 堅決果斷	☐ 樂於幫忙	☐ 靈巧俐落
☐ 大膽	☐ 冷淡疏遠	☐ 猶豫不決	☐ 思想開明
☐ 心胸開闊	☐ 強勢	☐ 誠實	☐ 樂觀
☐ 公事公辦	☐ 腳踏實地	☐ 抱有希望	☐ 有組織
☐ 沉著	☐ 熱心	☐ 謙遜	☐ 有獨創性
☐ 能幹	☐ 隨和	☐ 幽默	☐ 外向直率
☐ 小心仔細	☐ 有效率	☐ 有想像力	☐ 有耐心
☐ 有愛心	☐ 多愁善感	☐ 容易衝動	☐ 追求完美
☐ 有魅力	☐ 精力充沛	☐ 獨立	☐ 不屈不撓
☐ 開朗	☐ 熱忱	☐ 不拘小節	☐ 和藹可親
☐ 思緒清晰	☐ 性格外向	☐ 喜歡追根究柢	☐ 禮貌客氣
☐ 伶俐	☐ 公正	☐ 聰明	☐ 講究實際

☐ 喜歡獨處	☐ 安心	☐ 善於社交	☐ 尋求刺激
☐ 迅速敏捷	☐ 自我肯定	☐ 隨性	☐ 容忍
☐ 安靜	☐ 信心十足	☐ 安定	☐ 頑強
☐ 容易有反應	☐ 自律	☐ 穩健	☐ 傳統
☐ 務實	☐ 自力自強	☐ 堅強	☐ 容易相信他人
☐ 叛逆	☐ 明智	☐ 有主見	☐ 值得信賴
☐ 隨意自在	☐ 敏感	☐ 意志堅定	☐ 通情達理
☐ 可靠	☐ 感情用事	☐ 善於給予支持	☐ 有警戒心
☐ 含蓄	☐ 嚴肅	☐ 圓滑得體	☐ 熱情
☐ 足智多謀	☐ 靦腆害羞	☐ 固執	☐ 小心翼翼
☐ 認真負責	☐ 真誠	☐ 神經緊張	☐ 留戀傷感
☐ 有規範意識	☐ 多疑	☐ 思慮周詳	☐ 機智風趣

B 如果要選出最能形容你的五個特質，會是哪些呢？

1.＿＿＿＿＿＿＿＿＿＿＿＿＿＿＿＿＿

2.＿＿＿＿＿＿＿＿＿＿＿＿＿＿＿＿＿

3.＿＿＿＿＿＿＿＿＿＿＿＿＿＿＿＿＿

4.＿＿＿＿＿＿＿＿＿＿＿＿＿＿＿＿＿

5.＿＿＿＿＿＿＿＿＿＿＿＿＿＿＿＿＿

C 其中最讓你引以為豪的一兩個具體人格特質是什麼？為什麼呢？

_____

_____

_____

_____

_____

_____

_____

_____

_____

D 你的人格與家人的人格有何不同？又有哪裡相似？請說明。

_____

_____

_____

_____

_____

_____

_____

_____

_____

出十九種像這樣的特質，毫無疑問還有更多種。

這套測驗細分成幾大類：

- **人格（personality）**可判斷一個人是偏向客觀，即最適合與他人一起共事，還是偏向主觀，即更適合獨立作業的專門工作。
- **數符（graphoria）**可識別一個人的文書能力，以及處理數字與符號的能力，這些都是以高速和高效方式進行簿記、校訂、書記事務的必要能力。數符通常也是可以看出學業表現狀況的良好指標。
- **構想（ideaphoria）**可測量一個人創造性想像以及表達想法的能力，後者在銷售、廣告、教學、公關、新聞等領域屬於必要能力。
- **結構視覺化（structural visualization）**可檢測想像實體以及運用三維方式思考的能力。這個性向通常會出現在不太擅長抽象思考的具體思考者身上，對工程師、技師、建築師來說不可或缺。
- **歸納推理（inductive reasoning）**有助於從片段的事實中得出符合邏輯的結論，對律師、研究人員、診斷醫師、作家、評論家來說極為重要，這些職業都必須能夠在大量細節中，從特定細節迅速看出一般模式以及整體概況。
- **分析推理（analytical reasoning）**對作家、編輯、電腦程式設計師是必要能力，對其他必須將概念與構想分類和／或排序的人來說亦是如此。
- **手指靈巧度（finger dexterity）**是所有手工或手動操作類型工作的必要能力，包括電腦工作和文書處理。對雕刻與彈鋼琴等創意藝術工作也極為重要。
- **鑷子使用靈巧度（tweezers dexterity）**是可以精準操作小型工具的技能，對需要動手術、製錶、組裝微晶片的職業來說必不可少。令人意外的是，這項技能與手指靈巧度的關聯並不高。
- **觀察（observation）**是一個人可以仔細留意的能力，檢測的方式是讓受試者看一張顯示多項物品的照片，再請他們看有著同樣物品的其他十張照片，辨識出物品的細微變化。敏銳的觀察能力對藝術家和畫家很寶貴，對研究人員和各種調查專家而言格外有幫助，比如說研究需要用到載玻片的時候。
- **設計記憶（design memory）**是可以記住各種設計構思的能

力，對任何工作與平面圖或藍圖有關的人，以及藝術領域的人都極其有用。

- **音調記憶（tonal memory）**是可以記住並再現聲音的能力。音高記憶（pitch discrimination）可辨別樂音。節奏記憶（rhythm memory）可測量節奏感。
- **音色記憶（timbre discrimination）**測量可以辨別相同音高與音量之聲音的能力。
- **數字記憶（number memory）**是可以同時在腦中儲存許多東西的能力，對於像是法律、醫學、學術等職業都很有用，因為這類工作皆需喚起大量事實與資訊，以便作為判斷、診斷或決斷的根據。
- **數字推理（numerical reasoning）**是找出多組數字之間有何關係的性向，對簿記、會計、電腦程式設計、保險精算的工作最有幫助。
- **學字（silograms）**是測量學習陌生字詞和語言的能力。這項技能對翻譯師來說不可或缺，也對語言治療師、語言老師、筆譯師很重要。
- **前瞻（foresight）**是可以持續想著一個遙遠目標，並想像出如何達成目標以及途中障礙的能力。市調分析師、銷售預測專家、政治科學家、外交官、政治家、企業領導人都屬於眾多需要具備前瞻能力的人。
- **色覺（color perception）**是可以辨別色彩的能力，對服裝設計、多媒體繪圖、繪畫、室內裝潢、廣告的工作顯然都不可或缺，當然也包括了所有與藝術和規劃設計有關的職業與工藝。

多數接受強森・歐康納和波爾基金會測驗的人，都有三到五個性向特別突出，少數人會超過七個。在一些早期測驗結果中，強森・歐康納發現詞彙量與職涯成功明顯具有關聯。歐康納研究基金會的顧問現在都強調維持詞彙量很重要。隨著人愈來愈仰賴用行動裝置傳簡訊、發推特來作為主要的溝通方式，近幾十年來，高中和大學程度的詞彙測驗分數驟降。

性向、技能、興趣可以指出一個人應該往哪個方向發展，詞彙量則有助於預測一個人在自己所選的職業中大概可以走多遠。換句話說，就是因為詞彙量有限加上溝通能力較差，讓許多具備其他優秀能力的人無法好好培養這些能力，從中獲益。好消息是，詞彙量可以透過努力與訓練來改善，遠比其他任何天生性向

要來得容易。增加小說與非小說作品的閱讀量將使人受益良多。知識是習得而來，想像力是激發而成，溝通技巧則能磨練提升。

雖然上述的性向測驗是以年紀最小為九歲的孩童為對象，但可能對十六到十八歲的孩子最能發揮效用，因為這是高中生決定要上哪間大學或從事什麼職業的時期。這些測驗對任何正在考慮轉職或轉換產業的人來說也很重要。可以愈早發現自己的天賦愈好──但永遠都不嫌晚。不想對自己的職涯選擇感到失望、挫折、生氣，找到與生俱來的才能也很重要。一名知名外科醫師的年輕兒子無法繼承父業，只因為他在動簡單的手術時，太常遲疑不決了。他父親視此舉為膽怯的表現。事實上，原因出在兒子缺乏鑷子使用靈巧度。結構視覺化是另一個優秀外科醫師的必備條件，卻不是由父傳子，只能由母傳子。由於女兒可以從父母雙方遺傳到結構視覺化的能力，外科醫師可能更應該要指望自家女兒能夠延續家族傳統。

如果說單靠性向測驗就能決定一個人的職涯選擇，會是不負責任的行為。天賦、智力、後天習得技能、興趣、效仿榜樣、青春經歷，這些因素當然全都會受到環境影響。人的重大決定通常大多取決於不同關鍵時期的家庭考量，尤其是財務的現實面。然而，在沒有憑著自我意識一步步發掘自己天生才能的情況下，人很難用合理或明智的方式打造人生，因此愈早發現自身天賦愈好。就算最後決定要以嗜好和消遣的形式來發展天賦，也會比完全忽視天賦來得有意義。

人有很多挫折感都是源自內心深處，可能甚至連對深愛的人都無法解釋，只能說：「我不懂自己為什麼覺得像在浪費生命，但我就是知道。」詳盡徹底的測驗一而再再而三顯示，每個人都擁有才能。當我們能夠經常以有創意的方式展現這些才能時，可以更加感到滿足與充實！

另一種瞭解特質與能力的有用方法，就是將其視為運用智力的方式。智力和把天賦培養成技能有何關係──智力難道不是指在智商測驗拿高分嗎？完全不是。事實上，智商分數與真正的智力幾乎沒有關係。智商測驗衡量的是語文和數學能力，也就是學生在傳統學業科目上必須擅長的部分。這種測驗不會測量人是否能編舞、駕船、編織籃子、觀察自然，或安慰難過的朋友。上述的所有能力也都代表著智力。這些不同類型的智力稱為**多元智能（multiple intelligences）**。

研究多元智能的研究人員將**智能（intelligence）**定義為一組讓人得以解決特定類型實際問題的能力。他們找出了八種不同的智能：

- **語文智能（verbal/linguistic intelligence）**——可以使用文字和語言、記住資訊、創造想像世界的能力
- **邏輯數理智能（logical/mathematical intelligence）**——可以採用複雜的思維與推理、運用數字、辨識出抽象模式的能力
- **視覺空間智能（visual/spatial intelligence）**——可以想像物體與空間維度，並產生心智圖像的能力
- **肢體動覺智能（bodily/kinesthetic intelligence）**——可以瞭解並運用身體，以及控制身體在進行活動時（例如運動、跳舞、演戲、手工藝）動作的能力
- **音樂智能（musical intelligence）**——可以辨識節奏、拍子、聲音，並記得旋律和分辨背景聲音的能力
- **人際智能（interpersonal intelligence）**——可以進行人與人之間交流、領導眾人、解決衝突的能力
- **內省智能（intrapersonal intelligence）**——可以懂得自我覺察、自我反省，並追求興趣、設定目標的能力
- **自然觀察智能（naturalistic intelligence）**——可以在大自然中找出模式和關聯，並蒐集收藏、辨識動植物的能力。

每個人都擁有上述的所有八種智能，但在某一兩個特定的智能上會比其他人要來得突出。你最過人的長處是哪些智能呢？**練習 10** 的自我評量有助於你準確找出自己最突出的智能。

培養智能

智能可以透過學習與練習而加以強化。舉例來說，如果要發展人際智能，可以讀一本關於溝通技巧的書，再試試書中建議的方法；如果要培養自然觀察智能，可以學習植物相關的知識，再試試園藝。所有八種智能的培養方法都列在圖 2.2。

智能 一組讓人得以解決特定類型實際問題的能力。

成功祕訣
準確找出自己最突出的智能，有助於發掘自己最擅長的事。

成功祕訣
智能可以透過學習與練習而加以強化。

練習 10　發掘你的多元智能

A　請在每項你覺得準確符合自己情況的陳述旁打勾。如果你覺得陳述不符合自己的情況，就空著別打勾。

第一部分

_____ 我喜歡寫作和閱讀，幾乎什麼類型都不拘。

_____ 我喜歡在公開場合演說。

_____ 我對外語有興趣。

_____ 我喜歡文字遊戲。

_____ 我很擅長透過言語和寫作來表達自己。

_____ 我喜歡寫日記或寫信給朋友。

第二部分

_____ 我解決問題的速度很快。

_____ 我很容易就能記住公式。

_____ 我對雜亂無章的人感到心煩。

_____ 我很擅長找到並理解模式。

_____ 我能夠理解複雜的推論過程。

_____ 我可以快速心算。

第三部分

_____ 我喜歡建造、設計、創造東西。

_____ 我方向感很好，輕而易舉就能看懂地圖。

_____ 我覺得重新布置房間很有趣。

_____ 我用視覺化的方式學得最好。

_____ 我能想像出栩栩如生的事物。

_____ 我喜歡音樂影片和多媒體藝術。

第四部分

_____ 我輕鬆就能記住歌曲和詩歌。

_____ 我喜歡隨意編出曲調和旋律。

_____ 我喜歡音樂劇勝過戲劇。

_____ 我對樂器有興趣。

_____ 我會注意到節奏，輕易就能聽到聲音。

_____ 我很難在電視或收音機開著的情況下念書。

第五部分

_____ 我很會運動，協調性很好。

_____ 我喜歡向別人示範如何做某件事。

_____ 我很難長時間乖乖坐著不動。

_____ 我說話時，往往會用很多肢體語言。

_____ 我喜歡發明和組合東西，再把東西拆開。

_____ 我擁有動態的生活型態。

第六部分

_____ 我很擅長傾聽以及與他人交流。

_____ 我很有團隊精神。

_____ 我寧願和小組合作，也不要獨立作業。

_____ 我對他人的心情和感受很敏感。

_____ 我能夠弄清楚他人的動機和意圖。

_____ 我喜歡看脫口秀和訪談。

第七部分

_____ 我非常好奇。

_____ 我能夠表達內心感受。

_____ 我通常很安靜，並會自我反思。

_____ 我非常獨立自主。

_____ 我喜歡獨自工作，追求自己的興趣。

_____ 我總是在問問題。

第八部分

_____ 我用辨識和分類事物的方法學得最好。

_____ 我喜歡從大自然中蒐集物品，並對其進行研究。

_____ 我很擅長注意細微差別。

_____ 我很容易就看出模式。

_____ 我喜歡待在戶外，觀察大自然。

_____ 我覺得環境議題很重要。

B 得分：請合計你在每個部分各打了幾個勾。

第一部分總分 _____ 反映出你的語文智能。

第二部分總分 _____ 反映出你的邏輯數理智能。

第三部分總分 _____ 反映出你的視覺空間智能。

第四部分總分 _____ 反映出你的音樂節奏智能。

第五部分總分 _____ 反映出你的肢體動覺智能。

第六部分總分 _____ 反映出你的人際智能。

第七部分總分 _____ 反映出你的內省智能。

第八部分總分 _____ 反映出你的自然觀察智能。

你最突出的是哪些智能？

C 你在職場或學校是如何運用最突出的智能？請舉例說明。

_____

_____

_____

_____

_____

_____

D 請描述你曾運用自己最突出智能解決問題或達成目標的一次經驗。

_____

_____

_____

_____

_____

_____

E 你最想更進一步培養的智能是哪一兩個？為什麼？

_____

_____

_____

_____

_____

_____

圖 2.2	擴展智能

智能	方法
語文	・加入讀書會或參與寫作課程。 ・什麼都讀。 ・每天都在對話中使用一個新詞。
邏輯數理	・玩智力遊戲與腦筋急轉彎。 ・造訪科學中心、天文館或水族館。 ・練習用心算解決問題。
視覺空間	・玩拼圖或視覺益智遊戲。 ・造訪藝術博物館和美術館。 ・參與視覺藝術相關的課程，例如攝影。
肢體動覺	・加入健身房或運動隊伍。 ・學習跳舞、瑜伽、太極或武術。 ・報名參加有氧運動或重訓的課程。
音樂	・去看演唱會和音樂劇。 ・去上音樂欣賞或表演的課程。 ・探索不熟悉的音樂風格。
人際	・加入志工團體或服務團體。 ・學習肢體語言和溝通交流的相關知識。 ・經常向新認識的人介紹自己。
內省	・培養可供沉思的嗜好，例如園藝。 ・寫日記，記錄自己的想法與感受。 ・請教輔導員或治療師。
自然觀察	・探索居住地區附近的動植物。 ・在大自然或建築物中尋找模式。 ・開始收藏物品。

學習＋練習＝進步

當試新活動和認識新的人都有助於發展智能、發掘新興趣。
請選出你最想培養的智能，並描述為了做到這點，你所能採
取的三個具體行動。

探索技能與興趣

技能 經由學習與練習而獲得可以做到特定事情的能力。

你的人格與價值觀，構成了你是誰以及未來會往哪裡發展的基礎。這兩者代表了你這個獨一無二之人的核心。但除了人格特質外，每個人也都具備了一套自己專屬的技能，可用來前往自己想到達的目的地。**技能（skill）**是經由學習與練習而獲得可以做到特定事情的能力。技能通常是以動詞表示，比如交涉、談話、記誦、畫圖、治癒、拍照或縫製。

知識 對某一特定主題領域之事實或原理的瞭解。

技能從何而來？沒有人天生就知道要如何開車，怎麼玩填字字謎。技能反而是結合了知識與經驗才誕生的產物。**知識（knowledge）**是對某一特定主題領域之事實或原理的瞭解。舉例來說，你可能擁有關於電腦、西班牙文、足球、植物、貓類、歷史、美國文學或室內裝潢等的知識。

知識本身就很寶貴了，但要與實際經驗相結合，才稱得上是技能。要動手術，不只需要解剖學的知識，還需要實際用手術刀練習過才行。任何技能都是如此。比方說，想要有好文筆，就需要文法、文體、書寫主題的相關知識，同時還需要練習組織自己的想法，學習如何清楚表達自己的意見。

技能類型

技能分為兩種基本類型：可轉用技能（transferable skill）與專業化技能（job-specific skill）。可轉用技能是可用在各種任務與工作上的能力。用雙手工作、組織資訊、寫作、決策，全都是可轉用技能。專業化技能是可以做特定任務或工作的能力。將骨折回復到原位、使用桌鋸、設計電腦程式，全都是專業化技能。

一般人很容易就會認為專業化技能要比可轉用技能來得重要。畢竟，當你雇用水電工來解決馬桶漏水的問題時，就是想找知道如何解決水管問題的人。不過，可轉用技能是專業化技能的基礎。假如水電工不太擅長推論，怎麼有辦法解決水電問題呢？如果水電工沒有數學和組織資訊方面的技能，怎麼有辦法經營事業呢？

成功祕訣
可轉用技能是專業化技能的基礎。

培養可轉用技能有助於達成目標、管理時間與壓力、進行良好溝通。有時候，評估自己技能的優缺點，瞭解自己這一路走來費了多少功夫，以及現在想要往哪裡發展，皆相當有幫助。如果你不確定自己有什麼技能，那就自問以下問題：

• 我在哪些方面有經驗？

- 我擁有哪些領域的知識？
- 我在家、在職場或在學校有完成過什麼計畫？
- 我曾經解決過什麼問題？解決時運用了什麼技能？
- 我喜歡做什麼？做這件事需要什麼技能？

請利用**練習 11**，仔細想想你目前擁有的技能，同時檢視你想培養的技能。

發掘興趣

你已經勾勒出自己擁有的技能與智能。現在為了得到你的全貌，將要檢視的是切身相關的領域 —— 你的興趣。**興趣**（interest）是個人偏好的特定主題與活動。人愈瞭解自己的興趣，在規劃學業與職業的道路時會愈容易。

你喜歡什麼，又喜歡做什麼？如果你不確定自己的興趣是什麼，現在開始研究永遠不嫌晚。請從**個人日誌 2.3** 的問題開始著手。

當你在思索自己的興趣時，全部都要納入考量——別因為害怕某些興趣不夠重要或不夠特別，就忽略不考慮。不論擁有同樣特定興趣的人是多是少，只要那真的是興趣就行了。順應興趣的話，可以對自己的工作和嗜好更樂在其中；忽視自身興趣的人，最後的下場通常都是做著自己不喜歡或不怎麼在乎的工作。例如，琳恩很喜歡戲劇，卻決定要主修商學，因為她認為演戲不是「真正」的職業。葛瑞格認為他對木工的興趣，「只是嗜好而已」，因此錯失了機會，無法將這個興趣發展成既有趣又有報酬的職業。

技能和興趣

興趣和技能很有可能都屬於同一個領域。這是因為一般人通常都對自己有興趣的事物很擅長，也對自己擅長的事物很有興趣。為何會如此呢？首先，對於自己喜歡做的事，每個人都會受到激勵，想培養其所需的技能。請想像兩個上鋼琴課的學生。其中一名學生對音樂有興趣，喜歡練琴；另一個學生根本不在乎音樂，想盡辦法要逃避練琴。哪個學生能培養出彈琴的技能呢？

技能和興趣往往會成雙成對，另一個原因就是擁有做某件事的技能，會讓這件事做起來更開心、更有趣。比方說，如果你有踢足球的技能，很可能會比沒有足球天賦的人，對這項運動更加

興趣 個人偏好的特定主題或活動。

成功祕訣
技能和興趣密切相關。

練習 11　技能評估

A 你也許以為自己沒有很多可轉用技能，但可能會很驚訝得知自己居然擁有這麼多每天都會展現的技能。請在 1 的部分寫下任何你想得到自己知道怎麼做的事情。舉例來說，你很擅長和小孩、朋友或一群人講話嗎？還是修理汽車、機器或工具？請參考 2 中提供的動詞，協助自己描述技能。請參考 3 中可能派得上用場的名詞。

1. **我的技能：**

   例子：編輯文件

2. **動詞**

給予建議	決定	找尋	激勵	修理
分析	描述	處理	協商	研究
組裝	設計	提供幫助	組織	販售
建造	發展	辨識	表演	講話
計算	畫圖	發明	說服	教學
指導	編輯	學習	計劃	安裝
諮商	評估	傾聽	閱讀	使用
創造	表達	管理	記誦	寫作

3. **名詞**

動物	設備	個體	數字	任務
藝術	事件	資訊	物品	科技
書籍	實驗	語言	組織	戲劇
汽車	感受	機器	植物	東西
小孩	檔案	會議	問題	時間
電腦	朋友	金錢	計畫	工具
概念	人群	音樂	報告	文字
文件	點子	需求	運動	

B 請把你寫下的所有技能看過一遍，挑出自己最引以為傲的三項技能。請針對每項技能，描述你曾使用該技能完成某件重要之事的一次經驗。舉例來說，你可能曾經幫過某個人、解決過一個難題，或是建造、修理過某個東西。

技能 1 _____

_____

_____

_____

_____

_____

_____

技能 2 _____

_____

_____

_____

_____

_____

_____

技能 3 _____

_____

_____

_____

_____

_____

_____

C 請列出三項你想改善的技能。針對每項技能，想出可以如何改善的一些具體做法。（請記得，技能是結合了知識與經驗的產物。）

技能 1 _____

_____

_____

_____

_____

_____

技能 2 _____

_____

_____

_____

_____

_____

技能 3 _____

_____

_____

_____

_____

_____

個人日誌 2.3

探索興趣

什麼活動會讓你感到精力充沛又生龍活虎？ _____

_____

_____

_____

當你去圖書館、書店或書報攤時，喜歡瀏覽哪個（些）領域的主題？ _____

_____

_____

_____

你在學校最喜歡的課程或科目是哪個（些）？ _____

_____

_____

_____

你可以聊個不停的話題是哪個（些）？ _____

_____

_____

_____

你小時候對什麼很感興趣？ _____

_____

_____

_____

請仔細研究你的答案。有沒有任何主題、話題或關鍵字出現超過一次？這些大概就是你最強烈的興趣了。

有興趣。請回顧你在練習 10 找出的多元智能。注意到調查表的每個部分不只問你擅長什麼，也問你喜歡做什麼。舉例來說，如果你擁有很高的音樂智能，那你除了擅長音樂以外，可能也很喜歡音樂。

人在做著自己喜歡也擅長的活動時，更有可能體驗到心理學家稱之為心流（flow）的情況。心流是一種高生產力的振奮狀態，出現在全神貫注於徹底運用自己技能之活動的時候。

尋找熱情所在

在所有興趣中，會讓人感覺生活最充實的是熱情。熱情可以視為一個人最強烈的興趣。熱情意味著深層慾望、強烈驅力、熱忱和興奮的強烈情感。熱情會使人全心全意奉獻投入，而由於實現夢想勢必要克服眾多挑戰，這種心態可說是至關重要。

熱情與一般興趣有幾個不同之處。首先，一般興趣只會牽涉到溫和情緒，可以用「我喜歡」或「我很喜愛」來表達。但熱情充滿了激烈情緒，包含了強烈的熱忱、興奮之情、慾望，可以用「我愛死了」或「我必須去做」來表達。

第二，一般興趣只會觸及人生的某些層面，但熱情對自我實現來說十分重要，你也不會想過著沒有熱情的生活。你會不斷想到它，想要做它、成為它、擁有它。第三，一般興趣可能會隨時間而改變，但熱情會持續很久，很有可能一生都不會變。熱情可能會帶你找到天職，是你想一輩子都從事的工作。

如果你不清楚自己的熱情為何，根據對自身氣質、天賦、價值觀、目標、偏好活動的瞭解，也許能指出令人滿意的獨特方向。有些專門研究氣質與性向的機構，也有提供協助發掘興趣的方法，可用來更進一步確認自己的熱情所在。你也可以從自問下列問題開始著手：

- 你的氣質、天賦、價值觀是什麼？如果想知道更多關於價值觀的資訊，請見第三章。
- 你在小學、國中、高中、大學時最喜歡做什麼？
- 放學後、週末時、放假期間最讓你感到興奮的活動是什麼？
- 你在談話時喜歡聊什麼話題？
- 你喜歡和什麼樣的朋友相處？
- 你喜歡看哪種類型的書籍、雜誌、網站、電視節目？
- 如果你有足夠的時間和金錢，也不必工作賺錢，想要做什麼？

- 你人生中的巔峰時刻有哪些？是什麼因素促成了這些巔峰時刻？

　　為了找到熱情所在，重溫兒時回憶會是一個很有意義的活動。英國行為科學家在長達二十八年期間所進行的一系列重大研究，與此處的主題非常相關。上述重溫回憶活動的目的，是要讓研究人員追蹤受試者從童年一路到成年之後的態度。數十年前發表的第一項研究中，研究人員徹底深入訪問了一群七歲的孩子，詢問他們的好惡、觀點與看法、未來有什麼夢想。他們最喜歡做什麼？他們長大後想當什麼？這些訪談拍成了影片，製作成電視紀錄片，在 BBC 電視台上播放。

　　第一項研究的影片取名為《7 Up》。七年後，同一群孩子——現在都是青少年了——再次接受訪問，拍成的紀錄片叫《14 Up》。接著，在研究對象已經步入成年後，又拍了《21 Up》、《28 Up》，以及之後的《35 Up》。這項大規模的長期研究證實，人小時候愛做也做得很好的事，成年後也依然會是如此。出人意料的是，所有受試者最終從事的職業或擁有的消遣，都與他們在七到十四歲期間有過的興趣有關。儘管大多數受試者都在青少年時期和成年初期遠離了這些興趣，在有些情況下，甚至朝完全相反的方向發展，但幾乎所有人都在三十五歲時逐漸重回兒時動力的懷抱之中，就算有人只是當作嗜好。

　　利用一個週末和家人或朋友共處，重溫兒時回憶，會是很棒的活動。讓自己完全放鬆，想起自己小時候真正想做的事。如果你想讓這個活動過程更為充實豐富，可以查閱一些知名人士的自傳，他們的熱情都是自幼便開始擁有了。

　　有位英國人小時候會花上好幾個小時，打造厚紙板布景和精巧的舞台設計，用來表演逗家人開心的布偶秀和舞台劇。長大後，安德烈・洛伊・韋伯（Andrew Lloyd Webber）創作了《艾薇塔》（*Evita*）、《貓》（*Cats*）、《歌劇魅影》（*Phantom of the Opera*）等音樂劇，娛樂大眾。十四歲的她在暑假期間造訪美國的議會大廈時，考慮要從事與立法相關的工作。珊卓拉・戴・歐康諾（Sandra Day O'Connor）如今成為了美國最高法院首位女性大法官。他自十二歲起，便夢想能在航空領域成就大事，結果，尼爾・阿姆斯壯（Neil Armstrong）成了第一位在月球漫步的人。一名笨拙又沒有特色的紐澤西女孩，滿腦子只想著要成為職業藝人。她最後成了芭芭拉・史翠珊（Barbra Streisand）。他小時候很愛做木工，也很愛小提琴樂曲。結果，安東尼奧・斯特

拉迪瓦里（Antonio Stradivari）成為了全世界最受稱揚的小提琴琴匠。

人不論身處追求自我實現的哪個階段，永遠都不該讓第一份工作決定從此以後的人生道路，也不該讓父母、老師、同事、朋友或金錢掌控自己的長遠決定。我們必須忠於自己，才能朝人生規畫邁出第一步。

整合一切：自覺與職業

我們住在步調快速、科技導向的易變世界，一個職業與生活型態不斷被重新定義的世界。在許多產業中，機器人、人工智慧、其他新科技都已經改變，也將會改變人類職業的面貌。

由於機器人具有精確、可靠、經濟實惠的特性，因此在製造業、醫療業以及各種辦公或居家服務的領域中，對眾多技術與非技術勞工的需求正在消失。杜拜已經開始讓旅客搭乘無人飛行計程車離開機場，以解決尖峰時段的交通阻塞問題。杜拜也有可實際運作的「機器警察」會上街巡邏。該城市計劃在 2030 年，「機器警察」將佔總警力的 25%。

搭載人工智慧的電腦現在已經能提供琳瑯滿目的細緻服務，從翻譯到法律和醫療的諮詢皆有，品質更高，成本卻較低。一個以科技為基礎的醫療診斷解決方案，對上三位經驗老道的人類放射科醫師，進行了診斷測試，前者在惡性腫瘤的分類診斷上，準確率高了 50%，漏診率零，相較之下，人類醫師的漏診率為 7%。

類似例子層出不窮，尤其是在虛擬實境的新興產業以及 3D 和 4D 列印的應用方面。卡爾‧班奈迪克‧弗雷（Carl Benedikt Frey）與麥可‧奧斯本（Michael A. Osborne）這兩位牛津大學研究人員，分析了逾七百種職業所需的技能後，得到的結論是機器可能會在未來數十年取代今日 47% 的工作。[1]

隨著過時職業消失，新興職業似乎在眨眼之間就創造出來了，「職業」或「工作」無法再被視為一種穩定不變的專業或穩固牢靠的職位了。如果上網 Google「工作」一詞，會看到兩種定義。第一個是「固定雇用的支薪職位」，第二個是「一項任務或工作，特指會支薪的類型」。雖然多數人仍然把工作當作前者，未來的工作很有可能更適合用後者來描述。

根據 Fortune.com 上所發表的一篇文章，逾 83% 的高階主管都表示，他們打算在未來幾年提高雇用臨時、兼職或彈性勞工的

比例。那些擁有需求廣大技能的人，只會被雇用來完成單一特定專案，不會以全職身分受到雇用。[2]

除了考慮這些改變帶來的壞處，同時也研究伴隨而來的好處，可能才是明智的做法，正如俗話所說：「危機就是轉機」。科技讓人從重複性高且可交由電腦控制的工作中獲得解放，也創造了令人興奮的嶄新職業機會。未來的職業可能會更富有創造力、更有趣、更有彈性、更以人為本。工作與生活、辦公室與住家、私人時間與工作時間，可能都會混合重疊在一起。自由工作者、居家經營的事業、多種收入來源的工作方式，可能都會日益普及。

未來的重點將擺在差異化與個人化。十年前左右，大學行銷課程談的是市場區隔，或是如何讓產品、服務、資訊有所區別，以符合特定族群的需求與利益；現在談的則是個人化，或是讓一切都差異化，做到能針對每個人的需求與利益量身打造的程度。整體趨勢正快速從「大眾行銷」轉為「個體行銷」。

同樣的趨勢也適用於要如何在職場為自己行銷或「建立品牌」。當我們身處在一個必須與機器人和電腦競爭的世界，光是提供一些容易複製的普通技能已經不夠了。我們需要透過可以突顯自身獨特性、真材實料、難以仿效的能力，為任何服務對象——客戶、雇主、受眾——提供比一般要高出許多的價值。

多數人一生會花大約八萬個小時在工作上。因此，人所做的工作對成功與快樂影響甚鉅。你現在既然已經對自己更瞭解了，就可以運用這份資訊，探索可能適合自己的職業領域。雖然朋友、老師、家人通常可以為你可能從事的職業提供有用建議，你才是最終自行做主的人。不管你是高中生還是在職場打滾多年的老鳥，這點都同樣適用。無論你位於職涯何處，仔細考慮能夠徹底發揮自己技能和興趣的職業，都會使你受惠。

成功祕訣
讓技能和興趣引導你做出職業選擇。

＊

工作為何重要

首先要花時間，停下腳步，仔細思考你是如何看待工作。工作對你來說意味什麼？一份朝九晚五的工作？放在辦公桌上的名牌？人在對工作抱持正向態度時，工作就遠不只是如此而已。工

---

1. Dr. Michael A. Osberne and Dr. Carl Benedikt Frey, "The Future of Employment: How Susceptible Are Jobs to Computerisation?"University of Oxford, School of Engineering (2013) 9-17.
2. K. Willyard and B. Mistick, (February 20, 2016)."These Seven Trends Will Shape Your Professional Future."Fortune.com.

作會帶來許多報償，包括：

- **滿足（satisfaction）**——工作做得好會讓人獲得滿足感和自我價值感，也能贏得他人的尊重與賞識。
- **關係（relationships）**——工作讓人有機會結識那些與自己共享興趣的人，並向他們學習。
- **意義（meaning）**——人可以藉由工作，展現自身價值、努力朝人生目標邁進、實現個人的人生使命。

人只要有自覺也有所規劃，工作就能有助於拓展技能、展現自身價值和興趣、挑戰自己以求成長。

假如你發現自己從事的工作或職業不適合自己，該怎麼辦？不到一個世代以前，勞工通常都終生任職於同一家公司；但在今日，工作流動成了常態。事實上，一般美國人到了三十歲時，會換過六次工作。儘管與昔日相比，現在的勞工比較沒有就業保障，卻擁有了更多自由，得以探索不同的工作與職業。如今，大家在探索興趣和技能的同時，換工作甚至是轉換職業跑道，都是很常見的事。就算你改變心意，也不會有損失。因為你更有了自覺，也培養了有用的可轉用技能。

工作很討人厭，真的嗎？

顯而易見，工作對人是否幸福快樂有很大的影響。不過，根據蓋洛普對一百四十多個國家所進行的全球研究，只有 13% 的人真的喜歡上班工作，且「投入」到工作之中。63% 的人「不投入」，或是單純毫無幹勁。其餘的 24% 則「非常不投入」，或是真的很不快樂。看到上述令人消沉的數據，對於為什麼大家通常都抱著「工作本身就令人不快」或是「我得做自己不喜歡的事來賺錢謀生」的想法，就不感到意外了。

工作迷思

許多人都把工作視為一項日常工作，只是一種維持生計的方法罷了。請仔細思考以下關於工作與職業的常見錯誤觀念。有沒有哪個聽起來很有道理？

1. 工作本身就令人不快。
2. 如果我做自己喜歡的事，就賺不了半毛錢。
3. 如果我不知道自己下半輩子想做什麼，我一定是哪裡有問題。

4. 我是唯一沒有既定職業目標的人。
5. 對我來說，只有唯一一個所謂的完美職業。
6. 到了某個時候，某個專家或測驗將告訴我，自己下半輩子究竟應該要做什麼。
7. 一份「真正」的工作是朝九晚五的工作，每週工作五天，而且是為某個人工作。
8. 我所做的工作，定義了我是誰。
9. 一旦我選擇了某個職業，不論發生什麼事，都應該要一路做到底。
10. 你必須吃苦，才能出人頭地。

　　這些迷思都是源自對工作的負面態度。實際上，工作可以是、也應該是你喜歡做的事。你的職業是你身分很重要的一部分，但不會限制你要成為怎樣的人。

　　對於從事職業的「正確」方式，也有很多迷思。實際上，每個人的職涯發展都各有不同。有些人年紀輕輕就有非常明確的職業目標，其他人則需要時間來探索各種職業。也沒有所謂唯一適合自己的完美職業。你擁有各式各樣的技能與興趣，讓你得以在各種職業中都能發展成功。關鍵就在於你要找出這些職業，做些研究，找到哪條道路現在最吸引你。

　　理想上，每個人都想把工作生活拿來做自己最熱愛的事物。許多靠本業謀生的科學家、藝術家、照顧者、音樂家，都說除了磨練自身技能以外，「他們一生當中從未工作過任何一天」。有位高中音樂老師被學生問道，她為什麼決定要成為音樂老師時，她的回答簡單明瞭：「因為我很愛小孩，也愛音樂。對我來說，工作就是玩樂。有什麼會比每天來工作就是來玩樂還要開心的嗎？」

　　雖然很多人都可以從家庭生活、個人活動、嗜好中，獲得幾乎與在職場上一樣多的喜悅，但值得注意的是，行為科學家發現，一個人想要達到卓越水準的慾望，最能有效預測其是否能取得重大成就。換句話說，經由努力而帶來的成功，比較不是取決於努力本身，而是人所抱持的動機。幾乎所有領域中表現最為成功的人，都是出於渴望展現自己覺得有必要展現的一切，才成就了大事。這種渴望通常是想將自身才能與技能發揮到極致，以便解決某個問題。這不是說他們沒有同時獲得金錢報償，許多人確實有。但他們之所以成功，遠比起是否會賺錢的念頭，關鍵更在於他們受到鼓舞，以及內心熊熊燃燒的那股熱情之火。

職業滿足感

　　俗話說：「找到你愛的工作，就一生永遠不用再工作了。」找到能令自己滿意的職業，是人最大的成就與樂事之一。大部分的人都會花掉大約整個成年生活的 25% 在工作上面。如果工作不符合自己的才能、技能、興趣，人很有可能會感到身心壓力，也會覺得挫折與厭煩。假如找到適合的職業那麼重要，為什麼有那麼多人都繼續做著自己不喜歡的工作呢？原因很多，包括了財務需求、害怕改變或失業、缺乏與興趣相符的性向和技能。要找到最佳職業，需要有自覺和自知。評估自己的價值觀、人格特質、天賦、技能、興趣，以找到可以讓自己發揮所長的職業，永遠不嫌早，也不嫌晚。許多職業都能同時提供個人滿足感和財務穩定性。

　　你在本章前半部已經學到天生性向（才能）與多元智能的概念了。非營利組織強森歐康納基金會提供了實際動手做的測驗，可讓人發掘共十九種的天賦。請挑出其中你覺得能描述自己主要天賦的四種性向，寫下每項天賦的描述，以及可能有哪些職業領域能夠使這些天賦與你目前擁有的技能和興趣相符。如需更多關於職業抉擇的資源，請向講師索取本章「專業發展」的補充教材，或試試普林斯頓教育公司（Princeton Review）提供的職業測驗（Career Quiz）：http://www.princetonreview.com/cte/quiz/career_quiz1.asp。

人格類型與工作

成功祕訣
選擇職業時，將人格納入考量。

　　本章已經探討過技能和興趣密切相關，與職涯選擇也緊密相連。人格也是其中很重要的一環。擁有相似人格的人，通常也會對同樣的活動很感興趣、很擅長。因此，他們往往會喜歡類似的職業，也都會表現優異。

　　你要怎麼知道哪些職業可能適合自己？其中一種方法，就是檢視自己的價值觀、人格、才能、技能、興趣有什麼共通之處。根據職業研究專家約翰·霍蘭德（John Holland）的看法，人的工作人格可分為六大基本類型。雖然所有人都擁有每種類型的某些面向，每個人通常只會有一兩種特別突出。當人選擇的職業符合自己的優勢型，會對自身工作更有熱忱、在工作環境中更感到自在、與同事相處得更為融洽。這六大類型分別為：

- **實用型（realistic type）**——實用型的人是行動派，比起涉及文字或人際關係的活動，更喜歡實際動手做的活動。

- **研究型（investigative type）**——研究型的人是善於思考的人，喜歡調查和解決問題。
- **藝術型（artistic type）**——藝術型的人是創作者，重視自我表現，不喜歡結構模式。
- **社會型（social type）**——社會型的人樂於伸出援手，重視人際關係的程度，遠勝過心智或身體活動。
- **企業型（enterprising type）**——企業型的人善於說服他人，喜歡運用自己的口頭表達能力。
- **事務型（conventional type）**——事務型的人精於組織安排，在需要規範秩序的情況下最能發揮所長。

你能判斷哪個類型最像「你」嗎？**練習 12** 將協助你評估自己的人格特質、技能、興趣，並連結到各種職業領域。

下一步

你在本章學到了許多關於自己的一切。隨著經驗與知識增長，你的自覺也會一輩子持續成長下去。想更加瞭解自己的話，只要觀察身邊的環境就行了。你覺得哪些職業有趣？你想更深入瞭解哪些工作？只要有機會，就提問並探索你可以嘗試的眾多可能性。

✅ 自我檢查

1. 「五大」人格特質是哪些？（第 83 頁）
2. 智能分為哪八種類型？（第 91 頁）
3. 一旦你選擇了某個職業，不論發生什麼事，都應該要做到底嗎？（第 104 頁）

練習 12　興趣調查

A　下列共有六個類別，請在各類別中符合自己的描述旁打勾。

實用型

我：	我能：	我喜歡：
☐ 很實事求是	☐ 修理壞掉的東西	☐ 修理機器
☐ 有運動細胞	☐ 釐清事物如何運作	☐ 在戶外工作
☐ 很直截了當	☐ 搭起帳棚	☐ 時常活動身體
☐ 肢體很協調	☐ 做一種運動	☐ 運用雙手做事
☐ 很行動導向	☐ 看懂藍圖	☐ 打造東西
☐ 很誠實正直	☐ 修車	☐ 與動物工作

研究型

我：	我能：	我喜歡：
☐ 很愛問問題	☐ 進行抽象思考	☐ 探索構想
☐ 很聰明	☐ 解決數學問題	☐ 使用電腦
☐ 有科學頭腦	☐ 理解科學理論	☐ 獨立作業
☐ 觀察力敏銳	☐ 做複雜計算	☐ 執行實驗
☐ 很嚴謹明確	☐ 使用顯微鏡	☐ 閱讀科學或技術雜誌
☐ 做事有條不紊	☐ 分析文字與數字	☐ 檢驗理論

藝術型

我：	我能：	我喜歡：
☐ 有創造力	☐ 素描、繪畫或上色	☐ 去演唱會、看戲或看展覽
☐ 直覺很強	☐ 玩一種樂器	☐ 讀小說、劇本或詩歌
☐ 有獨創性	☐ 寫故事、寫詩或創作音樂	☐ 做手工藝
☐ 情感強烈	☐ 設計服裝或室內裝潢	☐ 拍照
☐ 很獨立自主	☐ 唱歌、演戲或跳舞	☐ 展現自我
☐ 很我行我素	☐ 用創意方式解決問題	☐ 思考點子

社會型

我：	我能：	我喜歡：
☐ 很友善	☐ 教導或訓練他人	☐ 以小組方式工作
☐ 樂於幫忙	☐ 清楚表達自己的意見	☐ 幫助有問題的人
☐ 很理想主義	☐ 帶領小組討論	☐ 參與會議
☐ 很慷慨大方	☐ 調解衝突	☐ 做志工服務
☐ 很值得信賴	☐ 規劃並監督活動	☐ 與年輕人共事
☐ 很通情達理	☐ 與他人合作無間	☐ 照料他人或做急救處理

企業型

我：	我能：	我喜歡：
☐ 很精力充沛	☐ 改變他人的看法	☐ 做出會影響他人的決策
☐ 很堅定自信	☐ 說服別人照我的方式做事	☐ 被推舉為候選人
☐ 很堅持不懈	☐ 販售東西	☐ 在領導力或業績方面獲得表彰
☐ 很有說服力	☐ 發表演說或公開演講	☐ 展開自己的競選活動
☐ 很有熱忱	☐ 籌辦活動	☐ 與重要人士會面
☐ 很有野心	☐ 帶領團隊	☐ 發號施令

事務型

我：	我能：	我喜歡：
☐ 很認真負責	☐ 在體系中表現得很好	☐ 按照定義明確的步驟行事
☐ 很一絲不苟	☐ 在短時間內完成大量文書工作	☐ 使用電腦或計算機
☐ 很小心仔細	☐ 持續正確記錄	☐ 做涉及數字的工作
☐ 很含蓄	☐ 使用電腦	☐ 打字、組織或歸檔
☐ 很有組織	☐ 撰寫商業書信	☐ 處理細節
☐ 做事有效率	☐ 做涉及數字的工作	☐ 事業成功

B 得分：請將你在六個類別中的所有打勾數量各自加總。

實用型＿＿＿＿＿　　研究型＿＿＿＿＿　　藝術型＿＿＿＿＿

社會型＿＿＿＿＿　　企業型＿＿＿＿＿　　事務型＿＿＿＿＿

C 下方列舉的職業領域，代表了每種人格類型的人通常會喜歡且表現優異的領域。請看看對應到你人格類型分數第一、第二、第三高的職業領域。

R — 建造、工程、運輸、執法、農業、礦業、軍隊
I — 科學、醫學、牙科、資訊科技、數學、高等教育
A — 音樂、跳舞、戲劇、設計、美術、建築、攝影、新聞、創意寫作
S — 教育、宗教、輔導、心理、治療、社會工作、兒童照顧
E — 銷售、管理、商業、法律、政治、行銷、金融、都市規畫、電視或電影製作、運動推廣
C — 會計、法庭紀錄、財務分析、銀行、稅務準備、事務管理

請根據你的人格類型，挑出一個你感興趣卻還不太瞭解的職業領域。你要如何判斷這個領域是否會很適合自己？

_____

_____

_____

_____

_____

_____

_____

_____

_____

關鍵詞

自覺（第 66 頁）　　　情緒覺察（第 68 頁）　　　特質（第 82 頁）

自我誠實（第 66 頁）　夢想（第 72 頁）　　　　智能（第 91 頁）

自我意識（第 67 頁）　價值觀（第 75 頁）　　　技能（第 96 頁）

內在自我意識（第 67 頁）倫理（第 75 頁）　　　　知識（第 96 頁）

公眾自我意識（第 67 頁）人格（第 82 頁）　　　　興趣（第 97 頁）

學習目標重點整理

- **定義自覺，並舉出其好處。** 自覺的重點在於誠實看待自己，包含自己的想法、感受、態度、動機、行動在內。自覺有助於你辨識內心真正的感受與想法，也有助於你根據自己的個人價值觀來採取行動，而不是受到他人的話語或行為影響才行動，自覺也有助於你懂得欣賞自己獨特的人格、技能、興趣。人有自覺時，就能做出適合自己的決定。
- **說明影響價值觀的因素。** 你的價值觀會反映出你覺得什麼最重要。你的價值觀深受家庭、宗教信仰、老師、朋友、個人經歷，以及自己身處社會的價值觀所影響。
- **定義人格，並列出「五大」人格特質。** 人格是相對穩定的行為模式，可將一個人與其他人區別開來。「五大」人格特質分別是開放性、嚴謹自律性、外向性、親和性、情緒穩定性。
- **比較與對照技能、知識、興趣。** 技能是經由學習與練習而獲得可以做到特定事情的能力，是結合了知識與經驗而誕生的產物；知識是對某一特定主題領域之事實和原理的瞭解；興趣是個人偏好的特定主題或活動。人的技能和興趣通常會有所重疊。
- **說明人格、技能、興趣如何與職業選擇有關。** 擁有相似人格的人，通常也會對相同類型的活動很感興趣、很擅長。因此，他們往往會喜歡類似的職業，也都會表現優異。進行職涯規畫時，將人格類型、天賦、技能、興趣納入考量，至關重要。當你運用與生俱來的才能，將其培養成技能，並追求興趣，在工作時展現自己的人格，就會對自己的人生更滿意。

複習題目

1. 內在自我意識與公眾自我意識有何差異？
2. 為了協助你辨識自己正在經歷什麼情緒，你可以問自己哪三個問題？
3. 影響人選擇價值觀的因素為何？
4. 技能要如何培養？
5. 請比較與對照內省智能與人際智能。
6. 約翰‧霍蘭德的職業理論有哪六大人格類型？

批判思考

7. **自我誠實** 你覺得多數人（或你認識的多數人）都自我誠實，也有自覺嗎？為什麼有，又為什麼沒有呢？你覺得是什麼原因，導致人無法變得更自我誠實且更有自覺？為什麼會如此？

8. **價值衝突** 出現價值衝突時，你會怎麼做？想像自己重視慷慨大方的特質，並花大量時間與精力去做志工、為別人付出。不過，你同時也重視財務無虞，這表示你必須努力工作，才能養活自己，並為了將來著想而存錢。這兩種價值觀可能如何產生衝突？你要如何解決這個衝突，結果不只能讓他人受惠，自己也能受益？

應用

9. **情緒日誌** 花一星期觀察自己有何感受，一一記錄在日誌中。每當你感受到一定程度或強烈的情緒時，就記下來，並立刻回答關於這股情緒的以下三個問題：我的身體感覺如何？我在感受到這股情緒的前一刻，發生了什麼事？我可以賦予這種情緒什麼具體名稱？一週後，請說明這份日誌是否讓你的情緒覺察力更高了，並解釋原因。

10. **人格拼貼畫** 請拿一大張紙，創作一幅代表你人格的拼貼畫。拼貼畫的內容可以取自任何來源，也可以代表任何人事物或場景，只要你覺得它們能用某種有意義的方式代表自己的人格。請準備好在課堂上展示你的拼貼畫。

上網活動

11. **人格評估** 請上網搜尋麥布二式人格類型量表（Myers-Briggs Type Indicator），再找一篇關於麥布二式人格類型量表和人格類型的文章。你的講師可能會提供一篇文章給你閱讀。你的人格類型是什麼？其特徵為何？請做測驗，判斷自己的人格類型，再用一頁的篇幅，描述自己被判定的人格類型，並說明你是否覺得這項測驗的結果準確。

12. **天分和興趣調查** 請上 www.jocrf.org 和 www.ballfoundation.org，兩者分別是強森歐康納研究基金會和波爾基金會的網站。瀏覽完這些網站後，你是否覺得自己更瞭解為什麼對天生性向有所自覺，會是通往成功的第一步？你有把握自己的才能、技能、興趣全都與彼此相符嗎？為什麼有，又為什麼沒有呢？你也應該找個可供評估興趣的網站，再將這些興趣與職業相匹配。請挑出三個與自己興趣有關的職業，更深入瞭解。為每種職業都寫一段簡短敘述，再依最有趣到最無趣的順序為這些職業排名。請準備好在課堂中討論你所挑出的職業。

　　「我真正想要的是什麼？」

請回顧你是如何回答第 64 頁的實際成功案例問題。既然現在已經完成本章了，想一想你會如何回答這個問題。

完成故事　　請續寫一小段瑪麗亞的故事，闡明她可以用來提升自覺並一一列舉自己技能和興趣的數種具體方式。

「我下一步要怎麼走？」

新方向

鄭紅今年二十五歲，過去七年都在舊金山一家小型會計公司擔任助理。她雖然喜歡自己的工作，卻看不出有升遷發展的可能性。彷彿過去的七年在沒取得什麼成就的情況下，就這麼匆匆流逝了。鄭紅從來沒有認真思考過未來的目標。不過，她逐漸開始意識到自己需要找到方向。

新目標、新挑戰

鄭紅決定回學校讀書，取得會計的學位。然而，她在上第一堂課時，開始對自己的決定產生質疑。她要怎麼達成如此遠大的目標？她真的能夠在學業與工作之間取得平衡嗎？假如她沒有讀完，然後必須以現有薪水來償還學生貸款，該怎麼辦？她的心臟開始愈跳愈快，掌心也跟著冒汗。她自問，自己是不是太好高騖遠了。

你覺得呢？

鄭紅要怎麼做才能讓自己的長期目標看起來更容易達成？

3 目標與障礙

若想達成遠大目標，
必先努力踏出無數個一小步。

——索爾‧貝婁（Saul Bellow），小說家

簡介

你人生想得到什麼，設定目標是達成此結果的重要一步。目標有助於你將心力都投注在你覺得最重要的事物上。

你將在第 3.1 節學到如何為自己設定可達成目標，以及如何將這些目標拆解成立刻就可以著手進行的眾多小步驟。你也會學到要如何預期並克服常見障礙，以達成目標。你將在第 3.2 節探索壓力與憤怒的成因與症狀。只要打造出建設性策略，處理人生中的挫折與挫敗，就能夠持續走在通往目標的道路上。

學習目標

本章結束後，你將能夠：

- 說明設定目標為何重要。

- 列出設定完善目標的特徵。

- 區別短期目標與長期目標。

- 舉出達成目標前會碰上的各種常見障礙。

- 懂得辨識壓力的成因與症狀。

- 描述多種紓壓方法。

- 說明處理憤怒的建設性方法。

設定與達成目標

你的目標是什麼？

目標 一個人想得到也投注心力去達成的結果。

完成第二章後，你應該對自己的夢想、價值觀、人格特質、技能、興趣更有概念了。那目標又該如何融入這一切呢？目標是將夢想化為現實的方法。**目標（goal）** 代表一個人想得到也投注心力去達成的結果。目標是通往未來的路標，告訴你要往哪個方向前進。目標會將夢想轉換成計畫，善加發揮個人能力，以取得最想要的成果。

目標有助於完成優先事項，才不會浪費有限的寶貴時間。大家都嘆惜說時間不夠用，即便每個人每星期都有 168 個小時可以運用。我們所面對的不單純只是時間管理的問題，其實更是**專注力問題**。人人都花太多精力在擔心自己想做卻做不到的事，而不是把精力集中在自己做得到卻不做的事。夢想是我們對未來人生的天馬行空想像，是我們想要人生變成的模樣。另一方面，目標則是我們計劃要實現的具體事情。目標應該要剛好在伸手可及之處，但絕不會目不可見。把目標想成是一部真實史詩電影的吸睛預告，而你就是這部電影的編劇、製片、明星主演。目標是我們得以集中精力的方法。只要明確訂定在合理期限內必須做到的事，就有辦法衡量自己是否成功。

雷射技術與有效目標達成，都是以相同的科學原則為基礎。當光波集中一致時，會產生一道帶有強大能量的純粹光束。當人聚焦在目標上，按部就班慢慢朝目標邁進，這些目標就會激發內心的驚人創造力和想達到成就的動力。**將注意力集中在想前往何方，而不是遠離不想待的地方**。人永遠都會依照當下主宰自己內心的念頭來採取行動。

你致力想達成的是哪種目標？由於人會成為自己最常想到的模樣，便會在不知不覺中想實現自己此時此刻擁有的念頭。負面想法會產生負面目標，正向想法則會產生正向目標。

人人都有潛力，也有機會，可以在人生中獲得成功。無論是擁有不得志還是充實的人生，都可能要花掉一樣多的精力。許多人都過著漫無目標的不開心生活，只是日復一日、年復一年存在於世而已。你可以讓自己從這種情況中解放出來，所要做的就是主動決定自己這輩子想做什麼，以及實現目標。

許多人不想設定目標，是因為他們認為這麼做會導致生活

變得非常沒有創造力、凡事都要按規矩來。情況其實相反才對。那些消極地認為所有一切最終都會得到解決的人，幾乎稱不上是有創造力。他們沒有在創造自己的人生，只是希望某件好事會以某種方式發生在自己身上，然後自己會停靠在某個神奇的幻想之島，叫做「總有一天我會」。設定值得去做的目標，反倒是更富有想像力的解決辦法。這麼做會形塑並影響人生抉擇。

與其當個少了舵的船，一路漂流，直到撞上岩石，我們可以訓練自己，自行決定要去哪裡。我們可以規劃航線，筆直朝遠方航行，抵達一個又一個的港口。我們在僅僅數年內達成的成就，可以比有些人一輩子達成的還要多。我們之所以能做到，是因為設定並具體描繪了自己的目標。想像一趟長途環球海上之旅航行到了一半。就算船長在旅程中多半看不到目的地，也知道目的地是什麼、在哪裡，只要沿著正確的航路行駛下去，終會抵達。

成功祕訣
對自己的目標要採取積極主動——因為只有你才能實現這些目標。

設定目標

目標如果要清晰鮮明、富有意義、具有任何一丁點能真正吸引你去做的動力，就必須非常具體。人腦無法專注於模糊不清的籠統想法並據此行動。輸入腦中的資訊愈具體，讓人有動力想有所成就的想像就會愈詳盡明確。在目標設定研究領域當中，最備受尊崇的一位科學家便是馬里蘭大學（University of Maryland）的艾德溫・洛克（Edwin Locke）教授。他在一項研究中發現，96％的受試者如果被賦予了具體且有挑戰性的目標，會比只接獲要發揮全力的指示時，表現得更好。許多其他研究也都證實了這點。

告訴學生與員工要盡力做到最好，藉此激勵他們，是今日極為常見的做法。問題在於，小孩和多數成年人其實不知道自己最好的表現是指什麼，因此不太明白自己究竟在為何而努力。這些研究發現的令人不安結果是，現今社會中，雖然多數人都試著要「盡力而為」，卻只有4％左右的人口有真正拿出接近全力的表現。這就是為什麼非常重要的一點是，人要用核心熱情——對於自己所做的事是出於熱愛與信念——來激勵自己，再向其他有所成就的人學習，如果想要成功，每一步要採取什麼行動。抵達目標就好比是設定車內的全球定位系統（global positioning system，GPS）裝置，才能抵達想去的地點。輸入起始點與最終目的地，大腦就會變得像全球定位衛星般，只不過更適合的稱呼會是「目標定位系統」（goal positioning system）。

圖 3.1　SMART 目標

S M A R T

具體　　可衡量　　可達成　　實際　　有時限

三思而後行
規劃目標時，投注愈多時間與想法，就愈有可能達成這些目標。
要不然為什麼許多專家都建議要把目標寫下來呢？

具體目標之所以更為強大，是因為它們被描繪得更完善，也更實際。比起告訴籃球選手要上場全力以赴，叫他們專注在每場比賽都搶下十個籃板，會是更清楚明確的目標。最優秀的教練都會集中心力在幫自家選手培養與改善特定技巧，以符合他們將在優勝隊伍中擔任的獨一無二角色。

成功祕訣
設定目標時，要具體明確。

設定完善的目標有五個重要特徵：這種目標具體、可衡量、可達成、實際、有時限，簡稱為 SMART，如圖 3.1 所示。現在來一一檢視這些要素。

- **S — Specific（具體）**　想要達成這個目標，行動計畫是否夠清楚明確？還是這個目標太過模糊不清，你不知道該從何下手？
- **M — Measurable（可衡量）**　你要怎麼知道自己達成目標了？這個目標是否可以用具體方式來衡量，例如要存多少錢、要讀幾本書、總共要跑多少公里？
- **A — Achievable（可達成）**　這個目標可以做到嗎？你真的可以成功達成這個目標，還是注定會讓自己失敗？
- **R — Realistic（實際）**　這個目標是你想要也有可能達成的嗎？考量到自己的價值觀、技能、興趣，依然是如此嗎？還有你做事的方式？你的時間安排和財務狀況可以配合嗎？你的人格呢？你的其他目標呢？
- **T — Time-Related（有時限）**　這個目標是否納入了可用來評估你有沒有達成的時間期限？這個時限是會促使你現在就展開行動，還是設定在某個未來的遙遠時間點？

目標必須具備上述每一個 SMART 要素，才稱得上是設定完善的目標。比方說，假設你的目標是減重。這個目標可達成，可能也很實際，但並不具體、無法衡量，也沒有一定的時限。你想減掉幾公斤，又想在多久的時間內達成？你倒不如這麼說：「我要在未來十五週內，每星期減半公斤，方法是注意飲食，每天走半小時。」這個目標就很具體、實際、有時限，當然也可衡量——十五週內減七公斤，同時是可達成，因為設定的是一個合理目標。如此便是設定完善的目標了。

一般人常犯的錯，就是用負面說法來設定目標。即便剛才舉的例子顯示，十五週內每星期減半公斤可以達到 SMART 目標的標準，這充其量也只是一個階段性目標。要記住，目標應該是你想要的結果。這個例子的真正目標是要穩定維持某個目標體重，不要老是滿腦子想著自己過重，需要一直「減重」。你認為擁有健康身體意象的理想體重是多少？這就是最終目標。

舉例來說，無論你是不想在與人約好要碰面時遲到，或是不想在事情出差錯時感到過於沮喪，都得避開用「負面」或「反過來」的方式來設定目標。人腦無法專注在某個反過來的概念上，因此，想要別再做出毫無幫助之事的負面想法，只會更強調做錯了什麼事。就算你可能很努力要「別遲到」，用這種說法只會提醒自己問題所在，而不是該怎麼解決。下一章會提供具體實例，探討如何用積極自我對話來肯定自己的目標。

如果想多練習如何設定 SMART 目標，就請完成**練習 13**。

短期目標與長期目標

現在來看看目標的兩大類型：短期目標與長期目標。**短期目標**（**short-term goal**）只有很短的時間可以達成。短期目標是今天、明天、下週努力要完成的事，通常是一年內可達成的目標。

長期目標（**long-term goal**）是將要在更遙遠未來達成的目標。長期目標代表著你想在一兩年或好幾年內想實現的事，是人生的重大目標。長期目標通常包括了像是想繼續就學、買房、成家或轉換工作跑道。長期目標會需要十足耐心，但最終都很值得。每天結束時，問問自己你做了什麼，讓自己又朝長期目標更接近一步了。當你發現日常生活的一切都沒有讓自己更接近長期目標，可能就是該做出改變的時候了。

一般人很容易就會認為長期目標比短期目標要來得重要，但

短期目標 目標具有具體行動計畫，可在未來一年內達成。

長期目標 計劃要在更久遠未來達成的目標。

練習 13　設定 SMART 目標

A 下列敘述是否為 SMART 目標？如果不是，還少了什麼要素？請在中間那一欄寫下每個缺少的要素，S 代表具體、M 代表可衡量、A 代表可達成、R 代表實際、T 代表有時限。如果所有 SMART 要素皆具備的話，請寫 OK。

目標	缺少的要素？	SMART 目標
例子 用低於 21 萬元的金額，買一台二手車。	S、T	在六個月內，用低於 7,000 美元的金額，買一台可靠的二手雙門小型車。
1.　取得證書或學位。		
2.　為慈善活動付出更多時間或金錢。		
3.　在接下來的兩週內，弄清楚要如何獲得助學金。		
4.　月底前付清信用卡帳款。		
5.　每天三餐都吃得健康。		
6.　每週上健身房三次，每次一小時。		
7.　花更多時間陪親朋好友。		
8.　找一件為了好玩才去做的事。		
9.　讀更多書。		
10.　參與志工活動。		
11.　學期結束前，把等第制學業平均成績（GPA）的分數拉高到 3.8（譯註：滿分為 4.0）。		
12.　每週都為儲蓄存款留 300 元。		
13.　去做體檢。		
14.　更新履歷。		
15.　減少看電視的時間。		

B 請利用上方的右欄，修改任何有缺陷的目標，以便符合 SMART 目標的定義。

C 請回想你在第二章所描繪的夢想。將每個夢想都轉換成一兩個 SMART 目標。比方說，如果你的夢想是去旅行，SMART 目標可能就是存滿 45,000 元，明年夏天才能展開為期兩週的歐洲之旅。

目標	SMART 目標
1.	
2.	
3.	
4.	
5.	
6.	

D 你有辦法同時努力完成上述所有目標嗎？如果可以的話，請說明要如何做到；如果不行的話，你會如何決定要先從哪些目標開始下手？

_____

_____

_____

_____

_____

_____

兩者其實同樣重要。事實上，沒有先達成一連串短期目標，就無法達成長期目標。例如，假設你的長期目標是要取得藝術學位。你這學期的短期目標可能是成績平均維持在甲，每天至少素描一小時，精進使用某種媒材的技巧，像是壓克力或油彩。這些短期目標每達成一個，就會讓你更接近達到長期目標的那一天。

讓目標緊密結合

你要怎麼確保自己的短期目標會帶你通往長期目標？最簡單的方法就是把時間順序倒過來進行規劃，先設定出長期目標，再思考所有達成每個目標的必要步驟。每個步驟都代表一個短期目標。只要一直把長期目標放在心上，就能確保每天、每週、每月、每年的計畫都反映著人生計畫的全貌。舉例來說，如果你的長期目標是要變得健康並維持身強體健，在均衡飲食且體重健康的情況下，當月的短期目標可能是計劃開始進行一套有氧運動的訓練，每週計畫可能是一週要運動五天，每日計畫則可能是在職場或在校園要走三十分鐘的路。這麼一來，每日、每週、每月的目標全都與更遠大的人生目標有直接關聯了。請試試**練習 14** 提供的方法，專為協助你將目標拆解成可執行步驟而打造。

按計畫行事

設定好目標後，就盡心盡力去達成。把目標寫下來，早晚都想著這些目標，彷彿自己已經達成了一樣。蒐集輔助資料，文章、部落格、書籍、YouTube 影音、下載的圖片等，任何有助於看清目標的事物都可以。試著用代表個人目標的圖片，填滿一張拼貼畫或布告欄。這些圖片可能代表了夢想職業、充實人際關係，或是能激勵自己的一系列風景圖。告訴你生命中的人，自己有哪些目標——這麼做能驅策你為了達成目標而持續努力。請找已經實現你想做的事也真心願意幫助你的人，與他們一同審視自己的目標。向教師或導師尋求該如何追求目標的建議。

將目標化為文字

把目標寫下來，記在紙上、筆電、平板電腦或智慧型手機裡皆可。律師都很清楚書面契約的精明之處。契約需要將承諾以非常清楚簡潔的措辭寫成，並詳述所有條件、金額、責任歸屬、時程。與自己訂定契約，就能展開一段與自己之間的成功關係。理

練習 14 　創造短期目標

A 　請列出你想在未來五年內達成的三個長期目標。

目標一	目標二	目標

B 　請再列出為了達成上述長期目標，你必須要完成的數個較小目標。舉例來說，如果你想買房，就得研究預算內的房屋、為頭期款存錢、取得房貸申請資格的相關資訊等等。請寫下這些目標。

短期目標	短期目標	短期目標

C 請從你在前一頁列出的長期目標中挑出一個，再檢視與之相關的短期目標清單。請按照你必須要完成這些短期目標的順序重寫一遍。例如，你必須先存錢，才能開始物色房屋。接著，為每個短期目標訂出實際可行的完成期限——今天、明天、本週、本月、今年等等。

1. _____

2. _____

3. _____

4. _____

5. _____

6. _____

7. _____

8. _____

9. _____

10. _____

D 請選擇一個你可以立刻展開行動的短期目標，並圈起來。為了達成（或開始完成）這個目標，你在接下來的 24 小時可以採取什麼行動？

為了達成我的目標之一，我可以_____

_____

_____

_____

E 請現在向自己保證，為了達成目標，你會採取這項行動。

為了達成我的目標之一，我會_____

_____

_____

_____

簽名 (你的名字) _____

想上，你應該把自己的成功日誌或錢包大小的成功小卡放在伸手可及之處，每天都能看到，才可以一再複習、增添內容。目標不是設定好了就不能改變，而應該要具備足夠的彈性，讓人在朝目標一步步邁進時，隨時都能修改。

- 設定好什麼時候要達成目標。
- 要確保自己有針對目標做出正確決定。
- 對於目標都全力以赴，絕不放棄嘗試。
- 採取正向思考。
- 只要達成一個目標，就繼續朝下一個前進。

除了寫紙本或電子的目標日誌外，許多目標設定教練專家都建議，把每個目標都寫在一張小卡上，放進錢包，隨身攜帶所有目標。每次想到另一個目標時，就寫在小卡上，與其他目標一同放入錢包。達成某個目標後，就拿掉那張小卡。不時就把小卡拿出來看一下，至少一週一次，以提醒自己你正努力想實現的成就是什麼。提醒自己成功目標的一種更流行做法，是把目標列入手機的預約行事曆，再設置定時提醒，一整天下來就能在特定時刻複習這些目標。另一個好方法是每天約每一個小時就重複一則訊息：「我目前正在做的事是為了要達成目標，還是在放鬆紓壓？」手機不光能收到來自他人的訊息，更是接收由自己寄出之訊息的絕佳工具。

請在**個人日誌 3.1** 中親自試試這個方法。請寫下你在練習14 中列出的四個短期目標，並為每個目標設定合理的達成期限。填完目標小卡後，盡可能經常重溫小卡內容，持續激勵自己，提醒自己要保持專注。你甚至可以影印，把影本放進錢包。

隨時調整目標

要記得，你隨時都可以自行調整目標。時不時就仔細檢視目標，重新評估一番。如果其中一個目標不再能給予自己激勵，就修改它。改變目標是很正常的事。人的興趣會改變，能力會有所發展，潛力也會成長。同樣的道理，科技、文化、社會中的改變也會帶來全新的可能性。別對要冒更大風險和持續探索未知感到恐懼。

饒舌歌手恰克 D（Chuck D）在其自傳中表示，他當初以大學電台節目主持人的身分起家時，只是想出一張專輯。不久後，他的樂團「人民公敵」（Public Enemy）透過廣播和俱樂部開始

個人日誌 3.1

目標小卡

請寫下你想在未來幾個月達成的四個目標。盡可能經常重溫小卡內容，持續激勵自己，提醒自己要保持專注。影印或剪下小卡，放進錢包作為參考。

<table>
<tr>
<td>

目標小卡

我會＿＿＿＿＿＿＿＿＿＿

＿＿＿＿＿＿＿＿＿＿＿

我計劃在（什麼時候）之前達成目標。

＿＿＿＿＿＿＿＿＿＿＿

</td>
<td>

目標小卡

我會＿＿＿＿＿＿＿＿＿＿

＿＿＿＿＿＿＿＿＿＿＿

我計劃在（什麼時候）之前達成目標。

＿＿＿＿＿＿＿＿＿＿＿

</td>
</tr>
<tr>
<td>

目標小卡

我會＿＿＿＿＿＿＿＿＿＿

＿＿＿＿＿＿＿＿＿＿＿

我計劃在（什麼時候）之前達成目標。

＿＿＿＿＿＿＿＿＿＿＿

</td>
<td>

目標小卡

我會＿＿＿＿＿＿＿＿＿＿

＿＿＿＿＿＿＿＿＿＿＿

我計劃在（什麼時候）之前達成目標。

＿＿＿＿＿＿＿＿＿＿＿

</td>
</tr>
</table>

聲名大噪，於是，他決定在創作音樂時，加入關注社會議題的歌詞與訊息。隨著事業起飛，他逐漸有了新目標，其中一個就是要接觸到不聽嘻哈音樂的族群。U2 樂團的主唱波諾（Bono）便公開支持恰克 D，表示雖然有些人會批評人民公敵樂團冒險改變的舉動，卻無法阻止恰克 D 發展出更具野心的新目標。因為做出改變而被批評，是普遍存在的現象。改變——就算是正向改變——通常都會充滿壓力，因為改變會帶來未知的世界。

人在獲得經驗、有了自知之明後，如果不隨之調整目標，就有可能阻礙自身成長。有些人從很小的時候起，就知道自己人生想要做什麼了，但多數人都需要時間，才能摸索出人生方向。你十八歲時想要做什麼，通常會與三十歲時想做的事有所不同。年屆五十歲的人，很少會擁有和二十歲時一樣的目標。

克服障礙

達成目標會讓人有所收獲，但過程未必總是一帆風順。障礙通常會在途中現身，掀起波瀾。**障礙（obstacle）**是任何妨礙自己達成目標的阻礙。障礙分為兩大類——內在與外在。**內在障礙（internal obstacle）**是源自人內心或目標本身的阻礙。**外在障礙（external obstacle）**是某種情況或另一人加諸在自己通往成功之路上的阻礙。內在與外在障礙通常息息相關。舉例來說，某個外在障礙可能是遭人批評，或是得不到身邊人的支持。如果你開始認為自己的目標是錯的或很愚蠢，或是在沒有他人的認同之下，不該追求這些目標，這個外在障礙就有可能變成內在障礙。

妨礙你達成目標的是什麼障礙？仔細想想以下哪些常見的障礙可能符合你的情況，以及你可以如何克服這些障礙。

障礙 任何妨礙自己達成目標的阻礙。

成功祕訣
你決定的目標是要取悅自己，而非他人。

＊

試圖取悅他人

人有時很容易會把自己想要做什麼，和其他人想要自己做什麼混淆在一起。不過，要記住很重要的一點是，我們決定的目標必須是用來取悅自己，而非他人。相較於你為自己設定的目標，你永遠不會投入與之同等的熱情、努力、時間，去達成別人為你設定的目標。問問自己，你正努力想達成的目標是否真的有在激勵你自己。你正在花的寶貴時間與精力，是否其實可以運用在更能激勵自己的目標上？你是否正在做只因為自己認為「應該」要做的事？你是否因為試圖要取悅他人，而累積著不滿的情緒？如果你試著要取悅所有人，很有可能誰也取悅不了，包括自己在內。如果你覺得生命中某個重要的人，比如父母或伴侶，迫使你要致力達成無法激勵自己的目標，請與對方好好溝通。告訴對方，你尊重對方的意見，但你有責任要做最適合自己的事。

並非真正想要

每個目標都需要付出努力。達成目標的滿足感是否值得必須付出的努力？比如說，假設你的目標是要參與競技運動，或在音樂大賽中勝出。你會願意為了實現最終目標，進行必要的高強度訓練嗎？你會願意放棄其他目標或機會，專注在這個目標上嗎？更重要的是，努力朝目標邁進的期間，你會樂在其中嗎？如果不會的話，再問問自己是否真的想要達成這個目標。不想的話，就

放棄它，開始專注在自己真的想達成的目標上。

追求完美主義

當努力沒有馬上得到回報，很容易就會讓人感到氣餒，於是就此放棄。如果你經常因為沒有進步而指責自己，自問你是否為完美主義的受害者。**完美主義（perfectionism）**意味著相信只有完美做到一切時，自己才有身為人的價值。完美主義者會寧願放棄目標，而不願冒著可能無法達成目標的風險。雖然完美主義者具有崇高標準，卻經常過著比不完美主義者還要不成功的生活。你是否為自己訂定了不合理的標準？你是否因為害怕失敗而耗盡了精力？你是否將犯錯解讀成是自己不夠好的證明？如果是的話，努力讓自己變得更容易察覺打擊自我的想法。試著從旁觀者的角度看待整個情況：如果你的好友是你的話，你會認為對方「很失敗」嗎？達成能夠通往更大目標的較小目標時，就為此感到欣喜。把挫折視為教訓，而非失敗。

完美主義 認為自己只有在完美的時候才有價值。

試圖單打獨鬥

你的目標屬於自己，但少了精神上和情感上的支持，你無法達成目標。將自己的目標告訴朋友和摯愛的人，並在需要的時候，向他們尋求建議與支持。找到可以給予你訣竅與鼓勵的顧問、教練、榜樣。考慮看看寫信給你仰慕的人，向其尋求建議。接受他人真心想協助你分擔責任的提議，你才能專注在自己的目標上。找一位朋友當你的運動夥伴，讓你能夠按照自己的運動計畫表堅持下去。也要記得向在公私生活中支持並相信你的人表示感謝。

成功祕訣
需要有人支持的時候，就開口尋求幫助。

你在請人給予回饋時，要確保這些人是真的關心你是否會成功的人。別向酒肉朋友、好強的同儕，或是任何不是真心為你著想的人尋求回饋。抱持中立態度的人不算數。你要從支持你卻依然能給予客觀誠實意見的人身上尋求回饋。

而要留心的回饋，只需要來自與你有類似目標的人，或是那些與你一同積極努力想達成他們目標的人。動機與恐懼都深植於人心。研究它們如何影響其他人。當你感到消沉時，那些對此抱有同情並會支持安慰你的酒肉朋友，可能最喜歡的就是你處於這種狀態的時候：消沉、想依賴他人。

成功祕訣
人一生都必須適應變化。

抗拒改變

改變可能會帶來破壞又具有威脅，也可能令人振奮又充滿機會，全都取決於你怎麼看待。改變是生命中不變的事實，抗拒改變則會耗盡精力。人生中有許多因素都無法掌控，但如果專注在整體概況，也就是長期目標上，人就能夠一邊採取行動，一邊微調短期目標。

當你踏出舒適圈時，必須敢於承受他人可能認為你很愚蠢的異樣眼光。無論在任何領域，沒有哪個成功的人不曾當過初學者。人在從事不熟悉的工作、展開任何新事物時，都會看起來像個笨手笨腳、缺乏信心的新手。這種覺得無能又不安的感受，正是為什麼只有少數人會願意「放手一搏」，實現自己最遠大志向的主因。

最終，追求目標其實就是要拋棄舊有現實，以嶄新現實取而代之。這雖然聽起來令人激動，要做出如此決定卻未必總是很容易，因為拋棄原有習慣的痛苦會大到期待擁有全新方向的愉悅比

 上網動手做

上網閒晃，虛度整日

人在努力朝目標邁進時，很容易就會因為浪費時間的事物而分散了注意力，例如花太多時間上網。原本是要完成一項簡單任務，像是查看銀行存款，結果只多點了幾下滑鼠，就變成了上網購物、進入聊天室，或開始研究起非主流話題，像是高空彈跳。如果你發現自己花太多時間在上網，那就問問自己：

- 我上網是因為不想做更困難或不愉快的任務嗎？

- 我上網是因為不想感到寂寞、有壓力或憤怒嗎？

- 我在上網期間會出現衝動購物的行為嗎？

- 如果我花更少時間上網，學業表現會更好嗎？

- 我上臉書、用推特、傳簡訊比較是在紓壓，還是為了要達成目標？

想一想

你覺得網路在哪些方面會最有幫助？哪些方面會最沒有幫助？你造訪過最棒的網站是哪些？最糟的網站又是哪些？如果需要有效運用網路的資源，請前往以下連結：

http://www.learnthenet.com/english/index.html

http://www.internet101.org

http://www.superpages.com/ilt/lessons/lesson104.html

不上，即便後者可能會實現重大人生目標也一樣。

人所做的每個人生決定都會牽扯到各種利弊與風險。「損失規避」（loss aversion）又稱為「風險規避」（risk aversion）。這就是為什麼許多人永遠過著安心自在的結構化生活。這種結構具有牢固的地板，等同於一份穩定的工作、一間好房子、可靠收入。然而，這種結構化存在也附有牆壁，最重要的是，還有一道限制了目標與野心可以有多大的天花板。當人尋求安全感、規避風險時，可能就會吃力做著無法讓自己展現熱情、熱忱、喜悅的工作。目標會使人透不過氣，是因為失去牢固地板與牆壁的想法太過痛苦了。

將出乎意料的改變化為機會的關鍵，就在於學會如何調適。**調適（adapting）**是指保持彈性，願意接受改變。就算人一輩子都待在同一個街坊，也得隨著改變而有所調整，例如新科技、新文化現象、新來的人，以及新的個人興趣、品味、目標。

調適 擁有能夠改變的彈性。

當你朝著目標一步步前進時，可能會碰上什麼障礙？**練習15** 將有助於你為可能遇到的障礙預做準備，並找到在這些障礙分散精力之前先加以克服的方法。

機會來敲門

隨著你愈來愈懂得如何設定與達成目標，要記住的一點是，障礙有時候其實是潛在的機會。如果你做事保有彈性，願意嘗試採用新思維與新做法，往往會發現失敗能夠提供新點子。碰上陌生的情況時，先從各個角度檢視，再決定是不是真的遇到障礙了。這麼做有助於找到達成目標的新方法。

有效目標設定的五大力量

下列的五大「力量」有助於打造更為聚焦的目標，以便實現夢想：

正向的力量。目標應該用積極正向的方式來表達。換句話說，與其專注在「不要遲到」、「不要有肥胖身材」、「不要負債」或「沒有在做正職工作」，應該要一心想著達成成就的結果，例如「我是守時的人」、「我身材精瘦，體態勻稱」、「我的事業正在賺大錢」。要記得，人腦無法專注在反過來的說法，因此要用積極正向的說法表示目標。（第四章的「積極自我對話」將會探討如何打造積極正向的自我陳述，為達成目標提供助力。）

現在的力量。你想扮演什麼角色，例如當個好的領袖、父母，或是成為健康、守時、滿腔熱忱的人，這些成就都應該用現在式來想像。長期記憶是以即時的方式儲存資訊，這點極其重要。記憶之所以用現在式來儲存資訊，理由不言自明。假如大腦必須提醒心臟明天要跳動，你能想像會發生什麼事嗎？或是假如大腦將呼吸、進食或燃燒熱量的指令放到下個月的行程表上呢？因此，任何與健康、行為或自我領導力有關的目標，都應該用彷彿自己已經成為那個人的方式來表示。像這樣的例子可能有：「我都與摯愛的人度過充實時光」、「我每次開會都很準時」、「我每天都覺得身體更健康了」、「我擁有的健康習慣能增添壽命與活力」、「我很放鬆，鎮定自若」、「我鼓勵自己帶領的員工提供點子並有所貢獻」。

個人的力量。你所想像的成就必須屬於自己。它們不應該只是老闆的目標、老師的目標或朋友的目標。相較於你為自己設定的目標，你永遠不會投入與之同等的熱情、努力、承諾或動機，去達成別人為你設定的目標。要記得，自己想達成的個人目標，才是更有可能會達成的目標。而當你真的設定好具有意義的個人目標後，別讓人知道，或是只和那些會花時間給予你正面回饋和意見的人分享就好。記住，不幸總是喜歡結伴而行。絕不要把夢想告訴可能會潑你冷水的人。

明確的力量。具體明確描繪你對成功的想像。要記得，當人用籠統的方式談目標時，幾乎都不會成功，但以具體的方式談起自己的目標時，幾乎很少會失敗。要判斷自己對成功的想像是否夠聚焦明確，一個很好的方法就只是自問「這個目標是否有時限，以及檢測或衡量的標準？」如果無法在一定的期限內檢測或衡量表現，這種目標就不夠具體。人腦比任何發明得出來的電腦都還要來得了不起。把大腦和中樞神經系統想成是硬體，心智則是軟體。心智不會處理像是「要盡全力」、「要做得更好」、「變成有錢人」、「要快樂」或「已經夠了」的想法；心智只會處理具體事物，而非模稜兩可的想法。你明年需要多少收入才夠？你理想的體重是多少？你需要存多少稅後的現金資產，未來才能在無須仰賴工作的情況下，享有收入足夠的生活？你計劃幾歲時能夠財務無虞？大腦和心智在回應具體事物時，就像把七成的實得薪資花在當前的生活費用上，兩成用在減少債務，然後把至少一成投資在共同基金，或是附帶利息的儲蓄工具，未來才有資金可用。你該做的就是專注在具體的成就上。

練習 15　預期障礙

A　請列出你想在未來五年內達成的三個長期目標。你可以選擇自己在練習 14 中列出的目標，或是挑選新的目標。

目標一	目標二	目標

B　請仔細想想，當你朝這些目標一步步邁進時，可能會碰上什麼障礙。盡可能為每個目標想出愈多內在與外在的障礙愈好。寫完後，請圈出兩個你自認會是最難以克服的障礙。

可能障礙	可能障礙	可能障礙

C 現在，請你獨自一人或是和一位同學或朋友進行腦力激盪，想出數種方法，讓你可以克服這些障礙，或是不讓它們阻礙你。

障礙 1 _____

_____

_____

_____

_____

_____

_____

_____

_____

障礙 2 _____

_____

_____

_____

_____

_____

_____

_____

_____

可能的力量。一個有效的準則是目標應在伸手可及卻非目不可見之處。換個說法就是目標應該要實際可行，卻不是用一般手段就能達成。目標也應該要能拆解成漸進式的小行動步驟。要記得，吃掉一頭大象的最佳方式，就是一次咬一口。因此，設定具有挑戰性的實際目標，並可拆解成做得到的小行動步驟。闡明長程目標向來都很有幫助，這些目標具有會激勵你去實現的未來好處，值得你等待也值得你努力。不過，長程目標無法提供循序漸進的強化與回饋，讓人得以維持動機。因此，可以的話，請把長程目標拆解成許多短程目標，才能一嚐規模較小勝利的激動滋味。接著，你就能藉由眾多較小的勝利愈戰愈勇，離目標愈來愈近，這麼一來，你將會獲得致勝模式，在前往更遠大長程目標的漫漫長路上，變得更為強大。

具體做法就是把短期目標設定成略超出自己目前技能所能做到的範圍外。未能在其中一個短期目標上取得該有的進展時，就檢討修正，再試一次。達到小幅進步的目標時，就用積極正向的獎勵或儀式來鼓舞自己。面對挑戰、迎接挑戰，或從錯誤中學習，再繼續朝下一個更困難的目標前進。重點在於，每個人都需要不斷獲勝，才能培養致勝反射。設定可以達成、修正、重試、強化能力的循序漸進目標，真的有效。

隨著最後期限接近，人就會愈努力朝目標邁進，這似乎是人類天性無法改變的一部分。一個有形目標沒有期限的話，就稱不上是目標。這正是為什麼有所謂的定額、到期日、季報，學校也會為考試和學期報告繳交期限安排好日期。人類在有預定截止日期的情況下，表現會最好，而最好的目標則是以書面形式呈現，才能每天反覆檢視。

最後，你的目標有通過雙贏測試嗎？真正成功的人生，必須考慮到達成自己的目標會對其他人有什麼影響。當你根據自認有價值的完善成功來確立目標後，必須先自問一個關鍵問題，才能正式展開行動。實現我的目標會如何影響與該目標有關的其他人？答案應該是：對他們有益。目標設定最關鍵的面向之一，就是一個人很少會在沒有他人的支持下，獨自取得成功。當我們自己的目標與那些我們經常接觸的人的抱負相符，他們因此反過來支持我們時，就會形成連鎖反應，產生整體大於各部分總和的現象。團隊在為共同成果一同奮鬥時，就能達成綜效。

✅ 自我檢查

1. 何謂目標？（第 118 頁）
2. SMART 的字母分別代表什麼？（第 120 頁）
3. 確保長期目標與短期目標維持一致的好方法是什麼？（第 124 頁）

壓力與壓力源

一心只想達成目標有時可能會變得充滿挑戰性，尤其是當你因障礙而分心的時候。不過，你對人生中大大小小的挫折是如何反應與回應，將會是能否達成目標的關鍵。

生活本來就會有壓力。**壓力（stress）**是人的身心對生活需求所做出的反應。壓力可以是正面也可以是負面。**良性壓力（eustress）**或是**好的**壓力，是人可能會在運動或約會時感覺到的那種令人愉悅又滿意的壓力。**惡性壓力（distress）**或是壞的壓力，是人在生病或生命遭逢重大變故時可能會感覺到的那種壓力。

壓力　身心對生活需求所做出的反應。

心理學家阿爾伯特·艾利斯（Albert Ellis）認為，人之所以自尋煩惱，是因為抱持著非理性信念。舉例來說，我們看到派對上有人竊竊私語時，可能會因此覺得有壓力，因為我們不理性地認為他們是在嘲弄自己。艾利斯的 ABC 模式（ABC model）如圖 3.2 所示，顯示出痛苦是源自人對事件的看法，而不是事件本身。**觸發事件（activating event，A）**會使人產生對其非理性或負面的**信念（belief，B）**，這個信念則會因此影響該事件的**後果（consequences，C）**。

壓力源　任何造成壓力的事物。

壓力會因人而異。每個人都有屬於自己的壓力源。**壓力源（stressor）**是任何造成壓力的事物。你是否曾注意到，不同的人對同一件事會出現不同的反應？你可能很興奮要展開長途旅行，你的朋友則覺得緊張不安。漢斯·謝耶（Hans Selye）博士是早期研究壓力的其中一人，他把人分成兩類：賽馬與烏龜。賽馬熱愛奔跑，如果被圈養或被關在狹小空間內，將死於衰竭。烏龜如果被迫在跑步機上奔跑，也會死於衰竭，因為機器對牠天生移動緩慢的速度來說太快了。每個人都必須找到有益自身健康的壓力程度，大約是位於賽馬和烏龜兩者之間。

成功祕訣

面對改變時會感到有壓力，是很正常的事。

不論你是賽馬型還是烏龜型的人，在面對需要改變舊有做法或思維的情況時，都可能會感到有壓力。在面對以下情況時，感到有壓力是很正常的事：

- 學業或職場方面的要求提高了
- 與家人的關係產生了變化

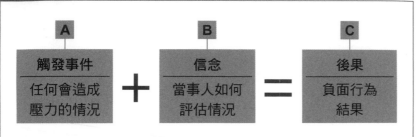

圖 3.2　正面與負面情緒

A		B		C
觸發事件 任何會造成 壓力的情況	＋	**信念** 當事人如何 評估情況	＝	**後果** 負面行為 結果

掌控一切

ABC 方程式顯示出負面的非理性信念可以如何造成壓力，帶來有害後果。為何當你對個人壓力源更有自覺時，會有助於控制壓力？

- 多了新的財務責任
- 社交生活出現了改變
- 接觸到新的人、看法、情況
- 對於性別認同感到不確定或羞恥
- 私底下對自己有所要求，例如凡事要做到完美、自我對話內容都很負面，或是長期處於擔憂與焦慮的狀態

　　重大改變通常會比微小改變帶來更多壓力，但一次出現很多較小的改變或挑戰，累積起來也會造成一定的影響。面對日常生活中的小型壓力源麻煩時，感到有壓力很正常。麻煩事包括了遺失車鑰匙、爆胎、其他日常煩惱。就跟較大的壓力源一樣，麻煩也會使身體的免疫系統衰弱。好消息是，那些「振奮人心事物」的正面小事件會帶來相反的效果，強化身體的防衛機制，保護健康。

成功祕訣

尋找振奮人心的事物，抵銷生活壓力的影響。

＊

壓力的症狀

　　人有壓力時，會發生什麼事？壓力源會引發**自律神經系統**（**autonomic nervous system**，**ANS**）的反應，神經系統的這個部分負責將神經脈衝傳送至心臟、肌肉、腺體。自律神經系統控制著眾多身體功能，包括心跳速率、呼吸速率、消化。

　　自主神經系統又分為交感神經系統（sympathetic nervous system）與副交感神經系統（parasympathetic nervous system）兩個次級系統。當人身處危險或充滿壓力的情況時，交感神經系統會加快心跳和呼吸速率，減緩食物消化的速度；處於放鬆的狀況

自律神經系統　神經系統中負責監控多數非自主功能的部分，包含心跳與流汗。

時，副交感神經系統則會讓心跳和呼吸速率變慢，促進消化。

碰上壓力源時，自律神經系統的反應會讓人在生理上歷經三個階段：警覺、抗拒、耗竭。在警覺期時，身體遭遇壓力源，被迫要應付威脅。比方說，假設你躺在床上，卻突然想起自己明天有考試。自律神經系統的反應就會是有所警覺。

在抗拒期時，身體會努力抗拒碰上的壓力源，釋出腎上腺素，提振精神。壓力源可能依然還在，但在警覺期出現的症狀會消失。你會起身開燈，開始制定行動計畫。

在耗竭期時，由於身處壓力之下已經有一段時間了，身體可能再也無法抗拒壓力源。如果身體進入耗竭期，將會導致免疫系統衰弱，身體容易罹患疾病，謝耶博士稱這種現象為疾病的適應（diseases of adaptation）。這些疾病包括了潰瘍、高血壓、冠狀動脈疾病、癌症。

你要怎麼知道自己是否正在承受過多的壓力？身負大量壓力的人會變得比平常還沒耐心、更生氣、疲倦，身體也會出現症狀，像是肌肉緊繃、失眠、沒胃口。請完成**練習 16**，評估自己的壓力程度。

> **成功祕訣**
> 疲勞與易怒可能是壓力超出負荷的徵兆。
> *

逃離反應

人在碰上充滿壓力的情況時，會很想縱容自己做出逃離反應，而不是敢於直接面對問題。**逃離反應（escape response）**

練習 16　你的壓力有多大？

A　請在每項陳述與你自身情況相符（從未、很少、有時或經常）的方框中打勾。

	從未	很少	有時	經常
1.　我沒有食慾，或者不餓的時候還是照吃不誤。				
2.　我做決定時往往很草率，沒有好好計劃；我時常改變主意。				
3.　我脖子、背部或腹部的肌肉會變得緊繃。				
4.　我滿腦子想著自己對碰到的問題有何看法與感受。				
5.　我很難睡著，會在半夜醒來，或是早上覺得很累。				
6.　我會有衝動想哭，以逃離問題。				
7.　我會讓怒氣慢慢累積，再一次全爆發出來。				
8.　我緊張時會出現習慣性動作。				
9.　就算我沒做什麼苦工，也會感到疲累。				
10.　我身體有毛病，像是頭痛、腸道疾病或反胃。				
11.　我無法做到自己或他人期望的事，因為這些期望不切實際。				
12.　我對肢體上的親密互動不再感興趣。				
13.　我很容易也很快就會發火。				
14.　我會做惡夢。				
15.　我常憂心忡忡。				
16.　我會喝咖啡、抽菸、喝酒和／或服用藥物。				
17.　我會感到不舒服，卻說不出原因。				
18.　我說話時，總是吐出沒有說服力、急促、破碎或不自然的語句。				
19.　我脾氣暴躁又易怒，或是常對人生氣。				
20.　事情只要出現延誤，我都會覺得極為不耐煩。				

B　得分：每在「從未」方框中打一個勾就算 1 分，「很少」則算 2 分，「有時」算 3 分，而「經常」算 4 分。

你的總分是多少？＿＿＿＿＿＿＿＿＿＿＿

20–40　壓力程度偏低

41–60　壓力程度中等

61–80　壓力程度偏高

C 你的分數有反映出自己所感受到的壓力程度嗎？請說明。

_____

_____

_____

_____

_____

_____

_____

_____

_____

D 改變是生活的一部分，卻也可能是造成壓力的原因。你生活中現在正面臨什麼變化，可能導致你備感壓力？

_____

_____

_____

_____

_____

_____

_____

_____

_____

是讓人不去想麻煩事的行為，可以是某個想法或某種行動。

　　有些逃離反應是正面的。**正面逃離反應**可能是去散步，或是與朋友聊聊。正面逃離反應會以有建設性的方式，讓人暫時感覺好一點。這時做出的舉動不會傷害自己或讓問題加劇。

　　相形之下，**負面逃離反應**是可以讓人暫時感覺好一點，實際上卻提高了壓力程度的逃離反應。負面逃離反應包括飲食過量、喝酒、逃避責任，極端的反應則有酗酒、藥物濫用等行為。常見的負面逃離反應就是**否認（denial）**，一種藉由擺脫心中的痛苦想法和感受，來減輕焦慮的方法。當人覺得麻煩事看起來太難以處理時，就會很想乾脆忘掉一切。然而，與其逃避感受，與這些感覺有所聯繫會更有益於健康。碰上不愉快的情況時，出現有壓力、感到傷心或生氣的反應，是很正常的事。如果可以的話，請與你信賴的家人、朋友、教師或導師分享自己的感受。

　　過著壓力較少的生活，並不代表你永遠都不會感到焦慮、擔心或神經緊張。每個人有時候都會出現像這樣的感覺。想成功的話，就必須讓生活的緊張程度保持一定的平衡。要留意自己的身心狀況，懂得認出個人壓力源。一旦你知道哪些情況會帶給自己壓力，距離管理壓力並以正面想法和行動來回應壓力，就又更進一步了。

壓力管理

　　身處會讓人有壓力或生氣的情況時，你能掌控的可能比自己以為的還要多出許多。你也許無法控制所有的壓力來源，但可以控制自己要如何對壓力做出反應。要怎麼做？方法就是培養**因應技巧（coping skill）**，有助於應付壓力與其他令人不快情況的行為。

　　壓力研究專家發現，能有效處理壓力的人具有三種核心特徵。第一，這些人不會把問題視為災難，而是挑戰。第二，這些人所擁有的人生使命感，讓他們能夠把挫敗納入整體考量之中。第三，這些人覺得主宰人生的是自己。

　　不論你有什麼問題，都能用有建設性的健全方式努力解決。你可以選擇採用最適合自己人格與生活型態的方法。

放鬆

　　一種處理壓力的好方法，就是透過簡單的放鬆或冥想。試著在安靜的房間裡，用自己覺得舒服的姿勢坐著。內心專注想著一

逃離反應　讓人不去想麻煩事的行為。

否認　拒絕面對痛苦的想法和感受。

成功祕訣
懂得認出會帶給自己壓力的情況。

因應技巧　有助於應付壓力與其他令人不快情況的行為。

個使自己平靜的單字或詞語。閉上雙眼，緩慢地深呼吸。不是用胸部，而是用腹部「呼吸」。感覺自己的肌肉放鬆下來。維持這樣的平靜狀態二十分鐘。每天都抽空放鬆一下，身心兩方面都會感覺更好。

聽音樂是另一種放鬆的好方法。慢節奏音樂比快節奏音樂要更具有安撫效果，純音樂則比有歌聲的要更舒緩人心。如果你壓力非常大，可能會想先從配合心情的大聲快節奏音樂聽起，再逐漸轉換為更柔和的音樂。挑選自己想聽的音樂類型，從古典樂、爵士樂、雷鬼音樂到電音都可以，或者聽聽看錄自大自然的聲音。有些人放鬆時聽的是海浪聲、下雨或雷雨的聲音，或是草地中的蟲鳴鳥叫。

觀賞大自然可能甚至比聽大自然的聲音要更能令人放鬆。如果沒辦法走訪公園、林間小徑、湖畔或海灘，就試著坐在壁爐或魚缸前，全神貫注於觀看眼前的活動。

另一種紓緩緊繃狀態的方法，就是練習**漸進式肌肉放鬆**（**progressive muscle relaxation**），短暫繃緊再放鬆全身肌肉。按摩是另一個有效放鬆的手段。

成功祕訣
每天都抽空放鬆一下。

＊

運動

運動是減輕壓力的強大方法。運動包括走路、跑步、做有氧運動、做瑜伽、或是任何其他有助於紓緩神經緊張的身體活動。運動會提高心跳率，改善全身循環。收縮肌肉具有按摩效果，能協助解決神經緊張的問題。運動也有助於將血液中的腎上腺素消耗殆盡。理想上，一般人應該要進行某種有益心血管且要發揮全力才會流汗的體適能活動，每週至少五次，一次二十至三十分鐘。穩定且有節律性的有氧活動是最佳選擇，例如游泳、走路、慢跑或騎自行車。

成功祕訣
規律運動能維持強健身心。

＊

營養

維持高纖且低飽和脂肪的均衡飲食，每天喝大量的水。花點時間細嚼慢嚥，享受每一餐。將鹽、糖、咖啡因、酒精的攝取量降到最低。重視自己的身體，也小心不要隨飲食趨勢起舞，留意高熱量食物以及其他聲稱能獲取充足營養的速成法。

睡眠

擁有至少整整七小時的規律睡眠。建立一套準備入睡的習慣或慣例。閱讀或是深思平靜人心的想法或有趣點子，再使其伴你入眠。上床睡覺前先與人和解，才不會因此失眠。長時間使用手機或電腦後，先休息一下再就寢。

心智訓練

練習一種技巧，可以培養專注力、清除腦中令人分心或會造成干擾的想法、集中注意力。上述可以搭配讓身體放鬆的手段，例如靜坐冥想、生理回饋（biofeedback）、自我催眠。其他培養專注力的方法包括了武術、進階瑜伽、太極拳、芭蕾、游泳、其他韻律活動。

成功祕訣
練習清除腦中令人擔心與分心想法的技巧。

專業發展

工作壓力

要應付沉重工作量、不可能達成的最後期限、競爭優先權、辦公室政治，都會造成工作上的壓力。除了在公私生活之間取得有益健康的平衡，以及獲得充足的睡眠、運動、營養外，在此提供幾個如何在工作日克服壓力的重要訣竅。以下是你可以融入工作當中的七個活動，既不會花太多時間又簡單：

1. 呼吸——深呼吸十次，讓自己放鬆。
2. 伸展／移動——伸展身體，或沿著走廊快走一下。
3. 健康點心——避免攝取會讓壓力激素飆升的咖啡因和糖。
4. 音樂小憩時間——休息時聽自己最愛的「平靜人心」音樂。
5. 實體的精神支柱——身邊放一張最喜歡的照片，使自己產生正向情緒。
6. 特定的通訊時段——為收發電郵和打電話的工作排出特定時段。
7. 任何情況都保有幽默感——別太嚴肅看待挑戰與挫敗。

你有何看法？

要在公私生活之間取得平衡，有哪些辦法？如果需要更多關於壓力管理的資源，請上 http://health.discovery.com/centers/stress/stress.html

自尊

　　建立自尊，才能客觀看待挫敗。自我感覺良好有助於在面對人生挑戰時，保持積極進取的態度。找到方法欣賞個人特質，獎勵自己付出的努力。工作做得好就自我讚美一番、進行積極正向的自我對話、回顧自己的成就，皆能提升自尊。你將在第四章學到更多提高自尊的方法。

人際關係

成功祕訣
建立支持網絡。

　　建立清楚明確、可信任、可靠、值得信賴的人際網絡，作為自己的支持網絡。這些人可以給予直接、誠實、準確的回饋，以及關切與關懷、鼓勵與熱忱、理解與接納。

時間管理

　　根據自身價值觀與目標，排定事情的優先順序，規劃好時間，完成自己想要也必須要做的事。在生活中納入固定的放鬆訓練與冥想或反省時間，以及陪伴家人和與人社交的時間，並為突發事件預留充裕時間。辨別並減少浪費時間的事。找出是什麼事讓自己無法騰出時間，實行必要的有效壓力管理方法。

心智刺激

　　持續學習！研讀並討論能激起自己興趣的看法，最好能涉及各種領域。善用創造力，從不同角度來檢視問題；培養直覺力；學會將問題重新定義為機會。同時也要更懂得留意周遭環境。尋找身邊的美好事物，可以是日出或日落、春天抽芽生長的樹木和含苞待放的花朵、秋天變色的樹葉，或是拱門上的有趣弧線。花點時間去注意四周的世界。

消遣娛樂

成功祕訣
空出時間做可以讓人提振精神的娛樂活動。

　　進行可以從平常工作中轉換步調的嗜好、運動、休閒活動。這些消遣本身應該可以讓人提振精神或感到有趣，而不只是增加更多負擔。這些活動可能包含攝影、繪畫、語言、旅行、園藝、發明、木工、拼圖、音樂或運動。

靈性

重新確認自己在日常生活中抱持的價值觀。透過冥想、禱告、沉思或反省，仔細思索自己人生與工作的意義。考慮看看在一天結束之際，寫一篇日記，記錄所思所想。閱讀一些來自不同文化的偉大性靈或哲學作品。真心誠意慶祝節日與特殊活動。

看清現實

出現壓力時，暫停一下，試著跳脫情境。自問「我是不是反應過度了？」如果這件事發生在別人身上，你會怎麼看待？你覺得其他人可能會如何看待你的反應？自問「可能會發生的最糟情況是什麼？」你通常會發現，情況沒有原先所想的那麼糟。這種調整過的新觀點可能會同時紓緩緊張與壓力。

一笑置之

保持幽默感。要記得沒有人完美無缺，人從錯誤中所學到的教訓，大概會比成功還要多。在自身處境中尋找樂觀的一面。如果自己身處的情況似乎毫無樂觀可言，就讀點或看點自己覺得有趣好笑的東西。大笑對身體造成的影響，與有氧運動帶來的效果相同：可以提高血壓、增加心跳率、收縮肌肉。笑完後，全身就會放鬆。

成功祕訣
要記得保持幽默感。

清晰明確

定期回顧夢想與目標，提醒自己為什麼正在做手邊的事。不論是學業還是工作，都要投入其中、盡力挑戰、掌控一切。設定 SMART 目標，再打造循序漸進的計畫，以便達成這些目標。

顯然沒有人能夠完美實踐上述所有方法。抵抗壓力的關鍵，就在於採用有益健康的正向思考模式，選擇適用自己的因應策略。請先利用**個人日誌 3.2**，複習上述探討的壓力管理方法。接著再看**練習 17**，開始針對自己生活中的主要壓力源採取行動。

壓力管理方法

最適合你的壓力管理方法，就是自己喜歡也能夠持續做下去的活動。請想出你覺得對自己最有效的五個紓壓策略，填入下方的概念圖。

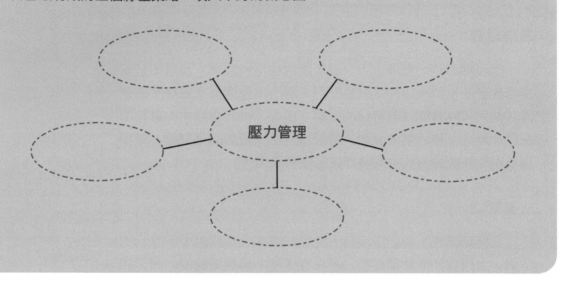

處理憤怒

憤怒 不滿、憤恨或帶有敵意的強烈感受。

　　不受控制的壓力是達成目標的一大障礙──不受控制的憤怒也是。**憤怒（anger）**是由於挫折而產生不滿、憤恨或帶有敵意的強烈感受。憤怒是人類情緒中最基本的一種，是對情況惡化時的正常反應。然而，多數時候，憤怒其實幫不了什麼忙。憤怒會暗中消耗精力，使人從達成目標這件事上分心。當人生氣時，會感到無助，甚至更灰心沮喪。

　　人無法控制所有使自己感到生氣的情況，但可以控制自己的憤怒，並決定要如何回應某個情況。當你開始生起氣時，有意識地把精力用在想出辦法，解決引起憤怒的問題。

　　還記得腎上腺素嗎？憤怒會促使身體同時釋放腎上腺素和一種叫做「皮質醇（cortisol）」的壓力荷爾蒙。這兩種荷爾蒙在體內交互作用時，免疫系統會變得衰弱，比較難以抵抗疾病。杜克大學（Duke University）的內科醫師瑞德佛・威廉斯（Redford Williams）表示，「人每次生氣，就是在傷害健康。」

　　當血壓飆高、心跳加快、腎上腺素大量分泌時，努力控制住自己的憤怒。要記得，不是每個惱人的情況都是攸關生死的致命

練習 17 個人壓力源與紓壓法

A 請在左欄列出你目前生活中充滿壓力的情況。請在右欄進行腦力激盪，想出數種紓壓方式。獨自一人或與一位朋友列出所有想得到的建設性方法，就算想到的方法目前或許不可行也沒關係。

壓力源	紓壓法
例子 功課太多，時間太少。	我可以睡更久，才能更有活力。 我可以在週末做點功課。 我可以坐公車，才有更多時間讀書。 我可以退掉其中一門課。 我可以星期天晚上不再看電視。 我可以在安靜的圖書館做功課。

壓力源	紓壓法
＿＿＿＿＿＿＿＿＿＿＿＿＿＿＿＿ ＿＿＿＿＿＿＿＿＿＿＿＿＿＿＿＿ ＿＿＿＿＿＿＿＿＿＿＿＿＿＿＿＿	我可以＿＿＿＿＿＿＿＿＿＿＿＿ ＿＿＿＿＿＿＿＿＿＿＿＿＿＿＿＿ ＿＿＿＿＿＿＿＿＿＿＿＿＿＿＿＿
＿＿＿＿＿＿＿＿＿＿＿＿＿＿＿＿ ＿＿＿＿＿＿＿＿＿＿＿＿＿＿＿＿ ＿＿＿＿＿＿＿＿＿＿＿＿＿＿＿＿	我可以＿＿＿＿＿＿＿＿＿＿＿＿ ＿＿＿＿＿＿＿＿＿＿＿＿＿＿＿＿ ＿＿＿＿＿＿＿＿＿＿＿＿＿＿＿＿
＿＿＿＿＿＿＿＿＿＿＿＿＿＿＿＿ ＿＿＿＿＿＿＿＿＿＿＿＿＿＿＿＿ ＿＿＿＿＿＿＿＿＿＿＿＿＿＿＿＿	我可以＿＿＿＿＿＿＿＿＿＿＿＿ ＿＿＿＿＿＿＿＿＿＿＿＿＿＿＿＿ ＿＿＿＿＿＿＿＿＿＿＿＿＿＿＿＿
＿＿＿＿＿＿＿＿＿＿＿＿＿＿＿＿ ＿＿＿＿＿＿＿＿＿＿＿＿＿＿＿＿ ＿＿＿＿＿＿＿＿＿＿＿＿＿＿＿＿	我可以＿＿＿＿＿＿＿＿＿＿＿＿ ＿＿＿＿＿＿＿＿＿＿＿＿＿＿＿＿ ＿＿＿＿＿＿＿＿＿＿＿＿＿＿＿＿

壓力源	紓壓法
_____	我可以_____
_____	_____
_____	_____
_____	我可以_____
_____	_____
_____	_____
_____	我可以_____
_____	_____
_____	_____
_____	我可以_____
_____	_____
_____	_____

B 請圈出目前最困擾你的壓力源。再仔細看看你為這個壓力源寫下的「我可以」聲明。請寫下對自己的保證：

為了減輕一些壓力，在這週結束前，我會_____

_____

_____

簽名（我的名字）_____

C 請填寫下一頁個人日誌 **3.3** 中的提醒事項。也請提醒自己幾天後要翻回這一頁，為列出的其他壓力源寫下「我會」的聲明。

個人日誌 3.3

紓壓提醒事項

找到減壓的策略後，要經常提醒自己去實踐這些方法。請填寫下方的提醒事項，再影印或剪下，貼在經常能看到的地方。

為了減少 ＿＿＿＿＿＿＿＿＿＿＿＿＿＿＿＿＿＿＿＿＿＿所造成的壓力，
我會 ＿＿＿＿＿＿＿＿＿＿＿＿＿＿＿＿＿＿＿＿＿＿＿＿＿＿＿＿＿＿＿

為了減少 ＿＿＿＿＿＿＿＿＿＿＿＿＿＿＿＿＿＿＿＿＿＿所造成的壓力，
我會 ＿＿＿＿＿＿＿＿＿＿＿＿＿＿＿＿＿＿＿＿＿＿＿＿＿＿＿＿＿＿＿

為了減少 ＿＿＿＿＿＿＿＿＿＿＿＿＿＿＿＿＿＿＿＿＿＿所造成的壓力，
我會 ＿＿＿＿＿＿＿＿＿＿＿＿＿＿＿＿＿＿＿＿＿＿＿＿＿＿＿＿＿＿＿

搏鬥。與其將怒氣發洩在別人身上，不如檢討造成負面情緒的原因，將其轉化為有建設性的話語和行動。

當你感到生氣或苦惱時，也可以採取一些有益健康的方式，紓解負面情緒，例如繞著街區慢跑，或是聽撫慰人心的音樂。自覺是能否戰勝憤怒的重要一環。人愈有自覺，就愈懂得認清引發憤怒的真正原因，也更能夠應付日常生活中的起起伏伏。

成功祕訣
憤怒對身心健康有害。

對憤怒的反應

憤怒是種情緒，不是行為。不過，一般人經常藉由自我挫敗的行為來表達憤怒：他們會大吼、發脾氣，甚至攻擊他人。但這樣爆發完後，他們有感覺比較好嗎？沒有。時不時就發火的人，通常對自己的感覺會很差。他們會驚慌失措、失去控制，而怒氣發洩完後，讓他們覺得生氣的問題依然存在。

一般人通常會用兩種方式來表達憤怒。人有時會向外發洩憤怒，有時則把憤怒的矛頭轉向自身。向外發洩的憤怒經常被認為

是「有益健康」的憤怒，因為人是把這種憤怒公開表達出來。然而，如果這種憤怒造成身體或心理上的傷害，就不健康了。這種向外發洩的憤怒通常會以**攻擊（aggression）**的方式出現，也就是打算要傷害某人（你自己這個生氣的人也包含在內）或東西的行為。有攻擊性的人會傷害自己與他人。這種人通常會藉由以下方式來表達憤怒：

攻擊 意圖傷害某人或東西的行為。

- 大吼、罵人或其他言語暴力
- 身體虐待
- 不合理的要求
- 高壓控制行為
- 批評、指責他人
- 惡意爭吵
- 復仇幻想

只向自身發洩的憤怒似乎較為無害。真是如此嗎？不論是對人際關係，還是身心健康，這種憤怒通常都會造成長期傷害。這種向內發洩的憤怒通常會以下列方式出現：

- 挖苦或譏諷
- 逃避或退縮
- 沉默以對
- 覺得惱火
- 誰也不信任
- 覺得自己成了受害者
- 嫉妒或羨慕
- 疲勞和焦慮
- 沮喪消沉

悶在內心的憤怒會讓我們怨恨他人，也會讓我們憎惡自己，產生罪惡感和沮喪之情。

被動攻擊（passive-aggression）

憤怒如果一再被壓抑並悶在心裡，會很危險。這種受到壓抑的憤怒可能會導致**被動攻擊（passive-aggression）**，也就是用含蓄的間接方式向他人展現攻擊行為，藉此應付情緒衝突或壓力源。被動攻擊是一種偽裝的攻擊行為，是為了要逃避不愉快的感受與事情，像是憤怒與爭吵。被動攻擊型的人通常會：

被動攻擊 向他人展現的間接、偽裝攻擊行為。

- 告訴他人對方想聽的話，就算得說謊也會這麼做
- 拒絕承認自己的內心感受
- 害怕顯露出自己的情緒
- 抱怨自己遭人誤解或未獲賞識
- 將失敗或挫折歸咎於他人
- 為了不計一切代價要避免衝突，而向他人讓步，然後暗地裡操控他人，以便能為所欲為
- 感到憤怒，卻害怕展現憤怒，因此私下搞破壞，暗中對他人進行報復
- 用看似幽默的方式貶低他人

　　被動攻擊是源自讓人覺得害怕、受害卻也感到憤怒的有害想法。這些想法包括：

- 「我從來沒贏過，那為何要努力？」
- 「其他人都比我要強。」
- 「生氣是很糟的事。」
- 「沒人在乎我的感受。」
- 「我的問題比其他人的要來得嚴重。」
- 「我既失敗又無能。」
- 「我的感受與其他人想要我擁有的感受相反。」
- 「我必須確保大家喜歡也接受我。」
- 「大家永遠不會知道我很生氣，還與他們意見不合。」
- 「我寧願說謊，也不願與人起爭執。」

　　多數人或多或少都曾出現過上述的想法。不過，被動攻擊型的人幾乎或隨時都是這麼想。為了減少像這樣令人苦惱的有害想法，鼓起勇氣，以平靜合理的方式表達自己的情緒，並且也允許其他人這麼做，相當重要。與其把每個情況都視為非贏即輸，不如學著接受並努力達成妥協。同時也要致力確保自己的言行與感受相符。

採用建設性方法處理憤怒

　　與其壓抑憤怒，用攻擊行為或被動攻擊的方式來表達憤怒，不如將憤怒轉而用來提升自覺，要更有益健康。用建設性的方式處理憤怒，意味著要瞭解其成因、保持冷靜、採取積極行動、以堅定自信的溝通手段來改善情況。

成功祕訣
釐清是什麼讓自己感到生氣，以及箇中原因。

我為何生氣？

要戰勝憤怒的第一步，就是釐清是什麼讓自己感到生氣，以及箇中原因。根據《處理憤怒》（*Dealing with Anger*，暫譯）一書的作者桑迪‧李文史東（Sandy Livingstone），人之所以發怒，是因為察覺到可能將發生的事會：

- 驚嚇自己
- 傷害自己
- 威脅自己
- 讓自己感覺軟弱無力

人害怕自己受到的傷害或感受到的無力，往往不是針對身體，而是屬於情緒層面。以莎拉為例：她在剛生了小孩、有份兼職、夜間要上管理課程的情況下，很難不讓壓力升高。小孩出生前，她和丈夫查克彼此同意要平均分擔養育責任。有一晚，莎拉回家後，發現查克既沒有幫寶寶洗澡，也沒有為晚餐做任何準備。莎拉在生氣又疲累的時候，經常會變得很暴躁，於是她就突然爆炸了。查克很快也跟著發火，說莎拉反應過度。這只讓莎拉更惱怒，因為他的說法讓她覺得自己在情緒上感到很無力——查克沒有把她的感覺當一回事。查克對莎拉的怒氣，則來自他害怕承認彼此之間的關係可能出問題了。若雙方想以有建設性的方式解決問題，就是向對方表達自己的感受，再一同想出解決辦法。

就如同認出個人壓力源很重要，曉得個人的憤怒觸發點也很重要。觸發點（trigger）是引起憤怒的人、情況或事件。你的憤怒觸發點有哪些？請記錄在**個人日誌 3.4**。

保持冷靜

當你覺得自己快發火時，就一心想著要保持冷靜。舉例來說，擔任保母的你把負責照顧的兩歲小孩送上床睡覺後，對方卻在你念書時走出房間來找你，你可能會有幾種反應。其中一個可能是生起氣來說：「那小鬼就是沒辦法乖乖待著不動！」滿肚子火的你可能會對小孩大吼，然後因為過於心煩意亂，而無法專注在學習上。另一個反應可能是你會想：「我們倆都需要好好放鬆。我會休息一下，讀個可以哄小孩睡覺的床邊故事，才能共度一小段時光。」你再次把小孩送上床睡覺後，依然很冷靜鎮定，能回頭去做作業。

個人日誌 3.4

憤怒觸發點

以下哪些情況會觸發你的憤怒？請在會讓你感到非常惱火或生氣的情況旁打勾。

我生氣是因為……

□　有人批評我。

□　有人表現得比我好。

□　有人長得比我好看。

□　我的伴侶看了其他男／女人。

□　事情發展不如我的預期。

□　有人不聽我正在說的話。

□　父母、朋友或伴侶指使我該做什麼。

□　有人質疑我的判斷。

□　我得排隊等候。

□　有人插我的隊或超我的車。

□　（其他—請具體說明）_____

□　（其他—請具體說明）_____

請想一想你剛勾選的情況。你覺得這些情況是如何讓你感到害怕、受傷、無力或受到威脅？這種害怕、受傷、無力或遭受威脅的感覺是屬於身體層面，還是心理層面？

　　你選擇要如何看待某個情況，通常會決定你對這個情況有何感受。碰上令人疲憊不堪的情況時，與其發脾氣，不如認清自己很生氣的事實，找出是什麼讓自己感到生氣。如果事情牽扯到另一個人，試著理解對方的觀點。也試著從中立旁觀者的角度去看待整個情況。從另一種角度看待這件事，是否有助於減少怒氣？許多情況之所以會造成憤怒或壓力，是因為人用不符現實或以誇大方式看待這些情況。當你反應過度時，就是在其實沒有必要生氣的情況下，讓自己發怒。

採取積極行動

　　一般人通常會覺得造成自己所有問題的都是其他人。不過，問題有可能是出於自己看待他人的方式。與其壓抑怒氣、累積對他人的怨氣，不如學會表達自己的感受——而且是用冷靜沉著的方式。試著在不翻舊帳或提到其他爭執的情況下，解決當下碰到的問題。同時也問問自己：

- 我是否想改變或控制他人？
- 我是否對這個人抱有偏見？我是否太苛刻了？
- 我是否對他人期望過高？
- 我是否希望別人更像我？

　　人通常會生氣，是因為他們覺得自己的處境不公平。事情有時就是不公平，要在每個情況中都尋求公平是徒勞無功的。學會接受自己無法改變的事是很重要的。如此一來，反而可以將精力用在改變可以改變的事情上。

　　要如何將這個概念付諸實行呢？假設你必須準備星期一的考試，而你家週末總是很吵。請用符合現實的實際角度來看待這個情況。假如你在家裡不太可能找到安靜的角落讀書，就安排去圖書館。比起因家裡鬧哄哄而心煩，去圖書館要輕鬆多了。你可以選擇不要為自己製造充滿壓力的情況。

成功祕訣
改變可以改變的事物，接受不可改變的事物。

試著保持堅定

　　與其訴諸攻擊或被動攻擊的手段，不如致力培養自信堅定的態度。**堅定（assertiveness）** 是指能夠表達想法與感受，卻不會危害到他人權益。堅定意味著瞭解自己的想法與感受沒有問題，也有權可以表達出來。與人來往時，如果想要更堅定自信，請試試以下方法：

堅定　捍衛自己的權益，卻不會威脅到他人的自尊。

- 在小麻煩演變成會引起憤怒的情況之前就先處理掉。
- 必要時向他人尋求協助。
- 對不合理的要求說「不」。
- 如果別人對待你的方式與你想要的不同，就勇敢說出來。
- 致力尋求所有涉及其中的人都能受益的解決辦法。
- 敞開心胸接受正向、有建設性的批評和建議。
- 接受讚美時，簡單說聲「謝謝」就好，別貶低自己。
- 展現冷靜的肢體語言，維持適當的目光交流。

- 實踐主動傾聽：展現你想聆聽他人的渴望，留意他人的話語和肢體語言，回應他們所說的話，讓對方知道你有聽到他們在說什麼。

當你學會控制自己對憤怒的反應時，也將學會如何控制憤怒出現的頻率。比方說，我們有時會生氣，是因為別人批評我們或與我們意見不合。隨著我們學會放慢腳步，通盤瞭解自己為何生氣，就會逐漸看出自己的憤怒不是他人的話語所引起——而是自己默默害怕他們可能是對的所造成。人在建立一套針對憤怒的健全回應方法時，也同時是在為自己培養韌性、建立自尊。

成功祕訣

你的想法與感受都沒有問題，你也有權可以表達出來。

✅ 自我檢查

1. 身體是如何對壓力做出反應？（第 139 頁）
2. 何謂逃離反應？（第 140 頁）
3. 請定義堅定。（第 156 頁）

關鍵詞

目標（第 118 頁）	壓力（第 138 頁）	憤怒（第 148 頁）
短期目標（第 121 頁）	壓力源（第 138 頁）	攻擊（第 152 頁）
長期目標（第 121 頁）	自律神經系統（第 139 頁）	被動攻擊（第 152 頁）
障礙（第 129 頁）	逃離反應（第 143 頁）	堅定（第 156 頁）
完美主義（第 130 頁）	否認（第 143 頁）	
調適（第 132 頁）	因應技巧（第 143 頁）	

學習目標重點整理

- **說明設定目標為何重要。**目標是將夢想化為現實的方法。目標讓人生有了方向，讓精力可以用於達成自己所想要的成功。

- **列出設定完善目標的特徵。**設定完善的目標有五個特徵，縮寫為 SMART：分別是具體（specific）、可衡量（measurable）、可達成（achievable）、實際（realistic）、有時限（time-related）。

- **區別短期目標與長期目標。**短期目標可以在一年內達成，長期目標則要花很長一段時間才能達成。短期目標是通往長期目標的踏腳石。

- **舉出達成目標前會碰上的常見障礙。**達成目標前會碰上的常見障礙包括了你是為他人的目標而努力、不願付出必要的努力、要求完美、缺少支持、抗拒改變、屈服於壓力與憤怒之下。

- **懂得辨識壓力的成因與症狀。**壓力的成因是來自日常生活的需求，以及需要人改變舊有做法或思維的情況。壓力產生的症狀包括心跳與呼吸加快。慢性壓力造成的症狀則包含肌肉疼痛、衰弱的免疫系統、罹患疾病。

- **描述多種紓壓方法。**處理壓力的強效方法包括放鬆、運動、健康飲食與睡眠習慣、人際關係的支持網絡、心智訓練、嗜好、靈性、幽默感、專注在人生的整體情況。

- **說明處理憤怒的建設性方法。**要用有建設性的方式處理憤怒，就要釐清是什麼讓自己感到生氣，以及箇中原因。當你覺得自己快發火時，試著保持冷靜，理性看待整個情況。表達自己的想法與感受，但也要試著理解他人的觀點。

複習題目

1. 請說明以下陳述：「目標是有最後期限的夢想。」
2. 為什麼目標應該要具體且可衡量？
3. 請舉出一個長期目標和三個短期目標的例子。
4. 壓力何時會是正面？請舉例。
5. 攻擊與被動攻擊之間的差異為何？
6. 堅定如何有助於應付憤怒？

批判思考

7. **憤怒** 請仔細想想佛陀所說的這番話：「抱持怒氣，就像緊握炙熱的炭擲向某人，最終會燙傷的人只有你自己。」你覺得這番話是什麼意思？你同意嗎？為什麼同意，又為什麼不同意？
8. **堅定** 請複習本章所提供的堅定自信訣竅，再回想一個你曾經或現在依然很難表現出堅定自信的場合。請描述你想到的情況，再檢視這個情況讓你的內心產生了什麼感受。為什麼你覺得很難表現堅定自信？下次再碰到類似的情況，你要怎麼做才能更加堅定自信？

應用

9. **目標調查** 請訪問五位親朋好友，詢問他們的目標。請他們說出自己的長期目標和與之相關的短期目標。他們為什麼挑了這些目標？他們設定這些目標什麼時候之前要達成？他們曾碰過什麼障礙，又是如何克服這些障礙？完成訪問後，請撰寫一頁的摘要。你的受訪者有哪些目標？他們的目標是 SMART 目標嗎？受訪者對於自己的人生方向深入思考到什麼地步？你是否有學到任何可以應用在自己生活中的事情？
10. **壓力日誌** 請花一週撰寫「壓力日誌」。監控自己的壓力程度，寫下生活中的壓力源（與麻煩）。再找個自己很冷靜的時候，評估自己列出的清單。上面是否有任何你可能反應過度的壓力源或麻煩？為了把壓力程度降到最低，你要如何事先做好準備，以免將來可能碰上這些情形？

上網活動

11. **線上目標管理** 請上 https://www.mindtools.com/pages/article/goal-setting-quiz.htm。請做測驗，瞭解自己有多擅長設定目標，並獲得設定與達成目標的訣竅。

12. **憤怒管理方法** 請上 www.apa.org，在網站的搜尋列中輸入「Controlling anger before it controls you」（在憤怒控制你之前，先控制憤怒）。一一瀏覽如何處理憤怒的建議方法，再選出你曾用過可以有效控制自己怒氣的那些方法。哪個或哪些方法對你最有效？內文提到的方法中，是否還有其他你覺得有助於保持冷靜、甚至更鎮定自若的方法？請寫一頁的報告，描述你處理憤怒時最有效的方法，以及文中提到的其他方法可以如何提供幫助。

成功案例　　**「我下一步要怎麼走？」**

請回顧你是如何回答第 116 頁的實際成功案例問題。既然現在已經完成本章了，想一想你會如何回答這個問題。

完成故事　　請續寫一段鄭紅的故事，顯示她可以如何運用目標設定與壓力管理方法，協助自己達成目標。

「我有所需的能力嗎？」

往前一步

保羅‧杜佩一直都很喜歡動物。他雖然曾嚮往要成為獸醫，但高中時就放棄這個夢想了。他家負擔不起送他上大學的費用、他的成績也沒有好到足以申請獎學金。保羅的父母都沒有上過大學，也不認為他需要讀大學。不過，保羅卻賺到了足夠的錢，可以申請就讀獸醫技術員學程。

後退一步

保羅擔心自己不夠聰明，無法讀完學程。他的姊姊莎拉也同意這點。她經常取笑他，說他再怎麼讀書也不會變得更聰明。為什麼要為了學會如何清理犬舍而付錢上學？保羅對自己沒信心，課程作業之多也令他招架不住。兩次小考都拿到很爛的分數後，他開始想姊姊說的是不是對的。保羅認為自己大概不夠聰明，不該繼續浪費時間了。

你覺得呢？

保羅如果想提升自尊，學業表現得更好，可以怎麼做呢？

Chapter 4 自尊

> 沒有經過你的同意，沒有人可以讓你覺得自己低人一等。
>
> ——愛蓮娜．羅斯福（Eleanor Roosevelt）

簡介

自尊讓人得以充分發揮潛能。

你將在第 4.1 節學到自尊是什麼、從何而來，以及為何有助於達成目標。你也將探索多種方法，瞭解如何對自身能力建立起自信，以達成目標。你將在第 4.2 節學到為何自我接納對自尊如此重要，發掘接納自己、看出自己早已擁有眾多特質的方法。你也將學會如何在不讓負面批評侵蝕自尊的情況下，有效處理這種批評。

學習目標

完成本章後，你將能夠：

- 定義自尊，並說明其為何重要。
- 描述童年經驗如何影響自尊。
- 定義自我期望，並說明兩種提升自我期望的方法。
- 說明為何自我接納對高自尊如此重要。
- 說明如何將消極自我對話轉換成積極自我對話。
- 說明如何妥善處理批評。

自尊的力量

自尊　對自己抱有信心與尊重。

自尊是有所成就之人最重要的基本特質之一。**自尊（self-esteem）**是人對自己的整體看法，自己是否值得成功並達成個人實現。**自我形象（self-image）**則是人如何看待自己在各個生活領域中所展現的多種不同角色與表現。**信念（belief）**確立了控制並決定自己行動與生活品質的規範。**自信（self-confidence）**則是透過行動來證明自身價值的表現。「尊重」某人代表懂得欣賞對方的重要性或價值。所以當你尊重自己，就是懂得看出自己身為人的重要性或價值。你對自己應付生活挑戰的能力具有信心，也相信自己值得獲得成功與幸福。你不需要取得一流成就或成為「第一名」，也能擁有健全的自尊。你覺得自己具備尚未發揮的潛能，也樂於投注心力發展和測試這股潛力。這種想法會激勵你努力進取，取得成功。擁有健全自尊的人可以誠實地對自己說：「我是真的喜歡自己。我很高興我就是我。我寧願做自己，也不要成為古今中外的其他任何人。」

健全的自尊是內心深處相信著自身價值，無關乎一個人的年齡、外表、族裔、性別、宗教、出身背景或地位。自尊包含了一個人認為自己擁有獲得成功與自我實現的潛力，以及自己值得投資、學習、取得技能，並用自身特有的方式對社會做出有價值的貢獻。

自尊會讓人覺得自己應該要擁有更健康的新環境或生活型態，而不是反映著以前或現在所處的環境，淪為這種環境的受害者。自尊是每個人健全成長時最重要的其中一個根基。自尊讓人得以相信自己可以改善、變得更好，也能成為一份護照，讓人可以自由旅行，想走多遠都行，同時還能夠追尋與自己最遠大志向相稱的命運。自尊包含的是你想去哪裡，而不是你來自何處。

身處現代全球社會的父母與小孩，有時會混淆自尊的概念。各式各樣媒體所傳達的訊息都表示，自尊就是妄自尊大，並能夠在重視名人的物質文化中彰顯自己的重要性。許多人都錯以為自尊就是人的外表、賺多少錢、多受歡迎。換句話說，自尊的本質已經迷失了，還與自我放縱（self-indulgence）和自我沉溺（self-absorption）混為一談。自尊的概念不再是屬於非物質、內在價值的層面，變得更偏向自我陶醉、享樂主義，更與外在的「生活方

式」有關，而不是覺得自己值得獲得幸福與滿足。

健全的自尊不等於自我中心、妄自尊大、驕傲自負、自我陶醉或優越感。事實上，展現出上述特質的人，有時是為了要掩飾自己的低自尊。當人擁有健全的自尊，就會懂得欣賞自己的價值與重要性，也會明白大家都和自己一樣有價值或同樣重要。

另一方面，低自尊的人害怕冒險行動，對成功沒有把握，很可能會將問題與挫折視為失敗。這會導致他們不再像以往一樣賣力，自認失敗，自尊更低，因而產生惡性循環。

高自尊的影響

擁有高自尊的人都自信十足。他們知道自己是既重要又有價值的人。他們享有內心深知自己具有價值的感覺，因而能盡情自由達成獲得成功與幸福的目標。當你具有高自尊，將會願意冒險、有自信能成功、能夠將挫折轉化為加倍努力的動機。自尊也會讓你為自己的成就感到自豪。這會反過來激勵你，力求更遠大的成功。

> **成功祕訣**
> 自尊會激勵人努力積極，取得成功。
> *

高自尊還有其它好處。人具有高自尊時，便能夠：

- 接受自己的優缺點
- 表達真實的想法與感受
- 與他人建立情感連結
- 給予和接受讚美
- 付出與接受感情
- 嘗試新點子和新體驗
- 展現創造力
- 捍衛自己的立場
- 以冷靜方式處理壓力與憤怒
- 樂觀看待未來

研究顯示，擁有高自尊的人會追求自己的目標。他們不會因為他人妨礙或情況有變，就停下腳步。他們往往會找更富挑戰性的工作，需要他們全力以赴。他們也有自信去追求自己感興趣的人，與之建立關係。高自尊的人不會讓遭人拒絕的恐懼，阻止自己主動接觸他人。

> **成功祕訣**
> 人自己感覺良好時，就有自信嘗試新事物。
> *

高自尊也有助於創造機會。假設你有興趣探索新的職業或主修科系。自我感覺良好可以鼓勵你勇於進取，接受嘗試新事物的

挑戰。就算你最終判定這件事不適合自己，自我價值感依然安全無虞。你同時也更瞭解了自己，以及你真正喜歡什麼。

低自尊的影響

許多人都為低自尊所苦。低自尊會產生一種「我什麼都做不到」的感覺。低自尊的人認為自己毫無價值、自己的人生沒有什麼意義、自己永遠都會不快樂。他們對自身技能缺乏信心，甚至連自己最了不起的成就都難以承認。這種自卑感可能會導致憂鬱、焦慮或社交恐懼症。

低自尊的人很容易就會因為他人的言行而感到受傷。事實上，低自尊的人對他人意見與看法的重視，更勝過自己的意見與看法。當這些看法是負面的時候，低自尊的人通常會變得極其受傷又難過。他們覺得自己不夠格，懷疑自己的能力，甚至更進一步降低對自己的評價。

除此之外，低自尊的人通常會：

- 不信任他人
- 難以建立親密關係
- 害怕犯錯，難以做決定
- 毫不留情批評自己，卻很難應付他人給予的批評
- 預期問題、危機、失敗會發生
- 忽略自己的需求
- 對不合理的要求妥協讓步
- 不喜歡成為眾所矚目的焦點
- 不向他人吐露自己真正的想法與感受
- 活在遭人拒絕與反對的恐懼之中
- 擔心自己成為他人的負擔
- 覺得無法掌控自己的人生
- 錯過生活中的樂事

焦慮 泛指沒有任何特定成因的擔憂緊張之情。

低自尊的人預期自己會失敗，認為失敗是自己生命中注定會出現的事。這麼想會產生**焦慮（anxiety）**，此泛指沒有任何特定成因的擔憂緊張之情。處理棘手情況時，會感到有些焦慮很正常。舉例來說，一般人在陌生城市迷路，或是家裡有人生病時，通常都會感到焦慮不安。這股焦慮會讓人保持警覺，有助於應付自己遭遇的情況。

然而，問題解決後，焦慮感卻依然存在的話，就會有害。人

練習 18　檢測自尊

A　請在每題中圈出最符合自己陳述的英文字母（a、b 或 c）。

1. a. 我不在乎有人說我壞話。有時候，我甚至很喜歡有人因為我的言行而感到困擾。
   b. 如果有人反對我或不贊同我的言行，我會覺得受傷。
   c. 有人批評我時，會讓我更在乎或更瞭解對方。

2. a. 我覺得自己能夠控制別人的行為或感受。我似乎需要擁有那種掌控權。
   b. 我太常覺得失控或無力，或是遭人操弄。
   c. 我主宰著自己。沒有人能控制我，我也不想被別人控制。

3. a. 我覺得自己比別人更厲害。
   b. 我覺得自己沒有比別人要來得重要。
   c. 我沒有比任何人厲害，也沒有比任何人來得不重要。

4. a. 我的外表對我來說非常重要。我總是想要看起來吸引人又時尚。
   b. 我不太在乎自己的外表，只要感到舒適就行了。
   c. 我的外表很重要，因為這顯示出我是怎麼看待自己。我都保持著良好狀態。

5. a. 我不介意有憑有據的爭論。這有助於消除誤會，讓生活更多采多姿。
   b. 我不喜歡鬥嘴或爭論，也會盡我所能避免與人爭吵。
   c. 我不會試著避開爭論，我對爭吵沒意見。但我不會為了讓其他人出糗，就想吵贏對方。

6. a. 我不怎麼在乎要不要幫助別人。我輕易就拒絕了大多數尋求幫助的請求。
   b. 我幾乎不可能會拒絕尋求幫助的請求。
   c. 我會幫助他人，只要不會傷害到自己就好。有人請求協助時，我有可能會拒絕對方。

7. a. 我認為，或是其他人告訴我，我是完美主義者。直到事情結束，也都做得很好之後，我才有可能感到滿意。
   b. 我通常不在乎事情是不是做完了，或者做得如何。這對我就是不重要。
   c. 幾乎所有我做的事都做得不錯。如果不是的話，我也很少會因為沒做好而困擾很久。

8. a. 我不喜歡犯錯，只要有機會就會避免犯錯。

   b. 我的生活似乎太常充斥著錯誤。我似乎無法長時間不犯錯。

   c. 我會試著不犯錯，但犯錯時，不太會感到困擾，或因此困擾很久。

---

9. a. 我都儘量不尋求協助。我覺得自己應該能夠在沒有協助之下做到。

   b. 我不介意尋求協助，卻經常得不到真正需要的幫助。

   c. 我通常都很清楚自己什麼時候需要幫助，也會一直尋求協助，直到得到所需的幫助。

---

10. a. 我經常批評他人和自己的處境。釋放情緒會讓我好過一點。

    b. 我被教導批評是不對的，所以都盡可能不亂批評。

    c. 我很少批評。我就是不會那麼想。

---

11. a. 如果有人與我意見不合，我認為是因為對方有不同的看法。這對我來說不成問題。

    b. 如果有人質疑我確信的事，我很可能會認為自己錯了。

    c. 如果有人質疑我確信的事，我通常會認為對方錯了，並想要說服對方照我的方式來思考。

---

12. a. 我能自在地接受讚美，但我不需要讚美，才會對自己與自己的所作所為感覺良好。

    b. 我需要有人讚美我的成就。

    c. 我其實不在乎自己是不是有獲得讚美。事實上，讚美通常會讓我感到不自在。

---

13. a. 我通常不會去注意誰喜歡或不喜歡我，或是我有多少朋友。

    b. 很少人喜歡我。喜歡我的那些人不是我在乎的人。

    c. 維持友誼對我來說非常重要。

---

14. a. 只要我過得快樂，自然就會擁有物質財富或事業有成。

    b. 我不太在乎自己的人生是否成功。這只是表示我會有更多需要迎頭趕上和擔心的事情。

    c. 成為人生勝利組是指獲得成功或擁有珍貴事物，對我來說至關重要，我也為此在努力。

---

15. a. 我通常都忙著享受正在發生的事或從中學習，以至於不會想到或談起過去的成就。

    b. 我沒有太多能夠引以為傲的事。就算我有，也不會說出來，因為人不應該自吹自擂。

    c. 我會告訴他人我的成功事蹟，以及發生在我身上的好事。我敢於讚美自己。

16. a. 我要為人生中發生的一切負起全責。怪罪他人或情況，與對過去感到後悔一樣，都毫無意義。

b. 我生命中發生的許多壞事都是我的錯。我往往會對犯下這些錯感到內疚或後悔。

c. 如果事情出差錯了，通常都不是我的錯。往往更應該怪罪的是其他人或情況。

---

17. a. 我所擁有的積極人生方向感，比較是來自我作為一個人的價值，而不是我所設定和達成的目標。

b. 我的人生缺乏方向。我很難想像自己的情況會有所改善。

c. 我會設定目標，並評估自己達成了多少。生活陷入困境時，我會想著人生總有一天會變得多美好。

---

18. a. 我通常都很快樂。必要時，我會為自己發聲，但不會講得刺耳無禮。

b. 我通常很沉默含蓄。我向來都試著當個體貼細心的人，就算這可能表示我的需求不會被滿足。我不喜歡與人對質。

c. 我都直言不諱，這有時會被視為挑釁的舉動。我的態度可以形容成是耿直或唐突。

---

19. a. 一般人會做對自己有利的事，無論公平與否。這並沒有錯，人本性如此。

b. 多數人都只顧自己，不擇手段逃避了事。這並不對，但人就是如此。

c. 我對什麼公平、什麼不公平抱有絕對信念。我或其他人遭受不公平對待時，我會感到難過。

---

20. a. 我知道別人說什麼都傷不了我——只有我說的話才會傷到自己。

b. 我都會當心自己說出口的話，因為我可能會傷到別人的感情。

c. 我都會當心自己說出口的話，因為別人可能會用來傷害我。

資料來源：改寫自網站 www.truth-for-healthy-living.org，2003 版。Copyright © 1990–2013 Richard Terry Lovelace, MSW, Ph.D. (www.truth-for-healthy-living.org)。轉載已取得作者同意。原刊載於《SELF》雜誌，並收錄於 John Wiley & Sons, Inc. 出版的 *Stress Master* 一書中。

B 得分：首先，回到第 11 題。從這題到第 20 題為止，請將你圈的每個 a 改為 c，將每個 c 改為 a。現在，請把你共選了幾個 a、b、c 加總起來。

a _____   b _____   c _____

c 的總數反映出你的自尊程度。

11 個或以上的 c 表示你真的喜歡自己。

0 到 10 個 c 表示你的自尊可能需要多加關切。

如果你屬於低自尊（0 到 10 個 c），a 與 b 的總數會反映出你是如何處理這個問題。

8 個或以上的 a：你的行為模式屬於攻擊型。你通常咄咄逼人、吹毛求疵、妄自尊大、充滿敵意或秉持完美主義。你可能沒有發覺自己是低自尊的人。

7 個或以上的 b：你的行為模式屬於消極型。你往往會自我批判，並感到難過、受傷或擔心。你很少為自己發聲。

a 和 b 的總數相當：雖然你的行為模式不屬於非常攻擊型或非常消極型，好好培養自尊將使你受惠。

C 你的分數顯示出怎樣的自尊程度？是偏高還是偏低？

_____

_____

_____

_____

_____

_____

D 如果你有低自尊，是表現出攻擊行為、消極行為，還是兩者皆有？請說明，並舉自己的行為為例。

_____

_____

_____

_____

_____

_____

E 請回顧本章在探討高自尊與低自尊影響的內容。你展現出來的是哪些行為？請舉例。

_____

_____

_____

_____

_____

_____

_____

因焦慮而感到痛苦時，很難完成達到目標所需的必要任務，不論任務指的是為了考試而念書、為工作面試做準備，還是預約看診時間。這會更進一步降低自尊。

是時候衡量你的自尊程度了。**練習 18** 正是為此專門打造。這個活動不只能衡量你身為人類的價值，更能顯示你有多重視自己。答案沒有所謂的對錯，也沒有哪個分數比較好或比較糟。

要記得，沒有什麼評量或清單可以透露出所有事實。請將結果當成是可供參考的可能性，而非絕對真理。如果你認為結果具有意義也有幫助，那就加以善用；結果並非如此的話，不予理會就行了。請避免以得分的結果為根據，做出重大人生改變，你反而應該要運用所學的一切，結合適當專家提供的協助。

自尊的根源

自尊從何而來？為什麼有些人擁有的自尊較高？有些人從一開始就具備許多有利條件。俗話說：「小孩的生命就像一張白紙，每個過客凡走過，必留下痕跡。」我們沒辦法教小孩什麼是自尊，只能在孩子那空白的石板上添加積極正向的一筆一畫，藉此協助他們在內心找到自尊。所有正向動機都根源於自尊，而就像其他技能，培養自尊也需要練習實踐。請把自尊想成是有四隻腳的椅子或桌子。

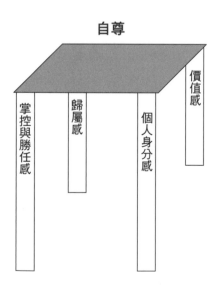

自尊

掌控與勝任感　歸屬感　個人身分感　價值感

歸屬感

自尊的第一隻腳是歸屬感。所有人內心深處都有一種需求，想要覺得自己屬於某個遠大於自身的事物。心理學家稱這種需求為親和動機，對象包含了人、地、所有物。人出於本能想擁有歸屬——希望親密的人需要、接納、喜歡、愛著自己——的渴望極為強烈。這種天性解釋了大家庭、朋友、隊友之間的情感聯繫，也說明了為什麼有些青少年會加入幫派。他們想要有所歸屬，就算這麼做不對也一樣。

孩童待的家如果讓他們覺得安全、受人疼愛與歡迎，就應該要以家族傳統為傲。家也應該是孩童會想帶朋友回來的地方，而不是想盡可能愈早離開愈好的地方。

個人身分感

與歸屬感互補的第二隻腳，是個人身分感。沒有人會與其他人一模一樣，就連同卵雙胞胎也不例外。每個人所擁有的天賦與特質，都是獨一無二的組合，以前從未出現過，未來也不會再以幾乎相同組合的方式出現。（這解釋了為什麼多數父母都認為自己的小孩是來自其他星球！）

孩童成長與嬉戲時，周圍的人應該要好好觀察他們的學習風格、空閒時喜歡做什麼，發掘他們特有的正向天賦，才能將其培養成技能。成績單未必能衡量一個人的才能。成績往往只是一種衡量學科、記憶力、專注時間的方式，以及有老師在場會對學習產生多大的作用。

價值感

自尊的第三隻腳是價值感，也就是覺得很高興我就是我自己，擁有自己的基因與出身背景、身體、獨特想法。人不認可自己的話，便乏善可陳。如果人覺得自己不值得人愛，便很難相信別人愛自己，反而往往將他人視為評斷自己價值的人。

這就是為什麼特別是孩童必須要感受到無條件的愛，學會謹慎區分做事的人和其所作所為，辨別有所表現的人和表現本身。「不論發生什麼事，我都愛你，我也永遠會支持你」，這個訊息是孩童在建立價值感或內在價值時的最重要概念之一。孩童每次遭到斥責後，都需要知道父母是愛自己的。晚上睡前，無論當天發生過什麼事，他們都需要獲得保證，自己是被無條件愛著。

比起外在且通常屬於物質的動機，健全的歸屬感、身分感、價值感只會源自內在核心價值觀。少了它們，人就只能不斷仰賴他人，填補自己一點一滴流失的自尊，也往往會懷疑他人別有用心。當人無法接受或駁斥他人不論有無價值的意見時，對批評的防衛心就會很重，也會對讚美產生偏執——再多的讚美也無法取代人所缺少的特質。

你是否相信自己的夢想，健全的歸屬感、身分感、價值感也必不可少。身處艱困時期，且能緊緊抓住的夢想也只有一個時，這三者更是最不可或缺。

掌控與勝任感

為什麼現在高中生與大學生很少有人認為自己天生就是贏家，原因眾多。可以給予支持的大家庭正在消失，在許多情況下，甚至連核心家庭也是如此。所謂的榜樣人物正逐漸帶來不良影響。商業媒體持續用更甚以往的犯罪、暴力、享樂、其他有害的逃避方式，轟炸著年輕族群的感官。但不論原因為何，社會中積極進取的民眾與領袖在缺少其當作動力來源的創意想像力時，便無法挺身而出並有所成長，這正是為什麼在許多人身上看見和聽到的忐忑不安、受挫沮喪、猶豫不決行為令人擔憂。比起更著重在機會，這些人反而強調世俗問題，因此他們想像的未來無法驅使自己創造幸福或成功。

自尊的第四隻腳是掌控與勝任感，也就是**自我效能（self-efficacy）**，認為自己在不斷變動、充滿不確定的世界中，有能力掌控發生在自己身上的事。價值感也許能讓你訴諸情感，大膽行事，但你需要自我效能，也就是掌控與勝任感，才能相信自己會成功。這就是為什麼愈早讓孩童承擔簡單任務的責任如此重要，這麼一來，他們才能知道自己的抉擇、努力、讀書習慣，將會帶來結果與成功。他們愈常體驗到成功的滋味，就會愈有自信，也會想承擔更多責任。

不論父母收入多寡，孩童長大期間，都應該要分配特定家事給他們，讓他們不只能完成任務，還能為此感到自豪。每個人都必須瞭解問題與挫折只不過是一時不便和學習經驗而已。挫折並非失敗，而是用來修正前進方向，人人都必須不斷強化這種觀念。

當孩童具備失敗是種學習經驗的觀念時，就能培養出對嶄新挑戰的急切渴望，也必較不會害怕要嘗試新技能。雖然讚美有所

助益，但最讓孩童受益的還是他們相信自己正根據自身的內心標準，對生命做出有價值的貢獻。

身處競爭日益激烈的全球市場之中，每個新加入勞動力行列的年輕成員都必須相信自己是個團隊領袖，一名能夠提升自我的優秀人才，懂得將自身優秀之處展現在絕佳的成果與服務上。由於電子商務與日新月異的科技，獲利的壓力與日俱增，也出現想用更少勞工做更多事的需求，因此，父母與企業領導人必須協助自己的孩子與員工提高他們的價值。

顯而易見，沒有誰是在完美的環境下長大成人。多數父母都仰賴自己的信念和經驗，再將其傳給下一代。不論出身背景為何，重點是要瞭解自尊的一些基本根源，才能在逐漸成為領導人和父母的過程中，為那些向自己尋求指引的人，提供可產出成功與幸福的最肥沃田地。許多孩童都受到慈愛父母、傑出教師、教練、朋友的鼓勵，這些人很早便讓孩子知道何謂自尊。這大概就是好的父母或領袖所具備的最重要特質：給予積極鼓勵，協助他人建立正向自我價值。另一方面，低自尊經常是源自於虐待或疏忽的關係、一再遭到拒絕、家庭失能、身心障礙，或是他人的強烈批評。自尊也可能是由遺傳基因所構成。有些人雖然是在理想環境中長大，常被讚美，備受疼愛，卻有可能成長為沒有安全感的大人，對自己的人生不滿；其他在最糟糕環境中長大的人，則有可能變得成熟穩重，擁有高自尊，並尋得成功。

一般常說成功會帶來高自尊，失敗則會導致低自尊。然而，事情未必總是如此。許多才華洋溢、有所成就的人，都身受無價值感所苦。就舉瓊安為例好了。瓊安擁有 MBA 學位，擔任大型唱片公司的銷售主管，工作一帆風順。即便她備受敬重、成就斐然、薪資優渥，也依然覺得自己無足輕重，自尊很低。不論她獲得什麼成就，總是覺得沒有達到自己那不可能做到的標準。

有些人就算看似「什麼都不缺」，卻為低自尊所苦，而很多人雖然成就不高，卻覺得自己很棒。例如，朗恩擔任電腦製造公司的行政助理已經五年了。他沒有響亮頭銜或賺很多錢，卻覺得能為公司貢獻己力是件很棒的事。他很喜歡有親朋好友的陪伴，對未來也充滿信心。由於他擁有健全的自尊，因此對自己和自身成就都感覺良好，不論這些成就在別人眼中看起來究竟是大還是小。

成功祕訣
擁有健全的自尊會使人覺得自己大大小小的成就都很棒。

有條件與無條件的關懷

　　自尊在人生的頭三四年就打下基礎了。人還年幼時，會需要覺得自己受父母或其他照顧者所接納和重視。父母的認同對小孩極為重要，因為父母代表著安全保障，也能為正在發育的心智，提供身心兩方面的慰藉。如果父母展現出愛，並撫育、接納、鼓勵、支持自己的小孩，孩子通常最終都會接納自己，建立正向自尊。

無條件正向關懷
無論對方有什麼特殊行為，都能給予愛和接納，尤其對象是孩童時。

　　父母展現愛與接納的方式，也對一個人正在形成的自尊有重大影響。孩童與青少年需要獲得**無條件正向關懷**（unconditional positive regard），也就是不論他們出現什麼特殊行為都會得到愛與接納。獲得無條件正向關懷的孩童與青少年，通常會培養出健全的自尊，如圖 4.1 所示。

　　有些家庭的孩童不會獲得無條件正向關懷。他們接收到的訊息，反而是必須做到特定的事，才能獲得接納與愛。比方說，有些父母會要求小孩要在學校拿到完美成績，或是在運動中勝

圖 4.1　根源於童年的自尊

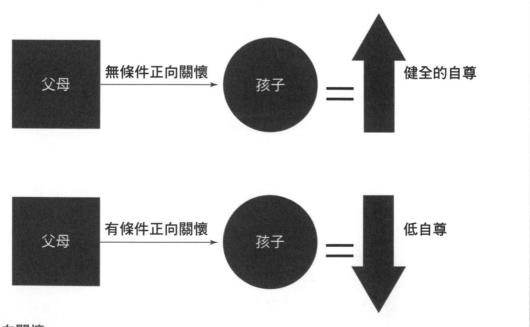

正向關懷
自尊會在人生早期階段形成並就此建立。研究顯示，父母如何在小孩頭三四年進行教養，對其自尊影響甚鉅。除了父母外，其他重要的大人也可能會影響孩童的自尊。

過他人。這些父母給孩子的是**有條件正向關懷（conditional positive regard）**，也就是只在他們有特定表現後，才能獲得愛與接納。來自這種家庭的孩童通常會培養出低自尊。他們接納的不是自己的真實面貌，而只是自己所做的事，以及做得有多好。他們只有在表現到一定程度時，才會對自己感到滿意。這些人成年後會覺得自己的價值取決於特定的成就或結果，比如薪水賺到了某個門檻、外表的水準有某種程度，或是擁有某些財產。如果他們達不到自己那不可能的標準，就會覺得自己很糟。

支持與寂寞

人成年後，對接納與愛的需求不會因此就消失。不分年紀大小，每個人都需要覺得自己在社交圈中有受人注意、賞識、重視。所有來自他人的言行，會讓人覺得自己受到重視、關心，並與某個社群建立起連結，就稱為**社會支持（social support）**。社會支持能強化自尊。

社會支持有兩種基本形式：**情緒性支持（emotional support）**與**工具性支持（instrumental support）**。情緒性支持是指人給予信任、同理心、關心、愛、關切、無條件認同。工具性支持則是指人給予像是金錢、勞力、時間、建議、資訊等資源。給予情緒性支持的人會傾聽你的想法與感受、鼓勵你、擁抱你、提醒你自身所具有的價值；給予工具性支持的人則會在你需要建議、工作機會、貸款、有人載你去看醫生或報以善意時，幫助你擺脫困境。

沒有獲得足夠社會支持的人，會受低自尊與寂寞所苦。寂寞與單純的獨處並不相同。多數人喜歡偶爾或甚至經常獨處一下。真正的**寂寞（loneliness）**是因獨處而感到悲傷。每個人不時都會對抗著寂寞。許多青少年和青壯年試圖要在世上掙得一席之地時，都會感到寂寞。

羞怯與自尊

那些為羞怯所苦的人，往往格外常感到寂寞。**羞怯（shyness）**是在社交場合中感到焦慮，起因是擔心他人會如何看待自己。極端羞怯可能會使人過度焦慮，以至於連向人打招呼或讓目光接觸都會有困難。低自尊的人通常會為羞怯所困。他們無法對自己感到自在，因此難以在他人身邊感到自在。他們可能甚至會避開或脫離日常生活的社交場合，就為了避免與人接觸或

遭人批評。具有挑戰性或尷尬的場合，可能會更讓他們覺得自己遭到誤解、孤立。

寂寞與羞怯都會對自尊造成傷害。當人因為感到寂寞或出現社交焦慮而自責時，這兩者最具有殺傷力。人如果對自己的社交技巧沒有信心，就會更難以主動與人接觸。提醒自己還有人喜愛並欣賞你是非常重要的。請利用**練習 19**，檢測自己的社會支持與寂寞程度。結果將有助於你決定是否需要擴展自己的社會支持網絡。

克服寂寞

想要克服寂寞，就需要建立並強化自己的社會支持網絡。第一步便是主動與人接觸——與其等著別人對你感興趣，不如主動展現你對他們有興趣。例如，更深入瞭解友人、熟人或家人的興趣或消遣；請人讓你參與你感興趣的活動；主動向他人提供社會支持。舉例來說，如果你的同學哪天生病請假在家，就影印一份自己的上課筆記拿給對方。

也考慮把時間花在獨自探索個人興趣上，可以是加入學校社團、地區俱樂部，或是可以讓自己建立社群意識的志工計畫。此外，努力培養溝通與人際關係技巧，像是同理心、主動傾聽等等，這麼做能讓人對自己與他人互動的能力更有信心。如果你已經擁有龐大的社交網絡，卻仍經常感到寂寞的話，請檢視人際關係的品質。你是否維持著感覺雙方無法互相滋養的友誼或戀情？你和朋友在一起時，是否仍會感到寂寞？如果是的話，你可能會想結識新朋友。

提升自尊

剛才已經看到正向童年經驗對健全的自尊有多重要，但假如你是低自尊的成年人，還可以做什麼來解決這個問題嗎？當然可以！關於自尊的一件好事，就是自尊可以提高。無論人出身哪種環境或是由什麼基因組成，都能學會重視自己。不是每個人都能從父母身上收到名為自尊的餽贈。要獲得成功，許多人都必須先贏得自尊。不論童年經驗如何，已經成年的人都有機會能夠打造出自己想要擁有的正向自尊。

不是每個成功人士在長大過程中都自我感覺良好。他們往往必須透過反覆練習，才學會喜歡自己。比方說，作家黛莉·迪雅娜·施瓦茨（Daylle Deanna Schwartz）就曾從童年一路對抗著

成功祕訣
提醒自己還有人喜愛並欣賞你。

*

成功祕訣
能夠給予彼此支持與滋養的人際關係，有助於避免使人感到寂寞與擁有低自尊。

*

成功祕訣
無論年紀多大，人人都能學會重視自己。

*

練習 19　社會支持與自尊

A　請根據每項陳述是「從未」、「很少」、「有時」、「經常」或「總是」符合你的情況，進行勾選。

	從未	很少	有時	經常	總是
1.　有人會在我需要的時候，載我去看醫生。					
2.　有人會好好聽我說的話。					
3.　有人能讓我分享自己最私人的擔憂。					
4.　有人懂我的感受。					
5.　有人愛著我，也讓我覺得自己被對方所渴望。					
6.　有人會在我生病時，幫我處理日常事務。					
7.　有人會擁抱我。					
8.　有人能讓我吐露心事。					
9.　有人能讓我在相處時感到放鬆。					
10. 有人是我能聚在一起玩樂的對象。					
11. 有人能針對我的問題給予好的建議。					
12. 有人理解也欣賞我。					

B　得分：每勾一個「從未」就得 1 分，「很少」得 2 分，「有時」得 3 分，「經常」得 4 分，「總是」就得 5 分。

你的總分是多少？＿＿＿＿＿

48–60　你享有的社會支持程度相當健全。

31–47　你享有的社會支持只達中等程度，也許有時會因寂寞所苦。

12–30　你缺乏足夠的社會支持，並可能為寂寞所苦。

C　請描述你有多常感到寂寞，以及什麼情況會產生這種感覺。

_____

_____

_____

D 請建立你的社會支持網絡清單。請在第一欄寫下你永遠或幾乎總是可以仰賴對方給予支持的人的姓名，在第二欄寫下你有時可以仰賴對方給予支持的人的姓名。

我永遠可以仰賴：	我有時可以仰賴：

E 你是否覺得在自己有需要的時候，隨時就能獲得情緒性支持和工具性支持？如果不是的話，想要建立自己的社會支持網絡，你可以怎麼做？

你的社群網絡

網路提供了無數機會，可以讓你和不論是身處自家社區還是全球各地，與你共享相似興趣的人連結在一起。不論你是熱衷於木工、研究家譜或對抗疾病，都可以透過網路留言板、聊天室、線上論壇，與他人建立聯繫、向對方尋求並提供建議、分享看法和訣竅、討論議題與話題、學習新技巧和新技能，或是單純分享經驗、故事、友誼。

在網路上互動顯然有其風險。一個人很容易就可以將自己描繪成另一個人，使你在情緒、財務、性關係上淪為受害者。如果你公開個人資訊，也可能會冒著身分遭竊的危險。因此，絕不要張貼自家住址、電話號碼、出生日期、出生地或其他具體資訊。

諸如臉書、推特、Instagram、LinkedIn等廣受歡迎的社群網站，都允許使用者打造並分享個人檔案，這份資訊可以只讓使用者自行挑選的成員（或任何人）看見。這些網站提供了機會，讓大眾可以與親朋好友保持聯繫，並與你在沒有網站的幫助之下，可能永遠不會認識的人產生連結。然而，愈來愈多雇主正利用這些網站，研究可能雇用人選的資訊。所以，絕不要張貼尷尬或不當的照片或留言——就算只是給自行挑選的成員看也一樣——因為它們有可能會危及到你未來的機會。

想一想

參與線上聊天室或網路論壇，可以如何有助於對抗寂寞並建立社交網絡？

如果想深入瞭解如何以安全方式運用網路來擴展社交網絡，請上 http://www.safesocialnetworking.com/

低自尊的問題到成年。她開了一間獨立唱片公司後，經常遭到男性同僚的反對，這些人覺得女人不適合在競爭激烈的音樂產業環境中打拼。施瓦茨也曾懷疑過自己。然而，她決心要打破產業的刻板印象，最後公司大獲成功。她開始舉辦講座演講，也展開作家生涯，協助一般人增強他們的自尊。她藉由追逐夢想、克服挑戰，因而學會喜歡自己。

自我期望與自尊

你的家人、朋友、熟人如何對待你，對你的自尊有很大的影響。但一個更重要的人——也就是你自己——對待你的方式，影響更為深遠。人對自己所說的話，對自己的自尊影響甚鉅。低自尊的人會告訴自己：「我誰也不是，什麼都辦不到。」高自尊的人則會告訴自己：「我很了不起，只要專心致志，沒有什麼辦不到。」

這份自信來自一種自我期望感。**自我期望（self-**

> **成功祕訣**
> 讓人裹足不前的不是自己辦不到的事，而是認為自己辦不到的想法。

自我期望 相信自己能夠做到人生想做的事。

expectancy）是認為自己能夠做到人生想做的事，是對自己將會達成目標的期許。每個人往往最終都會得到自己期望的結果。你可能會也可能不會得到該有的結果，但幾乎一定會得到自己預期的結果。你花最多精力在思考的事，終究就是會發生，不管你是害怕或渴望著這件事。低自尊的人預期自己會失敗、陷入財務困境、為健康不佳所苦、人際關係不順，這些情況通常也都會因此成真。高自尊的人則預期自己會成功、財務無虞、健康良好、擁有愉快的人際關係，而對他們來說，這些也通常會成真。

這就是自我期望的力量。如果你相信自己會在某方面有所成就，很可能就會成功；如果你相信自己會失敗，心智就有可能會誘騙你，導致失敗。

自我期望與技能或能力不同，是自認可以如何運用早已具備的技能與能力。換句話說，自我期望的重點不在於人真正能夠達成什麼成就，而是人認為自己可以達成什麼成就。自我期望感會影響人挑選什麼目標、有多努力想達成這些目標、要如何處理過程中所碰上的障礙。人如果自認可以達成目標，便能在身處困境時，激勵自己要堅持不懈；然而，人如果自認目標遙不可及，很可能事情一不順利，便馬上放棄。請利用**個人日誌 4.1**，看看自己是否擁有健全的自我期望感。

建立自我期望

多數人都選擇屈就於遠低於自己潛力與內心深處渴望的期望。彷彿我們在等人出現，證實自己有能力足以應付更大的挑戰，然而事實上，除了我們自己之外，沒有人做得到這件事。

有個真實故事完美闡明了這一點。多年前，在一個風雨交加的夜晚，一對上了年紀的夫婦走進飯店大廳，想訂一間房。「非常抱歉，」夜間櫃檯接待員回答說，「由於有個大會訂了團體住宿，本飯店已經客滿了。按照慣例，我會請您們到另一間為了因應這種供不應求情況時的飯店，但我實在無法再讓您們踏出門外，回到暴風雨之中。何不就在我的房間住下呢？」這名年輕人面帶微笑地如此提議。「房間也許不是奢華套房，但乾淨整潔。由於夜間稽核員不會來值班，我會在辦公室這裡完成簿記工作。」

這對穿著高雅的男女似乎對造成接待員的不便感到不安，但有禮地接受了他的提議。當男士一早來櫃檯結帳時，接待員仍坐在辦公桌前，開口說：「噢，我就住在這裡，所以您們住那間房

個人日誌 4.1

檢視自我期望

請在你同意之陳述旁的方框中打勾。

☐　我知道自己可以達成目標。

☐　碰上預料之外的事情時，我會尋找靈活變通的方法來處理。

☐　只要我真的有盡力嘗試，幾乎可以解決任何問題。

☐　壓力與憤怒對我來說不成問題，因為我有絕佳的因應技巧。

☐　不論碰到什麼事，我都能夠處理。

☐　如果有人做得到某件事，我大概也做得到。

☐　如果第一次沒成功，我會再試一次。

☐　我對自己所能達成的一切感到自豪。

☐　我有本事能成功。

你勾選的陳述愈多，你的自我期望感就愈高。請回顧你在第三章中為自己設定的長期目標。你對自己能夠達成這些特定目標有多少把握？請說明。

不用付費。」那位老年人點了點頭說：「你是每位飯店老闆都希望擁有的理想員工。也許有一天，我會為你蓋間飯店。」飯店接待員受寵若驚，但這個想法聽起來過於異想天開，他很確定老年人只是在開玩笑。

幾年過去了，這位飯店接待員依然擔任著相同的職位。有天，他收到那位老年人寄來的掛號信。對方在信中表示，風雨交加那晚所發生的事歷歷在目，並附上一封邀請函以及一張來回票，請接待員到紐約來拜訪他。幾天後，接待員抵達曼哈頓，與那名男士在第五大道（Fifth Avenue）與 34 街的交會處見面，這個街角矗立著一棟宏偉的新建築。

「那裡，」老年人高聲喊道，「就是我蓋來要讓你經營的飯店！」接待員震驚不已。「代價是什麼？為什麼是我？您又究竟是誰？」

「我叫威廉·華爾道夫·阿斯特（William Waldorf Astor），

沒有什麼代價，你就是我想要找的人。」這間飯店就是華爾道夫（Waldorf Astoria）的創始飯店，接下首任經理一職的那位年輕接待員，名叫喬治・博爾特（George C. Boldt）。

這則故事傳達了一個訊息。這個故事並不是說，當個好人，就會有百萬富翁現身，幫你實現所有夢想，不過如果真的發生了這種事，確實會相當棒。這份訊息是以問題的形式呈現：為什麼應該要有恩人出現，才讓我們相信自己的夢想？為何一個局外人在我們身上看出的潛力，會比我們有時能夠在自己身上看到的還要大？人只要不斷用實際眼光看待自己的期許，以及離達到成就還差多遠，無需他人敦促，就能自行取得成功。

自我期望來自人有把握自身能力足以帶來成功並達成目標。建立這種自信的一種絕佳方式，就是好好回顧過往的目標與成就。這麼做有助於提醒你，自己已經擁有多少技能與成就了。

你是否擔心自己不太有能引以為傲的成就？這是你的低自尊所玩的把戲。如果你有低自尊，大概會覺得難以承認自己有所成就。**成就（accomplishment）**是人經由努力、技能或堅持不懈而完成的任何事。成就不必是有獲得獎狀或獎盃的事情。甚至可能沒有人知道你最了不起的成就，可能只有你覺得它們意義重大。舉例來說，學會使用電腦、在患病後恢復健康、重回學校讀書，或在失去至親後振作起來，全都可稱為成就。重點在於你付出了努力、展現了技能、堅持完成某件自己覺得很重要的事。

創造成功經驗

另一種提高自我期望的絕佳方法，就是設定並達成挑戰性愈來愈高的一連串目標。這會讓人覺得自己做得到任何決心要做的事。在設定目標時，最好專注在自己能得到可衡量結果的特定領域上。比方說，假設你很怕在一大群人面前發言。與其設定像是「培養演講技能」的含糊目標，不如為自己設定一連串挑戰性愈來愈高的 SMART 目標，例如：

1. 每週參與心理學課程的課堂討論一次。
2. 每週參與心理學課程的課堂討論三次。
3. 每天參與心理學課程的課堂討論。
4. 參與心理學課程的期末小組報告。
5. 下一學季在社團會議中單獨上台報告。
6. 學年結束前在全校集會中發表演說。

成就 人經由努力、技能或堅持不懈而完成的任何事。

成功祕訣
想要提升自我期望，就努力完成難度逐漸提高的一連串目標。

練習 20　成就清單

A　請回想你曾在人生的哪些時刻感覺到滿足感與成就感，不論是近期或很久以前都可以。也許你曾幫過某人、學會某種技能、完成某項計畫，或達成某個重要目標。請挑出四項成就，在下方的方框中，簡短描述每項成就，並說明為什麼它對你意義重大。

成就 1	成就 2

成就 3	成就 4

B　現在，請寫下達成這些成就所展現的技能（例如開發軟體應用或創意寫作）與個人特質（例如決心或慷慨）。如果你不確定該寫什麼，想像你喜歡且仰慕的某個人達成了與自己相同的成就。你會在那個人身上看出對方擁有什麼技能與個人特質呢？

技能	個人特質

C 現在把焦點放到未來。你在未來幾年想要培養什麼技能？比如說，你想學習某種樂器或是某項運動，還是設計網頁、說另一個語言、寫詩？請至少列出五種你想學會的技能。

_____

_____

_____

_____

_____

_____

你對自己是否能學會這些技能有多大把握？請說明。

_____

_____

_____

D 請從你在上方列出的技能挑出一項。制定五六個挑戰性愈來愈高的一連串 SMART 目標，而這些目標都將有助於你獲得這些技能。

目標 1 _____

目標 2 _____

目標 3 _____

目標 4 _____

目標 5 _____

目標 6 _____

E 你對自己是否能達成清單上的頭號目標有多大把握？那清單上的最後一項目標呢？請說明。

_____

_____

_____

每往下一個目標邁進，你就會對自己的能力愈有信心。一旦在這個生活領域中建立了自我期望，就可以換成另一個領域，然後再繼續換下一個。請利用**練習 20**，一一細數自己的成就，並為自己設定一連串會通往新成就的目標。

因應與逃避

隨著人對自己和自身能力愈具信心，便將獲得勇氣，得以面對愈發艱難的挑戰。人生中最大的挑戰之一就是如何因應麻煩的問題。**因應（coping）**代表勇於面對險惡或令人不自在的情況。險惡的情況可以是指一段關係中出了問題、擁有某個壞習慣、工作或學業上碰到困難，或是任何其他令人不快或痛苦的事。人每次因應時，不論結果如何，自尊都會提高。

與因應相反的反應是逃避。**逃避（avoidance）**是不願面對令人不自在的情況或是心理方面的實際狀況。人每次逃避某件必須面對的事情時，自尊就會降低。逃避得愈久，對自尊的傷害就愈大。常見的逃避行為包括：

- 自我批評
- 拿自己的處境開玩笑
- 滿腦子只想著工作，以避免想到該問題
- 藉由購物、看電視或睡覺等活動來逃避現實
- 發洩不快的心情，卻沒有採取行動
- 濫用酒精或其他藥物

逃避能暫時減少不安，卻會讓人覺得自己沒有能力處理眼前的情況。你是否曾在想要解決困境時感到無力？請利用**個人日誌 4.2**，研究一下你可能在逃避什麼。

逃避不只會降低自尊，也會把小問題變成大麻煩。以麥雅為例。每次收到信用卡帳單，麥雅就一陣恐慌。她會立刻把帳單塞到抽屜裡，告訴自己別去想。催繳帳單的人開始打電話來後，麥雅便不再接電話，還關掉電話答錄機。但是，麥雅愈逃避繳帳單這件事，感覺就愈糟。為什麼麥雅如此迫切想逃避這個問題呢？就像一般常見的原因，這麼做是為了逃避背後所隱含的一個更大問題：麥雅不想面對自己負債，還有失控消費習慣的現實。當麥雅終於鼓起勇氣，承認自己有問題時，自尊就有所提升。如此一來，她便有自信可以著手處理促使她花錢消費的寂寞感受了。

正如這個例子顯示，因應問題的第一步就是承認有問題存

因應 勇於面對險惡情況。

逃避 不願面對令人不自在的情況或是心理方面的實際狀況。

成功祕訣
正面迎向問題，
自尊就會提高。

*

個人日誌 4.2

學習因應之道

請在下方的中央處，簡短描述你目前在生活中經常逃避的一個具體問題。閉上眼睛，重溫你逃避該問題時所發生的情況。請在示意圖左方的格子中，寫下三個描述你對自己有何感覺的形容詞。現在再閉上雙眼，想像你用自信無畏且經驗老道的方式處理這個問題。請在示意圖右方的格子中，寫下三個描述你對自己有何感覺的形容詞。

請比較這兩組形容詞。因應問題時的感覺是否讓你感覺更自我良好？如果你要著手因應這個問題，今天就可以採取的行動是什麼？

在。做到這點後，就能一步步改善情況，建立自我期望。

✅ 自我檢查

1. 為何自尊對成功很重要？（第 164 頁）
2. 請定義無條件正向關懷。（第 176 頁）
3. 逃避的舉動對自尊有何影響？（第 187 頁）

第 4.2 節　學會喜歡自己

自我接納與自尊

　　上一節探討了自尊的根源，以及自我期望如何會提高或降低自尊。接下來，重點將放在自我接納上。**自我接納（self-acceptance）**表示認清並接受自己的真實面貌。自我接納讓人可以不再因為達不到自己或他人的不可能標準，而批評自己，也讓人得以發覺並展現內心真正的自己。當你懂得自我接納，就會看出自己原本的模樣就夠好了。那如果你還有可以改進的地方呢？如果你有時候會拖延，或是發火，還是開車開太快呢？你依然值得受人尊敬、喜愛，也有資格獲得成功。這就是為什麼極具影響力的心理學家阿爾弗雷德・阿德勒（Alfred Adler）會把自我接納稱為「接受自己不完美的勇氣」。

自我接納　認清並接受自己的真實面貌。

人無完人

　　自我形象會反映出自我接納的程度。當人擁有健全的自我形象，便能看清並接納自己的強項與弱點；當人擁有不健全的自我形象，便會太過專注在自身弱點上，最終排斥自己。

　　接納自己的人與排斥自己的人之間，差別並不在於兩者有多少弱點，而是他們怎麼看待自己。擁有正向自我形象的人很清楚自己的強項多過弱點。他們接受自己擁有的弱點，但選擇不為其所困。他們知道自己是獨一無二的存在，具備的技能與個人特質組合無人擁有。

　　你的自我形象有多健全？請回顧你在個人日誌 1.3（第 46頁）的回答。（如果你尚未完成這項活動，現在就是動手做的好時機。）你給自己的評分大多為正面還是負面？如果你在三個或以上的領域給了自己五分或小於五分，可能就有負面的自我形象以及低自尊。此外，也看一下你給自己的分數範圍有多大。你很清楚瞭解自己的優缺點，還是圈了大範圍的數字？如果你是圈選了大範圍，可能就得努力提升自覺。

　　人如何看待自己的「缺點」，也會影響自尊。當人對自己的弱點感到羞恥或內疚，即便對自己在其他領域的強項感到自豪，自尊也會受到傷害。舉蓋瑞為例。蓋瑞知道自己在學業和工作方面都表現優異，也很受同儕歡迎。不過，他卻對自己體重過重這

點感到羞愧。這種羞恥感破壞了他整個自我形象。每當他想到自己，就只想到過重這件事。對蓋瑞來說，與此相比，他的成功似乎算不了什麼。

艾希莉也有類似的問題。她對自己的外表、運動能力、社交技巧都充滿自信，卻無時無刻都對自己的聰明才智有所疑慮。事實上，她經常覺得自己蠢到不行。來自於權威人士認為她「沒在用腦」和「沒有達到期望」等評論，更進一步削弱了她的自我接納。

蓋瑞與艾希莉都難以將自身感受與現實情況區分開來。由於他們覺得自己不夠格，因此認為其他人也必定是這樣看待自己。

修正負面自我形象

如果你有負面的自我形象，要怎麼改變它？首先，你得接受自己的自我形象遭到了扭曲。這未必容易。自我形象一旦深植於心中，就會完全被當作是事實。人不會自問這樣的形象是否與實際情況不符。不幸的是，如果你有負面的自我形象，你以為關於自己的事實，其實都只是憑空想像的產物。你會認為自己遠比實際還要來得沒有價值。你也可能認為其他人都用相同的眼光看待自己。然而，實際上，沒有人會像你對自己一樣那麼殘忍無情。

如果負面自我形象正阻礙著你，就該以客觀角度重新檢視自己，並重新評估自己的強項與弱點了。正確看待自己的強項，有助於設定具有挑戰性的目標、克服障礙、善用機會。瞭解自身弱點，則有助於看清它們其實沒有自己想像得那麼糟。請用客觀角度來看待：你真的「很醜」嗎，還是你擁有一個自己希望能小一點的鼻子？你真的是「懶惰蟲」嗎，還是只是不喜歡做家事？

瞭解弱點的另一項好處，就是可以讓自己選擇這些弱點不會造成問題的活動與場合。比方說，你不太擅長數學的話，可能就會決定要主修某個不會限制自己發展的領域。如果你是夜貓子，似乎無法準時去上白天的課，就可以選時間較晚的課。知道自己的弱點是什麼，就能找到有創意的權宜之計。

——盤點

建立一份個人清單，瞭解自己的強項與弱點。個人清單就是列出自己在各個重大生活領域中展現出來的優缺點，這些領域包含了外表、親密關係、社交技巧、學業表現、工作表現、思考技能。把所有強項與弱點都寫在紙上，就能更加看清自己的強項，

成功祕訣
每個人的技能與個人特質都和其他人的不一樣。

成功祕訣
要做到自我接納，就必須正確看待自己的強項與弱點。

也能以更正確且富有同情心的方式看待自己的缺點。請利用**練習21** 列出屬於自己的個人清單。完成這份清單後，你應該就能給予自己更為公平、正確的評價。隨身攜帶這份自我清單，花一個月的時間，每天都從頭到尾看過一遍，意志消沉的時候，可以一天多看幾次。有時大聲朗讀出來會更有效果。要克服負面自我想法的模式有時會很困難，但利用這份新列出的清單，將有助於你教會自己的心智要接受缺點、肯定正向特質、努力向前邁進。

接納身體自我

　　你在上一個練習活動是如何描述自己的外表？如果你像多數人，就會對自己的許多身體特徵極為挑剔。不幸的是，當人覺得自己的外表不吸引人時，幾乎不可能擁有高自尊。事實上，研究顯示，一般人對自己外表的看法是整體自尊的頭號指標。這並不令人意外，因為多數人都不斷遭到媒體塑造的身體「完美無瑕」之人形象所轟炸。人如果想要達成這些不切實際的形象，可能會導致**身體意象（body image）**出問題，這種意象是指人對自己身體與外表所抱持的想法與感覺。身體意象不良的人會以扭曲的方式看待自己的身體。他們雖然在其他人眼中看起來沒什麼問

身體意象　人對自己身體與外表所抱持的想法與感覺。

練習 21　個人清單

A　請在下列的每個方框中，寫下你在該生活領域中看到自己好的一面與壞的一面。內容要包含你喜歡與不喜歡自己外表、行為、想法或感受的什麼地方。下方已提供參考例子。

外表	感情關係／性慾	社交技巧／人氣
我穿黑色很好看。 我的鼻子太大了。	我有一位很棒的伴侶，對方會尊重我的意見。 我講太多關於前女友的事了。	我總是第一個被詢問是否願意擔任委員會主席的人。 我遇到沒見過的人時，從來不知道該說什麼。

思考技能／才智	學業	工作
我每天都會列出待辦清單，如實完成。 我似乎永遠都無法達成收支平衡。	我的歷史教授認為我都提出很好的問題。 我永遠看不懂自己的筆記。	經常有人請我訓練新員工。 我上班總是會遲到五分鐘。

B 請瀏覽你剛寫下關於自己的內容，圈出所有負面敘述。再根據以下原則，重寫每個負面敘述。

- **保持客觀**。刪除所有負面、批判的說法。像是「腳很醜」的敘述，可以改成「比我想要還來得大的腳」。
- **保持正確**。別誇大其辭，要忠於事實。與其寫下「表現糟糕的學生」，倒不如寫「GPA成績 2.3 分」。
- **保持具體**。避免使用極端字眼，像是「總是」、「從未」、「完全」。像是「做什麼事總是遲到」的敘述，也許能改為「約早上碰面時經常會遲到」。
- **尋找強項**。尋找能夠彌補具有弱點領域的強項。像是「健忘」的敘述，也許能改為「常常很健忘，不過我很擅長記住長相。」

請根據以上準則，在下列的方框中重寫你的負面敘述。

外表	感情關係／性慾	社交技巧／人氣

思考技能／才智	學業	工作

C 現在，請利用你寫的正面敘述以及重寫過的負面敘述，撰寫一封信或電子郵件，向你從未見過的人介紹並描述自己。你不能隨信附上照片，因此必須運用文字，描繪出你在身心兩方面是怎樣的人。請誠實描述自己，但也要強調自己的強項，並盡可能實際具體地寫下自己的弱點。

親愛的＿＿＿＿＿＿＿＿＿＿：

＿＿＿＿＿＿＿＿＿＿＿＿＿＿＿＿＿＿＿＿＿＿＿＿＿＿＿＿＿＿＿＿＿＿＿

＿＿＿＿＿＿＿＿＿＿＿＿＿＿＿＿＿＿＿＿＿＿＿＿＿＿＿＿＿＿＿＿＿＿＿

＿＿＿＿＿＿＿＿＿＿＿＿＿＿＿＿＿＿＿＿＿＿＿＿＿＿＿＿＿＿＿＿＿＿＿

＿＿＿＿＿＿＿＿＿＿＿＿＿＿＿＿＿＿＿＿＿＿＿＿＿＿＿＿＿＿＿＿＿＿＿

＿＿＿＿＿＿＿＿＿＿＿＿＿＿＿＿＿＿＿＿＿＿＿＿＿＿＿＿＿＿＿＿＿＿＿

＿＿＿＿＿＿＿＿＿＿＿＿＿＿＿＿＿＿＿＿＿＿＿＿＿＿＿＿＿＿＿＿＿＿＿

＿＿＿＿＿＿＿＿＿＿＿＿＿＿＿＿＿＿＿＿＿＿＿＿＿＿＿＿＿＿＿＿＿＿＿

＿＿＿＿＿＿＿＿＿＿＿＿＿＿＿＿＿＿＿＿＿＿＿＿＿＿＿＿＿＿＿＿＿＿＿

＿＿＿＿＿＿＿＿＿＿＿＿＿＿＿＿＿＿＿＿＿＿＿＿＿＿＿＿＿＿＿＿＿＿＿

＿＿＿＿＿＿＿＿＿＿＿＿＿＿＿＿＿＿＿＿＿＿＿＿＿＿＿＿＿＿＿＿＿＿＿

＿＿＿＿＿＿＿＿＿＿＿＿＿＿＿＿＿＿＿＿＿＿＿＿＿＿＿＿＿＿＿＿＿＿＿

＿＿＿＿＿＿＿＿＿＿＿＿＿＿＿＿＿＿＿＿＿＿＿＿＿＿＿＿＿＿＿＿＿＿＿

＿＿＿＿＿＿＿＿＿＿敬上

題，卻深信著自己外表不吸引人。

研究都顯示出外表在生活中有多重要。人在打扮整潔、穿著乾淨時，同學與老師都會以較好的態度對待他們。他們也會覺得自己具有吸引力，因此在內心投射出較好的意象。不論你是否贊同，人的外表確實會在他人心中留下深刻印象。

大家顯然都無法選擇自己會從父母身上遺傳到什麼長相，但可以選擇要如何照顧自己的健康與外表。我們表現出來的行為，是根據我們認為自己長得如何，而不是我們真正的長相。如果我們認為自己長得好看，那其他人也會這麼認為。接納自己的人會吸引他人，因為他們的健全自尊是發自內心的產物。

不論你是男是女，接納自己意味著看清廣告形象的真相：一小群被挑選出來的人，受雇在最好的條件下進行拍照。與其當自己身體的敵人，不如學著把自己想成是身體的支持者。你不只要對身體的模樣表示感激，也要感謝身體能夠做到的事。要提醒自己，你的存在不只是身體，而是整個人——一副包含了心靈、靈魂、心智的肉體。問問自己，你想把精力花在哪裡——是追求完美身體，還是享受親朋好友的陪伴以及學校、工作、生活呢？

成功祕訣
把自己想成是身體的朋友，而非敵人。

應用心理學

文化與身體意象

雜誌封面、路邊看板、電視廣告上都看得到那些人的身影：纖瘦美麗的人正享受著美好生活。他們是真實的人嗎？不完全是。北美地區的模特兒比一般人要來得高瘦。舉例來說，女性模特兒平均身高約 178 公分，體重約 50 公斤，而一般女性平均身高則約 163 公分，體重約 64 公斤。那在其他文化當中呢？高瘦的外表可能是西方文化的理想身材，但多數非西方文化對所謂的美有不同的看法。比方說，許多傳統的亞太與非洲文化都認為，所謂的美等於是豐滿的體型。然而，這種觀念如今正在改變。隨著與西方媒體接觸的機會增加，全球各地文化中有愈來愈多人開始節食、淪為飲食失調的受害者、努力想達成幾乎不可能的理想美貌。身體意象的問題對自尊有很大的影響，尤其是在女性身上。一項研究顯示，女性只看了時尚雜誌上的模特兒三分鐘，就覺得沮喪內疚，為自己的身體感到羞愧。

批判思考

當你看到媒體塑造的「完美無瑕」之人形象時，有何感受？

你很好

人愈能接受自己身為凡人而有的不完美之處，愈能接納並重視自己。但自我提升又該怎麼辦？人難道不是應該要尋找解決弱點的辦法嗎？這只限在合理的範圍內。想要提升自我、成為自己想當的那個特別之人，是很棒的想法。不過，自尊的真正關鍵在於喜歡並重視現在的自己。你本身的存在就具有價值，而不是看你擁有的東西、你的外表或你做的事。你無法改變自己的基因，或者回到過去，在不同的環境下長大成人。那為什麼要為了不能改變的事物而苛求自己呢？接納存在於當下這個時刻的自己，不管自己有什麼弱點。要記得，目前還從未發現過完美無瑕的人。接納並讚揚自己的真實面貌，就算有缺點也沒關係。

戒除比較的習慣

社會比較 比較自己與他人的特質和成就的行為。

另一種培養自我接納的方法，就是開始意識到拿自己與他人做比較的習慣。許多人都沉迷於**社會比較**（**social comparison**），比較著自己與他人的特質和成就。

社會比較分為兩種：**向下比較**（**downward comparison**）**和向上比較**（**upward comparison**）。人在向下比較時，會拿自己與「劣於」自己的人相比較，例如成績比較差的同學，或是晉升次數較少的同事。人在向上比較時，會拿自己與「優於」自己的人相比較，例如成績比較好的學生，或是職位升到比自己還高的同事。為低自尊所苦的人通常會向下比較，想讓自己感覺好過一點。他們會告訴自己：「看吧，我的表現沒那麼差。看看他啊。」不幸的是，向下比較只會讓人暫時好過一些。自尊是由內而生，而不是來自知道其他人正費勁掙扎。

成功祕訣
根據自己而非他人的目標，來衡量自己有多少進展。

低自尊的人有時會向上比較，讓自己感覺更糟，目的是要強化他們對自己的負面看法。比方說，當我們看到自己所處領域的某位頂尖人士時，可能就會告訴自己，我們並不成功、我們的成就無足輕重。「看她多有成就！我永遠都達不到那種程度。」這麼做也同樣很不健康，因為這代表你是拿別人的標準在衡量自己有多少進展。

人人都很有興趣知道自己有多符合他人的標準，也不時就會採用社會比較。不過，太常拿自己與他人做比較，會傷害到自尊。你會用社會比較的方式來評價自己嗎？請完成**個人日誌4.3**，瞭解自己是否有比較的習慣。

個人日誌 4.3

社會比較日誌

請在一整天中隨時留意你拿自己與其他人比較了多少次。每發生一次,就記錄在下方的日誌。請描述你所做的比較,以及這個比較對自尊有何影響。

我所做的比較	此比較讓我對自己有何看法

現在仔細看看你做的所有比較。這些比較當中,是否大多數都屬於特定的領域(例如學業表現、外表或衣著)?你的比較有讓你感覺比較好嗎,還是比較糟?

真實還是理想?

　　將自己與他人和媒體塑造的人物形象相比較,可能會讓自尊付出慘痛代價。拿自己與自己的理想相比較,可能也會對自尊造成相同的影響。每個人都有**理想自我(ideal self)**,也就是對自己想要或應該要成為哪種人的想像或概念。你的理想自我就是少了缺點的你——完美無瑕的你。每個人的理想自我當然都是幻想。米契是個工作勉強能餬口的演員,夢想要在好萊塢一舉成名。他的理想自我是贏得奧斯卡的電影明星,片酬達兩千萬美元。大學生的黛安則是夢想能榮獲諾貝爾化學獎。

　　所有人都對自己的完美人生與完美自我有所幻想。真實自我與理想自我之間的差異,促使人持續精進自身。然而,如果真實與理想的自我之間差距太大,可能會侵蝕自尊,如圖 4.2 所示。

> **理想自我**　人想成為或覺得應該要成為的那個人。

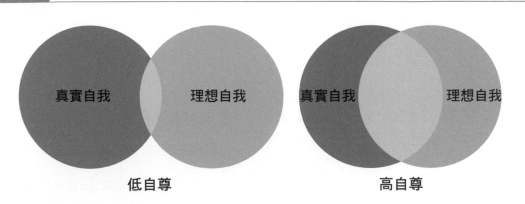

圖 4.2　你與你的理想

真實自我　理想自我

真實自我　理想自我

低自尊

高自尊

力求完美

理想自我與真實自我離得愈遠，自尊就會受到愈大的傷害。你要如何控制真實自我與理想自我之間的差距？

人可能會開始對自己是誰感到內疚或羞愧，因為自己並不是自認應該要成為的那種人。

可能自我

可能自我 一個人未來有可能實際成為的那個人。

　　與其一心幻想著從未有人能夠實現的理想，思考自己真正想要成為什麼人、達成什麼成就要更為有益。想一想**可能自我**（**possible selves**），也就是你認為自己未來有可能實際成為的人。

　　可能自我會以正面形象激勵自己，藉此引導自身的行為。工作勉強能餬口的演員米契，想像自己成為地方戲劇表演中備受尊敬的舞台演員，或是也許成為有出演電影的性格演員。這些想像不如成為電影明星的夢想來得光鮮亮麗，卻有助於他設定具體目標。大學生的黛安想像自己成為製藥公司的研究人員。她沒有煩惱要怎麼得到諾貝爾獎，反而每天都專注在自己能夠做到什麼，以便朝符合實際的目標更往前邁進一步。

　　如果想把理想自我轉換成一個或多個可能自我，先仔細想想你覺得理想自我有多少面向確實很重要。例如，你可能幻想自己很有錢，但你需要有錢才能快樂嗎？你願意花必要的時間與精力來實現這件事嗎？你是真想這麼做，還是這是其他人（也許是社會，或是父母或朋友）的夢想？與其希望自己可以坐擁大量財富，不如專心致力於可達成的目標，像是達成財務不虞匱乏。

請利用**個人日誌 4.4**，仔細想想你的理想自我與可能自我。接著下定決心：你絕不會因為沒擁有反正自己其實並不想要的事物，而批評自己。

成功祕訣
要記得幻想與現實之間存在差異。

善用積極自我對話

到目前為止，一切都很順利：你已經仔細檢視了自己，也保證會接納自己。你出於自覺而做出這項保證很重要，卻不是旅程的終點。你現在得說服自己的潛意識，你具有價值，也值得成功。

你一直不斷在對話──不是和其他人，就是和自己。你對自己所說關於自己的一切，不論是在內心還是大聲說出的話語，都稱為**自我對話**（**self-talk**）。當人對自己有負面的想法和感受

個人日誌 4.4

你的理想自我

請在下方的方框中，寫下你在理想世界中會想要有怎樣的外表、舉動、感受，以及你想成為什麼人、達成什麼成就、擁有什麼東西。別修改任何東西──寫下當你想到完美的自己時，腦中想到的任何念頭。

> **完美的我**

請現在劃掉所有代表不切實際的幻想，或者不是你真正想要或需要的事物。剩下來的內容便構成了你的可能自我，這些不同的自我是你可以選擇在未來成為的人。

自我對話 人對自己所說的話或對自己的看法。

時，它們經常就會以消極自我對話的形式出現。你有可能進行著消極自我對話，卻甚至沒有意識到。

人可以用消極自我對話傷害自尊，卻也可以用積極自我對話建立自尊，意即給予自己讚美和鼓勵。只要改變自我交談的方式，也可以改變對自己有何感受。

言語對人的身心有很強大的影響。想法可以提高或降低體溫、放鬆肌肉與神經、加快或減慢脈搏率等等。自我對話之所以如此強大，是因為會影響人的潛意識，也就是心智中負責儲存眾多控制自身行為之經驗、感受、想法的部分。許多傷害自尊的想法和態度都屬於潛意識。積極自我對話便是將這些負面想法和態度轉化成較為正面的想法和態度，因而發揮作用。

消極自我對話：內心的批評之聲

內心的批評之聲 不斷用消極自我對話轟炸自己的批判聲音。

不幸的是，許多人都把日子浪費在告訴自己消極的事：「我很失敗」、「我不敢相信自己有多懶」、「我又搞砸了」。這個不斷用消極自我對話轟炸自己的批判聲音，就稱為**內心的批評之聲（inner critic）**。這股內心的批評之聲可能用的是你自己的聲音，或是某個來自你過去的人的聲音，像是吹毛求疵的父母、手足或老師。想要建立自尊，就必須用積極自我對話蓋過內心的批評之聲。這表示你要一而再再而三告訴自己，你是值得成功也具有價值的人。

批評的起源

很多人在長大期間，因為屢屢遭受批評，而覺得自己很糟。出現在人生早期階段的這種批評具有很大的殺傷力。孩童接收到負面訊息時，可能會斷定自己基本上就是很糟糕、很懶惰、很醜陋或很無能的人。這點尤其常見於父母傳達給孩子的訊息，也就是並非小孩的行為，而是他們本身就很糟。父母往往在斥責的同時，會收回對孩子的愛與關注。這會傳達出「我不愛你，因為你不值得我愛」的訊息。

人長大後，這些內化的訊息會成為內心的批評之聲。當我們因犯錯而責備自己時，來自過去的訊息就會朝我們直撲而來：「我真爛，什麼都做不來。」這股自我批評的聲音可能會摧毀自尊。

批評的作用

人為什麼會讓自己抱有這些念頭，即便自己很清楚它們無濟於事？諷刺的是，人會用內心的批評之聲來保護自己，以避免受到遭拒與失敗的恐懼所傷害。搶在其他人有機會之前，先告訴自己我們很失敗，就會覺得自己對任何可能會出現的抨擊做好了萬全準備。人甚至可能會利用批評之聲，來避免自己採取任何行動。只要告訴自己我們將會失敗，就有了不用努力的方便藉口。

人也會把內心的批評之聲當作某種心理防衛措施，避免自己感到不確定。事情出差錯時，人出於本能會想獲得慰藉與安全感。高自尊的人在回應這個需求時，會直接處理問題，找到解決辦法，而不是擔憂煩惱。他們因為擺脫了威脅自身安全感的事物，而感到安心。但先前也看到了，低自尊的人對自己的因應能力沒有信心。他們反而仰賴的是內心的批評之聲。這種批判的自我對話源自父母，他們也正是一般人曾經把同樣的慰藉與安全感聯想在一起的對象。

成功祕訣
內心的批評之聲會一再重複來自過去的負面訊息，傷害自尊。
＊

標籤

標籤是一種格外具有殺傷力的自我對話。**標籤（label）**是人用來定義自己是誰的過度簡化表達方式。人在長大的過程中，其他人可能會為自己貼上像是「漂亮」或「醜陋」、「聰明」或「愚笨」、「有人氣」或「不受歡迎」等標籤。這些早期形成的標籤，經常會一輩子跟隨著自己。標籤的問題在於其可能會使人畫地自限，而且通常甚至不是事實。標籤往往屬於負面。然而，一般人卻會變得過於依賴他們（或其他人）給予自己的標籤，以至於無法捨棄。無法捨棄標籤，就無法開始改善自尊。

為自己貼上標籤，以及接受他人給予自己的標籤，就是在打擊自尊。你有多常聽到自己或他人說出類似下列的話語：

標籤 人用來定義自己是誰的過度簡化表達方式。

- 「不管我做什麼，看起來都很糟。」
- 「我廚藝很差，連煮個蛋都不會。」
- 「我不會跳舞。」
- 「我笨手笨腳。」
- 「我沒有幽默感。」
- 「我記憶力很差。」
- 「我從沒準時過。」
- 「我很倒楣。」

練習 22　消極自我對話日誌

A 請挑一天，監聽自己整天下來的自我對話。試著逮到自己的負面自我陳述至少十次。每次聽到你在想關於自己的消極念頭，就記錄以下細節：

1. 時刻
2. 你對自己所說的話
3. 這些話之中有多少是事實，又有多少是虛構

1. 時刻	2. 自我陳述	3. 事實還是虛構
例子 早上 6：45	我又像往常一樣忙到很晚。我為什麼這麼懶？	我有時會晚下班，但這不表示我很懶惰。

B 你是否有從自己的任何消極自我對話中看出模式？舉例來說，你是否一再批評自己的同一個面向，例如外表或智力？請說明。

_____

_____

_____

_____

_____

C 請從你記錄在日誌上的自我陳述中，挑出最讓你感到痛苦、殺傷力也最大的三個敘述。分析這些陳述源自何處。你是否以前曾在這方面一再遭到批評？什麼時候？請說明。

負面自我陳述：_____

_____

可能根源：_____

_____

負面自我陳述：_____

_____

可能根源：_____

_____

負面自我陳述：_____

_____

可能根源：_____

_____

D 請現在將每項負面自我陳述轉化為肯定的表達方式。（請參考第 207 頁。）

肯定：_____

_____

肯定：_____

_____

肯定：_____

_____

- 「我沒有品味。」

　　人告訴自己這些負面事物愈多次，對自己的感覺就會愈糟。請完成**練習 22**，監聽自己的消極自我對話，再將其轉化成積極的自我表達方式。

別再這麼想了！

　　試著每當自己進行消極自我對話時，就能意識到自己正在這麼做。養成習慣，每次聽到自己出現負面念頭，就阻止自己這麼想。你甚至可以告訴內心的批評之聲「別說了！」或是「安靜！」有人會在腦中想像具體畫面，例如巨大的紅色停止標誌。暫停片刻，好好想想你對自己表現出來的態度。你是在抨擊自己嗎？你是在沉湎於過去嗎？你是在為並非自己的錯的事而自責嗎？

　　你也許無法控制所有發生在自己身上的事，但可以控制要對自己說什麼話。要改變消極自我對話的習慣並不容易，這會需要刻意努力，花上數天、數週，甚至是數年的時間才做得到。想由內而外強化自尊，需要訓練與專心致志，但成果會很值得。

控制內在對話

　　所有人無時無刻都在與自己對話，除了睡眠週期中的某些時候。這是無意識的舉動。人甚至很少會注意到自己正在這麼做。每個人腦中都在進行實況轉播，報導著自己碰到的事情，以及自己對其有何反應。由於人會透過不斷的重複行為，將多數關於自己的負面感受、信念、態度儲存在腦中，因此從現在起必須好好放鬆，善用有建設性的自我對話，而不是具有破壞力又貶低自我的話語。

　　神經學與心理學的近期研究證實，人腦具有驚人能力，可以驅策身體達成個體當下的主要念頭，方法就是命令身體做出腦中想像逼真的表現，彷彿自己曾經做過，現在只是重做一遍而已。透過事前模擬（或是前饋〔feedforward〕），人便可以在腦中深深烙印與高水準表現、良好健康狀態、長壽有關的口語、視覺、情緒條件。這個過程會大幅影響人的日常習慣模式，同時可以作為通往目標的導引程序。藉由重放模擬（或是回饋〔feedback〕），人可以在安靜時刻或休息日重演獲得成功的過程，增強應付高壓情況時的自信心。回饋也讓人得以將改正過的

正向新資料輸入想法之中，才能重新瞄準先前錯過的目標。

　　有趣的一點是，孩童不懂得要如何預先設想失敗的情況，直到父母、同儕、其他榜樣再三向他們示範才知道。此外，有些小孩與大人被教導著要老是想著過去所犯的錯，而不是把這些錯誤當成學習經驗，讓自己更知足、達成更多成就，看到這種情形實在令人難過。

　　大腦開口時，身體就會聽，並按其行動。研究顯示，人的想法可以提高或降低體溫、分泌荷爾蒙、放鬆肌肉和神經末梢、擴張或收縮動脈、加快或減慢脈搏率。有了這樣的佐證，每個人顯然都必須控制對自己說的話。不斷成功的人很少會在發揮表現之前或之後，用言語來貶低自己：他們會把積極前饋與積極回饋的自我對話當成訓練計畫的一部分，直到這種自我對話成了習慣。

　　他們會說「我可以……、我會……、我下次會做好……、我感覺更好了……、我準備好了……、謝謝你」。不成功的人會因為說出以下的話而陷入困境：「我無法……、我很笨手笨腳……、我無法保持健康……、我希望……、要是……、我應該要……、對啊，但是……」。

　　你就是批評自己的人當中最重要的那一個。沒有誰對你成功、健康、福祉的意見，會比你自己的意見還要來得重要了。你一生中會進行的最重要會議、簡報、教練課程、會談，將會是你與自己的對話。你在讀著此處的同時，就正在與自己交談：「來看看我是不是真的瞭解這裡的意思……、這部分跟我自己的經驗比較起來……、我早就知道……、我想我會試試看。」

　　一般人認為這種心理語言學或心智語言般的自我對話，對成功來說不可或缺，也可加以操控，成為自己的力量，協助自己達成在健康、表現、長壽方面的目標。世界一流的運動員稱這項技巧為「自我陳述」或「成就想像」。心理學家和精神科醫師則稱為認知重建，或是藉由將積極想法和預期成果內化的重新建構之舉。

　　安卓‧阿格西（Andre Agassi）是前世界排名第一的網球選手，也是八座大滿貫冠軍得主，就曾談過賽前的意象練習在他整個網球職涯期間多有幫助。網球是所有運動中最單打獨鬥的一種。選手要在沒有教練、桿弟或場邊指導教練的協助之下，與自己的心智單獨相處平均三個半小時。阿格西表示，他會利用下午二十二分鐘的淋浴時間，進行自我對話，一遍又一遍告訴自己做得到，直到他相信這些話為止。他說：「我生涯總共贏了 869 場比賽，歷來排名第五多（譯註：截至 2019 年年底，此記錄已由

現役三位球員超越，阿格西生涯勝場數目前排名第八），很多場都是在那些下午淋浴期間打贏的！」

自我陳述共有三種基本類型：

1. **一般自我對話**。這種肯定的陳述隨時隨地都可用來讓人獲得整體幸福感。例子：「我喜歡自己」、「我很高興我就是我」、「我現在很放鬆，感到很平靜」、「我控制著自己的身體」、「我覺得自己的身體現在健康多了」、「我做任何事都全力以赴」、「我身強體健，充滿活力」、「我尊重並欣賞自己」、「我是贏家」。

2. **具體自我對話**。這種陳述是用來表明、重新建構以及重申自己的具體技能、目標、特性。例子：「我具有團隊精神」、「我做任何事都會從中創造價值」。女性可能會說「我體重有 57 公斤，穿上泳裝依然覺得自己苗條」。男性則可能表示「擁有將近 80 公斤的最佳體重，我覺得自己很健康」、「我每餐都配一杯水」、「我與人約碰面時都很準時」、「我考試時都很冷靜又有自信」、「我很感激他人給予自己意見」、「我吃魚或家禽，以攝取瘦肉」、「我在一群人面前與權威人士交談」。

3. **過程自我對話**。這些是簡單幾個字的自我陳述，可以在用餐、健身鍛鍊，或是要拿出專業、運動方面或其他高要求技能的表現時，用來「觸發」想法。例子：「集中注意力」、「專注」、「做好反拍隨球動作」、「慢慢來」、「加把勁」、「放輕鬆」、「上吧」。

人在表現前展開的自我對話，將會針對生活中的特定活動，預先展現正向的自我形象。表現將會因為提升的自我形象而有所改善，有時還可能超越預期。回饋的自我對話則會表示：「做得好，現在終於有些進展了。」有時候，表現會不符預期。回饋的自我對話就會說：「下次會做得更好。現在來進行目標校正，才能好好瞄準。」

成功的其中一個祕訣，就在於人對自己表現的反應，就和自己在最初還沒試著要表現前，所擁有的自我形象或自我模擬一樣重要。對發生在自己日常生活中的事情抱著消極的期望和消極的反應，就會產生惡性循環。勝利循環則是來自對日常生活中將發生的事抱持積極的期望，不論發生什麼事，都會以積極的態度回應。最重要的不是發生了什麼事，而是你如何看待、如何理解，下一次情況才會有所改善。

善用肯定

肯定（affirmation）是積極正向的自我陳述，有助於想像自己是積極進取、富有愛心、受人認可的人。肯定是一種強大工具，可以讓人拋棄自己接受的標籤，以具有能力與價值的全新自我取而代之。

表達肯定的一種方法，就是將負面自我陳述轉換成正向自我陳述。與其告訴自己「我總是遲到」，反而應該要說「我做事愈來愈有組織，也愈來愈準時」或「我有辦法準時」；與其說「我很胖」，改說「我很吸引人，也很健康」或「我身強體健，身材適中」。

另一種表達肯定的方法，就是把自己描繪成你想成為的成功人士。盡可能使用具體且積極的說法。

肯定　積極正向的自我陳述，有助於想像自己是積極進取、富有愛心、受人認可的人。

- 「我富有自信與同情心。」
- 「我決定要做什麼都做得到。」
- 「我是勇敢、個性溫和、討人喜歡的人。」
- 「我專心致志，堅持不懈。」
- 「我很有魅力也很深情。」
- 「我既聰明又強大，可以達成所有目標。」
- 「我總是全力以赴。」
- 「我對自己和他人都很誠實。」
- 「我樂於幫忙、富有愛心。」
- 「我為自己與身邊的人創造積極正面的環境。」
- 「我對自己未來的期望清晰明確。」
- 「我有能力可以應付任何情況。」

你可能要花上一段時間，才會習慣肯定的表達方式。不過，你愈常重覆肯定的話語，就會覺得這些正向陳述愈正常。最終，消極的自我對話習慣，將會被積極自我對話的新習慣取代。

成功祕訣
將負面自我陳述轉化為正向自我陳述。

專注在積極正向的一面

要記得，在學習運用積極自我對話時，告訴潛意識不要想或不要做某件事，不怎麼有效。每個人都曾看過當小孩被說不能做什麼時，就會突然出現強烈衝動要去做那件事。同樣的道理也適用在自我對話上。與其說「我不覺得累」，改說「我精力充沛，頭腦清醒」。與其說「這麼短的距離，我不該開車」，反而要告

訴自己「我會更常走路和騎腳踏車」。要確保你是專注在自己將要做的事，而非你不會做的事。

一次專心想一個好的念頭就好。與其說「我不行」或「我希望」，改說：

- 「我可以。」
- 「我下次會做好。」
- 「我必須冒險才能獲得報償。」
- 「我能從這個錯誤汲取教訓。」
- 「我會繼續樂觀看待這件事。」
- 「我很期待能……。」
- 「……讓我感覺更好。」
- 「一切都會好轉，只要我……。」

這些積極正向的自我陳述有助於培養堅持不懈與正面看待自己所需的因應技巧。

批評與自尊

批評 包含針對某個錯誤的看法、評判或陳述的任何評語。

所有人都會因為消極的自我對話，而受到自己批評；有時候，人也會遭到他人批評。**批評（criticism）**是指任何包含了針對某個錯誤的看法、評判或陳述之評語。低自尊的人特別容易受批評所影響，尤其是當批評應和了他們內心批評之聲的抨擊時。

要擁有健全自尊，每個人都需要來自他人的愛、支持、協助。親朋好友、教師、同僚、同儕的鼓勵有助於增強自尊，但如果我們沒有受人所愛與支持，而是遭到批評，怎麼有辦法繼續接納自己？人必須懂得忽視可能會傷害自尊的看法。舉例來說，如果你的同學批評你考試成績很爛，你就是很糟的學生嗎？才不是！你就跟剛才走進教室的那個你一樣，仍然是同一個勤勉努力的學生。別人的看法不會改變你的本質。不管你做什麼或說什麼，還是沒做什麼或沒說什麼，一定都會在某些時候受人批評。學會有效回應批評，而不是讓批評傷害自尊。

妥善處理批評的關鍵，就在於瞭解每個人都會用自己獨特的觀點來看待同一件事。所以，就因為某人批評你的外表、開車技術、工作習慣，並不代表你在這幾個方面就有問題。你有可能只是碰上了不同的看法，也有可能對方是出於個人問題才批評你。也許他很難接受自己的外表，或是她很難適應工作習慣，因此便

針對你的工作習慣加以批評。但另一方面，批評你的人也許只是心情不好，於是就對第一個遇到的人開罵。無論是哪種情況，只要知道對方之所以批評，是因為你以外的某件事就行了。這可以讓你用更客觀的方式處理整個情況，而不會使其威脅到自尊。人只要放下自尊，就會更願意接受或駁斥批評所要表達的訊息。

成功祕訣
批評通常只是因為看法不同而造成。

破壞性與建設性的批評

不是所有批評都一樣。有些批評具有建設性，目的是要使人改善自己；其他批評則具有破壞性，可能會嚴重傷害到自尊。

這兩種批評之間有何差異？**破壞性批評（destructive criticism）**通常很籠統，針對的是人的態度或某些方面，而不是聚焦在特定行為上。這種批評也通常完全是負面的意見，沒有提供任何有用建議，指出要如何改變做法。仔細想想以下例子：

* 「這篇報告裡寫的都是廢話。」
* 「你的健康狀況差到了極點。」
* 「那個顏色完全不適合你。」
* 「你真的搞砸了這個企劃。」
* 「你這學期的學業表現令人失望到不行。」

相較之下，**建設性批評（constructive criticism）**針對的是特定行為，也不會進行人身攻擊。這種批評通常也會提到人的優點，提供有用的改善建議。請將以下的建設性批評與上述的破壞性批評相比較：

* 「你為了這份報告，做了很詳細的研究。如果你能寫得更為簡潔，我認為這份報告會更好。」
* 「我很擔心你的健康狀況。要不要我們每週一起去快走個幾次呢？」
* 「那件襯衫看起來很棒。我敢說你穿藍色的會更好看。」
* 「來談談我們可以怎麼做，讓下次的企劃對我們雙方來說都行得通。」
* 「我們來想想你下學期可以怎麼提高成績。」

你比較想得到哪種批評？破壞性批評不帶有同理心或同情心，而是假定被批評的對象一定哪裡做錯了。建設性批評則表達關心與擔憂，不只是向人提供建議，也展現出想幫人解決問題的意願。

成功祕訣
建設性批評有助於自我改善。

處理建設性批評

在面對有幫助的正向批評時，共有三大步驟。首先，傾聽對方。確保你完全理解對方所說的話，不懂就發問。要敞開心胸去聽批評並不容易，就算是建設性批評也一樣。不過，只要愈練習，就愈容易做到。第二，重述批評的內容。當你總結批評的人想傳達的訊息時，將顯現出自己關心這件事，而不是充滿戒心。第三也是最後一個步驟，如果批評的人還沒提供建議，那就向對方尋求改善的建議。把這份資訊記下來，才能用於精進自我。處理建設性批評的三個基本步驟的重點摘要如圖 4.3 所示。

成功祕訣
傾聽建設性批評，重述內容，再尋求建議。

處理破壞性批評

破壞性批評處理起來就困難多了。破壞性批評會讓人感到受傷，覺得受到抨擊，也會對此有所戒心。回應破壞性批評的方式有很多種。不過，有些非常無效，因為這些方法反而會招來更多批評。這些錯誤的回應方式包括：

- **攻擊型**——採用攻擊方式來回應的人會直接與批評的人對質，通常會用與對方批評類似的充滿怒氣話語反擊。

圖 4.3 **如何回應建設性批評**

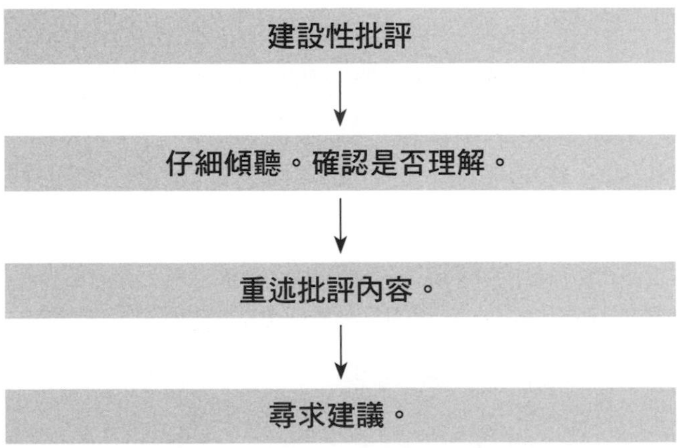
建設性批評
仔細傾聽。確認是否理解。
重述批評內容。
尋求建議。

善加利用
建設性批評是寶貴資訊的來源。尋求建議有助於找到有創意的辦法，得以解決批評背後所隱含的問題。如果你是經理，給予員工建設性批評會讓你感到自在嗎？為什麼會，又為什麼不會呢？

批評者：「那是你畫的？看起來連三歲小孩都做得到。」

你：「你就是沒辦法閉嘴，是不是？」

- **被動型**——採用消極被動方式回應的人會承認批評內容正確無誤，然後為此道歉。雖然這麼做通常能避免招來更多批評，消極被動的回應方式卻會對自尊造成很大的傷害。

  批評者：「你這份報告做得很糟。」

  你：「你說的對，我很抱歉讓你失望了。」

- **被動攻擊型**——這種回應方式結合了被動型與攻擊型各自最糟的部分。採用被動攻擊方式回應的人會假裝承認批評是對的，之後卻會有意或無意用某些方法向批評的人報復。

  批評者：「你看起來好像變胖了。」

  你：「我知道。你大概覺得被人看到和我一起出現在公共場合很丟臉吧。」（「不小心」把咖啡灑在批評者的襯衫上。）

　　上述的回應方式會產生負面觀感，也讓批評的人有了更多批評的理由。處理破壞性批評的較好辦法，就是承認批評是對的，接著以理性成熟的方式讓批評就此打住。首先，在批評中找到可以承認是對的地方，可能是促使批評的人這麼做的某個事實或某種感受。第二，批評當中如果有你認為弄錯、不公正或侮辱人的地方，就糾正出來，以堅守自身立場。圖 4.4 顯示了要如何以能提升自尊的有用方式來處理批評。

- **承認事實**。對批評中你能真心承認是對的特定部分，向對方表示同意。這麼做可以讓批評就此打住，也能保有自尊。

  批評者：「你太懶了，整個週末都在看電視。」

  你：「你說得對，我週末都花很多時間在看電視，但這不表示我很懶。」

- **承認感受**。如果你真的在批評中找不到可以同意的地方，那就向批評的人表示，你知道造成對方如此批評的是什麼感受。這麼做能安撫批評者的不滿，讓批評就此結束。

  批評者：「你真邋遢，水槽裡的碗盤都多到滿出來了。」

  你：「我知道你很討厭把髒碗盤放在水槽裡不洗。但我喜歡一直堆放，然後再一次全部洗乾淨。」

　　只要在批評當中找到任何一件可以承認是對的事，就能讓批評的人知道，你有把話聽進去。而當你為自己發聲，拒絕淪為人身攻擊的受害者時，自尊就會有所提升。

成功祕訣

先承認破壞性批評，再糾正任何錯誤。

＊

圖 4.4　如何回應破壞性批評

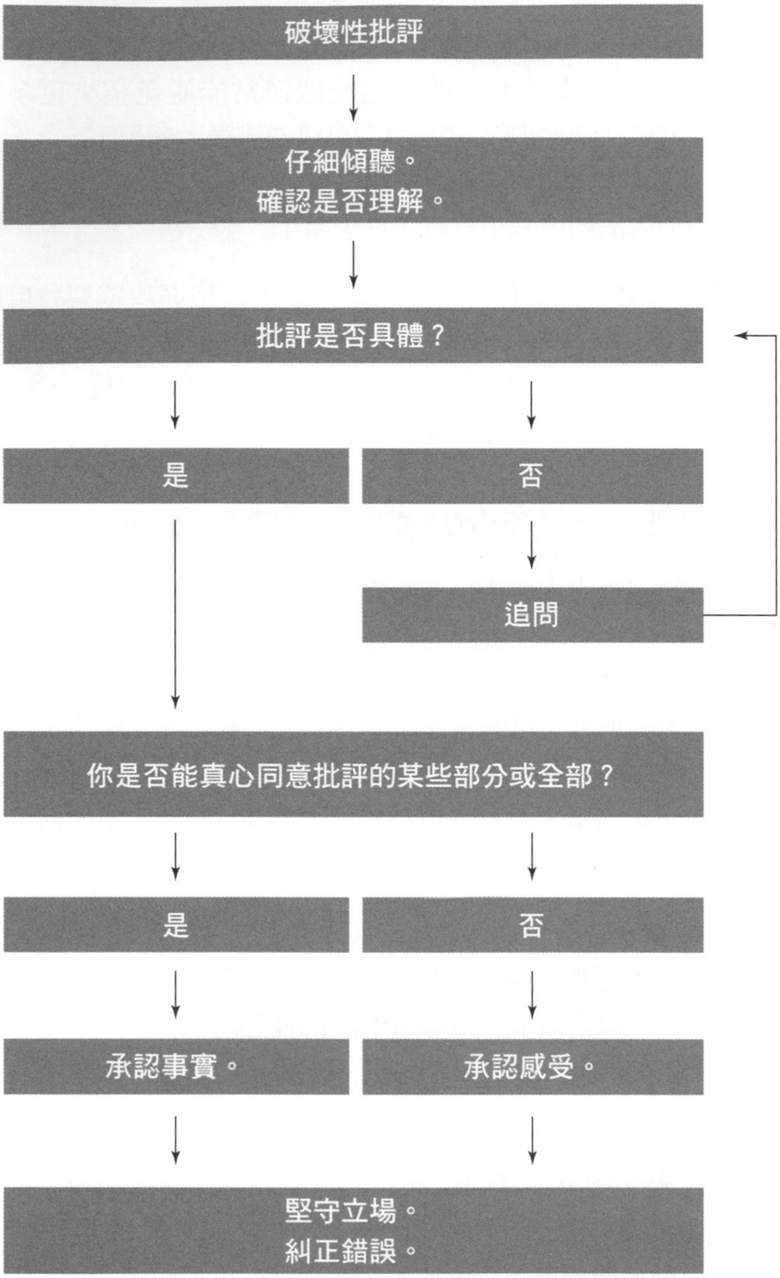

破壞性批評

↓

仔細傾聽。
確認是否理解。

↓

批評是否具體？

| 是 | 否 |

否 → 追問 →（回到：批評是否具體？）

你是否能真心同意批評的某些部分或全部？

| 是 | 否 |

| 承認事實。 | 承認感受。 |

堅守立場。
糾正錯誤。

客觀看待
要面對批評可能會很困難。只要把重點擺在訊息內容本身，善用
有效回應技巧，是可以在自尊被傷害以前，就先化解批評。你是
否認為有些批評根本不值得做出任何回應？請說明。

追問

假如破壞性批評模糊又籠統呢？假如有人說你懶惰或蠻橫呢？對於一般性批評，通常最派得上用場的技巧就是追問。**追問（probing）**意味著要求批評的人具體說明。追問具有雙重功效，可以將爭執的理由化為更合理的具體細節，也可以透過你想瞭解為何對方會如此批評的舉動，消除批評者的敵意。涉及追問的對話可能會如下所示：

> 批評者：「我不懂，你這麼懶怎麼活得下去。」
> 你：「你可以舉出一個我很懶的例子嗎？」
> 批評者：「首先，你整個週末都在看電視。」

> 批評者：「你重新整理辦公室的時候，把所有檔案都弄得一團糟。」
> 你：「我究竟是怎麼把檔案弄得一團糟？」
> 批評者：「檔案都沒按照字母順序排列。」

> 批評者：「你真邋遢。」
> 你：「你為什麼認為我很邋遢？」
> 批評者：「看看那水槽裡的碗盤多到都要滿出來了。」

你要持續追問，直到把批評都從針對個人的指控化為具體實例。接著，你就可以評估，批評的人是否真的說了任何有幫助的話。

請利用**練習 23**，練習如何回應建設性與破壞性批評。

堅定與自尊

妥善處理批評需要堅定自信的態度，要能夠在不威脅他人自尊的情況下，捍衛自己的權益。低自尊的人往往以被動或被動攻擊的方式回應批評。他們希望只要不透露自己的想法，就能避免與人對質。他們不會為自己發聲，是因為害怕遭人排斥，並招來更多批評。其他人確實有可能會不喜歡你說的話，或甚至不喜歡你這個人。然而，為了獲得接納，而壓抑自己的真實想法與感受，只會傷害自尊。比起隱瞞想法與感受，不尊重自己，冒著遭拒的風險，展現真實的自我會是較好的做法。

低自尊的人通常會因為對批評與遭拒的恐懼，而無法在一般常見的情況中堅守自身立場。上次有人在你面前插隊的時候，

追問 要求給予籠統或模糊批評的人具體說明。

成功祕訣
要回應模糊不清的批評以前，先追問出具體實例。

練習 23　處理批評

A　練習如何回應建設性批評。請想像下方列出的人給了你精確的回饋。請為每個建設性批評寫下一種回應方式，不只要（一）重述批評內容，也要（二）尋求改善的具體建議。

例子
你寫得很棒，但這裡有些詞用得不正確。

重述內容：沒錯，詞彙是我的弱點。

尋求建議：有什麼方法可以讓我改善這一點？

教師：你總是在作業裡寫道有趣的事。你沒有在課堂上多發言真令人失望。

重述內容：

尋求建議：

室友：我愛死了你為客廳牆壁所選的顏色。如果漆得更均勻一點，可能會更好。

重述內容：

尋求建議：

上司：我看得出來你做這張試算表有多用心，但這個字體小到我很難看清楚。

重述內容：

尋求建議：

父母：你上星期忘了麥可的生日，讓他覺得很受傷。記住家人的特別日子很重要。

重述內容：

尋求建議：

B 請現在練習用承認事實或感受的方式，回應破壞性批評。想像自己遭受與前一頁類似的批評，但對方用破壞性的說法表達。請為每個破壞性批評寫下一種回應方式，不只要（一）承認事實，還要（二）藉由糾正批評當中弄錯、不公正或侮辱人的地方，堅守自身立場。

例子

這些不正確的用詞毀了你的報告。

承認：我瞭解自己誤用了幾個術語。

堅守立場：不過，我在這份報告中提供了很多很棒的資訊。

教師：你在班上從來沒有貢獻過什麼意見。

承認：

堅守立場：

室友：你把客廳牆壁漆得很糟。

承認：

堅守立場：

老闆：我幾乎需要顯微鏡才能看這張試算表。請你做事要像個專業人士。

承認：

堅守立場：

父母：你又忘記麥可的生日了。希望你有為此感到自豪。

承認：

堅守立場：

C 請回想上次有人給你建設性批評的時候。你是如何回應？你有好好活用這個建設性批評嗎？為什麼有，又為什麼沒有呢？

_____

_____

_____

_____

_____

_____

D 現在回想上次有人給你破壞性批評的時候。請描述這個批評讓你有什麼感受，你又是如何回應。

_____

_____

_____

_____

_____

E 下次遭到批評時，為了不讓自尊受到傷害，你可以對自己說些什麼話？

_____

_____

_____

_____

_____

_____

_____

_____

結果如何呢？你有挺身捍衛自己的權益，禮貌地指出隊伍的尾端在哪裡，還是保持沉默，避免與人起爭執？那你在餐廳被上錯菜的時候又如何呢？你是冷靜地指出餐點搞錯了，還是假裝一切沒事，依然把菜吃完？

要表現出堅定自信有其困難，因為這麼做需要展現真實的自我，也需要有自覺、自我期望、自我接納才做得到。與其默默忍受他人的言語或行動傷害自己，不如挺身捍衛自己身為人的價值。你要說的是：「我有權存在於世，受人尊重。我的想法與感受與其他人的同等重要，我的意見應該要為人所知曉。」當你養成堅定自信的習慣後，將會讓他人與自己都對自己更加尊重。

成功祕訣
你有權受人尊重。

✅ 自我檢查

1. 請定義自我接納。（第 189 頁）
2. 採用積極自我對話有哪些好處？（第 199 頁）
3. 請針對建設性批評與破壞性批評各舉一例。（第 209 頁）

關鍵詞

學習目標重點整理

- **定義自尊，並說明其為何重要。** 自尊是對自己抱有信心與尊重。當人尊重自己，便會對自己應付生活挑戰的能力具有信心，也相信自己值得獲得成功與幸福。這種想法會激勵人認真努力、取得成功、嘗試新事物、願意冒險、建立正向人際關係。

- **描述童年經驗如何影響自尊。** 自尊在人生的頭三四年就打下基礎了。如果父母或其他主要照顧者展現出愛，並撫育、接納、鼓勵、支持自己，人通常最終都會接納自己，建立正向自尊。

- **定義自我期望，並說明兩種提升自我期望的方法。** 自我期望是認為自己能夠做到人生想做的事。建立這種自信的其中一個方法，就是為自己過去的成功感到自豪。另一種方法就是設定並達成挑戰性愈來愈高的一連串目標。

- **說明為何自我接納對高自尊如此重要。** 自我接納意味著認清並接受自己的真實面貌。自我接納讓人可以不再因為達不到自己或他人的不可能標準，而批評自己，也讓人得以發覺並展現內心真正的自己。當人懂得自我接納，就會看出自己原本的模樣就夠好了。

- **說明如何將消極自我對話轉換成積極自我對話。** 如果要將消極自我對話轉化為積極自我對話，每次出現負面想法時，就阻止這些念頭，以肯定說法取而代之。

- **說明如何妥善處理批評。** 有效處理建設性批評的一種方式，就是重述批評內容，並尋求建議。有效處理破壞性批評的一種方式，就是承認批評中的事實（若有的話），並堅守自身立場。

複習題目

1. 請針對高自尊與低自尊，分別列舉五種影響。
2. 童年經驗是如何影響自尊？
3. 請解釋以下陳述：「你可能會也可能不會得到該有的結果，但幾乎一定會得到自己預期的結果。」
4. 哪些方法可以將負面自我形象轉換成正向自我形象？
5. 請針對向上比較與向下比較，各舉一例說明。
6. 請說明處理建設性批評的三個步驟。

批判思考

7. **自我接納與逃避**　想要有健全的自尊，瞭解自己的弱點很重要，如此才能找到有創意的權宜之計。不過，因應而非逃避問題也同等重要。這兩件事有互相矛盾嗎？為什麼有，又為什麼沒有呢？
8. **批評**　當某人對他人非常吹毛求疵時，一般會認為這個人有低自尊。想一想你認識的人當中，有哪個人經常批評或取笑他人。你覺得這個人有低自尊嗎？你認為是什麼原因導致這個人批評他人？你覺得自我接納與接納他人之間具有什麼關係？

應用

9. **自尊日誌**　請花一週的時間撰寫日誌，監測自己的自尊程度。記錄自己什麼時候覺得有低自尊、什麼時候有高自尊。什麼情況會讓你感覺自我良好？為什麼？你可以如何創造更多這種情況？什麼情況會傷害你的自尊？為什麼？你可以如何改變這點？
10. **成就與自我期望**　請訪問兩個人。請對方描述他們最引以為傲的兩項成就，解釋為什麼這些成就最讓他們感到自豪，以及說明他們在達成這些成就之前，對自己的能力抱有多少信心。詳細寫下訪問結果，並比較與對照受訪者的回答和你在練習 20（第 185頁）寫下的回答。這次經驗讓你對成就與自我期望之間的關係有何看法？

上網活動

11. **肯定** 你的講師可能會提供一篇關於「自我對話的力量」的文章。請閱讀該文章。利用文章中的準則，寫下三句「我是」的肯定陳述。

12. **羞怯與自尊** 請前往以下的網址連結：

http://www.shyandfree.com

http://www.shakeyourshyness.com

http://www.psychcentral.com/resources/Self_Esteem_and_Shyness/

上述連結將提供關於羞怯以及羞怯與自尊之間關係的資訊。自問下列問題：羞怯是否分為不同的類型？你認為羞怯與自尊之間具有什麼關係？羞怯是否有好的面向？

成功案例	「我有所需的能力嗎？」

請回顧你是如何回答第 162 頁實際成功案例的問題。既然現在已經完成本章了，想一想你會如何回答這個問題。

完成故事 請續寫保羅的故事，描述他採用什麼具體技巧，戰勝自己的消極自我對話，又是如何回應姊姊的破壞性批評。

「事情會順我的意嗎？」

希望與擔憂

潔西卡・希曼尼茲夢想能以飯店管理為業。然而，就在要去面試豪華飯店接待員工作的早上，她起床後卻感到緊張，覺得自己毫無準備。潔西卡雙語流利，善於溝通，在餐旅學程中也名列前茅。不過，在工作面試時拿出好表現則是另一回事。潔西卡回想自己每次陷入窘境時，從未能有好表現，為什麼今天會例外？

自我挫敗態度

潔西卡抵達飯店，準備接受面試時，注意到自己的襯衫上有塊咖啡污漬，於是驚慌了起來。「這次的面試會是場災難，」她想。她看著正在工作的飯店員工，整個人又更消極了。「這份工作有何意義？我永遠無法跟上這麼快的工作步調。薪水待遇也很糟，而且就憑我的運氣，永遠不可能獲得升遷。」輪到潔西卡要面試的時候，她告訴自己，她已經不想要這份工作了。

你覺得呢？

潔西卡的消極態度會如何阻撓她得到這份工作？

5 正向思考

無論是自認做得到還是做不到，
都是對的。

——亨利・福特（Henry Ford），汽車製造商

簡介

　　本章將帶你瞭解要如何成為思考更加積極的人。

　　第 5.1 節將探討與正向思考有關的習慣，以及態度可能如何影響身心健康。你將在第 5.2 節學到為何擁有正向自我期許，會大幅影響自己想從人生得到什麼的結果。你也將深入瞭解負面思考的多種類型，同時學會把不愉快念頭與感受轉換成積極想法與感受的技巧。

學習目標

完成本章後，你將能夠：

● 定義正向思考，並舉出其好處。

● 列出六種有助於思考更加積極的習慣。

● 說明正向思考與良好健康之間的關聯。

● 描述自我挫敗態度如何造成惡性循環。

● 定義認知扭曲與非理性信念，並各舉一例說明。

● 概述 ABCDE 法要如何克服非理性信念。

正向思考與樂觀

正向思考　專注在自
己、他人、周遭世界
的好的一面上。

樂觀　預期會出現可
能最好結果的傾向。

每個人都聽過正向思考，但這究竟是什麼，又為何重要？**正向思考（positive thinking）**表示專注在自己、他人、周遭世界的好的一面上。當人正面看待自己，便有自信能努力達成目標並克服障礙；當人正面看待他人，便有自信能信賴他人，向對方提出自己需要和想要什麼。

正向思考與樂觀態度息息相關。**樂觀（optimism）**是傾向於預期會出現可能的最好結果。樂觀的人會把精力集中在讓目標實現，而不是做最壞的打算。樂觀的人不會讓自己誤以為這個世界完美無瑕，所有事情都一定會完美順利。他們反而只是選擇專注在做對的事情。

正向思考為何重要

正向思考有助於人享受工作與學校生活、親朋好友的陪伴，以及閒暇時間。正向思考會驅策人拚命努力，讓好事得以發生。懂得正向思考，不保證一定會成功，但少了正向思考，就不會成功。要獲得成功，就應該積極主動預期生活各個方面都能成功。

抱持積極或樂觀的態度，幾乎是所有成功人士都具備的特質。比如說，最優秀的領導者能夠在自己率領的人身上，激發出積極進取的心態。這些領袖擁有的活力以及對未來的願景，會激勵身邊的人樂觀看待未來。想想看馬丁‧路德‧金恩（Martin Luther King, Jr.）是如何用「我有一個夢」的演講，描繪出鼓舞人心的更美好未來，藉此動員了上百萬人。他對未來抱持的樂觀想像，使他成為了一名偉大領袖。

潛在員工、領袖或經理人身上最受青睞的態度之一，就是將挑戰視為機會、把挫敗當成一時不便的能力。這種積極正向態度也會讓人欣然接受改變，不會因為意外的事而感到心煩意亂，就算是不好的意外也一樣。如何處理挑戰與問題是決策過程中很關鍵的一環，不論是在職場上或私生活中都是如此。

1920 年代，海明威（Ernest Hemingway）致力於磨練文筆，力求臻至完美，卻弄丟了裝著所有手稿的行李箱，而他打算要出版成書的這些手稿中，許多故事是他費盡了千辛萬苦才精煉到有

如寶石般的完美境界。大受打擊的海明威不認為自己有辦法提筆重寫一遍。他想著自己花了多少個月的時間，一心一意艱鉅費力地寫作，而現在一切的努力全化為烏有了。但當他向詩人艾茲拉・龐德（Ezra Pound）哀嘆自己失去了什麼後，龐德卻稱這件事是意外的好運。龐德向海明威保證，當他重寫這些故事的時候，將會忘掉差勁的部分，只有最好的內容會再次浮現。龐德沒有把這件事當成是挫敗，而是將其視為機會。海明威確實重寫了這些故事，後續發展眾所皆知：他在美國文壇上取得了一席之地。

漫畫家凱西・葛絲薇特（Cathy Guisewite）可得感謝她母親教會了自己正向思考有多重要。「我媽最初建議我把一些隨便畫的圖投稿到報刊時，我跟她說自己對連環漫畫根本一無所知。我媽說：『那又怎樣？你總有一天會學會。』當我指出自己不知道要怎麼畫畫時，她說：『那又怎樣？你總有一天會學會。』」葛絲薇特如果沒有受到這樣的鼓勵，並懷抱自信的話，可能永遠也不會將那些隨手畫的圖，變成有名的連環漫畫《凱西》

應用心理學

滿懷驕傲，逐漸變老

一百年前，多數北美人活不過四十八歲；如今，多數美國人可以預期活到約七十八歲。不過，愈來愈多人不再樂意迎接可能的長壽生活，而是擔心會變老這件事。老化是自然過程，所以為何要對此感到恐懼？在凡事講求青春年華的文化中，變老會人聯想到社交孤立與身心衰退，而非成長、智慧、自由。古董家具和經典車款也許很風行，但六七十歲和更老的人通常都被認為需要照顧、行動不便、不具魅力。為了保持年輕，消費者每年把數十億美元花在抗老武器上，像是整形手術和昂貴的美容霜。然而，即便老了也依然很成功的真正關鍵，就在於積極正向的態度。研究人員發現證據指出，比起害怕變老的人，以積極正向態度看待變老的人，老化的情形較不嚴重，也活得更久。根據他們的研究結果，以健全態度看待老化，對健康的正面影響比運動、降低膽固醇或甚至戒菸都還要高。正向思考會減少心臟與動脈所受的壓力，也會激勵人身心都保持健康。一項研究顯示，對老化抱持積極正向態度的人，比對老化抱持消極負面態度的人，平均多活了七年半。

批判思考

請列出十個你害怕變老的原因，並解釋害怕的原因。

（Cathy），使其同時發表在一千四百多種報紙上，集結成逾二十冊，還製作成好幾集的全美聯播電視特別節目。這個連環漫畫持續受到全美民眾的喜愛，長達三十四年之久。

就像葛絲薇特一樣，當我們擔心自己不知道該怎麼做，或是做了可能會失敗時，就可以告訴自己：「那又怎樣？其他人以前也嘗試過，還出了更大的洋相；其他人也曾從零開始，一點一滴打造成功；其他人也克服過更大的困難，依然屹立不搖；其他人也曾在失敗後，自我振作，再次嘗試。我也一樣做得到。」

思維與態度

正向思考其實就是對人生的態度。**態度（attitude）**是使人傾向以某種方式採取行動的信念或看法。態度對人看待世界的方式影響甚鉅。雖然你可能沒有意識到，但你幾乎對任何事都抱持著某種態度。你會對特定的人（包括自己）持有自己的意見，也會對一定年齡或做某種工作的人抱有自己的看法。你也會對特定物品抱持某種態度，像是智慧型手機、音樂、車子、衣物，同時對環境、教育、職業的議題抱持自己的想法。

正面與負面態度

人的態度可以是正面、負面，或是兩者兼具，同時結合了正面與負面的要素。舉例來說，根據個人經驗，你可能會認為醫生都聰明高尚，也可能會覺得他們無人情味又瞧不起人，或是他們都展現出上述的所有特色。你可能認為社會福利是很好的措施，因為它幫助了窮人，你也可能認為這套措施不公平，因為它導致人民更依賴這種制度，還動用到納稅人的錢，或是福利措施兼具了上述的優缺點。

對某些事物抱持負面態度並沒有什麼問題。不過，幾乎對什麼事都抱持負面態度的人，很難自我感覺良好，或是採取積極行動。抱持正面態度的人懂得擁抱人生。他們會刻意努力用積極正向的方式思考，採取積極正向的行動。

先前已經談過，人的想法會影響自身的感受與行動。積極正向的想法是正向感受與積極行動的基礎。只要積極正向思考，便能激勵自己擁有正向感受，採取積極行動，如圖 5.1 所示。

圖 5.1　正向思考的力量

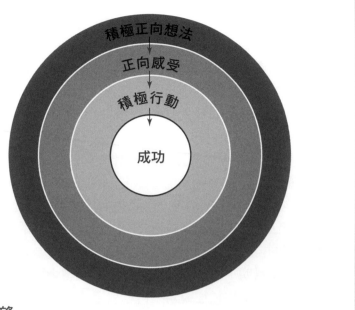

成功在望

人的想法、感受、行動息息相關。擁有積極正向的想法，就會覺得自己積極正向，獲得採取積極正向行動的活力與驅力。你是否相信只要下定決定改變自己的思考方式，就能改變自身思維嗎？為什麼相信，又為什麼不相信呢？

負面思考與悲觀主義

現在來對比一下正向思考與負面思考。**負面思考（negative thinking）**表示專注在自身、他人、周遭世界的缺點與問題上。負面思考會使人心情沮喪，讓人無法冒險、做出改變、展現真實的自我。負面思考也可能會使人相處起來不甚愉快。當人用消極負面的方式思考時，往往會花更多時間在抱怨與責怪他人，而不是採取行動，解決自身問題。

負面思考與悲觀態度息息相關。**悲觀（pessimism）**是傾向於預期會發生可能的最壞結果。悲觀的人不論到哪，都會看到失敗與災難的徵兆。促使悲觀的人採取行動的原因，通常是他們對失敗、失去或遭拒的強烈恐懼感。他們希望藉由不斷為自己做好最壞的打算，讓自己能夠免於失望。小說家湯瑪士・哈代（Thomas Hardy）曾寫道：「悲觀就是唯一一種你永遠不會感到失望的人生觀。」悲觀的人對自己與他人都毫無期待，結果也通常是如此。

負面思考　專注在自身、他人、周遭世界的缺點與問題上。

悲觀　預期會發生可能最壞結果的傾向。

逃避失敗

如果人所處的組織、機構、環境充斥著批評、悲觀、憤世嫉俗、以恐懼為原動力的氛圍，久而久之就會發展出害怕失敗的狀態。害怕失敗會導致人不惜一切代價要避免失敗。逃避失敗之舉的問題在於，逃避失敗也等同於逃避成功，因為後者取決於人是否願意冒險。當員工因為失敗會受罰而感到害怕時，就不可能會有創新與創造力。

人生早期經驗通常會教人要不計一切代價，避免失敗。這一切始於童年時期首次遭人說「不！」的時候。人在被父母和其他家人、老師、同儕批評時，逃避失敗的想法就會像野草般蔓生。這種想法會讓人在想到自己時，就想起自己犯的錯，也聯想到笨手笨腳的自我形象。一般社會展現的貶低行為，對於減緩這種情形沒什麼幫助，因為在這個世界中，媒體會誇大問題與名人地位，事業成功卻往往被視為因自私耍手段而有的產物。許多人為求安穩，不受議論干擾，選擇默默服從體制，不想無事生非。儘管有自傳、紀錄片、其它各種節目描述了由窮致富的成功故事以及勇氣可嘉的公職人員，多數人都無法想像自己身上會發生那種事，還養成回顧過往問題的習慣（失敗強化），以及想像未來會有類似表現的習慣（失敗預測）。他們要不是好高騖遠，因此加深了恐懼、注定會失敗，不然就是目標夠低，一定能避免失敗。他們內心的對話通常會位於以下兩個極端之間。「準備好，事情進行得太順利了，一定會出現什麼，毀了一切」，或是「我就知道這一切好得太不真實了。就憑我的運氣，事情一定會出差錯」。

害怕失敗有可能會內化成一種動機。領袖都喜歡成功、自我感覺良好，而擔心受怕的人則一心想著要逃避失敗，才不會讓自己感覺更糟，於是便拒絕多加嘗試。外在因素也可能會使人更害怕失敗。比方說，如果公司必須要裁撤半個部門，一直以來表現良好的工廠或職員可能就會充滿這種貶低自身的有害恐懼。

一家知名美國積體電路板製造商的大型部門，與日本公司展開競爭後，召開了員工生產力會議。大型工廠的廠長走上台，向旗下兩千名工人傳達了他認為是臨別的激勵訊息。「你們所有人必須在六個月內將高品質產量提高 17%，否則我們工廠將面臨倒閉。祝你們週末愉快。」

他的一番話達到了預料之中的效果。領班和樂觀的工人表現提升了 20% 左右。但許多悲觀的人找到了更安定的工作，不到

幾週就辭職了——工廠也確實在約六個月後就關門大吉。這個例子更加證實了真正的領導者會專注在成功會帶來的好處，而那些主要受恐懼所驅使的人，則會一心想著失敗的慘痛後果。有些老闆和經理人認為，受恐懼驅使的員工，就和那些擁有正向動機的人一樣努力工作，或甚至更賣力。他們只是在自欺欺人。儘管有些公司和文化依然採行恐懼動機的做法，這種動機就和宣布「士氣沒提振，就繼續裁員」的概念一樣過時。為失敗感到焦慮，不只會讓表現下滑，也會扼殺最初想要成功的動機。

習得的無助感

習得的無助感（learned helplessness）是相信自己只能任憑外力擺布，不再能掌控發生在自己身上的事。行為學家強調，這確實是種後天習得的感受。馬汀・塞利格曼（Martin Seligman）是賓州大學的心理學家，也是暢銷書《學習樂觀・樂觀學習》（*Learned Optimism*）的作者，他詳細研究了習得的無助感，證實這是人所養成的特質，而非先天遺傳。雖然每個人生來都具有特定的人格特質，但根據自己處理障礙和挫敗的方式，會慢慢成為一個樂觀或悲觀的人。俗話說：「重要的不是發生在自己身上的事，而是你如何看待、如何利用這件事。」心理學家稱這種負面與正面態度之間的差別為「解釋風格」（explanatory style）。更具體來說，一個人的解釋風格就是這個人如何理解以及解釋生命中發生的壞事。

塞利格曼博士在一項以大學游泳選手為對象的研究中發現了明確證據，顯示解釋風格確實會產生實際影響。研究一開始先讓這些運動員做了心理測驗，以判斷他們各自的樂觀與悲觀程度。測驗結束後，他們訓練時所游的那幾趟會進行計時，但在告知這些游泳選手成績時，時間都刻意比實際結果多報了一兩秒。由於在比賽中，一秒的差距可能就意味著獲勝或敬陪末座，因此所有運動員都非常認真看待這個令人失望的結果。但他們的反應方式也極為不同。當悲觀的人再次進行計時，始終都比原先的成績還要慢。彷彿他們不知為何覺得有必要證實稍早得知的負面結果。然而，樂觀的運動員不只維持該有的成績水準，有的人甚至還游得更快。當人將對生活普遍抱持的樂觀態度內化了以後，將會帶來非常實際的正面結果。

花點時間檢視自己的思考方式。你的思考方式是積極正向還是消極負面？**練習 24** 的目的便是要協助你評估自己的思考風

練習 24　你是正向思考的人嗎？

A　請讀下列每項陳述，決定你對每一項陳述是「完全同意」、「有些同意」、「有些不同意」，還是「完全不同意」。

	完全 同意	有些 同意	有些 不同意	完全 不同意
1.　抱持積極正向態度的人是在欺騙自己。				
2.　人可以試著改變自己的思考方式，但不會成功。				
3.　我經常一再反覆擔心著同樣的問題。				
4.　我有的許多問題其實都是別人的錯。				
5.　批評他人可以讓他們隨時保持警戒。				
6.　面對現實吧，每個機會都至少暗藏著一個難題。				
7.　我經常抱怨讓我煩惱的人和情況。				
8.　我在幫助別人之前，會先確保他們不是在利用我。				
9.　我的朋友大多是善於正向思考的人。				
10. 我經常稱讚他人，向對方表示感謝。				
11. 我對他人的評語大多屬於正面。				
12. 我很少批評自己。				
13. 我與自己對話時，都用鼓勵、有幫助的話語。				
14. 好事經常發生在我身上。				
15. 我總是在人的身上和情況中尋找好的一面。				
16. 我是真心對他人有興趣。				

B　得分：從第 1 到第 8 項的陳述，「完全同意」為 0 分、「有些同意」為 1 分、「有些不同意」為 2 分、「完全不同意」為 3 分。

此部分的總得分：＿＿＿＿＿＿

從第 9 到第 16 項的陳述，「完全同意」為 3 分、「有些同意」為 2 分、「有些不同意」為 1 分、「完全不同意」為 0 分。

此部分的總得分：＿＿＿＿＿＿

兩部分加總後：＿＿＿＿＿＿

41–48　你幾乎總是採取積極正向的思考方式，這麼做就對了。

31–40　你大部分的時候都採取積極正向的思考方式，但保持更一致的正向思考習慣會更為受益。

17–30 你的態度混合了積極正向與消極負面。你必須留意自己的負面想法，努力以積極念頭取代。

0–16 你幾乎總是採用消極負面的思考方式。你必須建立新的思考習慣。

C 你的思考方式是屬於積極正向還是消極負面？請說明。

_____

_____

_____

_____

_____

_____

_____

D 每個人對某些事的看法，往往會比對其他事的想法要來得更積極正向。哪些事件、情況、人或你自己的面向，你是用積極正向的態度來看待？又有哪些是用消極負面的態度來看待？為什麼呢？

_____

_____

_____

_____

_____

_____

_____

格，開始積極精進自我。與先前的活動一樣，請盡可能誠實地完成這項活動。跟隨直覺，別為了找到「對」的答案而對自己不誠實。採用消極負面的思考方式，不會讓你成為壞人。負面思考是耗盡精力且讓人覺得自己很糟的習慣，但就跟任何習慣一樣，你也可以改變這個習慣。

養成積極習慣

不管你現在腦中的念頭有多正面或多負面，你都可以成為思考更積極正向的人。聽起來好到不像是真的？沒有這回事。經過數十年來的研究，心理學家發現，人可以有意識地選擇正向思考，藉此大幅改善人生。每個人都可以養成習慣，讓自己的思維與行動都有助於正向思考。習慣就像潛水艇，悄聲無息深潛著。人每天大部分都會做的事，都是習慣使然。人甚至很少會注意到自己正在動用潛意識反射。比起戒除習慣，將其取而代之較為容易。這也是為什麼每天都專注在訓練自己採取新的正向思維與積極行動如此重要。想要取代從童年起便根深蒂固的不健康習慣模式，需要耗費時間與精力。接下來將描述思維與行動的六個重要正向習慣。

尋找好的一面

人很容易就把好事視為理所當然，一心只想著壞事。主動在事件、情況、包含自己在內的人身上尋找好的一面，極為重要。如果事情看起來百分之百都很糟糕，肯定是忽略了什麼。有時可能需要找得很仔細，但一定會有所發現。你是否修了一門很無聊的課？找出這堂課的一個正面之處。你很快就會再找到另一個，接著又會有另一個。

養成感恩的習慣，對自己擁有並為其努力的一切都心存感激。每晚都花點時間，在一整天發生的所有事情中，尋找美好的一面。你今天工作是否達成了某個目標？是否有人對你說了好話？你是否和自己的貓玩得很開心？

不論是單獨一人，還是和一位友人，或者和一名家人，請彼此給予鼓勵與建議。要確保說出口的是積極話語，也聚焦在進展順利的事情上，而不是沒有出差錯的事。例如，與其說「我沒有出車禍」，要說「我很健康平安」。請在**個人日誌 5.1** 的空白處，寫下人生中你很感激的三件事、整天下來發生在自己身上的

個人日誌 5.1

專注在美好的一面

細數每天發生的正面事件,以養成尋找好的一面的習慣。今天發生了哪些事讓你感覺很好?

今天讓我感到非常愉快的是:

1._____

2._____

3._____

今天發生在我身上的三件好事:

1._____

2._____

3._____

我期待未來會發生的三件好事:

1._____

2._____

3._____

三件好事、你必須期待未來會發生的三件好事。

謹言慎行

分析自己說的話。你多常會使用負面字眼,像是「不能」、「不會」、「不可能」或「糟透了」?你有多常誇大事情的嚴重後果?人的用詞會影響自身的想法與心情。把自己可能濫用的負面表達方式記下來,訓練自己用積極說法取代消極字眼。同時也要養成向別人開口時,都保持積極正向的習慣。對善待自己的人

成功祕訣
使用積極正向的言詞,結交積極正向的朋友。

表示謝意，並給予感謝與稱讚。讚美與善言會帶來善意，也會讓自我感覺良好。

與積極正向的人為伍

樂觀人士的熱忱具有傳染性，當你待在樂觀積極的人的身邊時，就能「感染」健康的態度。我們結交的人對我們自身的態度有很大的影響。不論在職場還是在學校，都要與思想積極正向的人為伍，這些人都喜歡分享看法、協助他人、採取建設性行動。不要選擇花時間與習慣抱怨、聊八卦、發牢騷、批評或責怪他人的人相處。

接受，但不批判

批判 譴責人事物的習慣，就因為這些人事物不順你的意。

要多留意最常見的一種負面習慣：批判。**批判（judgmentalism）**是譴責人事物的習慣，只因為這些人事物不順你的意。要做出批判的行為很容易，但這麼做卻很傷人。你是否曾和某人分享了自己的感受後，卻只換來「你過度反應了」或「這是你自找的」？你是否曾莫名其妙遭到嚴厲挑剔的批評？如果有的話，你就知道遭人批判會帶來多大的痛苦。

當你發現自己就要脫口說出批判的話時，停下來，檢視一下自己內心在想什麼。你是否在沒有得知所有事實的情況下，就妄下負面結論？你是否把更多時間花在挑毛病，而不是尋找好的一面？你是否為了讓自己獲得（假的）優越感，才批判他人？那些挑別人毛病的人，通常也會挑自己的毛病。遭人批判是很痛苦的事。試著別對他人或自己這麼做，反而要努力接納這個世界與他人原本的樣貌，不要拿他們與不公平的理想做比較。

抱怨要有限度

抱怨 與另一人分享自己的苦惱、不安或擔憂。

偶爾抱怨一下沒有什麼問題。**抱怨（complaint）**只是向另一個人分享自己苦惱、不安或擔憂的舉動。透露自己的感受與挫折有助於加深彼此之間的情誼，以及應付日常生活的壓力。然而，抱怨可能很容易就養成一種習慣。有些人會用抱怨的習慣來博取同情和注意力，或是強化「我很可憐」的形象。

抱怨與責怪之間只有一線之隔。你是為自己的遭遇負起責任，還是因為自己感覺不好就責怪別人？當你惡劣批評他人時，自己很可能也因此心情惡劣。

還要記得，你每花一分鐘抱怨，就代表浪費了一分鐘，沒在動腦想解決辦法。試著寫個「抱怨日誌」，把每次的抱怨和抱怨多久都記錄下來。為抱怨設下時間限制，也許三四分鐘就好了。時間到了，就下定決心停止抱怨，開始有所作為。

第四章也探討過，主動因應問題對提升自尊大有幫助。同樣的道理，針對問題採取行動，也能促使你更積極看待人生。舉例來說，與其埋怨大家什麼都不做，不如問問自己「我能做什麼？」即便只是寫下難題的可能解決辦法，都可以減輕一點最初使人抱怨的苦惱。

別擔心

擔憂是人能否正向思考的主要障礙。**擔憂（worry）**是由於深入思考最壞情形而產生的苦惱與焦慮。如果人總是在做最壞的打算，怎麼能專注在積極正向的一面呢？

擔憂 由於深入思考最壞情形而產生的苦惱與焦慮。

▶ 專業發展

工作時如何運用正向思考

積極正向思考不只有益於自身的工作生產力，也能為工作環境帶來影響。你愈積極正向，周圍的人也會感到更積極正向，並據此行動。積極態度是會傳染的。不論你是員工、團隊的一員，還是經理人，始終都具備可以改善自己職場的能力，這份職責就由你開始做起！

以下提供在工作時保持積極態度、為他人創造正向環境的方法：

· 不論工作可能多乏味、無聊或充滿壓力，都要從中尋找樂趣。

· 看出自己為工作帶來什麼價值，瞭解自己的角色為公司的整體使命與願景帶來什麼貢獻。

· 將工作問題視為挑戰自己的機會，把焦點擺在改善與解決方案上。

· 當個具有良好團隊精神的人，與他人分享點子，盡可能讚美鼓勵他人，藉此培養積極正向的同儕情誼。

· 盡可能瞭解自己的工作、公司、所屬領域，以便保持積極進取。

你有何看法？

進行腦力激盪，列出你可以採取什麼有助於在職場或學校創造更積極正向環境的行動。如果想更進一步探索工作環境中的正向思考此一主題，請造訪 http://career.careesma.in/8-tips-to-make-a-positive-work-environment

人會對犯罪、健康狀況不佳或要繳帳單等嚴重問題感到擔憂，是很正常的事。常見的擔憂主因包括：

- 金錢
- 健康
- 學業
- 職業與工作穩定性
- 人際關係與孩子
- 犯罪、恐怖主義、戰爭

然而，不管擔憂的是什麼，人如果經常感到擔心，就會因為持續想著生活中的負面事物而傷害健康。仔細想想以下這些關於擔憂的迷思與事實：

迷思：「擔憂會讓我準備好採取行動。」
現實：擔憂會耗盡精力。
迷思：「擔憂會讓我得以處理自身問題。」
現實：擔憂只是代替了自己該處理的問題。
迷思：「我愈擔心某件事，它愈不可能發生。」
現實：這種思考方式稱為神奇思維（magical thinking）。想法不會影響發生什麼事——行動才會。
迷思：「擔憂表示我在乎。」
現實：在乎與擔憂是兩回事。

人之所以經常感到擔憂，是因為覺得有必要針對某個問題做點什麼，卻不太確定要做什麼。你永遠都可以針對問題做點什麼。瞭解實際情況；尋求建議或協助；與朋友腦力激盪，想出辦法。感到擔憂的時候，就試試下列方法：

- **專注在解決辦法上，而不是最壞的情形**。這會讓你覺得自己可以應付任何發生的事。
- **應對，採取行動，別逃避**。直接處理情況，不只有助於解決問題，還能提高自尊。
- **與人分享擔憂**。從另一個觀點來瞭解整個情況。研究顯示，獨自一人擔心時，會愈想愈糟。
- **如果真的做什麼都對情況沒幫助，那就試著放下擔憂**。有意識地決定別再擔心。一開始會很困難，但練習久了，就會愈來愈容易。
- **用積極肯定的話語蓋過擔憂之情**。告訴自己「我有能力處理

任何發生在我身上的事」或「我接受有些事情不在我的掌控之中」。

- **把耗在緊張不安的精力，改用於身體活動上。** 試試鍛鍊身體、園藝、跳舞、瑜伽、清掃房屋或是運動。

　　有些專家建議，把每個擔憂各自寫在一張小紙條上，存放在一個擔憂罐或擔憂盒中。這個過程有助於你把自己與擔憂分隔開來。（在**練習 25** 的最後製作屬於自己的擔憂紙條。）每週一次從罐中拿出紙條，一一讀過後，你可能就會發現自己的擔憂似乎不像最初看起來得那麼糟。與其把擔憂紙條再放回擔憂罐或擔憂盒裡，你可以丟進碎紙機或是拿去回收，表示自己真的放下這些擔憂了。

講求實際

　　最重要的是，消除擔憂的關鍵在於別再去想最糟的情況，而是學會思考實際可能會發生的結果。想像一下，你想約某人出去約會，但擔心對方會拒絕。你的擔憂會隨著自己想像可能發生的最糟結果而加深：對方當眾拒絕並羞辱你。雖然這個最糟情況不太可能會發生，有可能發生的機會卻無法讓你不去擔心。不幸的是，擔心「可能」會發生的事，將讓人無法承擔重任，並因為錯失機會而覺得自己很悲慘。

　　與其被擔憂壓得喘不過氣，不如學會分辨最糟情況與實際可能發生的結果有何不同。假設你已經約了某人出去，現在正在規劃約會行程。你很快就發現自己在為可能的最壞情況做打算——約會對象受不了你、每一件事都出差錯、兩人都覺得不愉快。別再讓自己想下去，而是自問這種情況有多符合可能的實際情形。確實，它可能會發生，但有多高的機率呢？不怎麼高。與其如此擔憂，反而應該想想符合實際情況的結果。如果你選了一個有趣的活動，兩人大概會玩得很愉快，又能好好認識彼此，就算最後覺得兩人不適合當情侶也沒關係。

成功祕訣
擔憂會讓人無法冒險嘗試。

*

思考模式與健康

　　想法的力量非常強大，對人的健康與福祉有很大的影響。負面思考會使人容易受壓力與疾病影響，也會減短壽命；正向思考則有助於人應付壓力、避免生病、活得更久。甚至有研究顯示，採取積極正向的態度能夠讓壽命延長數年，比戒菸或規律運動還

練習 25　消除擔憂

A　請描述你現在最擔憂的事。

_____

_____

_____

_____

_____

B　請描述最糟會發生什麼情況。假如在這個情況中，所有你最害怕的事都成真了，會發生什麼事？

_____

_____

_____

_____

_____

C　這個最糟情況成真的可能性有多大？

_____

_____

_____

_____

D　最有可能發生的實際結果是什麼？

_____

_____

_____

_____

_____

E 請寫下你現在擔心的六件事。完成後，請影印或剪下這些擔憂紙條，放進自己專屬的擔憂罐或擔憂盒。

擔憂 1

擔憂 2

擔憂 3

擔憂 4

擔憂 5

擔憂 6

來得有效。

每個人似乎都對人生抱持著某種整體態度，只要不是樂觀，就一定是悲觀。數世紀以來，針對自我應驗預言的探討多如牛毛。**自我應驗預言（self-fulfilling prophecy）**是指不真也不假的陳述，但只要相信就有可能成真。舉例來說，當恐懼與擔憂變成焦慮後，人就會感到苦惱。苦惱會活化內分泌系統，改變體內荷爾蒙與抗體的多寡。免疫系統會因此變得較不活躍，抵抗力會降低，人體變得更容易受細菌、病毒、其他無所不在的危害所影響。積極正向想法與感受會刺激分泌稱為腦內啡（endorphin）的類嗎啡蛋白質，可減少痛苦的感受，使人感覺好過一點。

你大概對**安慰劑效應（placebo effect）**不陌生。（placebo字面上的意思就是「我會好起來」。）安慰劑是指在特定研究中給予某些受試者的無效藥物，其他受試者則服用實驗藥物，而要檢驗後者藥效如何，就是衡量受試者對無效安慰劑以及對藥物反應之間的差異。比如說，有些剛拔智齒的受試者服用了嗎啡，以減輕疼痛，其他受試者則吞下了他們以為是嗎啡的安慰劑。許多服用了安慰劑的受試者都表示自己的疼痛大幅減輕。然而，當他們服用了能抑制腦內啡效果的藥物後，疼痛幾乎是立刻就再次出現。

這項試驗證實了一件非常重要的事：當病患相信自己服用的是止痛藥，大腦就會釋出化學物質，來證實這個信念。某些情況下，大腦還會在患有某些疾病的人身上，製造出先前受到抑制或因損傷而無法分泌的化學物質。帕金森氏症患者在服用被告知是抗帕金森氏症藥物的安慰劑後，結果活動能力提升了。大腦掃描的結果顯示，他們控制運動的腦區變得活躍，腦內負責製造化學物質的部分，自然就產生了多巴胺。近期的雙盲試驗也顯示，受安慰劑效應影響的還包括了膝蓋手術和治療罹患慢性憂鬱病人的結果。

多年以來，安慰劑效應都只被當作臨床試驗中必須控制的麻煩變數。直到最近，研究人員才將其重新視為一大關鍵，可用來瞭解醫療儀式的療效、治療的情境、醫病關係，以及想像、信任、希望的力量。哈佛醫學院的安慰劑與療癒研究計畫（Program in Placebo Studies and the Therapeutic Encounter）是首個經由跨領域轉譯研究先導進行安慰劑研究的研究中心，旨在連結基礎科學、臨床科學、社會科學以及人文學科。

利用引導式想像或視覺化想像，有意識地將想像導入治療環境，現在相當盛行這種做法。其效果已獲得研究證實，是有效

成功祕訣
健康的想法可以使人身體健康。

安慰劑效應 一種由安慰劑藥物或治療所產生的有益效果，無法歸因於安慰劑本身的藥物特性，因此必定是出於病患相信治療有效。

的介入措施，也是供慢性疼痛、癌症、心臟病與中風後復建、免疫疾患、創傷後壓力症候群、焦慮、憂鬱症等病患使用的附屬療法。

人想像與內化的念頭可以化為實體。耶魯大學公共衛生學院與美國國家老化研究所（National Institute on Aging）所進行的研究發現，積極正向看待老化的年輕人，較不可能在上了年紀後心臟病發作或中風。另一項研究則證實，對老化抱持正面看法的中年人與老年人，平均多活了七年。（第七章將更全面探討視覺化想像。）[1]

正向思考的人比負面思考的人要來得健康的另一個原因，就是前者更有可能採取有益健康的積極行動。由於他們認為自己擁有美好未來，便想確保自己身體夠健康，才能盡情發揮。他們也願意為自身健康負起責任。當人身強體壯時，也會自我感覺更良好，這點則會讓人感到更加樂觀。

負面思考與心理健康

正向思考可帶來身心健康，負面思考則可能會減緩復原速度，使人忽視自身健康。但負面思考帶來的影響遠不只如此——它還會為憂鬱症敞開大門，因而傷害心理健康。**憂鬱症（depression）**這種疾病的特徵是患者會感到極為強烈的悲傷、無望、無助。美國與加拿大每年罹患憂鬱症的人數達兩千萬。

憂鬱症 一種特徵為感到強烈悲傷、無望、無助的疾病。

雖然憂鬱症的成因錯綜複雜也尚未明瞭，心理學家認為負面思考會使人更容易罹患該疾病。舉例來說，有研究以考試前後的大學生為對象，研究人員便發現，抱持悲觀態度的學生如果成績不及格，最終就會感到沮喪憂鬱。而在以囚犯為對象的研究中，抱持最消極負面態度的人會成為對自己被關起來這件事感到最憂鬱的人。當然了，沒有人會想要考試不及格或入獄。差別就在於，樂觀的人能夠在經歷負面事件後重振旗鼓。他們也跟一般人一樣會感到失望、難過或挫折，但他們會找到辦法，充分利用自己遇到的情況，擬定改善生活的計畫。另一方面，悲觀的人在遭遇挫折時，會覺得自己很失敗，對未來失去希望，輕而易舉就

1. B. R. Levy, M. D. Slade, S. R. Kunkel, and S. V. Kasi, "Longevity Increased by Positive Self Perception of Aging." *Journal of Personality and Social Psychology.* 83, (2002): 261–270.

放棄了。如果要檢測自己是否有憂鬱症的症狀，請完成**個人日誌 5.2**。

擁有健康

成功祕訣
過著有益健康的生活，是一個人可以為自己所做的最積極正向舉動。

　　對正向思考與自尊來說很重要的一環，就是要夠關心自己，才能做出有益健康的決定。人體就像機器，表現情況全取決於健康是否良好。每個人都必須把自己的身體當作唯一一個能讓自己行駛在人生道路上的運輸載具。人人都必須用均衡營養、活動、保健的方法，餵養照料自己的身體。身體跟產品不一樣，無法折舊換新。

　　你如何看待自己的健康會造成很大的差別：你負起愈多照顧自己身心健康的責任，就愈會促使你善待自己。別試著一直對自

個人日誌 5.2

憂鬱症自我檢查

負面思考不只是憂鬱症的成因，也是憂鬱症的其中一種症狀。你是否會採取消極負面的思考方式？你是否擔心這可能是憂鬱症的症狀？如果你認為下列陳述多數時候或者總是符合自己的情況，請在該陳述旁打勾。

☐ 我覺得沒有活力，或是動作變慢了。

☐ 我會把事情怪罪在自己身上。

☐ 我胃口不好，或是吃得太多。

☐ 我睡得太少，或是睡太久。

☐ 我對未來感到無望。

☐ 我覺得情緒低落，或是感到沮喪。

☐ 我對任何事都提不太起興趣。

☐ 我覺得自己是相當無用的人。

☐ 我想過要自殺。

☐ 我很難集中注意力、記住事情或做決策。

如果在這些症狀當中，你曾經歷過五種或以上達兩週或以上的時間，便可能患有憂鬱症，應該要立刻聯絡你的醫師或心理健康方面的專業人士。

己嘮叨，要自己有所改變，這麼做會讓你憎恨內心的批評之聲，只想著要反抗。與其如此，不如把健康的生活方式當作你可以為自己採取的一種積極正向行動。**練習 26** 將協助你檢視自己對健康抱持的態度。

吃對食物

　　健康飲食對良好健康來說不可或缺。採取健康的飲食方式不只意味著要吃富含營養的食物，也代表要限制可能會對身體造成負面影響的食物攝取量，尤其是高脂、高糖、高鹽的食物。最有益健康的食物有全穀類、蔬果、零脂乳製品，以及低脂優質蛋白質來源，像是白肉、雞肉、魚肉、豆腐。避免攝取會消耗精力且可能成癮的咖啡因、酒精或其他藥物。也請參考以下提供的訣竅：

- 別出於情緒上的理由而吃東西。只有在餓的時候才吃，要細嚼慢嚥，開始覺得飽了就別再吃了。
- 空出時間好好吃飯──別邊吃邊做其他事。
- 準備一份購物清單，才能買更多富有營養的食品。
- 嘗試各式各樣的食物，才能更容易讓自己吃得健康。
- 學會看懂營養標示。

　　最重要的是，養成以正向態度看待食物的習慣。好好享受吃飯，選擇吃有益健康且能使自己精力充沛的食物。

> **成功祕訣**
> 為了自己的健康與活力而吃。

動動身體

　　要擁有健康的生活方式，運動就和吃得好一樣重要。就算只是適量的運動，也能使人更有活力，並提振精神。規律運動也能降低罹患重大疾病的風險，像是心臟疾病和糖尿病。

　　要確保自己有氧運動和無氧運動都有做到。**有氧運動**（aerobic exercise）是持續進行的節律性身體活動，可強化心肺功能、降低膽固醇和血壓、減輕壓力。這種運動包含了籃球、快走、游泳等活動。**無氧運動**（anaerobic exercise）是強度更高的運動，可強化肌肉，需要進行短時間高強度的爆發式活動。無氧運動包括了伏地挺身、捲腹、仰臥起坐、引體向上、重訓。努力對運動抱持健康的態度。試試以下方法：

- 試著每天活動身體至少二十分鐘。

> **成功祕訣**
> 把運動當成是玩樂時間，而不是例行公事。

練習 26　你對健康有何看法？

A 請看下列每項陳述，決定你對每一項陳述是「完全同意」、「有些同意」、「有些不同意」，還是「完全不同意」。

	完全同意	有些同意	有些不同意	完全不同意
第一部分				
1. 良好健康與良好生活習慣（例如規律運動、健康飲食、壓力管理）互有關聯。				
2. 致力於改變自身習慣，才能讓生病的身體好轉。				
3. 如果我生病了，通常是因為我沒有維持健康的飲食。				
4. 生病後之所以能康復，是我自己努力的結果，不是醫師的功勞。				
5. 要避免自己生病，就必須為自己的健康負起責任。				
第二部分				
6. 要改善自身健康並能夠在生病後康復，關鍵就在於擁有一位醫術高明的醫師。				
7. 我相信醫師對我健康的看法總是對的。				
8. 我仰賴醫師來照顧我，這麼一來我才不會生病。				
9. 要改善並維持我的健康，正確用藥必不可少。				
10. 人對空氣中的毒素無能為力。				
第三部分				
11. 我人生中發生什麼事，都是命運和運氣的結果。				
12. 如果我沒生病，就會覺得自己很走運。				
13. 如果我生病了，就是命中注定的事。				
14. 如果我得了流感，肯定就是那天被某人傳染了。				
15. 死於疾病是命運的安排，因為沒有人能夠真的控制自己是否會生病。				

資料來源：改寫自 Phillip C. McGraw, *The Self Matters Companion*（New York: The Free Press, 2002）。

B **得分**：請為每個部分各自打上分數。每個部分都一樣，「完全同意」得 8 分，「有些同意」得 4 分，「有些不同意」得 2 分，「完全不同意」得 1 分。

第一部分總得分：＿＿＿＿＿

第二部分總得分：＿＿＿＿＿

第三部分總得分：＿＿＿＿＿

第一部分衡量的是你認為自己的健康有多少是取決於自己的行為。分數愈高，表示你為自身健康負起愈多責任。如果你得了 33 分或以上，意味著你瞭解多數重大健康問題可能會受自己有做或沒做的事所影響，也根據這個觀念採取行動。你依然能夠自行做出有益健康的決定。

第二部分衡量的是你認為自己的健康有多少是取決於外在影響，例如藥物以及醫師採取的行動。分數愈高，表示你比較不會主動管理自身健康。如果你在這個部分得了 22 分或以上，意味著你極為仰賴外力，不論這是指人還是物。你可能對自己的健康管理抱持著過於消極的態度。

第三部分衡量的是你認為健康有多少是取決於運氣。分數愈高，表示你愈覺得無法掌控自身健康。如果你在這個部分得了 26 分或以上，便是認為自己任憑隨機因素所擺布，這種想法可能會讓你對管理健康一事非常消極。

C 你對照顧自己的健康是抱持積極主動，還是消極負面的態度？請舉例說明。

_____

_____

_____

_____

_____

_____

_____

_____

_____

_____

D 為什麼相信自己有能力獲得並保持健康比相信醫師和藥物要來得更正面？

_____

_____

_____

_____

_____

E 請回想你上一次生病的情形。你是否有「努力想讓自己好起來」？請說明。

_____

_____

_____

_____

_____

F 請針對要如何擁有更健康的生活方式，以及如何改善身體健康，列出你可以做的五件事。

例子
我可以空出時間在家吃早餐，而不是從販賣機隨便買點東西吃。

1. _____

_____

2. _____

_____

3. _____

_____

4. _____

_____

5. _____

_____

打造與追蹤自己的最佳健康計畫

由於許多網站都有提供該如何過上健康生活的最新資訊與建議，因此也不斷有專為確保成效而打造的應用程式大量推出！這些應用程式涉及的領域包括體能與體力、追蹤與分析、飲食與營養、體重管理，甚至是心智與大腦，可提供達成自身健康目標所需的支援……而且多數應用程式還免費！

MyFitnessPal 是一款熱門的追蹤熱量應用程式，其豐富的食品資料庫號稱包含了三百萬種以上的食品，可讓人詳細記錄自己的每日營養飲食習慣。Fitocracy 提供使用者一個熱衷健身人士組成的強大社群，這些人包括了健身教練和營養專家。你可以參加肌力訓練、有氧運動、營養方面的挑戰，獲得點數，也能追蹤自己離最佳健康狀態的終極目標有了多少進展。Argus 是一款追蹤「一切」的應用程式，利用眾多生物回饋的數據點，製成詳盡圖表，使人達成健康目標、增進整體健康。你還能夠發現自己根本沒意識到的既有重要個人健康習慣模式。應用程式 Carrot 甚至能當成是個人的「勵志」教練，在你沒有達成目標時，滔滔不絕吐出譏諷反話，而你每減一磅時，就分享新的健身訣竅。

在現代世界中，眾多輔助工具都只有一鍵之遙。當然了，要不要吃正確的食物並讓身體保持活動，依然全取決於自己。如果再加上內心保持積極正向的態度，不想過健康生活的藉口應該能就此消失。

如果想看一些優秀健康與健身應用程式的更詳細描述，請上 http://greatist.com/fitness/best-health-fitness-apps。定期自行上網研究，確保自己獲得的是最新資訊。

- 進行不同的身體活動，才不會感到乏味無趣。
- 別做過頭。花點時間做暖身運動、緩和運動、收操伸展。
- 為自己設定 SMART 運動目標。如果偏離了目標，就重頭再試一次。
- 學習健康與健身的相關知識，藉此激勵自己。
- 運動是為了獲得體力與活力，不是為了得到某種身材。

選擇把運動當成是玩樂時間，而不是例行公事。想做什麼就做什麼，比方說，如果你討厭上健身房，那就嘗試跳舞、瑜伽、健行或園藝。盡情發揮創意，就連家事也能讓心臟撲通撲通振奮起來。身體方面感覺愈好，心情上也會感到更愉快。

✅ 自我檢查

1. 請定義正向思考與負面思考。（第 224 頁）
2. 為什麼避免批判人事物會是件好事？（第 234 頁）
3. 請描述運動的兩大類型。（第 243 頁）

戰勝負面想法

克服自我挫敗態度

每個人一生中都會經歷起起伏伏。身處頂峰時，要正向思考並不難——但身陷低谷時呢？人在面對艱難挑戰或辛酸失望時，要正向思考可能會很困難。然而，這才正是人最需要正向思考力量幫助的時候。

負面思考的人通常也會對自己持負面態度。以消極負面的方式看待自己，導致自己注定失敗，這種態度就稱為**自我挫敗態度**（**self-defeating attitude**）。抱持負面自我形象的人會養成自我挫敗態度，甚至在連試都還沒試之前，就認為自己會失敗。這種自我挫敗態度會經由他們的消極自我對話而受到強化，比如說「我這次考試八成會不及格」或「我知道自己不會受邀下班後和大家一起聚聚」。

自我挫敗態度 以消極負面的方式看待自己，導致自己注定失敗。

態度的力量

自我挫敗態度會讓人難以成功。認為自己水準只有「丙」的學生，通常就會得到這種成績。那她為什麼要花力氣去提高成績呢？她已經認定自己永遠不會拿到更好的成績了。自我挫敗態度也可能會讓人難以在社交方面取得成功。自認不受歡迎的新員工，可能會覺得很難交到朋友。那他為什麼要努力嘗試呢？他不認為自己有辦法改變自身情況。不幸的是，這種負面思考方式可能會導致自己遭人拒絕。每個人都曾在社交聚會中注意到有人看起來不自在、太過在意他人眼光，或是可能帶有一點敵意。怎麼會有人想接近這種人呢？就算他們可能想要吸引別人，實際上反而只會使人遠離他們。採用負面思考方式的人必須鼓勵自己露出友善微笑，向他人進行自我介紹。

就像所有的負面思考一樣，自我挫敗態度從表面看起來似乎相當合理。仔細想想以下例子。有位老師曾在家長的同意之下，以自己班上的學生為對象，進行了一場實驗。這名老師告訴班上的學生，科學家發現藍眼的人與生俱來的學習能力，比棕眼的人要來得高。接著，她把班上的人分為兩組，一組是藍眼學生，另一組是棕眼學生。她讓學生掛上寫著「藍眼」或「棕眼」的牌子。一週後，棕眼學生的成績一落千丈，藍眼學生的成績則

成功祕訣
自我挫敗態度會讓人誤以為自己無法成功。

*

有所進步。然後，這名老師又在班上宣布了一件驚人的事。她犯了錯：棕眼學生其實比藍眼學生要聰明。棕眼學生的成績開始進步，藍眼學生的成績則開始下滑。比起學生本身的能力，學生的表現比較是取決於他們對自己有何看法。自我挫敗態度表面看似符合邏輯，卻是以對自己和這個世界的扭曲負面看法為根據。

成功祕訣
負面態度會產生負面結果。

惡性循環

　　自我挫敗態度是如何造成傷害？假設你很確信自己對運動不拿手。這個看法會導致你害怕自己看起來很無能，因而避開所有運動類活動。然而，你愈不練習運動，就愈沒有機會可以改善自己的運動技能。而當你真的有參與運動時，卻過於擔心自己的表現，無法專注在比賽上，因而表現得笨手笨腳，絆倒自己，錯失關鍵出擊的時刻。最終，你會放棄運動，更加確信自己無法參與運動類活動。像這樣的自我挫敗態度會產生**惡性循環**（vicious cycle），這是一起負面事件造成另一起負面事件的連鎖效應。自我挫敗態度會帶來自我挫敗行為，而自我挫敗態度則會帶來負面結果，這個負面結果又會強化自我挫敗態度。此循環就如圖 5.2 所示。

惡性循環　一起負面事件造成另一起負面事件的連鎖效應。

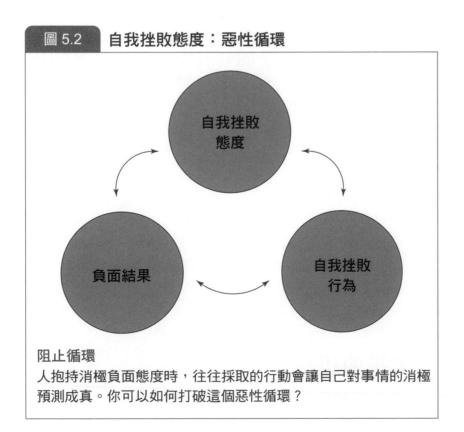

圖 5.2　　**自我挫敗態度：惡性循環**

自我挫敗態度

負面結果

自我挫敗行為

阻止循環
人抱持消極負面態度時，往往採取的行動會讓自己對事情的消極預測成真。你可以如何打破這個惡性循環？

舉個例子，假設你在公司被指派要負責為一個大型企劃案進行協調。你立刻就採取了自我挫敗態度，告訴自己：「沒有人會幫我進行這個企劃。」這種自我挫敗態度會產生自我挫敗行為：你不會向任何人尋求協助，甚至會拒絕他人提供的幫助。結果會如何呢？沒有人會幫忙。這種負面結果會強化你的自我挫敗態度：「看吧，我就知道不能指望任何人。」再舉一例，假設你想邀一位朋友出去約會。但是，你的自我挫敗態度卻會讓你對自己說：「像對方那樣的人永遠不會跟我去約會。」接著就會出現自我挫敗行為：你永遠不會邀朋友跟你出去約會。可以想見的結果呢？你的朋友永遠不會跟你出去約會。

改變態度

就像克服摧毀自尊的內心批評之聲，人也可以用同樣的方式克服自我挫敗態度，也就是透過自覺與積極自我對話。第一步是瞭解自我挫敗態度對自己會造成什麼影響。第二步是用積極正向的自我陳述取代負面態度。

想想以下例子：你答應要去學期末舉辦的一場大型派對。然而，你非但沒有很期待，反而告訴自己：「我一定會過得很不愉快。」你的這種自我挫敗態度看似具有相當充分的理由——你因為對自己的社交技巧沒有信心，過去參加派對時都玩得很不愉快。然而，你必須意識到正是因為這種態度才讓你無法玩得開心、認識新的人。如果你任憑這種自我挫敗態度擺布，就真的會在派對上過得很不愉快。

那你現在應該怎麼做才好？你必須努力用積極自我對話，取代消極自我對話。每次發現自己在想「我一定會過得很不愉快」時，就立刻告訴自己「我一定會在派對上玩得很愉快」。努力別讓自己老想著可能會出錯的每件事，而是開始把注意力集中在你可以如何玩得盡興。

每個人時不時就會出現自我挫敗態度，尤其是在面對自己害怕會無法好好處理的情況時。關鍵就在於認出自我挫敗態度，並在這種態度產生惡性循環以前，立刻就捨棄這種態度。在**練習27** 中深入瞭解自己的自我挫敗態度。

認出扭曲想法

剛才已經看到自我挫敗態度會導致期望降低，使人在不知

練習 27　挑戰自我挫敗態度

A 請看下方的第 1 至第 3 題，想像其描述的自我挫敗態度可能會造成什麼自我挫敗行為，以及這種自我挫敗行為又會帶來什麼負面結果。請在第 4 到第 6 題中，利用你曾親身經歷過的自我挫敗態度，建構出類似的情境。

1. **自我挫敗態度**：我不擅長交朋友。

   自我挫敗行為：我不會對班上的任何人打招呼，因為我不知道打完招呼後要說什麼。

   _____

   負面結果：我在班上沒有結交到任何新朋友。

2. **自我挫敗態度**：我一定會在這堂舞蹈課出糗。

   自我挫敗行為：_____

   _____

   負面結果：_____

3. **自我挫敗態度**：這次約會將變成一場災難。

   自我挫敗行為：_____

   _____

   負面結果：_____

4. **自我挫敗態度**：_____

   自我挫敗行為：_____

   _____

   負面結果：_____

5. **自我挫敗態度**：_____

   自我挫敗行為：_____

   _____

   負面結果：_____

6. **自我挫敗態度：**_____

   自我挫敗行為：_____

   _____

   負面結果：_____

B 請把上述的自我挫敗態度轉換成積極自我對話。想出三個積極正向的自我陳述，可用來蓋過這些自我挫敗態度，再以更積極正向的態度取而代之。接著，請想一想這些新的正向態度可能會帶來什麼積極行為與正面結果。（第 4 至第 6 題請以你先前描述的自我挫敗態度為準。）

1. **自我挫敗態度：**我不擅長交朋友。

   正向自我對話：我也許很害羞，但老師說我提出的問題都很好。我會想出四五個好問題，讓我可以和人展開對話。

   正向行為：下課後，我問坐在隔壁的學生，她是不是也有在打工，還有她覺得哪些課堂主題很難懂。

   正向結果：我發現我們倆星期一都沒課，於是約好時間要喝咖啡，一起複習上課筆記。

2. **自我挫敗態度：**我一定會在舞蹈課上出糗。

   正向自我對話：_____

   _____

   _____

   _____

   正向行為：_____

   正向結果：_____

   _____

3. 自我挫敗態度：這次約會將變成一場災難。

   正向自我對話：_____

   _____

   _____

   _____

   正向行為：_____

   _____

   正向結果：_____

   _____

4. 自我挫敗態度：_____

   正向自我對話：_____

   _____

   _____

   _____

   正向行為：_____

   _____

   正向結果：_____

   _____

5. 自我挫敗態度：_____

   正向自我對話：_____

   _____

   _____

   _____

   _____

正向行為：_____

_____

正向結果：_____

_____

6. 自我挫敗態度：_____

正向自我對話：_____

_____

_____

_____

正向行為：_____

_____

正向結果：_____

_____

C 請仔細看看你在上方和前一頁所寫的積極自我陳述。挑出自己最喜歡的三個陳述，大大
地抄寫在下方。

1. _____

_____

2. _____

_____

3. _____

_____

請大聲朗讀這三項陳述。當你發現自己在進行負面思考時，就翻回這一頁，再大聲朗讀這些
陳述一遍。你可以影印，或是剪下來隨身攜帶。

不覺中失敗，還會覺得自己很糟。現在來看看各種扭曲的思考方式，這種稱為認知扭曲的思維會讓人採取正向思考。**認知扭曲（cognitive distortion）**是自我批評且不合邏輯的思考模式。認知扭曲通常被形容成是自動化思考，因為人在徹底想清楚某個情況之前，就已經自動產生這種思維。仔細想想以下包含了認知扭曲的陳述：

- 「我沒在那次考試拿到優。我真失敗。」
- 「我邀請來參加派對的人之中有四個沒來。我覺得自己真是失敗！」
- 「我女友和我分手了。唉，我能獲得幸福的最後機會就這麼沒了。」

這些陳述顯然都很扭曲，也言過其實了。是誰規定成績沒有優就很失敗？為什麼有四個人沒辦法去你的派對，你就是失敗者？誰說你的幸福是掌控在某個人的手中？

人如何看待自己生命中的問題與障礙，對自身幸福以及成功的可能性影響甚鉅。你是如何對人生中的挫敗與失望做出反應？你是責怪自己、責怪他人，或是認為人生就是要跟你作對？還是你會記取教訓，希望下次運氣會比較好？

發展認知治療（cognitive therapy）的心理學家艾倫·貝克（Aaron Beck），辨識出數種人用來使自己感到悲慘痛苦的認知扭曲。請你一邊讀下列的幾種認知扭曲，一邊細想是否有哪些可能符合自己的狀況。

全有全無思維

全有全無思維（all-or-nothing thinking）會讓人以非黑即白的態度看待一切，沒有半點灰色地帶。舉例來說，伊蕾莎認為人不是守法的公民，就是壞蛋。當她發現有名同事在登記汽車時用了母親的地址，好省下汽車保險費時，就開始把他視為罪犯。

以偏概全

以偏概全（overgeneralizing）是根據有限證據，就做出粗略負面的結論。當某件壞事發生時，你會斷定下半輩子就只會有壞事發生在自己身上。總是和從不的字眼都會助長以偏概全的想法。傑森的女友為了與別人交往，而跟他分手。只根據這起事件，傑森就認為所有跟他約會的女人都會離他而去。

認知扭曲 自我批評且不合邏輯的思考模式。

成功祕訣
人生的挫折與挫敗無法擊敗你，但對它們抱持負面態度就有可能。

以偏概全 根據有限證據，就做出粗略負面的結論。

篩選

篩選（filtering）是一種心理習慣，會阻礙正向想法進入腦中，只讓人聚焦在負面事物上。當人在篩選時，會太過集中在負面事物上，以至於眼前所見的全是消極的一面。優秀特質沒有意義，成就也算不了什麼。賈馬爾與教師見面討論後，帶著沮喪的心情離開了，全因為一句批評，儘管他已經被大肆稱讚了一番。圭子是成績全優的學生，在很難的科學課拿到了丙。她馬上就忘掉了自己一直以來的成就，並告訴自己，她是很糟的學生。

無助思維

無助思維（helpless thinking）是一種非理性信念，認為自己的人生不受自己掌控，而是其他人在自己的背後操控。黛安放著企劃不管、帳單不繳，任憑感情關係變淡，因為她覺得自己不管做什麼都不會有任何改變。本章先前也探討過，無助思維是「習得而來」，可以隨著時間轉變成「習得的樂觀態度」。

成功祕訣
檢視自己的思維是
否遭到扭曲、誇大。

自責

自責（self-blame）是不論真正原因為何，都把一切怪罪在自己身上的習慣。每次只要事情出錯，習慣自責的人就會道歉。當上司的飛機因為起霧而延誤時，行政助理希拉便一再道歉。她深信自己由於某種原因要為天氣惡劣負起責任。

針對個人

針對個人 假定一切在某種程度上都和自己有關。

針對個人（personalizing）是假定一切在某種程度上都和自己有關。針對個人有時又稱為自我中心思維。萊絲莉聽到有群學生在笑，便認為他們是在笑自己的長相。事實上，他們只是因為某個無傷大雅的玩笑而笑了起來。賈希收到了老闆寄給全體員工的電子郵件，請大家上班時少打私人電話。他立刻認為老闆的不滿是衝著自己而來，這份訊息其實就是在針對他這個人。

讀心

讀心（mind reading）指的是認為其他人所想的都和自己一樣：當你對自己有不好的看法時，就認為其他人也是如此看待自己。德懷特認為女友時常在生他的氣，因為她下班回家後經常都

心情不好。事實上，他女友是因為工作而心情不好。

情緒化推理

情緒化推理（emotional reasoning）是認為自己的負面情緒反映了事情的實際情況：你感覺到了，所以一定是真的。霍黑邀一名朋友出去約會，但她拒絕了。霍黑覺得自己遭人拒絕又不吸引人，於是斷定自己是個一定會被拒絕又沒有吸引力的人。

杞人憂天

杞人憂天（catastrophizing）表示過分誇大任何小事的負面後果。杞人憂天的人不只會擔心真正的問題，也會擔心想像的問題。杞人憂天的人會不斷擔心「要是……？」歐妮達的教師告訴她，如果她想提高分數，研究論文可以再多寫一點。歐妮達立刻開始杞人憂天，擔心著「要是我把論文寫得更糟了呢？要是我這堂課被當了呢？」

上述的思考方式有沒有哪個聽起來很熟悉？它們密切相關，如果你採用過其中一種方式來思考，其他的大概也曾出現過。這些思考方式全都具有一個重大共通點：對未來持悲觀態度，將日常生活中的挫敗與失望轉化成有如天崩地裂般的大災難。

杞人憂天 過分誇大任何小事的負面後果。

非理性信念

人為什麼會用扭曲的負面方式思考？發展出理情行為療法（rational emotive behavior therapy，簡稱 REBT）的阿爾伯特・艾利斯表示，每個人內心都暗藏著會干擾自己思維的各種想法與假設。艾利斯稱這些扭曲且自毀的假設想法為**非理性信念（irrational belief）**。非理性信念是關於這個世界應如何運作、自己與他人應有什麼行為舉止的嚴厲規範。就像多數規範，這些信念是死板又絕對的存在，包含了諸如「總是」、「從不」、「完全」、「一定」、「必須」等字眼。艾利斯找出了數種常見的非理性信念，包括：

非理性信念 一種扭曲且自毀的想法或假設，會干擾人的思維。

- 我做什麼都一定要成功。
- 我一定要受所有人愛戴。
- 如果＿＿＿＿＿不愛我，我就毫無價值可言。
- 我絕不能犯錯。
- 我隨時都應該要親切、大方、能幹、忠誠。

- 我應該要擔心可能會發生的每一件壞事。
- 我應該要為他人的問題感到憂心忡忡。
- 我應該要永遠把他人的需求擺第一。
- 我對自己的感受無能為力。
- 我對自己的壞習慣束手無策——它們就是比我還強大。
- 我的過去就是造成我所有問題的元凶。
- 如果我無法為所欲為，會是很糟的事，我也無法忍受。
- 如果有人做了我不喜歡的事，他們必須受到懲罰。
- 我永遠都不應該感到生氣、焦慮、不夠格、嫉妒或脆弱。
- 如果我是單獨一人，就必須覺得自己很悲慘、沒有得到滿足。
- 每個人都應該要表現得像我想的一樣。

這些非理性信念能歸結為三種錯誤假設：

1. 我一定要做好。（沒做好的話，我就毫無價值。）
2. 你一定要對我好。（你不這麼做的話，就必須受到懲罰。）
3. 這個世間一定很好混。（如果不是，會讓人受不了。）

這些信念都不合理，因為都不是以事實為基礎，其根據的是人自認事情應該要如何呈現的看法，而不是事情的真實面貌。為什麼我總是一定要做好？為什麼每個人都一定要用我想要的方式對待我？為什麼人生應該要一直都很輕鬆？

非理性信念會阻礙人達成目標，使人與他人產生衝突。這類信念會導致消極的思考模式，帶來負面的情緒反應，像是內疚、憤怒、悲傷。舉雅妮卡為例。她丈夫海米告訴她，他想離婚。雅妮卡整個人痛苦不已。而且，她的那些非理性信念更進一步加深了她的痛苦：「海米離開了我，所以每個男人都終將離開我」、「海米不愛我，所以不會再有男人愛我了」、「海米拋棄了我，所以我應當被拋棄」、「海米不愛我，所以我毫無價值可言」。

如果要讓這些非理性信念更合理一點，就得學會說「我想」、「如果……會很好」或「我比較想」，而不是「我一定」或「我應該」。舉例來說，仔細想想「我一定要受所有人愛戴」這個非理性信念。這個信念將帶來失敗結果與痛苦情緒。比較健

康的思維會是告訴自己：「當然了，受眾人愛戴感覺會很棒，但這根本不可能，也不實際。我實際上無法期望每個人都會愛我。畢竟，沒有人能夠一直取悅每個人。」請用類似的方式，在**個人日誌 5.3** 中改寫你的非理性信念。

個人日誌 5.3

從非理性到理性

請重讀第 257 頁所列出的非理性信念。選出你感同身受的四項敘述，再改寫成更符合實際情況的內容。記得要刪掉所有極端字眼，像是「一定」、「應該」、「無法」、「必須」、「從不」、「總是」。

非理性信念：

_____

理性信念：

_____

非理性信念：

_____

理性信念：

_____

非理性信念：

_____

理性信念：

_____

非理性信念：

_____

理性信念：

_____

非理性信念：

_____

理性信念：

_____

改變負面想法

在第三章已經看到人所感受的痛苦，大多是出於自己看待事情的方式，而不是事情本身。艾利斯的理論又稱為 ABC 模式，描述事件與人對這起事件的看法相結合後，是如何產生像是壓力、不快樂、內疚、憤怒等負面後果：

- A——觸發事件
- B——信念
- C——後果

要瞭解 ABC 模式運作原理的話，請想像以下的情境。你為了生物課的一個重要口頭報告，花了兩星期的時間準備。然而，報告當天沒有一件事情順利。你很緊張，忘了一些應該要提到的內容，班上的人也沒有認真在聽。當你拿到評分時，發現自己的成績比預期整整低了一個等第。這就是觸發事件的 A。接著會出現非理性信念的 B。你內心深處認為自己一切都做得很完美，沒有的話，就代表自己很失敗。你告訴自己：「我一無是處，乾脆別再肖想以科學為業了。」那後果的 C 呢？你會覺得很沮喪、自己毫無價值。你可能甚至會退掉這堂課，或是改變主修。

瞭解 ABCDE

為了不讓負面後果妨礙自己，就必須改變自身的非理性信念。要改變信念的話，可在 ABC 模式多加上 D 和 E 兩個步驟：

- D——質疑
- E——替換

ABCDE 法 一種藉由質疑非理性信念來處理負面想法與感受的方法。

質疑 以自己所遭遇情況的事實來面對非理性信念。

這個修正過的模式稱為 **ABCDE 法**，如圖 5.3 所示，描述了人可以如何改變自身的非理性信念，為自己在情緒和行為方面帶來更積極正向的更好結果。

D 代表**質疑**（dispute）。要質疑非理性信念，就意味著要用自己所遭遇情況的事實來面對這些信念。人必須隨時注意自己的負面想法，一旦出現了這種念頭，就積極主動去質疑。當你出現負面、不理性、誇大的念頭時，就自問：

- 為什麼？誰說是這樣的？
- 誰規定這是真的？
- 我是不是妄下結論了？

- 我是不是誇大事實了？
- 我是不是在要求不可能做到的事？
- 這種想法有什麼根據嗎？
- 這真的跟表面看起來的一樣糟嗎？
- 是不是還有別的解釋也說得通，或是更合理？
- 假如最糟的情況發生了──那又怎樣？
- 還有什麼其他的可能解釋嗎？
- 我真的瞭解全部的事實嗎？
- 我看待事情的方式是不是都很極端？
- 我是不是有了一次經驗，就認為這是常態？
- 我是不是專注在負面事物上，而忽略了正面事物？
- 我是不是誇大了事情的負面後果？
- 我是不是認為因為自己害怕，事情就一定會發生？
- 我是不是用了情緒性字眼，而引發負面情緒？
- 這個想法讓我產生的感受，是我想要的嗎？

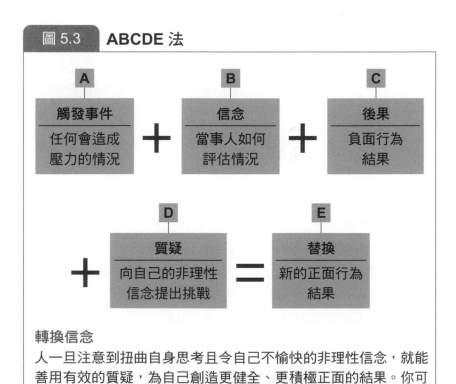

圖 5.3　ABCDE 法

A		B		C
觸發事件 任何會造成壓力的情況	＋	**信念** 當事人如何評估情況	＋	**後果** 負面行為結果

	D		E
＋	**質疑** 向自己的非理性信念提出挑戰	＝	**替換** 新的正面行為結果

轉換信念

人一旦注意到扭曲自身思考且令自己不愉快的非理性信念，就能善用有效的質疑，為自己創造更健全、更積極正面的結果。你可以向自己提出哪些問題，來質疑某個非理性信念？

要能提出有效質疑，試著把自己的情緒化反應和情況所含的事實區分開來。你真的有客觀看待一切嗎？比方說，就第 260 頁的例子來看，當你開始對生物課的報告抱持負面想法時，可以阻止自己，想著「好，等一等，我誇大事實了。只不過一個口頭報告拿到了還可以的成績，就代表我整個人很失敗嗎？並不會。我也忽略了好的部分。我幾乎忘了老師說她很喜歡班上有我在。」像這樣的質疑就是立基於理性的思考與證據。

ABCDE 法的第五個也是最後一個要素是 E，也就是**替換（exchange）**。你如果想將負面結果用新的正面結果取代或替換，就將觀點替換成這種新的積極正向想法。在這種情況下，E 代表原諒自己，專注想著未來。你現在可以告訴自己：「沒有人完美無瑕。我下次會特別注意做事要更有條理。」

要在日常生活中運用這種 ABCDE 法很容易。當你發現自己草率做出扭曲的負面結論時，就停下來，想想促使自己這麼做的是什麼非理性信念。用整個情況的事實根據，質疑負面想法與感受。請在**練習 28** 中，利用 ABCDE 法小試身手。應對過一些假想情境後，你就準備好可以把這個方法運用在日常問題上了。

熟能生巧

就像消極自我對話一樣，非理性信念也可以透過練習實踐而有所改變。你開始採用 ABCDE 法後，大概會發現自己都在想著同樣的不合理念頭。這很正常。畢竟，負面思考是很頑強的習慣。與其因非理性信念批評自己，不如冷靜理性地質疑這些信念。你很快就能訓練自己驅除消極念頭，專注在積極正向的可能性上。

✓ 自我檢查

1. 何謂自我挫敗態度？（第 248 頁）
2. 根據阿爾伯特・艾利斯的看法，導致非理性信念出現的是哪三個錯誤假設？（第 258 頁）
3. ABCDE 分別代表什麼？（第 260 頁）

練習 28　質疑負面想法

A　請想一想以下情況。根據觸發事件以及隨之出現的信念，找出可能會發生的負面後果（想法、感受、行動）。

1. **觸發事件**：當你向老闆問好時，他對著你大聲嚷嚷。

   信念：他一定是對我的工作不滿意。

   後果：我很確定自己下星期的考核結果一定會很差。與其今晚加班，努力完成這份企劃，我倒不如開始更新履歷。」

   質疑：我所有的報告不只詳盡完善，還都準時繳交，銷售業績也都有達成目標。我肯定只是剛好在不對的時間點路過而已。

   替換：我會持續專注在自己的工作上，繼續努力達成自己設定的企劃目標。

2. **觸發事件**：朋友舉辦了派對，卻沒邀請你。

   信念：在她眼中我不夠酷吧。

   後果：＿＿＿＿＿＿＿＿＿＿＿＿＿＿＿＿＿＿＿＿＿＿＿＿＿＿＿＿＿＿＿＿＿＿＿＿＿

   ＿＿

   質疑：＿＿＿＿＿＿＿＿＿＿＿＿＿＿＿＿＿＿＿＿＿＿＿＿＿＿＿＿＿＿＿＿＿＿＿＿

   ＿＿

   ＿＿

   替換：＿＿＿＿＿＿＿＿＿＿＿＿＿＿＿＿＿＿＿＿＿＿＿＿＿＿＿＿＿＿＿＿＿＿＿＿

   ＿＿

3. **觸發事件**：你和最好的朋友約好一起吃午餐，她卻沒有赴約。

   信念：她這樣放我鴿子，一點都不公平。

   後果：＿＿＿＿＿＿＿＿＿＿＿＿＿＿＿＿＿＿＿＿＿＿＿＿＿＿＿＿＿＿＿＿＿＿＿＿＿

質疑：_____

_____

_____

替換：_____

_____

4. **觸發事件**：你沒得到自己希望能獲得的工作。

   信念：我好失敗。

   後果：_____

   _____

   質疑：_____

   _____

   _____

   替換：_____

   _____

5. **觸發事件**：你很期待要在週末好好放鬆，朋友這時卻請你在接下來的兩天，幫他搬到新公寓。

   信念：我永遠都應該把其他人的需求擺第一。

   後果：_____

   _____

   質疑：_____

   _____

   _____

替換： _____

_____

B 請利用下方的空白處，記錄自己運用 ABCDE 法的一次個人經驗。是什麼讓你心煩意亂的
事件（A），導致自己出現扭曲的負面想法（B），並帶來怎樣的後果（C）？請填寫你
針對這些消極信念所提出的質疑（D），再描述你用什麼正面結果替換（E）了原先的結
果。如果你在事件發生當下沒有想出有效的質疑，現在就想出一個，並描述如果你當時
提出了這個質疑，可能會帶來怎樣的不同結果。

A： _____

_____

_____

B： _____

_____

_____

C： _____

_____

_____

D： _____

_____

_____

E： _____

_____

_____

關鍵詞

學習目標重點整理

- **定義正向思考，並舉出其好處**。正向思考表示專注在自己、他人、周遭世界的好的一面上。正向思考有助於達成目標、克服障礙、提振精神、改善人際關係、維持健康的生活方式。

- **列出六種有助於思考更加積極的習慣**。可有助於你對人生抱持更積極正向態度的六種習慣是：（一）尋找好的一面；（二）選擇使用積極正向的言詞；（三）與積極正向的人為伍；（四）接納人事物的原本面貌；（五）抱怨要有限度；（六）專注在實際可能會發生的結果。

- **說明正向思考與良好健康之間的關聯**。正向思考會加快康復速度，激勵自己吃對食物、運動、過上健康的生活。當人覺得自己身強體壯時，也會有助於採取積極正向的思考方式。

- **描述自我挫敗態度如何造成惡性循環**。自我挫敗態度會帶來自我挫敗行為而導致負面結果出現，並產生惡性循環。這些負面結果會「證明」自我挫敗態度是對的，使得這個循環不斷重複。

- **定義認知扭曲與非理性信念，並各舉一例說明**。認知扭曲是自我批評且不合邏輯的思考模式，一般人會用這種思維來使自己感到悲慘痛苦。一種常見的認知扭曲是杞人憂天，過份誇大任何小事的負面後果。非理性信念是扭曲且自毀的假設想法，比如「我永遠都不該犯錯」。

- **概述 ABCDE 法要如何克服非理性信念**。非理性信念。在 ABCDE 法中，代表觸發事件的 A，會引發非理性信念的 B。C 則代表這個信念所造成的負面後果。D 代表質疑，也就是分析這個非理性信念是否合乎邏輯。D 會帶來 E，意即替換成更理想的結果。

複習題目

1. 為什麼對成功抱持積極正向的期望有助於獲得成功？
2. 負面思考與憂鬱症之間的關係為何？
3. 請舉出三個健康的飲食習慣，以及三個健康的運動習慣。
4. 請舉一例說明自我挫敗態度，和其所產生的惡性循環。
5. 哪個認知扭曲與你無法主宰自己人生的錯誤信念有關？
6. 請說明要如何質疑非理性信念。

批判思考

7. **擔憂** 十九世紀心理學家先驅威廉‧詹姆士（William James）曾說：「如果你認為心情不好或擔心得夠久，將能改變過去或未來發生的事，那你就是住在用不同方式看待現實的另一顆星球上。」請說明這段話想表達什麼，以及你是否贊同。擔憂是否真的能夠改變未來將發生的事？為什麼能，又為什麼不能呢？

8. **樂觀態度與學業成就** 有一項研究以美國賓州的一大群大一生為對象，想瞭解樂觀態度與學業表現之間的關係。研究結果呢？樂觀學生的表現遠勝過悲觀學生。他們甚至表現得比以前在標準化測驗成績要更好、學期 GPA 成績偏高的悲觀學生還要好。這項研究的結果顯示出什麼？你覺得為什麼樂觀態度會與大學學業表現的成就有如此密切的關係？

應用

9. **負面與正面新聞** 絕大多數的新聞節目都從當天最消極負面的故事開始報導，以達到「衝擊效果」，吸引觀眾，為贊助商提高視聽率。花三十分鐘觀看本地或全國性的每日新聞報導。記下每則報導的內容（像是犯罪、政治、全球情勢、名人消息等）。有多少報導屬於負面？有多少屬於正面？你覺得為什麼負面故事會吸引觀眾的注意力？最吸引你的報導是哪些，又是為什麼呢？

10. **散播正能量** 不論你是否覺得自己積極正向，都努力用積極正向的方式與他人互動，就算只有短暫接觸也一樣，這麼做會神奇地提振你的精神，也很有可能會讓對方打起精神。請花一天進行這個實驗：試著在與每個遇到的人互動時，都向對方展現積極正向的問候、表達方式，或甚至只展露一個微笑也可以。不管對方是雜貨店的收銀員，還是在街上擦身而過的某個人，請都試著給予對方某種積極正向的舉動：眼神接觸、一個微笑、一句問候（嗨，你今天好嗎？）一句讚美（我真的很喜歡你的襯衫）或只是某個看法（今天天氣很棒，對吧？）。請描述你做了什麼，別人又是如何回應你。你的舉動讓他們有何感受？這麼做有讓你的態度更為積極正向嗎？

上網活動

11. **樂觀者信條**　請閱讀「樂觀者信條」（https://www.optimist.org/Documents/creed_poster.pdf）。

    1. 堅強到不會有任何事能干擾內心的平靜。
    2. 與見到的每個人談論健康、幸福、成功。
    3. 讓朋友覺得他們也有好的一面。
    4. 凡事看美好的一面，讓樂觀的想像成真。
    5. 只想著最好的一面，只為了最好的表現而努力，只期許最好的結果。
    6. 對於他人的成功，要抱持與自身成功同等的熱忱。
    7. 忘卻過往所犯的錯，繼續朝未來更遠大的成就前進。
    8. 隨時展露笑顏，向遇到的每一個人微笑。
    9. 讓自己忙於精進自身，而沒有時間批評他人。
    10. 心胸寬大而不致擔憂，大方正直而不易發怒，堅強不屈而無所畏懼，知足常樂而不惹事生非。

    請針對上述信條的十點，各寫出你可以採取什麼行動，將其納入生活當中。接著，寫下你自行挑選且可以加進信條當中的第十一點。

12. **所以我相信**　請上 http://thisibelieve.org/，閱讀或聆聽幾篇短文。請寫一篇個人的「所以我相信」文章，並與一位朋友分享。請參考下方的例子。

    （十九歲、本名不詳的社區大學女大一生之個人信條）我相信我自己。我相信所有人都擁有平等權利，可以成為自己願意也能夠成為的人。我相信我就和世界上的任何一個人一樣好。我雖然也許永遠不會登上《時代》雜誌（*Time*）的封面，依然有時間能夠在自己的生命中帶來真正的正向改變。我相信自己雖然也許不是所屬團體中長得最好看的人，但我永遠會在每個團體裡展現出自己最好的一面。我相信這個世代以及下個世代，也相信我們將打造出一個更美好的國家。我相信擁有良好健康的意義遠勝過擁有財富。我相信關心與分享的力量，而不是相互比較。我相信所有我見過的人都很有才華，但我還是寧願當我自己。

請回顧你是如何回答第 222 頁實際成功案例的問題。既然現在已經完成本章了，想一想你會如何回答這個問題。

完成故事　假裝自己是潔西卡的朋友，正陪她等待面試官出現。請寫一段你和潔西卡的對話，內容是你向她解釋，為什麼自我挫敗態度會造成惡性循環。此外，也教她一些訣竅，讓她可以利用積極自我對話來扭轉態度。

「我該做出改變嗎？」

大夢想，大恐懼

珍娜・斯勞森是律師祕書，發現自己正在翻閱本地大學法學預科課程的簡介手冊。她考慮要當律師已經很多次了，但這個念頭一直以來似乎都是遙不可及的夢想。她甚至得先完成幾堂預科課程，才能進入法學院就讀三年；若上的是夜校的話，就是四年。她不知道自己是否真的夠自律，可以堅持到底。她覺得自己頂多撐個一、兩年，就休學了。

大改變

珍娜內心深處很清楚，阻止她做出改變的不是任何人，就是她自己。對於每個想得到的障礙，她也都能想出實際可行的解決辦法，但每次珍娜想到要採取行動時，就緊張不安了起來。她不討厭自己的工作，也已經建立出一套習慣的模式。比起強迫自己做出改變，接受生活的現狀較為容易。

你覺得呢？

珍娜是否應該要實現自己想成為律師的計畫呢？為什麼應該要，又為什麼應該不要？

Chapter 6 自律

決定有所行動是最困難的一環，因為接下來只需要堅持到底。

——愛蜜莉亞・埃爾哈特（Amelia Earhart），美國飛行員

簡介

本章將介紹自律，探討自律是什麼、為何重要、如何實踐。

你將在第 6.1 節探索自律的好處，瞭解自覺與堅持的關鍵概念。你也會學到如何將行動帶來的長期後果納入考量，藉此控制衝動。接著則會探討自律如何能有助於做出艱難的改變，包括把壞習慣換成好習慣。你將在第 6.2 節探索批判思考的要素，學會如何做出按部就班的合理決定，以瞭解何謂自律思考。

學習目標

完成本章後，你將能夠：

- 定義自律，並舉出其好處。
- 說明如何控制衝動。
- 描述用好習慣取代壞習慣的過程。
- 定義批判思考，並列出其七個標準。
- 列出決策過程的步驟。

何謂自律？

自律　讓自己學會採取達成目標所需的必要行動，同時不會因壞習慣而分心。

不論你多積極進取、擁有多少技能、自信心多高，都需要自律才能達成目標。**自律（self-discipline）**是指讓自己學會採取達成目標所需的必要行動，同時不會因壞習慣而分心。自律很難做到，但很值得培養。因為自律會讓你抱有自我期望，覺得是自己在掌控人生。

許多人都認為自律就是犧牲，或是在能力受限的情況下行事。但更適合定義自律的說法，是在能力受限的情況下，盡可能發揮自己的能力。自律是為結果負起責任，並具有決心與毅力，可以採取能無視當前儲存在潛意識記憶庫中資訊的日常行動。透過持續不懈的訓練、反覆試驗、適應調整，結果將得到內化的新正向習慣。不斷的練習將成為恆久的習慣。

你在前幾章考慮的是人生想要什麼，目標又如何能有助於達到這個目的。要達成目標，就必須持續走在通往成功的道路上，不斷向前邁進。自律有助於做到這點，因為自律讓你更能夠：

- 掌控自己的命運
- 在面對挫折時，依然堅持下去
- 權衡行動帶來的長期後果
- 做出積極正向的改變
- 以健康習慣取代壞習慣
- 以批判方式思考
- 做出有效決定

自律對無數的生活領域都有幫助。你得仰賴自律，才能在比較想去看電影時，讓自己好好按讀書計畫行事，也因為自律，你才能讓自己離開餐桌，沒有繼續吃第二塊派，有了自律，你才能夠在早上鬧鐘響的時候起床。

所有成功人士都仰賴自律。每天經由自律一點一滴形成的進步，總有一天會累積成非凡成就。就以搖滾歌手蘇珊薇格（Suzanne Vega）為例。她最初是在咖啡館演唱，逐漸吸引了一小群歌迷。接著，她自行列出郵寄名單，寄出宣傳單，為自己的表演打廣告。她把每場表演的細節都記錄在筆記本上，包括了她唱的歌、聽眾的反應，甚至是她當天的髮型。她每次表演，都努

力想超越之前自己的表現，更精進自己的音樂。蘇珊薇格的自律讓她達成了目標，成為傑出優異的詞曲作家和演唱歌手。

成功祕訣
所有成功人士都仰賴自律。

自律的要素

discipline（紀律）一詞源自拉丁語動詞，意思是「教導」。如果想培養高度自律，就得教會自己採取積極正向行動，就算是在疲累、無聊、受挫或情緒低落的時候也一樣。要做到這點需要兩個關鍵能力，如圖 6.1 所示：

- **堅持**——堅持下去的意志讓人可以一而再再而三投注心力，直到達成目標為止。你要做的不是放棄，而是堅持不懈，才能繼續朝成功邁進。
- **自決**——有了自決，就能主宰自己的命運。與其袖手旁觀，等著事情發生，不如主動出擊。

這兩項要素都同等重要。少了堅持，就無法靠自己完成計畫，做出為了取得成功的必要之舉；少了自決，就無法掌控自己的決定與行動。

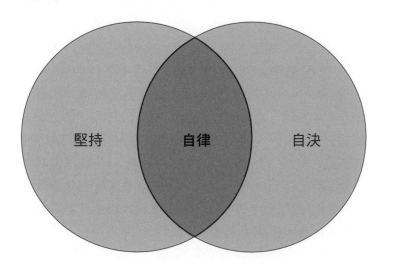

| 圖 6.1 | **自律的構成要素** |

堅持　　自律　　自決

主宰一切
自律讓你可以掌控人生，實現計畫與夢想。實踐自律如何能夠提升自尊？

堅持的力量

堅持　就算受人反對、遭受挫折、偶有疑慮，也依然堅持下去的能力。

自律的前半部是**堅持（persistence）**，指的是就算受人反對、遭受挫折、偶有疑慮，也依然堅持下去的能力。堅持就是不輕言放棄的態度，一心一意只想著要成功。

歷史上不乏因為堅持不懈而排除萬難的人。海倫・凱勒（Helen Keller，1880～1968）自幼便眼盲耳聾，卻在一位認真盡責老師的幫助下，學會說話與閱讀。來自法國、意志堅定的路易・布萊葉（Louis Braille，1809～1852）三歲就失明，他在1829年發明了一套盲人點字系統（Braille system），讓盲人得以閱讀。數百萬人如今仍在使用。

作家詹姆士・米契納（James Michener）曾說：「人的品格是由第三、第四次的努力嘗試所構成。」換句話說，就算頭一兩次的嘗試沒有成功，還是要繼續努力朝目標邁進。別輕易放棄。

喜劇演員傑・雷諾（Jay Leno）頭一次嘗試就沒有成功。雷諾出道沒多久，就有人說他的臉會「嚇壞小孩」，他並沒有因此放棄成為專業喜劇演員的夢想。當一名大學招生負責人告訴雷諾他不是讀大學的料時，雷諾也沒有放棄。他每天坐在負責人辦公室外十二個小時，直到那位先生同意給他一次機會。之後，雷諾一整年幾乎是每天都會上台表演，以精進自身的喜劇功力，最終得到了主持《今夜秀》（*The Tonight Show*）的工作，成為電視上最容易一眼就能認出的名人之一。「我本人就是堅持不懈而獲得成功的例子，」他說。

成功祕訣
頭一兩次的嘗試未必就會成功。

另一個堅持到底而排除萬難的絕佳實例就是 J・K・羅琳，世上最富有也最成功的作家，創作了《哈利波特》（*Harry Potter*）系列。你知道嗎，羅琳的父母在她出生後，發現她是女孩時感到非常失望，而羅琳從童年到成年後有大半時光都過著充滿恐懼、不安、失敗、沮喪的生活。她在蘇格蘭一間咖啡館中用手寫的方式，完成《哈利波特》系列的第一本書，當時的她還在領社會救濟金度日。她表示：「失敗會除去所有無關緊要的東西。我不再對自己假裝，而是承認我就是我自己。我開始把所有精力都投注在完成我覺得最要緊的唯一一件事情上。人生在世，不可能不經歷失敗，除非你過的生活小心謹慎到根本不算是活著，在這種情況下，你注定會失敗。我認為，人直到嚥下最後一口氣，都不斷在工作與學習。我可以鄭重發誓，強烈渴望把故事寫出來，是我之所以寫書的唯一理由。」請利用**個人日誌 6.1**，想像一下堅持不懈可以為你帶來什麼成果。

個人日誌 6.1

排除萬難

想像一下，你的夢想是撰寫並出版一本關於自己人生的小說。請在下方的左欄中列出你可能會遇到的一些障礙。再針對每個障礙，想出一種可以藉由堅持不懈來克服的方法。

障礙	若要克服這個障礙：
空閒時間不足以用來寫作	
不知道小說該從何寫起	
人生不夠有趣	
寫作瓶頸	
不小心在電腦上刪掉了前五章	
被出版社退稿	
再次被出版社退稿	
其他：	

你要如何藉由堅持不懈，克服擋在自己與夢想之間的障礙？

自決

自決 決定自己的人生要怎麼走。

自律的後半部是自決。**自決（self-determination）** 表示決定自己的人生要怎麼走。

有些人相信自己無法控制的命運、運氣或某些其他力量，形塑著自己生命中的結果。那些覺得人生是由機運或天時地利所決定的人，比知道是自己在掌控人生的人，更有可能懷疑並害怕未來發展。當人覺得無法控制發生在自己身上的事，就會認為自己是機運的受害者。他們就只是隨波逐流，任憑人生擺布。

無論是誰，都能掌控自己當下身處何處，以及想從此處前往何方。問問自己：「我是自己在掌舵，還是成了命運的受害者？」你在自己人生中所做的事，是因為你想做，還是因為覺得被迫不得不去做？如果你讓他人強迫你去做自己不想做的事，就形同把自己的人生交由他人來掌控。

負起責任

責任 主動自行做出決定，並接受這些抉擇帶來之後果的能力。

主宰人生的人會盡到自己的**責任（responsibility）**，也就是他們能夠主動自行做出決定，並接受這些抉擇帶來的後果。

每個人天生就具有不同的特徵，但人生是否成功則取決於自己做的決定。我們必須自問自己究竟是誰，又是如何成為如今的這個人。十八世紀法國作家伏爾泰（Voltaire）將人生比喻成牌局。每位玩家都會拿到一副牌。這一手就是遺傳與環境所賦予的影響。但身為玩家的我們，才是要為自己如何打牌、留哪張牌、丟哪張牌負責的人。做出是否能讓人生成功的決定，就是我們自己。決定要如何形塑自己人生的也是我們。

奈森尼爾·布蘭登（Nathaniel Branden）在其著作《負責也是一種快樂：學會做自己的主人》（*Taking Responsibility: Self-Reliance and the Accountable Life*）中，認為責任就是「自己想要什麼結果，就讓自己成為帶來這個結果的原因，而不是盼望或要求別人會做點什麼，自己的貢獻卻是一味等待與默默忍受」。你是不是有可能在連自己也沒發覺的情況下，正等著某人「做點什麼」？就讓自己成為那個人吧！

成功祕訣
別等著誰做點什麼——主動行動就對了！

雖然生命中有很多事確實不在人的掌控之中，但人對於許多境遇和情況還是擁有很大的控制權——比多數人願意承認的還要多。

• 不分晝夜，你都可以控制自己想怎麼運用空閒時間。與其在

電視的黃金時段看別人因為樂在工作而賺大錢，不如關掉電視與連線裝置，開始生活在屬於自己的黃金時期當中。閱讀、與家人互動、到異國料理餐廳吃飯、去看藝術表演和手工藝展。從椅子上站起來，去探索美好的戶外！

- 你可以控制要花多少精力、要多努力完成自己所做的每項任務。為自己的計畫排出優先順序。在個人與事業的目標之間求取平衡。不要半途而廢。找出自己在一天當中，哪些時候精神最好。在這些狀態最佳的時段，進行重要的工作。

- 你可以控制自己的念頭、想像，將其導往積極正面的方向。電視新聞只看對自己公私生活有立即影響的事件。盡量不接觸暴力娛樂。讀更多激勵人心的自傳，看看那些克服巨大障礙的人如何獲得成功。

- 你可以控制自己的態度。經常與樂觀的人相處互動。

- 你可以控制自己的嘴巴。你可以選擇要保持沉默，還是開口說話。選擇開口的話，你可以慎選自己的用詞、語氣，以及要展現什麼肢體語言。見到新認識的人時，要向對方提出更多的問題，而不是賣弄自己的功業彪炳，使人刮目相看。你愈不試著賣弄，就更能獲得對方的青睞。告訴自己：「我會讓他們覺得很高興有和我交談。」並希望他們也會這麼想：「我最喜歡與你相處時的我。」

- 你可以控制自己要選誰當榜樣。最棒的榜樣未必要是名人或專家。這個榜樣更有可能是你能親自認識也關係親密的人——最好是具有與你類似的出身背景或職業生涯，或曾體驗過你現在置身的處境。想要找個人榜樣和人生導師的話，請尋找那些不只達成了外在成功，個人品行在內的整個人生也都值得效仿的人。職業成就很少能與品格分開來談，每個人生命的某個層面一定會影響另一個層面。

- 你可以控制自己做出的承諾，也就是那些你向自己與他人保證一定會做到的事。別做出過多承諾，這樣就不必在沒能趕上最後期限時找藉口。將承諾拆解成可一步步達成的優先事項與目標，這些不只相當容易就能完成，就算失敗了也能輕易進行修正。

- 你可以控制自己要把時間與精神花在哪些理想目標上。更專注在能為社會帶來益處的正向計畫。與其起身抗議，不如有所貢獻、提供保護。

- 你可以控制自己要和什麼人相處。與具相似目標的人為伍，或是那些運用知識、態度、技能、習慣克服類似挑戰的人。

- 你可以控制自己的掛念與擔憂。找到一套有助於自己釋放壓力的放鬆運動方式。安靜之處、花園、海洋、輕柔音樂，都能為心靈帶來意想不到的效果。與野生動物和寵物的互動也具有相同作用。
- 你可以控制自己在面對艱難時期與難以相處的人時，要做出何種反應。克服憂鬱的最佳方式之一，就是主動幫助有需要的人。

　　你覺得是自己在主宰人生嗎？你認為自己的成功是你掙取而來，還是你只是坐在一旁，看著人生發生大大小小的事？完成**練習 29**，檢測自己的人生態度。

控制衝動

　　提升自律能力的一種絕佳方法，就是學會控制衝動，並加以實踐。**衝動（impulse）**是突如其來的渴望或感覺，可能會導致人做出未經計劃的不明智舉動。

衝動　突如其來的渴望或感覺，可能會導致人做出未經計劃的不明智舉動。

　　每個人都會衝動行事。我們可能會買本雜誌、去看電影，或展開當日來回的小旅行，全都只因為突然想這麼做。偶爾憑一時衝動行事，都還算無傷大雅。然而，當人太常讓衝動決定自己要做什麼時，就失去規劃未來的能力了。人如果習慣依衝動行事，甚至有可能會做出之後將後悔莫及的自毀行為。舉理查為例。飽受壓力又工作過度的理查，有天因為被老闆惹火，衝動之下就辭職了。不幸的是，理查花了好幾個月才找到新工作。他不但沒有得到前雇主的推薦信，為自己美言，還得賣掉一些東西，才能勉強維持生活。

　　就算沒有鑄下如此大錯，憑衝動行事依然會讓人付出代價。代價有可能是花太多錢、浪費時間、吃得太飽、反應過度，以及做出其他對自己或他人都無益的事，例如：

- 大吼
- 說出之後希望能收回的話
- 喝酒或抽菸
- 怠忽職責，讓人失望
- 危險駕駛

　　控制衝動的能力不佳將造成重大問題，像是賭博、毒癮、強迫性購物。

練習 29　你是否主宰著自己的人生？

A　請根據你是否同意下列各項陳述，勾選「同意」或「不同意」。

	同意	不同意
1.　成功與否取決於人是否努力。		
2.　我的人生似乎是由一連串隨機事件所構成。		
3.　對多數人來說，婚姻幾乎就和賭博差不多。		
4.　堅持不懈再加上努力，通常都會帶來成功。		
5.　如果我得不到想要的東西，就代表我命中注定得不到。		
6.　很多考試都非常不公平，因此念書幾乎根本沒用。		
7.　有所成就的領袖都是那些認真努力的人。		
8.　我們很難知道大家是不是真的喜歡自己。		
9.　人不是尊重你，就是不尊重你。		
10. 最終要為爛政府負起責任的是選民。		
11. 要能成功，關鍵就在於認識對的人。		
12. 如果我沒有成功完成某項任務，往往就會選擇放棄。		

B　**得分**：對於上述第 2、3、5、6、8、9、11、12 題，選擇「同意」得 1 分。對於上述第 1、4、7、10 題，選擇「不同意」得 1 分。分數愈高，表示你愈相信是外在因素在控制自己的人生。分數愈低，表示你愈認為是自己在掌控人生。

你的總分？＿＿＿＿＿＿＿

1–4　你覺得自己主宰著人生，也願意為了成功而努力。

5–8　你覺得有些事是在自己的掌控之下，而非由他人控制。培養對人生抱持更積極正面、樂觀進取的態度，你將因此受惠。

9–12　你不覺得自己對人生或成功有掌控權，大概也是很容易就放棄的人。你必須分析自己的自我挫敗態度，以更為積極正面的態度取而代之。

C　你如果想要覺得自己對人生有更多掌控權，可以採取哪些具體手段？

＿＿＿＿＿＿＿＿＿＿＿＿＿＿＿＿＿＿＿＿＿＿＿＿＿＿＿＿＿＿＿＿＿＿＿＿＿

＿＿＿＿＿＿＿＿＿＿＿＿＿＿＿＿＿＿＿＿＿＿＿＿＿＿＿＿＿＿＿＿＿＿＿＿＿

＿＿＿＿＿＿＿＿＿＿＿＿＿＿＿＿＿＿＿＿＿＿＿＿＿＿＿＿＿＿＿＿＿＿＿＿＿

長期規畫

依衝動行事很吸引人，因為這麼做會讓人即時獲得滿足（報償）。買下那套新服裝，或是在車陣中超了某個不顧他人安全的駕駛的車，遠比存錢上大學或冷靜有禮地開車，要來得更令人滿足。這就是為什麼人會如此難以抗拒衝動，因為衝動的念頭很誘人！不幸的是，當信用卡繳費期限到了，或是當人發現自己被捲入車禍的時候，才會希望自己可以回到過去，做出不一樣的決定。該怎麼阻止像這樣的事發生呢？人不能過一天算一天或是只活在當下，而是必須檢視自己的決定將如何影響長期目標。

結果 一項行動帶來的必然影響。

要做到這點，就必須思考**結果**（consequences），也就是自身行動將帶來的必然影響。結果可能是負面也可能是正面，可能會造成短期或長期的影響。短期結果是一項行動造成的立即

影響，通常相當顯而易見，也易於預測。長期結果是一項行動帶來的更長遠影響，未必顯而易見或易於預測，但可能具有重大影響。這種結果可能會對人達成目標的能力影響甚鉅。

小決定，大成果

人很容易就會騙自己相信小小的衝動行為不會帶來什麼長期後果。但隨著時間過去，積少也可以成多。考試前多花幾分鐘複習上課筆記，或是拒吃第二把洋芋片，就可能決定自己能否達成目標。

延宕滿足並不代表懲罰自己。這麼做反而是意味著比起更即時、更小的報償，你選擇的是較晚才會出現的更大報償。專注在較大的報償——你的目標——有助於你通盤考量整個情況。

當你覺得有股衝動湧現時，就停下腳步，好好思考，再慎重做出決定：

1. **停下**。意識到自己就要憑衝動行事了。
2. **思考**。如果我依這個衝動行事，短期內會獲得什麼好處？如果我依這個衝動行事，長期下來又會有何損失？
3. **決定**。考量到短期與長期的結果，這麼做值得嗎？

假設你正在為考試苦讀，這時朋友打電話來，提出了誘人的邀請，找你去看那部你一直很想看的電影。在你答應以前，停下來自問你將要做的是什麼事。這會讓你花點時間好好思考。出門去看電影的短期結果是什麼？你肯定會玩得很開心，距離上次見到朋友也有一陣子。也許這部電影剛好可以讓正在念到一半的你喘口氣。（當你很想去做某件事時，你能想出的好藉口數量是很驚人的！）不過，在你衝到門口前，先問問自己長期後果會是什麼。由於你沒有太多時間可以念書，這學期的分數可能會變糟。如果成績下滑，可能就拿不到你仰賴的那份獎學金。事實就是，你今晚根本擠不出半點時間出去玩。仔細研究行動所造成的長期後果，有助於為自己選出最有益的道路。

當然了，控制衝動不代表要把樂趣排除在生活之外。即使不去看電影，半小時的休息時間也能讓你有機會放鬆，同時維持讀書效率。請利用**個人日誌 6.2**，從長期的角度來思考要如何處理自己的一個衝動。

成功祕訣
憑衝動行事前，先停下來，好好思考，再做決定。

個人日誌 6.2

長期規畫

仔細研究自身行動所帶來的後果，至關重要。請挑出你覺得為自己造成問題的其中一個衝動，可以是消費、飲食等方面或是超車的習慣。

衝動：＿＿＿＿＿＿＿＿＿＿＿＿＿＿＿＿＿＿＿＿＿＿＿＿＿

＿＿＿＿＿＿＿＿＿＿＿＿＿＿＿＿＿＿＿＿＿＿＿＿＿＿＿

1. 屈服於這股衝動後，會帶來什麼令人滿足或愉快的短期結果？

＿＿＿＿＿＿＿＿＿＿＿＿＿＿＿＿＿＿＿＿＿＿＿＿＿＿＿

＿＿＿＿＿＿＿＿＿＿＿＿＿＿＿＿＿＿＿＿＿＿＿＿＿＿＿

2. 對你、你的目標或其他你在乎的人，又可能會造成什麼負面的長期後果？

＿＿＿＿＿＿＿＿＿＿＿＿＿＿＿＿＿＿＿＿＿＿＿＿＿＿＿

＿＿＿＿＿＿＿＿＿＿＿＿＿＿＿＿＿＿＿＿＿＿＿＿＿＿＿

3. 正面的短期結果是否勝過負面的長期後果？請說明。

＿＿＿＿＿＿＿＿＿＿＿＿＿＿＿＿＿＿＿＿＿＿＿＿＿＿＿

＿＿＿＿＿＿＿＿＿＿＿＿＿＿＿＿＿＿＿＿＿＿＿＿＿＿＿

當你下次遇到像這樣的狀況時，要怎麼做才能提醒自己要運用停下、思考、決定的這個方法？

擁抱改變

就像任何其他自我提升的方法，衝動控制也需要有改變的意願才做得到。事實上，願意改變與自己和生活情況相關的負面事物，就是朝改善這些問題踏出了第一步。如果從小地方開始改變，找出想要針對哪些部分做出些微改善，也一一努力做到，改變就會比較容易。當人證明自己可以制定建設性計畫，並按計畫行事，就能獲得自信與自律能力，得以做出更大也更有益的改變。

成功祕訣
自我提升需要有改變的意願。

你會抗拒改變嗎？

改變並非易事，尤其如果牽扯到的是控制衝動、取代壞習慣、冒險行事或改變思維。改變也可能很嚇人。第三章就談到了改變是壓力的一大成因。多數人害怕改變，是因為改變涉及了不確定性。有些人很難做出改變，是因為害怕自己會做出錯誤抉擇，或是有可能讓自己失敗並淪為笑柄。他們也許知道自己有能力可以主宰人生，卻不堅守立場，或不願冒險以打破窠臼。他們沒有說服自己，相信自己應能自行做出選擇與決定。採用這種思維的人很難設定目標、達成目標、實現抱負。

有時候，人抗拒改變的態度過於強烈，真的會危害到自己的性命。看看下面這則故事。在某個村莊裡，有些村民正死於未知病因。科學家前往該村莊後，發現村民家中的泥牆內住著一種昆蟲，透過叮咬的方式使村民中毒，因此害死他們。科學家告訴村民，他們應該要拆掉房屋、殺掉這些昆蟲後，再重建新家，或是搬到新的住處。村民卻不願搬家，決定冒險賭一把，繼續住在滿是致命昆蟲的屋子裡。結果，他們相繼死去。這些村民太過習慣於自己的生活方式，導致他們寧願一死也不願做出改變。他們希望會發生什麼事來解救他們，但什麼也沒發生。

就像故事中的村民，多數人為了避免做出改變，幾乎可以忍受任何事。就算我們對自己的生活不滿意，按照老方法做事，還是會比冒險採用更好的做法來得容易。

請仔細研究你在**練習 30** 中可能會做出的一些改變。只要事先為改變做好規畫，而不是等到緊要關頭才被迫做出改變，就能對自己的人生握有更多的主控權。

> **成功祕訣**
> 嘗試新事物需要鼓起勇氣。

阻礙為何？

人通常想到自己想在生活中做出的改變時，輕易就會找到拖延不去做的理由。「我真的很想做，」我們會這樣告訴自己，「但現在不是個好時機……我很累……我時間不夠……我的錢不夠。」

當你發現自己在找藉口時，就運用積極自我對話，督促自己展開行動。提醒自己，一旦採取行動，感覺會變得多好。想一想做出改變會帶來的具體好處。如果你「太累了」，那就睡前做一點就好了。太忙了？你會很驚訝知道，一天只花十分鐘可以做到多少事。對於要做出改變的整個計畫感到不知所措？一開始只需

> **成功祕訣**
> 做出正向改變，自尊就會隨之提高。

練習 30　做出正向改變

A 請在下方的線上，列出你想在各個生活領域中做出的三項改變。只列出你認為自己真的可以做到的改變。（有些改變可能你很想做，現在卻辦不到。請把像這樣的改變從清單中刪除。）改變可大可小，可以是短期，也可以是長期。

例子

學校：上課出席率、通勤、讀書／作業等等。

每堂課都到，除非真的發生緊急情況。

提早十分鐘出發上課，以避開可能碰上的塞車。

每週多空出一小時複習上課筆記。

1. 學校：上課出席率、通勤、讀書／作業等等。

---

2. 家務：打掃、購物、規劃菜單與準備食物、金錢管理等等。

---

3. 人際：友誼、教養、家庭聯繫、感情關係等等

---

4. 工作：通勤、增進新的知識或技能、與主管和同事相處融洽等等。

---

5. 休閒：嗜好、閱讀、寫部落格、看電視、上網、運動賽事、音樂會等等。

_____

_____

_____

6. 個人健康：運動、衛生／打扮、飲食、睡眠等等。

_____

_____

_____

7. 社區：志工活動、政治競選、宗教參與、鄰里活動等等。

_____

_____

_____

B　請重新檢視你列出的所有可能改變，再挑出你認為會對生活造成最大影響的三項改變，抄在下方。

1. _____

2. _____

3. _____

C　如果你要開始做出這些重大改變，可以做的一件具體事情是什麼？

_____

_____

D　你什麼時候會做這件事？將這件事安排在本週的某個具體日期與時間。

日期：_____　　　時間：_____

簽名：_____

要一次採取一個行動，讓自己感覺好一點就行了。

暗藏的阻力

有時候，阻礙人做出正向改變的不是疲勞或懶惰，而是暗藏在心中的一股力量，抗拒著改變。人通常不願意改變，是因為不想放棄維持原樣就能獲得的報償。不做出正向改變可能暗藏著怎樣的報償呢？其中之一就是不用面對問題或壓力源，也不用承認它們真的存在。另一個就是不用採取行動、冒著會失敗的風險，或是付出努力。

維持原樣也可能會讓人感到安逸。比方說，如果你被困在自己不喜歡的工作中，比起努力改善自身情況，繼續做這份工作，認為自己是受害者可能會更為容易。

你因為不改變而獲得了什麼暗藏的報償呢？**練習 31** 的目的就是要協助你思考是什麼暗藏阻力，讓你無法做出改變。請試著對自己誠實，同時不要批判自己。

戰勝壞習慣

認得出下面這則「自傳」是誰的嗎？

你可能認識我。我常伴在你左右。我是你的最佳幫手。我是你最沉重的負擔。我驅策你向上，或拖累你以致失敗。我任憑你差遣。你不妨將手上任務的其中一半交由我處理。我可以迅速完成，如果你希望的話，我還可以每次都用相同的方式完成。要駕馭我輕而易舉，你只需要以堅決嚴屬的態度對待我就行了。讓我知道你究竟想要如何完成任務，經過數次教訓後，我就能自動完成。我為所有男女效力，想當然耳，也為所有失敗提供助力。我造就了所有成就非凡的偉大贏家，也造就了所有輸家。但我運用人類般的智慧，發揮媲美驚人電腦的精確能力。你可能利用我來獲得好處，也可能透過我造成自我毀滅。對我來說都無關緊要。帶我同行吧！待我隨便，我將會毀滅你；嚴以待我，我將讓你成功登頂。我是誰？我就是「習慣」。[1]

要做出任何重大改變，自律都是一項重要能力。要做出最

1.　Denis Waitley, "The Double Win," Fleming H. Revell Company, N. J. (1985) 125.

練習 31　克服想改變的阻力

A　請想出一個你想做卻一直逃避的生活改變。這個改變可以針對任一生活領域，比如職業、教育、人際、靈性、嗜好、健康等等。這項改變會是什麼？

_____

_____

_____

_____

_____

_____

B　你認為自己為什麼一直以來都逃避做出這項改變？請想一想做出這項改變會涉及什麼風險。舉例來說，你所冒的風險是失敗、遭拒，還是做出錯誤決定？你是否會因此不再將自己視為受害者？

_____

_____

_____

_____

_____

_____

C　你是否曾假裝過自己不需要改變，一切照舊就很好了？請說明。

_____

_____

_____

_____

_____

D 現在想想維持原樣的壞處與改變的好處。

維持原樣的壞處	改變的好處

哪個好處對你來說最為重要？為什麼呢？

_____

_____

_____

_____

_____

E 請描述為了做出這項改變，你會需要採取什麼具體行動。哪個行動你覺得會最難做到？

_____

_____

_____

_____

_____

困難的一種改變，沒有什麼比自律更不可或缺了——這種改變就是改變壞習慣。**習慣（habit）**是經由重複而成為無意識的自動行為。舉例來說，人如果太常屈服於某個衝動，很快就會發現這種行為成了習慣。習慣也可以是指態度，意即很快就成為第二天性的觀念。習慣一開始都不太有什麼影響，但不用多久就會變得很強大，影響力大到人甚至根本不會再注意到這些習慣。正因如此，習慣非常難以取代。

人都是先養成習慣，習慣才造就人。習慣形成的過程是隨著時間出現細微的變化，在不知不覺中默默成形，誰都不會去注意到。一連串慢慢成形的習慣往往小到難以察覺，於是等到其影響力過於強大時，已經難以改掉了。當人任由不健康的習慣為自己提供指引與意見時，就等同放棄自身行動的主控權了。這些習慣像是舒適的被窩，人輕易就會深陷其中，卻很難爬出來。就如同刷牙或開車，習慣會成為人的第二天性。位於紐約市麥迪遜大道的廣告公司，其高層把自己整個職涯以及客戶的龐大預算，全賭在不斷重複訊息就可以讓人下意識做出決定的事實上。每個星期六早上，他們會教小孩該吃哪牌的早餐穀片、哪種鞋子穿起來比較酷，還有應該要叫爸媽買哪些電玩、手機、軟體、玩具。

把大腦想成是一連串錯綜複雜的公路、高架道、巷道。當你開車往返學校或上班地點，或是從家裡開到店家，都會反覆開同一條路。這會變成一種習慣。神經科學近期的研究顯示，人可以在腦中建造新的高速公路和捷徑，帶自己去以前可能從未考慮過的全新目的地。不熟悉的事物將因此而變得熟悉。路障將成為高架道，死巷則成為高速公路。全新的健康習慣可以覆蓋掉舊有的習慣——祕訣就在於再三重複。

幾乎生命中的所有一切都是一種選擇。你不必上班、上學、吃飯，或在早上起床。你決定做這些事是因為它們對你有益。人經常淪為習慣的受害者：只因為必須做，所以才去做。人還小的時候，會指望大人給予暗示，好知道該如何表現。當人長大成熟後，就必須自己做決定、為自己負責。

習慣可能會帶來負面後果。習慣可能會讓人覺得自己很糟；可能會傷害他人，為親密關係帶來阻礙；甚至可能會傷害身體健康與情緒健康。像這種的常見習慣包括抽菸、咖啡或酒精攝取過量、拖延、遲到、超支、飲食過度、議論八卦。

每個人都曾在某個時候縱容自己出現上述行為。在感恩節吃得太多不會有問題，但零食吃了家庭號的洋芋片就有問題了；早上吃馬芬蛋糕配咖啡喝不會有問題，但為了保持清醒，整天猛灌

習慣 經由重複而成為無意識的自動行為。

大腦重新連結 重複特定想法，可促進身體復原與形成健康習慣，藉此在腦中打造新的神經路徑。

成功祕訣
幾乎生命中的所有一切都是一種選擇。

咖啡就有問題了。

你要怎麼知道壞習慣是不是造成了問題？問問自己是否有任何習慣會：

- 讓自己感到不開心，或覺得自己很糟
- 耗盡自己的精力，或阻礙自己達成目標
- 讓自己在職場上或學校裡惹上麻煩
- 對他人造成傷害或極大不便

如果有習慣會讓你做出上述任何一件事，就是該改變的時候了。可長久維持的改變不會在一夜之間就發生。改變習慣需要進行三大步驟：

步驟一：想要改變習慣
步驟二：瞭解習慣
步驟三：以好習慣取代壞習慣

現在來一一詳細探討每個步驟。

步驟一：想要改變

要戒掉壞習慣，就必須是發自內心想要改變，而不是因為某個人的批評或建議才想要改變。你必須全心投入要改變這件事，也要接受持久改變會耗費時間與精力的事實。

心理學家在研究想改掉有害健康習慣（像是喝酒或抽菸）的人後，發現一般人真正採取行動之前，心理上會先經歷三個階段。

這三個階段分別是思考前期、思考期、準備期。在思考前期（precontemplation stage）的階段，人尚未出現改變的意圖。你可能甚至看不出自己需要改變，原因在於你可能沒意識到某個行為所帶來的負面影響。到了思考期（contemplation stage），人會開始思考要改變某個行為。在這個階段，你會評估某個特定習慣的優缺點，探索可以做出改變的各種不同方法。而進入準備期（preparation stage）後，人會更接近認真努力要改變的階段。如果你先前試圖要改變，卻沒有成功執行所需的一切技能，那就是處於這個階段。

如你所見，力求改變需要耗費時間與心力。想一想自己生活中有哪些小事可能會因為習慣改變而受到影響，並事先向自己保

成功祕訣
如果習慣會帶來負面後果，就是該改變的時候了。

＊

成功祕訣
力求改變需要努力。

＊

證，就算壞習慣再次出現也不要苛責自己。向曾經做出類似改變的人尋求建議，也和身邊親近的人談談，看他們可以如何為你提供協助。

步驟二：瞭解習慣

步驟二就是瞭解壞習慣。要改變任何行為，必須先有所瞭解。這種行為讓你獲得了什麼報償？什麼時候、在哪裡、和誰在一起時會出現這種行為？為什麼這種行為成了習慣？問問自己：

• 我什麼時候會任憑壞習慣擺布？
• 我在哪裡會任憑壞習慣擺布？
• 我和誰在一起時會任憑壞習慣擺布？
• 我在任憑壞習慣擺布的前一刻有何感受？
• 我在任憑壞習慣擺布的下一刻有何感受？

前三個問題有助於瞭解該習慣出現的情況。舉例來說，你可能發現自己和某些朋友在一起時會聊八卦，每天下午的同一個時間都在抽菸，或是上某堂課時都在喝含糖汽水。

最後兩個問題則有助於瞭解為什麼自己會陷入壞習慣當中。什麼感覺導致你吃了一品脫的巧克力堅果棉花糖冰淇淋？是壓力、憤怒、自我懷疑，還是出於無聊？你抽了那根菸可以獲得什麼報償？放鬆、滿足感，還是工作中可以偷閒一下？

準確找出是什麼情緒養成了自己的習慣事非常重要的。一般人因痛苦或不愉快的情緒而感到煩惱時，最容易產生壞習慣。而人會採用舊有的行為模式來安撫自己，讓自己不再想著不快的感受。請利用**練習 32**，好好研究自己最糟的習慣。

成功祕訣
要能改變習慣前，
必須先瞭解習慣。

步驟三：取代習慣

既然現在知道了自己的習慣是什麼、又為何會出現，就可以採取行動了。步驟三是將壞習慣以好習慣取代。比起徹底甩掉壞習慣，取代壞習慣更容易做到。習慣是對某些情況、壓力源、情緒的自然反應，因此需要找到有益健康的新方法，來釋放導致壞習慣出現的情緒和緊張之情。假設你想戒掉的習慣，是為了在接近傍晚時能夠繼續工作下去而吃的巧克力棒。這個習慣對健康有害，巧克力棒所含的糖分與咖啡因也會讓你才到傍晚就累壞了。比較有可能成功戒除這個壞習慣的方法，是換成健康的點心，像是蔬菜或水果，而不是試著直接把這個習慣拋諸腦後。

練習 32　深入瞭解壞習慣

A 你認為自己最糟的習慣是什麼？換句話說，哪個習慣現在對生活造成了最大的妨礙？

_____

_____

_____

_____

B 這個習慣對你的生活帶來了什麼負面影響？為何會如此？

_____

_____

_____

_____

C 這個習慣對你在乎的人造成了什麼負面影響？擔憂、惱怒、心情受傷？不確定的話，就詢問對方。

_____

_____

_____

_____

D 請花幾天的時間，仔細觀察你想改變的這個習慣會在什麼條件下出現，再回答下列問題。

1. 這個習慣最常出現在什麼時候（早上、週末等等）？多久會出現一次？

_____

_____

2. 這個習慣出現在哪裡（家裡、學校、車上等等）？

_____

3. 你什麼時候或在哪裡比較不容易受這個習慣擺布？

_____

_____

4. 這個習慣出現時，通常也在場的人是誰（某個認識的人、家人、陌生人、同事等等）？

_____

_____

5. 你在任憑壞習慣擺布的前一刻，有什麼不愉快的感受？

_____

_____

6. 這個壞習慣能讓你在情緒上獲得怎樣的紓解或報償？

_____

_____

E 從習慣中尋找模式。你的習慣與什麼時間、地點、人物、情緒有關？這些人事物如何與彼此產生交互作用？

_____

_____

_____

_____

F 對於暗藏在壞習慣之中的不愉快或痛苦感受，你可以採取哪些更積極正向的行動來解決？

_____

_____

_____

_____

一旦選定要用什麼方法取代舊有的思維與行動，就必須重複新的習慣非常多次才行。由於舊習慣已經重複做過太多次了，因此，嘗試要改掉這種習慣的行動也必須重複很多次。壞習慣也許相當頑強，但你可以變得比它更頑強。請利用**個人日誌 6.3** 中的圖表，記錄自己的進步情況，這麼做通常會很有幫助。這會有助於你找出壞習慣往往在什麼時候、在哪裡復發。此外，在紙上看到結果，也能隨時提醒自己，你已經成功抗拒了舊習慣的誘惑，因而提升自信。

故態復萌是常態

壞習慣復發很正常，尤其是在人以為自己快要戰勝它的時候。假設你為了戒除某個壞習慣嘗試了十次，結果第十次才成功。這代表你失敗了九次嗎？這代表你沒有自律能力嗎？不對，這代表你每嘗試一次，就愈接近目標，自律能力也愈強，直到最後終於戰勝了那個習慣。正如馬克‧吐溫（Mark Twain）曾說過的一番話：「你無法立刻就把習慣丟出窗外，而要一次一階慢慢將其哄下樓。」

一旦成功取代了某個習慣，就必須好好維持下去，不斷努力實踐全新的正向行為。你必須培養新技能，避免自己重回舊習的懷抱。你可能一輩子都得如此努力，才不會故態復萌。

善用積極自我對話

努力改變習慣的同時，也要確保你有運用積極自我對話來給予自己支持。許多大家耳熟能詳的壞習慣，例如拖延、抽菸、飲食過量、睡過頭、遲到，全都能輔以積極自我對話，加以戒除。積極自我對話有助於勾勒出自己採取積極正向行動的全新模樣，建立新的習慣模式，取代舊習。

第四章也探討過，自我對話對潛意識具有強大的影響力。要變得更自律，就必須將早已儲存在潛意識中的資訊，以新的想法取而代之。藉由積極自我對話，不斷重複這些新的想法，這些念頭便能在潛意識中扎根。得到的結果將會是積極正向的新習慣、目標或自我形象。

如果你利用意志力，只在意識層面改變自己的某種習慣，改變通常只會維持一陣子。假設你多年來都是習慣一天抽一包菸的人，現在決定要戒掉了。你向自己的意識表明，你要戒菸。然後，你的潛意識就想起了過去每次試著要戒菸的失敗經驗，並悄

個人日誌 6.3

習慣改變表

請利用下列表格，在以好習慣取代壞習慣的期間，一一記錄自己的進步情況。

+ 執行了新習慣
0 沒有執行舊習慣或新習慣
— 執行了舊習慣

自律表								
與其……我會……	一	二	三	四	五	六	日	經驗描述
例子 與其喝含糖汽水，我會喝白開水。	＋	＋	0	—	＋	＋	0	一開始，少了平常能夠滿足糖「癮」的飲料，讓我覺得少了什麼。壞習慣復發時，我很有罪惡感，卻也發覺汽水高糖帶來的興奮感，其實之後會讓我覺得很累。

悄對你說：你終究會重拾舊習。

如果想運用自我對話來改變習慣，就必須說服自己的潛意識相信改變早已發生。與其說「我不會再抽菸」，不如說「我是不抽菸的人」；與其說「我不會再遲到」，不如說「我會準時」。把自己想成是準時或不抽菸的人，就能如此開始看待自己。如果你說自己未來將會準時，就是在暗示自己現在依然會遲到。只要你認為當下的自己擁有壞習慣，就會按照彷彿壞習慣還在的方式繼續行事。

如果想要改變習慣，可以用單一句子展開積極自我對話：

- 我每堂課都很準時。
- 我對自己上課準時感到自豪。
- 上課準時是尊重講師以及班上其他人的表現。
- 上課準時表示我是一個認真負責的人。

愈善用積極自我對話，全新的自我形象和行為就愈會成為自己的一部分。不久後，壞習慣就真的會被戒除，並被更積極正向的習慣取而代之。

✅ 自我檢查

1. 請定義自律。（第 272 頁）
2. 為什麼堅持不懈很重要？（第 274 頁）
3. 改變壞習慣的三步驟為何？（第 290 頁）

學會批判思考

自律有助於我們完成為了獲得成功所需做的事，也有助於我們做到更進一步的事──思考。

思考方式會決定人所做的大部分事情。然而，很少人會停下腳步，細想自己如何思考。我們是以符合邏輯的方式在思考，對周遭世界提出質疑，因而自行得出結論嗎？還是被動地接受父母、老師、朋友、政客、廣告、「專家」所說的話？

批判思考（critical thinking）就是主動自省的思考方式。批判思考不只涉及了思考能力，還有讓人始終都能運用這些思考能力的自律能力。批判思考需要人提出問題、找尋答案。懂得批判思考的人能夠客觀思考自己與他人的看法。他們能夠從各個角度探討某個議題，再做出結論。懂得批判思考的人會要求他人先提出證據，才會相信對方說的是真的。他們並不滿足於只看到事物的表面。懂得批判思考的人會問：「這是真的嗎？這重要嗎？這公平嗎？」消極思考的人則會問：「這個考試會不會考？」

批判思考　主動自省的思考方式。

批判思考的好處

人在做出會影響人生的重大決定時，例如決定主修、選擇職業或轉職、回學校讀書、結婚、生子，都少不了批判思考。懂得批判思考，就意味著必須瞭解手邊的問題或議題，從各個不同角度仔細研究，考量各種選項，最終做出最佳決定。

懂得批判思考的人也知道要如何解決問題。這表示他們很清楚要如何善用工具，找到任何問題的最佳解決辦法。第三章探討過如何克服障礙、達成目標。批判思考對克服障礙不可或缺，也有助於釐清問題，想出有創意的解決方法。

批判思考除了能協助人做決定與解決問題，也有助於培養許多其他成功所需的技能和個人特質，包括自覺、自我誠實、自我激勵、思想開明、同理心。

成功祕訣
批判思考有助於解決問題、克服障礙。

＊

你懂得批判思考嗎？

要學會批判思考並不容易。人從本性來說往往是非理性的。我們經常以自私自利的方式看待一切，也以同樣的方式做出反

人工智慧對上人類智慧

電腦超越人類智慧的一天是否會出現?許多人認為這不是「是否」會發生,而是「什麼時候」會發生。由於人工智慧(artificial intelligence,簡稱 AI)發展迅速,電腦已經開始接管原本為人類打造的工作了。機器人取代了工廠工人、外科醫師、飛行員、太空人,因為前者往往工作速度較快、不容易感到疲勞、執行工作任務時準確性絕佳。牛津大學的研究人員推斷,二十年內,45% 的美國居民會因為電腦化而失業。有些專家認為,到了本世紀末,有智慧的機器人可能真的會「超越」人類。

IBM 的超級電腦「華生」(Watson)在益智問答節目《危險邊緣》(Jeopardy!)擊敗了全球最厲害的參賽者。美國五角大廈的超強科學研究部門國防高等研究計畫署(Defense Advanced Research Projects Agency,簡稱 DARPA),正在研究要如何讓人型機器人能夠在對人類來說過於危險的災區內執行任務,同一時間,動力機器公司(Momentum Machines)則在誇耀能翻動漢堡的機器人。

人類可以運用快速的直覺式判斷來解決問題,可以在面對特殊情況時跳脫框架思考,也可以想出原創點子,還可以擬定未來計畫,並預見該計畫可能會帶來什麼結果。心理學的領域延伸了人類智慧,將社會與情緒要素也納入其中。電腦與機器人是否可以設計成媲美或超越人類心智的複雜、彈性、創意程度,仍有待觀察。

想一想

電腦如果能夠像人類一樣思考,可以為人類社會帶來什麼好處?又可能會出現哪些負面影響?你覺得為什麼持續培養自己的批判思考能力如此重要?如果想更深入瞭解人工智慧,請上 http://www.livescience.com/29379-intelligent-robots-will-overtake-humans.html,或是輸入關鍵詞「人工智慧」自行研究。

應,而不會費心好好思考。我們傾向相信自己的想法、做法,也認為自己所屬的團體優於他人。舉例來說,許多人都被教導要瞧不起其他家庭或文化的習慣,例如教養方式或宗教信仰。研究甚至顯示,人喜歡自己名字開頭的英文字母,勝過其他所有字母!這種自我中心的思考方式會是通往批判思考的一大阻礙。你是否讓懶散和自我中心的態度妨礙了自己的思考方式?請完成**練習 33**,評估自己的批判思考能力。

批判思考的標準

批判思考是學習而來的技能,沒有人天生就知道要如何批判思考。批判思考的關鍵就在於嚴以律己。「批判思考之基礎」明確列出卓越批判思考的七大標準:

練習 33　你的思考方式有多批判？

A 請閱讀下列陳述，判斷自己對每一項是「完全不同意」、「有點不同意」、「有點同意」，還是「完全同意」。

	完全不同意	有點不同意	有點同意	完全同意
1. 我在做重大決定時，會願意花時間好好思考。				
2. 我不覺得自己對每件事的看法都必須正確。				
3. 我在檢視自身信念時，批判的程度就和在檢視他人的信念時一樣。				
4. 我比較關心的是行事公正確切，而不是看起來公正確切。				
5. 我會願意批判某個盛行的看法，只要這麼做是正確的。				
6. 我不知道某件事時，不介意承認自己不知道。				
7. 我會確保自己的看法都是以事實為根據。				
8. 我在校學習時，會真的試著去理解背後原理，而不只是死記。				
9. 我會說自己的觀點是事實與錯誤的綜合體。				
10. 比起對某人忠誠，行事公正確切較為重要。				
11. 我會確保自己完全瞭解某件事後，才加以批判。				
12. 就因為是我的觀點，不代表它絕對正確。				
13. 我看待事情的方式比起非黑即白，更像是一切都位於灰色地帶。				
14. 我會仔細考慮與自己看法相抵觸的事實。				
15. 當我接觸到某個泛論時，會立刻尋找反例。				
16. 我在接受他人的觀點前，會先評估他們對自己所說的話有多瞭解。				
17. 我寧願找到能讓所有人都受惠的解決辦法，而不是為所欲為。				
18. 我要有證據，才願意相信。				
19. 我願意試著接受任何好的意見，就算是非主流觀點也一樣。				
20. 我完全清楚知道自己為什麼相信或不相信某些事。				
21. 我在接受某個事實能夠證明某個陳述時，會確保這個事實與該議題有關。				
22. 某個看法可以「感覺沒錯」，卻依然是錯的。				

B 得分：「完全同意」3 分，「有些同意」2 分，「有些不同意」1 分，「完全不同意」0 分。

你的總分是多少？_____

57–66 你已經相當善於批判思考了。請回顧你沒有完全同意的陳述，想一想你要如何將其融入自己的思維當中。

45–56 你擁有批判思考能力，但可能在沒有仔細想清楚之前，就太快做出判斷了。放慢腳步，花點時間，以系統性的方式思考。

23–44 你瞭解批判思考的一些基本觀念。花更多時間與心力，分析他人與自己的想法，你將因此受益。

0–22 你通常只看事情的表面，沒有半點質疑就接受了。你大概都不分析自己的看法，也更關心要如何與人相處融洽，而不是尋找真相。

C 上一頁調查表中的所有陳述，都代表著批判思考人士的習慣與態度。請重讀這份調查表，再挑出六個習慣，是你認為對公正、中立、符合邏輯的思維而言最為重要的特徵。請仿照下列形式，改寫這些習慣。接著，請在每項陳述下方，描述你可以如何將這個習慣或態度實際應用在生活當中。

例子

懂得批判思考的人　會確保自己完全理解某件事後，才加以判斷。

實際應用：我不會批評在班上聽到的每個意見，而是會公正地好好考慮所有評論。

1. 懂得批判思考的人_____

　_____

　實際應用：_____

2. 懂得批判思考的人_____

　_____

　實際應用：_____

　_____

3. 懂得批判思考的人_____

　_____

實際應用：＿＿＿＿＿＿＿＿＿＿＿＿＿＿＿＿＿＿＿＿＿＿＿＿＿＿＿＿＿＿＿

＿＿＿＿＿＿＿＿＿＿＿＿＿＿＿＿＿＿＿＿＿＿＿＿＿＿＿＿＿＿＿＿＿＿

4. 懂得批判思考的人＿＿＿＿＿＿＿＿＿＿＿＿＿＿＿＿＿＿＿＿＿＿＿＿＿

＿＿＿＿＿＿＿＿＿＿＿＿＿＿＿＿＿＿＿＿＿＿＿＿＿＿＿＿＿＿＿＿＿＿

實際應用：＿＿＿＿＿＿＿＿＿＿＿＿＿＿＿＿＿＿＿＿＿＿＿＿＿＿＿＿＿＿＿

＿＿＿＿＿＿＿＿＿＿＿＿＿＿＿＿＿＿＿＿＿＿＿＿＿＿＿＿＿＿＿＿＿＿

5. 懂得批判思考的人＿＿＿＿＿＿＿＿＿＿＿＿＿＿＿＿＿＿＿＿＿＿＿＿＿

＿＿＿＿＿＿＿＿＿＿＿＿＿＿＿＿＿＿＿＿＿＿＿＿＿＿＿＿＿＿＿＿＿＿

實際應用：＿＿＿＿＿＿＿＿＿＿＿＿＿＿＿＿＿＿＿＿＿＿＿＿＿＿＿＿＿＿＿

＿＿＿＿＿＿＿＿＿＿＿＿＿＿＿＿＿＿＿＿＿＿＿＿＿＿＿＿＿＿＿＿＿＿

6. 懂得批判思考的人＿＿＿＿＿＿＿＿＿＿＿＿＿＿＿＿＿＿＿＿＿＿＿＿＿

＿＿＿＿＿＿＿＿＿＿＿＿＿＿＿＿＿＿＿＿＿＿＿＿＿＿＿＿＿＿＿＿＿＿

實際應用：＿＿＿＿＿＿＿＿＿＿＿＿＿＿＿＿＿＿＿＿＿＿＿＿＿＿＿＿＿＿＿

＿＿＿＿＿＿＿＿＿＿＿＿＿＿＿＿＿＿＿＿＿＿＿＿＿＿＿＿＿＿＿＿＿＿

D 請仔細研究你在上方所寫的不同實際應用方式。你如果要成為更懂得批判思考的人，整體而言需要做出哪些改變？

＿＿＿＿＿＿＿＿＿＿＿＿＿＿＿＿＿＿＿＿＿＿＿＿＿＿＿＿＿＿＿＿＿＿＿

＿＿＿＿＿＿＿＿＿＿＿＿＿＿＿＿＿＿＿＿＿＿＿＿＿＿＿＿＿＿＿＿＿＿＿

＿＿＿＿＿＿＿＿＿＿＿＿＿＿＿＿＿＿＿＿＿＿＿＿＿＿＿＿＿＿＿＿＿＿＿

＿＿＿＿＿＿＿＿＿＿＿＿＿＿＿＿＿＿＿＿＿＿＿＿＿＿＿＿＿＿＿＿＿＿＿

＿＿＿＿＿＿＿＿＿＿＿＿＿＿＿＿＿＿＿＿＿＿＿＿＿＿＿＿＿＿＿＿＿＿＿

＿＿＿＿＿＿＿＿＿＿＿＿＿＿＿＿＿＿＿＿＿＿＿＿＿＿＿＿＿＿＿＿＿＿＿

1. 清晰
2. 精確
3. 正確
4. 相關
5. 深度
6. 廣度
7. 邏輯

不論是思考、說話或寫作，都應力求以上述標準為原則。

1. 清晰

清晰（clarity）是批判思考的基石。當想法或陳述清晰時，表示用字清楚、簡單易懂。當想法或陳述混亂或不清晰時，便不可能知道它是真是假，是事實還是看法。你是以清晰的方式在思考與溝通嗎？還是使用複雜的遣詞用字，顯得自己很有智慧又世故？仔細想想以下清晰與不清晰陳述之間的差異：

成功祕訣
思考與溝通時都要意圖清晰。

不清晰：學生必須表示自己想要選登記表上的哪些課程，因為十二月十三日的截止期限快到了。
不清晰的理由：這個句子過於冗長囉嗦，把一個簡單的陳述變成複雜的混亂說法。將想法去蕪存菁，直接表達出來。
清晰：學生必須在十二月十三日前登記選課。

不清晰：許多物品打折都最少有五折或更多。
不清晰的理由：這個陳述刻意使人產生誤解：我們不知道哪些物品有打折，也不知道其折扣究竟是比五折多還是少。「許多」可以是指兩萬或兩千。
清晰：所有男裝的折扣都在四五折到七五折之間。

2. 精確

精確 確切。

精確（precision）指的是確切。精確與模糊籠統正好相反。模糊籠統的陳述有時是真的，但通常沒有什麼內容可言。問問自己：

- 這個陳述是否夠具體且具意義？
- 我是否還需要更多細節？

不精確：看太多電視會讓小孩變得更暴力。

不精確的理由：這個陳述並未具體說明是哪類節目讓小孩變得更暴力。

精確：經常看電視上有無端暴力行為的節目的孩子更容易變得具有攻擊性。

不精確：抽菸有害健康。

不精確的理由：這個陳述是真的，卻沒有提供任何有用或值得記住的具體詳情。

精確：抽菸是美國頭號可預防死因。

3. 正確

正確（accuracy）代表事實真相。正確的陳述表示有事實可加以證實，不正確的陳述則可能是錯誤、猜測或偽裝成事實的看法。如果某件事是以事實為根據，便可檢驗查證。問問自己：

正確 事實真相。

- 這真的是事實嗎？
- 是否有辦法能檢驗這究竟是否為事實？（如果不能，這個陳述大概就不正確。）
- 這是以什麼為根據？
- 這份資訊的來源有多可靠？

不正確：露琵塔・尼詠歐（Lupita Nyong'o）是全世界最美的人。

不正確的理由：美不美是主觀的看法，因此沒有辦法證明或反駁這項陳述。

正確：2014 年，《時人》雜誌（*People*）的編輯群將奧斯卡得主露琵塔・尼詠歐選為「最美之人」那一期的封面人物。

不正確：宇宙始於「大霹靂」。

不正確的理由：這是理論，而非事實。檢驗查證宇宙的誕生是不可能的事。

正確：沒有人真的能確定宇宙是如何誕生，但多數科學家都支持「大霹靂」理論。

成功祕訣
學會區別事實與看法。

*

4. 相關

　　事實或看法具有相關性（relevance）時，代表與正在討論的主題有直接關聯。事實或看法不相關時，代表與主題沒有半點關聯。問問自己：

- 這與討論的議題有關嗎？
- 這被提出來是為了要改變話題、批評他人或推卸過錯嗎？

　　不相關：馬丁正在辦理離婚，因此不會是副總統的最佳人選。
　　不相關的理由：馬丁的私生活與工作表現沒有關係。
　　相關：馬丁工作時缺乏專注力，因此不會是副總統的最佳人選。

　　不相關：妮塔以前曾吃素，因此不應被選為地方肉品包裝協會的會長。
　　不相關的理由：華妮塔以前的飲食習慣，與她將執行的協會會長職務沒有關係。
　　相關：華妮塔沒有全盤瞭解身為協會會長應盡的責任，對於針對自己工作經歷的直接提問，也閃避不回應。她不應被選為協會的一員。

5. 深度

　　想法有深度（depth），代表從表面向下深入，探討議題的本質。膚淺的論點只會觸及表面，深入的論點則會檢視議題的各個層面。問問自己：

- 我是不是只對問題有粗淺瞭解？
- 我是不是沒有仔細思考，就同意了別人說的話？
- 這個議題是不是比表面看起來要更為複雜？

　　膚淺：蓋更多監獄將解決毒品問題。
　　膚淺的理由：這是針對一個難題提出的草率解決方法。
　　深入：蓋更多監獄可以讓更多毒販被關起來，但不會解決造成毒癮的原因。

　　膚淺：這支智慧型手機是最新款，因此一定是最好的。
　　膚淺的理由：就因為某個東西剛推出，不代表就是最好的。
　　深入：這款 CD 播放機有許多新特色，但音質不比舊款好。

6. 廣度

廣度（breadth）是陳述將其他論點和觀點納入到什麼程度。思考要有廣度，就必須察覺與分析會影響他人以及自己判斷的偏見。問問自己：

- 是否可以用不同的方式看待這件事？
- 我自己的經驗與價值觀是如何影響我的思考方式？
- 我是不是從狹隘的觀點在看待事情？
- 這件事從不同的角度來看會是如何？

狹隘：環保人士認為貓頭鷹比人類要來得重要。

狹隘的理由：這項陳述刻意扭曲了環保人士的觀點。由於先前供人伐木的土地成了瀕危物種的棲地保護區，許多人因此失業。這並不代表環保人士就是反對人類。

寬廣：環保人士想要減少公有土地上的伐木情形，藉此保護野生棲地。

狹隘：我不懂為什麼大家會喜歡麥克彈的吉他，聽起來糟透了。

狹隘的理由：這項陳述假設了關於麥克所彈的吉他，就只有一種正確的看法。

寬廣：麥克彈的吉他很合爵士樂迷的胃口，但不吸引我。

成功祕訣
謹記你的觀點只是眾多看法之一。

7. 邏輯

邏輯（logic）是正確推論並從事實得出正確結論的過程。有邏輯也代表需要為結論提供有根據的解釋。不是將看法視為理所當然，而是要確保有確鑿證據可以佐證。如果要判斷自己的推論是否具有邏輯，就問問自己：

- 我有證據能支持這項陳述嗎？
- 是否有任何證據與這項陳述相悖？
- 這真的是事實嗎，還是我只是將其視為理所當然？
- 是否還有其他的可能結論？
- 我是否有哪個看法與其他看法相互矛盾？

不合邏輯：女人比男人更常哭泣。她們顯然更情緒化。

不合邏輯的理由：哭泣不能證明女人比較情緒化，只能顯示出她們用不同的方式表達情緒。

邏輯 正確推論並從事實得出正確結論的過程。

符合邏輯：女人比男人更常哭泣。她們用與男人不同的方式展露情緒。

不合邏輯：所有學生的水準都在平均之上。

不合邏輯的理由：就統計學來看，一群人在互相比較時，是不可能出現多數人都高於平均水準的結果。

符合邏輯：所有的學生都各自在特定領域展現其特殊天分。

成功祕訣
將批判思考視為一種學習過程。

批判思考至關重要，卻未必總是輕易就能做到。它是一種學習過程，需要時間與練習。依據具體明確的原則思考，例如剛描述的七大標準，便是能夠更有效運用批判思考的絕佳方式。你在思考、說話、寫作時，有沒有遵守上述批判思考的七大標準呢？當少了其中一個或多個標準時，你是否能察覺得到？下定決心，努力克服這些你覺得格外具有挑戰性的思維陷阱。請利用**練習34**小試身手，改正有瑕疵的思考方式。

學會做出更好決策

重大決定有可能會影響人生未來幾年的發展走向。因此，有效批判思考能力的最重要好處之一，就是做出明智決定。

決定　在多種選項或可能行動方案中所做出的一個理智抉擇。

決定（decision）是在多種選項或可能行動方案中所做出的一個理智抉擇。每個人整天都會不斷做出次要決定，例如穿什麼、吃什麼、上學要走哪條路，卻不會多想自己是如何做出決定。然而，輪到要做出重大決定時，就必須仰賴按部就班的決策過程了。

好的決定為何重要

人一生當中都會面臨許多重大決定，不論是在學術、職業、人際方面或是其他個人決定。雖然一般人很容易就會覺得沒碰上問題以前，都不需要做什麼決定，但沒有做決定，就不會帶來正向改變。要將夢想化為現實，就必須採取一致的行動，而這種行動就需要做決策。

成功祕訣
做出重大決定的時候，就是在為自己開創全新未來。

決策是掌控自己人生的重大機會。當你做出決定，就是在干涉人生的走向，為自己開創全新未來。舉例來說，假設你決定搬到新的城市，而不是留在故鄉。做出這個重大決定，便是為自己創造嶄新的生活環境，也是開創了一個新的未來，與原本可能會有的發展完全不同。

練習 34 培養批判思考能力

A 下方有七項陳述，各自對應到批判思考的七大標準。每項陳述在某方面都未能符合該標準。請說明每項陳述哪裡有問題，再加以改寫，改正有瑕疵的部分。

---

1. 清晰

不清晰：美式足球賽的慶祝活動結束之後，所有人都受邀到停車場共享提神的茶點。

不清晰的理由：＿＿＿＿＿＿＿＿＿＿＿＿＿＿＿＿＿＿＿＿＿＿＿＿＿＿

清晰：＿＿＿＿＿＿＿＿＿＿＿＿＿＿＿＿＿＿＿＿＿＿＿＿＿＿＿＿＿＿

---

2. 精確

不精確：網路公司都想詆騙大眾。

不精確的理由：＿＿＿＿＿＿＿＿＿＿＿＿＿＿＿＿＿＿＿＿＿＿＿＿＿

精確：＿＿＿＿＿＿＿＿＿＿＿＿＿＿＿＿＿＿＿＿＿＿＿＿＿＿＿＿＿＿

---

3. 正確

不正確：藥檢都沒用。

不正確的理由：＿＿＿＿＿＿＿＿＿＿＿＿＿＿＿＿＿＿＿＿＿＿＿＿＿

正確：＿＿＿＿＿＿＿＿＿＿＿＿＿＿＿＿＿＿＿＿＿＿＿＿＿＿＿＿＿＿

---

4. 相關

不相關：史帝夫不討人喜歡，所以才會每堂課都不及格。

不相關的理由：＿＿＿＿＿＿＿＿＿＿＿＿＿＿＿＿＿＿＿＿＿＿＿＿＿

相關：＿＿＿＿＿＿＿＿＿＿＿＿＿＿＿＿＿＿＿＿＿＿＿＿＿＿＿＿＿＿

5. 深度

膚淺：我國政府只會通過好的法規。

膚淺的理由：＿＿＿＿＿＿＿＿＿＿＿＿＿＿＿＿＿＿＿＿＿＿＿＿＿＿

深入：＿＿＿＿＿＿＿＿＿＿＿＿＿＿＿＿＿＿＿＿＿＿＿＿＿＿＿＿＿

6. 廣度

狹隘：這幅畫看起來像有群雞跑了過去。不可能有人會喜歡這種東西。

狹隘的理由：＿＿＿＿＿＿＿＿＿＿＿＿＿＿＿＿＿＿＿＿＿＿＿＿＿＿

寬廣：＿＿＿＿＿＿＿＿＿＿＿＿＿＿＿＿＿＿＿＿＿＿＿＿＿＿＿＿＿

7. 邏輯

不合邏輯：住在破敗地區的珍偷了朋友的東西。所有住在破敗地區的人都會偷別人的東西。

不合邏輯的理由：＿＿＿＿＿＿＿＿＿＿＿＿＿＿＿＿＿＿＿＿＿＿＿

符合邏輯：＿＿＿＿＿＿＿＿＿＿＿＿＿＿＿＿＿＿＿＿＿＿＿＿＿＿＿

B　很少有人能夠隨時遵守批判思考的全部七項標準。你最常在自己的思維中注意到什麼瑕疵？那在其他人的思維中呢？請說明。

＿＿＿＿＿＿＿＿＿＿＿＿＿＿＿＿＿＿＿＿＿＿＿＿＿＿＿＿＿＿＿＿＿

＿＿＿＿＿＿＿＿＿＿＿＿＿＿＿＿＿＿＿＿＿＿＿＿＿＿＿＿＿＿＿＿＿

＿＿＿＿＿＿＿＿＿＿＿＿＿＿＿＿＿＿＿＿＿＿＿＿＿＿＿＿＿＿＿＿＿

C　政治人物有時會被指控，其演講與競選宣言忽視了批判思考的標準——尤其是廣度與深度這兩部分。為什麼政治人物有可能刻意做出這種行為？

＿＿＿＿＿＿＿＿＿＿＿＿＿＿＿＿＿＿＿＿＿＿＿＿＿＿＿＿＿＿＿＿＿

＿＿＿＿＿＿＿＿＿＿＿＿＿＿＿＿＿＿＿＿＿＿＿＿＿＿＿＿＿＿＿＿＿

＿＿＿＿＿＿＿＿＿＿＿＿＿＿＿＿＿＿＿＿＿＿＿＿＿＿＿＿＿＿＿＿＿

犯錯後該如何處理

人在回顧過往所做的決定時，可以看出哪些讓自己更接近目標，又有哪些使自己偏離目標；有些決定與自己的價值觀相符，有的卻相悖；有些提高了自尊，有的卻降低了自尊。當人愈清楚知道哪些決定是正確、哪些不正確，未來就愈能夠做出好的決策。

沒有人能夠準確預測未來，因此每個人都會犯錯。**錯誤（mistake）**是指現在希望過去可以採取不同做法的任何事。考量到當時手邊的資訊有限，當初的決定看起來就是最好的一個。只有在做完決定，體會到了後果後，才會將自己的所作所為（或無所作為）視為錯誤。錯誤其實可以是汲取教訓的有用經驗，人只要以健全的態度看待，就能有助於自己走在通往成功的道路上。害怕犯錯的人很難做出決定，因為他們害怕會做錯事。也許這就代表因為害怕要肩負新的責任，而被困在一份沒有前途的工作，或因為害怕遭人拒絕，而避開社交場合。與其害怕犯錯，不如接受它們是身為人必然會碰上的事，並視其為學習經驗。

錯誤 現在希望過去可以採取不同做法的任何事。

決策過程的步驟

人往往在做出重大決定時，都是出於一時衝動，或是以不正確的資訊或一廂情願的想法為根據。然而，做出重大決定的最佳方式其實是遵循一定的**決策過程（decision-making process）**，也就是透過一連串合乎邏輯的步驟，找出並評估各種可能性，再做出最佳選擇。好的決策過程共有七個合乎邏輯的步驟：

決策過程 透過一連串合乎邏輯的步驟，找出並評估各種可能性後做出最佳選擇。

步驟一：確定好必須要做出的決定。
步驟二：列出所有可能選項。
步驟三：蒐集資訊，瞭解每個選項會帶來什麼結果。
步驟四：根據自己的價值觀與目標，評估各選項的可能結果。
步驟五：從可能選項中挑出其中一個。
步驟六：採取行動。
步驟七：評估進展，有必要時就改變方向。

現在來仔細研究每個步驟，看看要如何找出並克服可能會悄悄混入決策過程的錯誤。徹底探索每個步驟後，你可以在**練習35**中小試身手，做出假想決定。

懸賞：擅長解決問題的人

隨著就業市場競爭愈趨激烈，對大學畢業生尤其如此，各家公司對求職者的條件要求不再只有工作經驗與專業技術能力而已。根據《富比士》雜誌（*Forbes*），CareerBuilder 就業網站所進行的一項調查，找出了 2013 年高薪工作最需要的前十項技能，以下是該清單的前幾名：（一）批判思考、（二）複雜問題解決能力、（三）判斷與決策。一般工作的多數內容都會涉及尋找解決辦法、衡量替代選項、與他人協商、評估自己的決定、判斷同樣的行動下次是否可行。

美國學院及大學協會（Association of American Colleges and Universities，簡稱 AAC&U）針對全美企業與非營利組織的領導人所進行的調查，發現幾乎所有受訪的雇主（93％）都表示「求職者能夠展現批判思考、清楚溝通、解決複雜問題的能力，比大學主修什麼來得重要」。

而求職者一旦被雇用，繼續培養這些技能，將有助於升遷以及薪資調漲。《財富》雜誌五百大企業多數都將問題解決、批判思考、決策的能力納入卓越領導力所需具備的核心能力。

你有何看法？

如果你要向潛在雇主表示自己曾在就學期間運用問題解決與決策的能力，以及這些能力又如何與工作的未來表現有關，你可以舉出哪些實例？如果想更深入瞭解問題解決的決策能力，請前往下列任一網站：

http://www.studygs.net/creative.htm

https://psychology.about.co/od/problemsolving

http://www.skillsyouneed.com/ips/decision-making.html]

步驟一：確定好要做出的決定

決策過程的第一步，就是定義必須要做出什麼決定，也知道為何要這麼做。這聽起來很理所當然，但人有時得要深入表面之下，找到自己真正面臨的問題或難題。這就是發揮創意思考的時候了，也許還可以將看似棘手的問題化為機會。比方說，要決定如何應付增加的工作量看起來像問題，但向上司展現自己就算處於壓力之下依然能夠好好工作，可能會獲得加薪或升遷的機會。

框架效應 由於決定、問題或難題的表達方式，使人在決策過程中產生偏見。

在確定自己必須做什麼決定的時候，要留意如何表達一個決定、問題或難題，會讓人在做決定時心存偏見。這個心理歷程稱為**框架效應（framing effect）**。舉例來說，想像你得到了一份新工作的邀約，卻不確定是否應該要答應。想一想以下針對這個

練習 35　善用決策過程

A　**確定好要做出的決定。**請試想以下情境。你得到了一份在市中心的新工作，住在郊區的你需要長時間通勤。你開的車車齡已經十年以上，過去一年來送修了好幾次，變速箱也需要全面翻修。新工作下星期一就要開始了。你必須做出什麼決定？請用多種不同方式寫下你必須做出什麼決定，再勾選出最能適切表達你正面臨什麼抉擇的那一個敘述。

_____

_____

_____

_____

_____

_____

_____

_____

B　**列出選項。**你腦中立刻浮現的兩個選項應該會是：買新車，或修舊車。還有沒有其他選項呢？請再想出四個。

1. 買新車。_____

2. 修舊車。_____

3. _____

4. _____

5. _____

6. _____

C **蒐集資訊。**請針對你在 B 所想到的選項，蒐集各自的資訊。要考慮到所有相關因素，包括時間、金錢、安全性、便利性、生活方式等等。想要蒐集關於單一決定會產生什麼可能結果的資訊，向有經驗的人請教會是個好方法。為了做出這個決定，你可以請教誰？

_____

_____

_____

_____

D **進行評估。**現在你對每個選項都更加瞭解了，請一一評估各個選項有多符合自己的價值觀與目標。

1. 利：將讓我感到安心與安全；提升我的獨立自主價值

   弊：將讓我存錢的目標晚幾年才能達成

2. 利：將有助於我省錢以備不時之需，並儲蓄財力

   弊：車子以後可能需要維修，讓我無法感到財務無虞

3. 利：_____

   弊：_____

4. 利：_____

   弊：_____

5. 利：_____

   弊：_____

6. 利：_____

   弊：_____

E 做出抉擇。根據手邊現有的資訊，你覺得哪個選項最具吸引力？

_____

_____

既然現在已經做出了決定，就主動摒棄其他選項。
專注在這個決定的正向層面。在此處簽名，以示你對這個抉擇做出的承諾：

_____

（如果你對自己的決定感到不安，再重新進行步驟 A 到 E。）

F 採取行動。**開始動手！**為了將決定付諸實行，你現在──今天──就可以做哪三件事？

1. _____

2. _____

3. _____

G 進行評判。觀察這個決定實行後是否行得通。如果你判斷自己做出的決定並不理想，可以做哪五件事來改善？

1. _____

_____

2. _____

_____

3. _____

_____

4. _____

_____

5. _____

_____

決定的不同表達方式將如何影響你做決定：

- 我是否應該接下這份新工作？
- 我是否應該勉強接受這份新工作？
- 我是否應該拒絕這份新工作？
- 我是否應該繼續找別的工作？
- 我是否應該繼續保持失業的狀態？

　　人有時會不自覺地用某種方式來表達某個決定，這是因為自己早就知道真正想做出的決定是什麼了。面臨抉擇時，設法用不同的方式表達這個決定，才不會排除任何可能的選項。

步驟二：列出所有可能選項

　　步驟二是要產生多種選項。寫下每個想法，就算看起來很蠢的也一樣。即便是很蠢的想法，也有可能在發揮創意後，成為一個好選項。別只列出一兩個選項就滿足了，要絞盡腦汁想出各種可供選擇的可能行動方案。另外，也要向其他人請教，因為他們通常可以提出你自己可能想不到的選項，特別是如果他們具有不同經驗與觀點的時候。

　　列出選項清單時，也分析自己對整個情況有何期望，因為這些期待可能會讓選項受到限制。譬如，人通常會選擇最先想到的頭一個選項，即便它不是最佳選擇也一樣。人也往往不去理會可能讓自己改變心意的資訊。只要儘量想出愈多選項、向與自己擁有不同看法的人尋求建議、給自己充裕時間想出眾多選項，就可以避免落入上述陷阱。

成功祕訣
考慮所有可能選項。

步驟三：蒐集資訊

　　蒐集愈多關於決策的相關資訊，就愈容易能想出選項，再加以評估。這點最能體現在財務決策上，例如買汽車保險時，就必須蒐集自己需要什麼、有什麼選項的相關資訊。做出重大個人抉擇時，也需要蒐集資訊。舉例來說，當你在兩個不同主修之間做抉擇時，就會想考慮這兩種學程的費用、就讀時間、難易度，還有這兩個領域的就業機會，以及自己的價值觀、興趣、能力有多符合各自的領域。

　　網路會是蒐集事實與資訊的一個很棒資源。如果有朋友或同事在你調查的領域有過相關經驗，也會是很寶貴的資料來源。一個融合眾多資訊所做出的決定，對達成目標大有幫助。

步驟四：評估結果

步驟四是看向未來，試著衡量每個行動會產生的可能結果。某個選項會帶來什麼正面結果？又會產生什麼負面後果？彙整這些資訊的一個好方法，就是列出每個正在考慮選項的利與弊。例如，假設你正決定是否要回學校取得學位。回學校的優點可能包括了智識方面受到啟發、職業流動性更高，缺點則可能是空閒時間更少、壓力更大。

在彙整利弊得失時，運用自己的價值觀與目標，作為衡量每個行動方案的判斷標準。這個選項是否與你的核心價值觀一致？它是否會讓你更接近目標？它是否為你內心深處相信自己應做之事？請試著採用上述方法，在**個人日誌 6.4** 中彙整選項。要防止決策過程受到忘記、舊習、改變心意等因素所干擾，將這些資訊寫在紙上會是個好方法。記錄的同時也有助於想出其他點子。

在考慮每個選項的利弊時，要記得一定會碰上某些不確定性。人永遠沒辦法完全預測每個選項會帶來的所有後果。**不確定性（uncertainty）**表示不知道某個決定會為自己和他人帶來什麼後果。對未來感到不確定，可能會出現使人感到無能為力的猶豫不決。不過，不確定性是決策無可避免的一部分。做點研究有助於預測抉擇將帶來的眾多後果，但人永遠都無法對未來會發生事有完全的把握。

成功祕訣
運用價值觀與目標，指引自己做出決定。

不確定性 不知道某個決定會為自己和他人帶來什麼後果。

步驟五：選出一個選項

現在來到關鍵時刻了。你收到兩所大學的入學許可；你把滑鼠指標停在傳送按鈕上，猶豫著要不要把自己的決定用電子郵件寄給老闆。在像這樣的時刻，會感到猶豫並質疑自己相當正常。有時候，人很難斷定哪個才是最好的選項。在這種情況下，內心就會出現衝突。決策過程中，沒有哪個選項明顯要比其他來得吸引人時，就會產生衝突。當人內心出現衝突時，可能會很想乾脆就不要做決定，故意拖延，等著某個沒有負面後果的幻想解決方法出現。每個人都可以專注單一的核心價值觀或目標上，藉此協助自己處理決策所造成的內在衝突。

一旦做出決定，就記得自己設法做出了對的選擇。不論結果是否盡人意，你都可以確信自己做了個好決定。

個人日誌 6.4

利與弊

請想出一個你現在面臨或不久將會面臨的重大決定。挑出兩個可能的行動方案,再寫下每個選項可能會支持或反對的目標與價值觀。

利		
行動	可能支持的目標	可能支持的價值觀
選項 1		
選項 2		

弊		
行動	可能反對的目標	可能反對的價值觀
選項 1		
選項 2		

根據這些資訊,你會選擇哪個選項?

步驟六：採取行動

　　一個決定只有在付諸實行時才具有價值。這就是為什麼選擇有時又稱為「行動方案」（course of action）。沒有行動，決定就只是空談。

　　試著別落入以下陷阱：當內心得出了要如何解決問題的結論後，就只光靠下定決心的感覺，而不是真的決心要展開行動。猶豫不決會造成某種程度的精神緊張。只要做出決定，這種緊張就會獲得舒緩。不過，根據決定採取行動會更讓你感到滿足，也有助於你更懂得做決策。

　　做出任何重大決定後，會感到後悔是很常見的情形。**後悔**（regret）是希望自己當初做了不同決定的感受。人如果做出的是明智果斷決定，較不會因此感到後悔。如果有所行動，即便是錯誤的行動，你因後悔所承受的痛苦也比什麼都不做少，別讓自己因為害怕後悔而無法做任何決定。

　　亞伯拉罕‧林肯有句名言：「臨陣莫換將。」換句話說，一旦做了決定，就要盡力去做。如果你覺得做不到自己所下的決定，要確保自己是以中立眼光評估過整個情況，而不是因為基於恐懼或後悔的衝動，才採取此行動。

後悔　希望自己當初做了不同決定的感受。

步驟七：評估進展

　　要有效做決定，就必須從經驗中學習。因此，評估進展是決策過程很重要的一環。評估做出的決定為自己帶來多少成效，同時也要記得每個重大決定都將會帶來其他決定。將進展一一記錄在日誌上會很有幫助。一邊監督自己得到的結果，一邊問問自己：

成功祕訣
人可以從決定所產生的結果學到不少。

- 我是否忽略了任何未來可能會派得上用場的資訊？
- 用另一種方法將這個決定付諸實行，是否會更行得通？
- 我是否有給自己足夠時間想出眾多選項？
- 我可以從這次經驗學到什麼，讓我下次能夠做出更好的決定？

　　有時候，看似帶來災難的決定會帶來最好的教訓。這些經驗可以讓你更瞭解自己以及自身的思考風格。

全取決於你

善用決策過程有助於培養自決與批判思考能力。隨著你逐漸懂得如何蒐集可靠資訊、想出具備創意的選項、根據自己的目標與價值觀來做決定，將會覺得自己對人生握有愈來愈多的主控權。另一方面，當你避免做出決定，人生就會開始與你脫節。身心方面皆保持自律，有助於你克服猶豫不決的習慣，做出達成目標的必要之舉。

要學會做出好決定，需要時間與練習。你一旦精通要如何才能自信做出決定，並在不自責的情況下接受後果，便能順利踏上通往成功的康莊大道。

✅ 自我檢查

1. 請定義批判思考。（第 297 頁）
2. 採用批判思考的方式有哪些好處？（第 297 頁）
3. 何謂後悔？（第 317 頁）

關鍵詞

學習目標重點整理

- **定義自律，並舉出其好處。**自律是教會自己為了達成目標必須採取什麼行動的過程。自律可強化多種能力，包括主宰自身命運、遭遇挫折依然堅持下去、考量行動的長期後果、做出正向改變、戒除壞習慣、批判思考、做出有效決定。

- **說明如何控制衝動。**透過以下三個步驟可控制衝動：（一）停下來；（二）想一想行動將帶來的愉快短期結果以及不愉快長期後果；（三）判斷愉快的短期結果是否比負面的長期後果要來得值得。

- **描述用好習慣取代壞習慣的過程。**改變壞習慣需要進行三大步驟：（一）想要改變；（二）瞭解壞習慣；（三）以新的健康習慣取代壞習慣。

- **定義批判思考，並列出其七個標準。**批判思考是一種主動自省的思考方式，同時涉及了思考能力，以及運用這些思考能力的自律能力。絕佳批判思考能力的七大標準分別是清晰、精確、正確、相關、深度、廣度、邏輯。

- **列出決策過程的步驟。**好的決策過程會遵循一連串合乎邏輯的步驟，找出並評估各種可能性，再做出最佳選擇。此過程需要七個步驟：（一）確定好要做出的決定；（二）列出所有可能選項；（三）蒐集資訊，瞭解每個選項會帶來什麼結果；（四）根據自己的價值觀與目標，評估每個選項的可能結果；（五）選出一個選項；（六）依據決定，採取行動；（七）評估進展。

複習題目

1. 堅持與自決之間的差異為何？
2. 為什麼有些人會抗拒改變？
3. 為了戒掉習慣而開始採取行動前，人會經歷哪三個階段？
4. 積極自我對話如何有助於改變壞習慣？
5. 請描述框架效應，以及其可能會對決策過程帶來的影響。
6. 為什麼人有時會對自己做出的決定感到後悔？

批判思考

7. **適應改變**　想像自己是習慣性遲到的人，結果有一天，老闆宣布遲到的員工就會被開除。這逼得你不得不開始準時上班。現在，同樣想像你是習慣性遲到的人，卻憑著自己的自由意志，決定要開始準時上班。不論是哪種情況，你都必須在行為上做出相同的改變：準時上班。第一個情況還是第二個情況會比較容易做到這種改變？為什麼呢？這個例子讓你對自己的自律能力有了什麼瞭解？

8. **自律**　父母會訂立清楚合理的限制或準則，來表示什麼行為可以接受、什麼不能接受，藉此協助孩子培養自律能力。舉例來說，幼童的父母經常會有所規定，像是「和玩伴一起玩玩具」以及「別亂咬」。為什麼行為沒有受到限制的小孩，長大後會很難養成自律的習慣？為什麼行為被過於限制的小孩，也會很難培養自律能力？

應用

9. **習慣調查**　請訪問已經將壞習慣改成健康習慣的三個人。他們是如何成功做到的呢？花了多久時間才做到？壞習慣是否曾復發過？如果有的話，他們從每次故態復萌的情況中學到了什麼教訓？你會想從這些受訪者身上學習什麼行為，運用在自己的生活中？

10. **決策**　請描述你曾做過的一兩個人生重大決定。你是如何做出決定的呢？碰到了什麼挑戰？產生了什麼後果？你從這些經驗又學到了什麼，對未來做決定時會有幫助？

上網活動

11. **批判思考測驗**　請上 https://www.proprofs.com/quiz-school/topic/critical-thinking，進行一些有趣又有挑戰性的測驗，檢測自己是否能以批判和創意的方式思考。

12. **心智習性**　請上 http://www.habitsofmind.org/content/managing-impulsivity，閱讀一篇網路文章，內容是關於心智習性（habits of mind），具體而言就是管理衝動。想一想自己有哪些衝動行為，過去曾傷害到自己。找出你可以採取哪些手段，培養自律、延宕滿足、更有效地管理衝動。

請回顧你是如何回答第 270 頁實際成功案例的問題。既然你現在已經更瞭解自律和做出改變的過程了，想一想你會如何回答這個問題。

完成故事　　請寫封信給珍娜，說明可能有什麼因素導致她猶豫要不要做出自己渴望的改變。接著，再建議她要如何克服對改變的恐懼，以及運用自律達成目標。

「我要如何才能成功？」

晚人一步

業務員伊萊哲·威爾斯回大學讀書，想獲得商管學位，找到薪資更優渥的工作。伊萊哲向來都能把作業前半做完，卻似乎永遠無法全部完成。他經常因太過灰心沮喪而沒去上課，考試的日子尤其如此。伊萊哲把自己碰上的困境歸咎於講師設置了不可能達成的高標準。他的講師認為，伊萊哲真正的問題是他自己——他之所以讓自己失敗，是因為害怕成功。這些話讓伊萊哲大吃一驚。

戰戰兢兢

這個想法乍聽之下很瘋狂，但伊萊哲漸漸領悟到，自己的自我挫敗態度確實是源自對成功的恐懼。他內心深處認為自己不是讀大學的料。他怎麼可能比得上其他的年輕學生呢？要是他拿到學位、獲得升遷後，朋友就疏遠他，那該怎麼辦？他沒有專注在成功上，反而讓恐懼帶領自己直直走向失敗。

你覺得呢？

為什麼會有人害怕成功？

7 心理學與成功

由內而外散發出來的光，
什麼也無法使之黯淡無光。

——瑪雅‧安吉羅（Maya Angelou），作家

簡介

　　動機會激勵人達成目標，充分發揮潛能。
你將在第 7.1 節探索不同類型的動機，學
到為什麼內在動機是可以維持最久的一種動
機。你也會學到自己的一舉一動是如何受需
求與想望所驅使。第 7.2 節將探討如何克服
可能使動機流失、使人害怕到無法冒險的恐
懼。你也會學到如何運用視覺化想像，提升
動機與自我期望。

學習目標

完成本章後，你將能夠：

● 對照內在動機與外在動機。

● 描述要如何區別需求與想望。

● 說明為什麼人的行為會受需求所
驅使。

● 舉出克服害怕失敗的數種方法。

● 舉出克服害怕成功的數種方法。

● 描述視覺化想像，以及其如何能
夠提升動機。

動機的力量

動機　促使人採取行動的力量。

　　人所做的一切都是出於動機。**動機（motivation）**是促使行為產生的內在動力，使人採取行動，並賦予人活力、方向、堅持下去的力量。動機會驅策人朝自己設定的目標前進。就算犯下了錯、感到洩氣、遭遇挫折，積極正向的內在驅力也會鞭策人向前邁進。

　　要取得成功，就必須仰賴自己提供動機。與其等待某件事或某個人推你一把，使你有所行動，你必須主動尋找激勵自己的方法。受到自我激勵的人能夠依靠自己的力量與渴望，帶領自己前往想到達的目的地。

　　高成就的人善於自我激勵，而這股促使他們採取行動的力量則源自內心。有時候，就算只是比平常再多一點的動機，也可能帶來驚人成果。想一想單純只是沸騰的水和強大蒸汽之間有何不同。水加熱到攝氏 99 度時，單純只是沸騰的水。然而，溫度來到攝氏 100 度時，只不過高了一度，水就變成蒸汽，力量強大到足以讓一架海軍噴射機，在僅僅五秒內，就以每小時約 190 公里的速度從航空母艦上起飛。

正向動機與負面動機

　　根據內心的感受，人可能會因此接近或遠離某個情況。人被驅策朝成功邁進時，感受到的是正向動機；人被驅使要遠離失敗時，感受到的是負面動機。這兩種動機如圖 7.1 所示。

正向動機　做某件事的驅力，因為這麼做將使自己朝目標邁進。

　　正向動機（positive motivation）是讓自己做想做之事的驅力，因為這麼做會使自己朝目標邁進，或是會帶來積極正向的想法與感受。比方說，人可能會受到正向激勵想努力學會一項技能，或是撰寫學期報告，因為這麼做會賦予自己成就感，或者因為自己本來就對該主題充滿好奇。正向動機會讓人更加樂觀、提升自尊。

負面動機　為了避免負面後果而做某件事的驅力。

　　相較之下，**負面動機（negative motivation）**也是讓自己做一定得做之事的驅力，但這麼做卻是為了避免受到懲罰或招來其他負面後果。人在受到負面刺激時，可能會努力寫學期報告的原因，是怕成績會很爛，或是會讓老師失望。

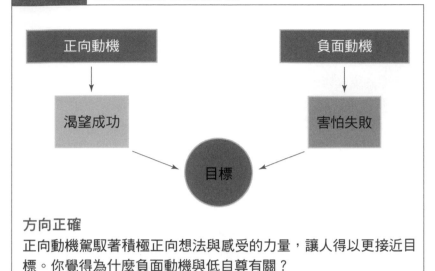

圖 7.1　正向動機與負面動機

```
正向動機            負面動機
   ↓                  ↓
渴望成功            害怕失敗
      ↘          ↙
        目標
```

方向正確

正向動機駕馭著積極正向想法與感受的力量，讓人得以更接近目標。你覺得為什麼負面動機與低自尊有關？

成功祕訣

正向動機會讓人更接近目標。

＊

　　負面動機未必不好。正向動機不高時，負面動機可以讓人去做必須要做的事。假設你很怕在某堂課上被叫到。你很累，又擠不出什麼念書的正向動機。但害怕自己沒有做好準備，或是講出錯的答案，可能會刺激你加倍用功。

　　人受到正向激勵時，採取的行動會讓自己更接近目標，同時也會擁有自豪感與成就感。人受到負面刺激時，會被不愉快的想法與感受所驅使，像是恐懼、擔憂、自我懷疑。

　　先前已經看到無論人花最多精力在想的是什麼事，最終都會發生，不管是害怕或渴望的事都一樣。正向動機會讓人覺得自己正在獲得成功，而不只是逃離失敗。當你覺得自己有負面動機時，試著有意識地將腦中的念頭從想要逃避什麼，轉移成想要達成什麼。舉例來說，與其擔心在課堂上講出錯誤的答案，你可以選擇聚焦在自己為什麼上學、從這堂課學到什麼、自己又朝目標接近了多少。請利用**個人日誌 7.1**，努力將負面動機轉換成正向動機。

動機來源

　　動機可能出自下列兩種來源：外在與內在。源自外界的動機稱為**外在動機（extrinsic motivation）**。外在就是指外部。源自內心的動機稱為**內在動機（intrinsic motivation）**。內在就是指內部。內在動機是所有真正動機的源頭。

外在動機　源自外界的動機。

內在動機　源自內心的動機。

個人日誌 7.1

產生正向動機

想像一下你正在自己所屬的職業領域中尋找全職工作。找工作涉及許多程序，包括完成出色履歷表、請人寫推薦函、聯絡潛在雇主。你是會受到負面刺激，還是正向激勵？請將下方列出的每個負面動機轉換成正向動機。

例子

我必須得到這份工作，才不會拖欠學貸。

得到這份工作，將讓我朝達成財務目標邁進一大步。

- -

我必須在履歷表下苦功，否則就得不到任何面試的機會。

_____

我之所以請人寫推薦信，是因為少了推薦函就不會有人雇用我。

_____

我應徵了很多工作，是因為不想覺得自己錯過了任何機會。

_____

我得練習面試的技巧，才不會在重要日子搞砸。

_____

我必須在面試完後寫封感謝信，不然對方會覺得我不想要這份工作。

_____

內在動機與外在動機非常不同。內在動機是加深興趣與提高熱情的正向動機。這種動機會驅使人去做自己喜歡也會讓自己有所成長的事，例如：

- 尋求卓越表現與獨立自主
- 對自己感覺良好

- 瞭解自己的周遭世界
- 忠於自己的內在價值觀
- 決定自己的人生方向

　　另一方面，外在動機比較像是治標不治本的快速解決方法。人之所以採取行動，不是因為真的想這麼做，而是達成某個目的的手段，例如：

- 外表好看
- 融入社會
- 取悅他人
- 獲得物質報償
- 覺得優於他人
- 避免碰上麻煩或受到懲罰

　　外在動機如果促使人朝自己想要的目標邁進，比如說經濟獨立、專業成就或社會接受，就相當於正向動機。不過，當外在動機是出於取得地位、名聲、權力的念頭，或是源自恐懼與逃避心態時，就代表是負面動機。

　　外在動機可以鼓勵或激勵人採取行動，但僅能持續一陣子，而且比起可長久維持且令人心滿意足的內在目標，只是較粗略的替代物。可長久維持的動機只存在於人的內心當中。你必須真心想要某個事物，才能激勵自己達成目標。

成功祕訣
可長久維持的動機源自內心。

內在與外在目標

　　人的目標往往會因為各自所具有的動機而有所不同。擁有內在動機的人會致力達成「內在目標」，像是建立人際關係、為他人付出、個人成長、充分發揮潛能。相比之下，擁有外在動機的人通常會致力達成「外在目標」，像是獲得財產、財富、名聲、美貌，或是富有魅力的形象。擁有外在目標並非壞事，也不能說有錯，但多數強烈渴望獲得金錢、名聲或迷人形象的人，都活在這些渴望永遠不會實現或無法長久維持下去的恐懼之中。就連那些真的達成這些目標的人，通常也都受負性症狀所苦，例如焦慮與憂鬱症。這些人不論擁有多少，似乎永遠都嫌不夠。另一方面，注重諸如人際關係、社區參與、健康等等的內在目標，與擁有更高的幸福感密切相關。

　　一般來說，擁有外在目標的人會企圖用有形物體來滿足情感上的需求。比方說，傑瑞之所以需要一台義大利跑車，是因為他

覺得自己自尊低。他希望擁有某個令人嚮往的物品能讓他覺得自己有價值。

你的動機從何而來？是什麼驅策著你做出那些行為？你的目標是什麼模樣？請利用**練習 36**，評估自己的內在與外在動機。

瞭解誘因

先前已經看到，受外在激勵的人關心的是外表好看、避免受到懲罰，或是得到某種獎勵。為了激勵人去做某件事，而提供的獎勵就稱為**誘因**（incentive）。你是否曾經在比賽中勝出或是獲獎，因而受到家人、朋友、老師或同儕的認可？如果有的話，你就感受過誘因所具備的吸引力與滿足感。

大部分的學校與公司都利用誘因來激勵學生與員工。學校會公布排行榜、頒發特殊獎項、表示教師表揚哪些學生、給予獎品和獎學金；公司則是利用福利、獎金、外國旅行、加薪、改善工作環境來達成目的。

為何誘因會失敗

誘因本身沒有什麼問題。不過，誘因通常只有在能強化源自內心的動機時，才有效果。假設你的老闆說只要你工作表現提升到一定的程度，就會提供現金紅利。一開始，這個金錢的提議可能會激勵你更賣命工作。但除非你真的很有興趣想要成為表現更好的員工，否則你的動機可能相當快就會消失於無形。只有在你具有精進自我的動機時，這份獎金才能激勵你。

只把外在獎勵當作動機，可能也會產生自我挫敗態度，因為這麼做會混淆獎勵與目標。舉例來說，如果向孩子保證會給予稱讚、金星貼紙獎勵或是金錢，哄騙這個孩子做學校作業，對方就有可能養成一種觀念，認為這些獎勵，而不是獲得這些獎勵的學習，就是目標本身。沉溺於獲得獎勵，可能會讓人因為害怕失去他人的認可，而阻礙自己去嘗試新事物。

誘因的一個更大問題在於，誘因通常代表著其他人試圖要控制我們的行為。想一想那些向青少年兒子保證，只要考得更好就能得到一大筆零用錢的父母。這份獎勵其實是父母要讓兒子做到他們想要他做的事。這份獎勵根本沒有提高他對學習的興趣。

練習 36　激勵你的是什麼？

A　請從陳述中找到最符合你對其描述情況會做出的反應，再圈選對應的字母。

---

1. 你為某家公司工作有一段時間了，如今受邀擔任新職位。你心裡最先想到的會是：

   a. 不知道新工作會不會很有趣。
   b. 要是我肩負不起新的責任，該怎麼辦？
   c. 我擔任這個職位會賺更多錢嗎？

---

2. 你有一個在學的女兒。班親會當晚，老師告訴你，你女兒在學表現很糟，心似乎沒有放在學業上。你可能會：

   a. 好好和女兒談一談，進一步瞭解問題出在哪裡。
   b. 責罵女兒，希望她可以表現更好。
   c. 確保女兒會做功課，因為她應該要更認真努力才行。

---

3. 你幾週前參加了一場工作面試。之後你收到一封制式信函，表示該職位已經招到人了。你很有可能會認為：

   a. 對方不知為何看不出來我的條件符合他們的需求。
   b. 我大概沒有優秀到能得到那份工作。
   c. 問題不在你知道什麼，而在於你認識誰。

---

4. 你是工廠主管，負責排定三位工人的休息時間，而這三個人不能同時一起休息。你可能會採取以下做法來處理這項任務：

   a. 告訴這三名工人整個情況，請他們與你一同研究要如何安排時間表。
   b. 詢問某個掌權的人該怎麼做，或是按以往的做法行事。
   c. 只要指定每個人什麼時候可以休息就好了。

---

5. 你有一個很要好的朋友最近很情緒化。這個人已經好幾次為了「沒什麼大不了的事」，而對你大發脾氣。你可能會：

   a. 與對方分享你的看法，試著瞭解究竟是怎麼回事。
   b. 不理會這件事，因為你反正也做不了什麼。
   c. 告訴你的朋友，只有對方能更努力控制自己，你才願意與之共處。

---

6. 你剛得知之前考試的成績，發現自己考得很爛。你最初的反應大概會是：

   a. 覺得失望，納悶自己怎麼會考那麼爛。
   b. 覺得難過，怪罪自己什麼事都沒辦法做好。
   c. 覺得生氣，因為那個愚蠢的考試證明不了什麼。

7. 你受邀參加一場大型派對，但認識的人非常少。當你盼望著那個夜晚到來時，可能會預期：

   a. 不論發生什麼事，你都會試著配合大家，才能玩得愉快又不失禮。
   b. 你可能會覺得有點被孤立，沒人注意到自己。
   c. 你會找到一些可以相處得來的人。

8. 有人請你為自己和同事舉辦野餐會。為了舉辦這個活動，你最有可能採取的做法會是：

   a. 發號施令：你會自行做出多數的重大決定。
   b. 依循前例：你其實不太能勝任這份工作，所以會按照以往的方式進行。
   c. 尋求參與：你會先徵詢他人的想法，再制定最終計畫。

9. 你的職場最近出現了一個空缺，那個職位對你來說會是升遷。然而，受邀擔任該職位的是與你共事的人，而不是你。你在評估整個情況時，很有可能會想：

   a. 另一個人大概做了政治「正確」的事，才得到那份工作。
   b. 你其實沒有預期會得到那份工作，因為你屢次都沒被列為考慮的對象。
   c. 你可能應該要檢視一下自己的表現，研究是哪些因素導致自己沒被升遷。

10. 你要展開新的職業生涯。最重要的考量可能會是：

    a. 有沒有晉升的好機會。
    b. 能不能做好工作，而不會陷入麻煩，無法脫身。
    c. 你對該工作有多感興趣。

11. 一名為你工作的女員工一直做得不錯。然而，過去兩星期以來，她的工作表現未達標準，她看起來也對工作顯得有點意興闌珊。你的反應大概會是：

    a. 告訴她，她的工作表現低於預期水準，她應該要開始更努力工作。
    b. 猶豫不已，因為你不知道該怎麼做才能解決她的問題。
    c. 問她哪裡有問題，讓她知道你隨時都能協助她解決問題。

12. 你的公司將你拔擢到在另一個城市工作的職位。當你想到這次調動時，你大概會：

    a. 對隨之而來的更高地位與薪水感到興奮。
    b. 對即將到來的改變覺得有壓力，並感到焦慮。
    c. 對新挑戰感到有興趣，同時也有點緊張。

資料來源：改寫自 Edward L. Deci and Richard M. Ryan, "The General Causality Orientations Scale: Self-Determination in Personality," *Journal of Research in Personality* 19 (1985); 109–134.

B 得分：首先，回到第 7 題。從這題開始，直到第 12 題，將你圈的每個 a 改成 c，將圈出的每個 c 改成 a。接著，將你所選的 a、b、c 各自加總，運用下方資訊解讀結果。

a _____ b _____ c _____

多數為 a：你有很高的內在動機。你通常選擇的情況都能刺激自己的內在動機，給予自己精進自身的機會。你很可能具有進取精神，都挑有趣又富有挑戰的活動去做，也會為自己的行為舉止負責。

多數為 b：你缺乏動機，因為你認為成功與成就全憑運氣或命運所操控，而不是自己付出了多少努力。你大概覺得自己無法帶來什麼影響，或是無法應付要求或改變，可能通常也感到焦慮，覺得自己無能。

多數為 c：你有很高的外在動機。刺激你有所行動的因素通常都像是獎勵、最後期限、組織體系、他人下的指令等等。事實上，比起自己想要什麼，你可能還更理解他人的要求。你大概極為看重財富、名聲、形象、其他外在因素。

C 根據上述的調查問卷，激勵你的是什麼？你贊同嗎，還是不贊同？請說明。

_____

_____

_____

_____

_____

_____

D 為什麼比起受外在激勵的人，受內在激勵的人更有可能追求有趣又富有挑戰的活動呢？

_____

_____

_____

_____

_____

_____

需求與動機

先前已經看到，達成像是財富、名聲或形象的外在目標，比起達成像是人際關係和自決的內在目標，較無法令人感到滿足。但為什麼呢？許多心理學家認為，這是因為諸如人際關係和自決等內在成就，才能滿足人類的基本需求。**需求（need）** 代表人為了生存繁衍而必須擁有的事物。

需求 人為了生存繁衍而必須擁有的事物。

所有人在身心兩方面都有所需求。舉例來說，人不只需要衣物、可遮蔽的住所，也需要覺得自己很安全、受人所愛。人不只需要維持身體機能的食物，也需要維持精神健康的自尊。

需求促成了人多數的有意識行為。比方說，我們努力建立社交關係和感情關係，是因為需要從他人身上獲得接納與愛。我們致力達成目標，是因為需要感覺到自尊以及勝任感。

需求也促成了人多數的下意識行為。比如說，所有人天生就傾向會模仿周遭人的行為、姿勢、言談舉止。我們是在無意識間這麼做，目的是想打造具有同理心與相互接納的氛圍。

成功祕訣
需求促成了人類的多數行為。

需求與想望

我們要怎麼區分需求與想望？需求代表人為了能正常運作而必須擁有的東西。另一方面，**想望（want）** 則代表人就算沒有也可以生存繁衍的事物。

想望 人就算沒有也可以生存繁衍的事物。

想望通常會是超出生存基本所需外的有形物質。舉例來說，每個人都需要健康食物、合身衣物、安全居所，但其實並不需要精品咖啡、設計師品牌或者可以停放四台車的車庫。一般人會擁有像這樣的想望完全正常，但這些東西不太可能會帶來可長久維持的滿足感。有形的高級品確實能帶來樂趣，但無法滿足人的需求。如果你很難決定某個東西究竟是想望還是需求，就問問自己：

• 我得到後會感到滿足嗎，還是會想得到更多？
• 我是不是希望這將會提升我的自尊？
• 我是不是希望這會帶走痛苦的感覺，像是寂寞、難過、拒絕、失去或空虛？

如果某個東西沒辦法真正滿足自己的身心，可能就是想望，而非需求。

需求層次理論

　　人類到底有多少基本需求？兩個？五十個？三百個？根據心理學家亞伯拉罕·馬斯洛（Abraham Maslow），人類需求可分為五大類。**馬斯洛的需求層次（hierarchy of needs）**理論如圖7.2 所示，從最基本的（底部）到最複雜的（頂端）需求依序排列。這五大需求分別是：

- 生理需求
- 安全需求
- 社交需求
- 尊重需求
- 自我實現需求

需求層次　一張由五大人類需求所構成的示意圖，從最基本的到最複雜的需求依序排列。

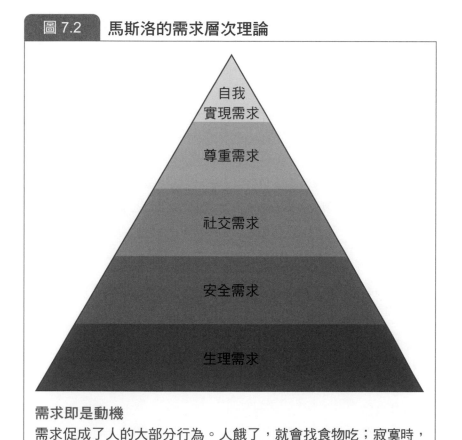

圖 7.2　馬斯洛的需求層次理論

需求即是動機

需求促成了人的大部分行為。人餓了，就會找食物吃；寂寞時，就會想要有人陪伴；無聊時，就會尋求刺激。人什麼時候有可能會為了滿足較高層次的需求，而忽視較低層次的需求？

馬斯洛的模型假定人必須先滿足基本需求，才能把注意力改放在更複雜的需求上。換句話說，只有在較為基本的生存需求獲得滿足後，人才會試圖實現更高層次、更為複雜的心理需求。現在來探討需求層次的各個階層。

生理需求

生理需求是維持身體健康與生存與否的基本需求。生理需求是所有人類需求當中最基本也最重要的一個，包括：

- 新鮮空氣
- 乾淨水源
- 營養食物
- 可遮風避雨的地方
- 清潔衛生的生活環境
- 適當衣著
- 基本醫療照護
- 性親密關係

花點時間想想你生活有多少時間是用來滿足生理需求。工作是為了賺錢，以便取得食物、住所、衣物、醫療照護；做家事、洗衣服，是為了讓身邊的環境保持清潔衛生；看醫生和牙醫，則是為了保持健康。當人必須花更多時間、金錢、精力來滿足生理需求，就愈少有時間、金錢、精力可以用在滿足更高層次的需求，例如教育或社會認可。如果你必須同時做兩份工作才能維持生計，就比較不會有動機想進修，或致力於社區服務。

安全需求

生理需求獲得滿足後，安心與安全自然就成了一般人下一個關切的事。人對安全與安心方面的需求包括：

- 身體免於受到傷害
- 穩定的環境
- 確信自己可以依賴他人
- 不受虐待
- 免於恐懼、焦慮、混亂
- 體系、秩序、法律、限制

人在能夠實現更高層次的個人需求以前，像是自尊與社會接納，必須先擁有基本的安全感。時常擔心自身安危的人，很難體會什麼是幸福、充實感或歸屬感。

社交需求

人類是社交動物，與他人來往的需求不可或缺。每個人都需要覺得自己生命中的重要他人會認可、賞識、愛著自己真正的模樣。每個人也都需要認可、賞識、愛著他人，藉此給予回報。這種與他人建立充實關係的需求，就稱為**歸屬感**（belongingness）。對歸屬感的需求，可以透過戀情或友誼的親密關係、家人羈絆所具有的安全感，或是學校或職場的同儕情誼來滿足。

歸屬感　與他人建立的充實關係。

少了歸屬感，人可能會深受各種與憂鬱症和低自尊有關的感覺所苦，例如寂寞、不受歡迎或無價值。不論人在生理和心理方面感到多安心無虞，永遠都需要他人的陪伴。

 上網動手做

利用數位學習，保持高度動機

過去五年來，登記報名線上課程的大學生人數成長了將近兩倍，從 23% 升高到 45%。隨著科技的選項持續迅速增加，數位學習可能不久後就會被認為是「傳統」的學習方式了。學生要面對的最大挑戰就是動機。少了實體教室以及與同儕面對面的互動，學生可能經常會覺得自己一人很孤單，與人脫節。這些學生可能很容易就會對學習內容失去興趣，因而分心、缺乏學習動力。少了學習動機的學生，最有可能出現的情況就是無法順利完成課程。

參與線上課程的學生一定要找到保持學習動機的方法才行。透過線上讀書會、聊天室、論壇、虛擬聚會，你可以與他人分享想法並討論看法，讓自己覺得與別人有所連結。培養良好的時間管理能力，為自己設定目標，將有助於你持續學習，避免跟不上進度，而感到灰心氣餒。多閱讀其他線上文章、觀看線上影片，尋找如何增進學習的創新方法。想要在數位學習上有所成就，就要靠自己身體力行！你付出的努力將會帶來極大收穫，也會讓自己感到滿足又充滿樂趣！

想一想

你最喜歡線上學習的哪一點？你是如何在課程中保持學習動力，也確保自己有完成作業？如果要更深入瞭解動機與數位學習，請上 http://www.educationcorner.com/online-education-motivation.html，或是搜尋「線上學習」、「動機」、「數位學習」等關鍵字，自行上網研究。

尊重需求

人如果想擁有快樂與成功，就需要覺得自己有用、有價值，並且其他人也認為自己是有用、有價值的。來自他人的尊重與自尊密切相關。每個人都需要覺得自己很重要、有用、成功、受人尊重，也需要他人認可自己所具備的才能與潛力。

低自尊可能會摧毀人想要達成目標、自我成長的動機。想要心理健康的話，就必須能夠偶爾鼓勵一下自己，不只是為了讚揚自身成就並持續激勵自己，也是為了能在事情不順遂時讓失望之情一掃而空。

勝任

達成目標並應付人生挑戰的能力，是擁有自尊的關鍵。因此，每個人內心深處都會覺得需要勝任自己在重要生活領域中的角色。**勝任（competence）**是把事情做好的能力。一個人很勝任，就表示這個人知道怎麼做好工作，也能夠有效完成工作。知道自己某件事做得好，不論是煎蛋捲，還是寫書，都能讓人得到基本的滿足感。一旦達成某個目標或培養某種技能後，就會獲得知道自己能夠達成新目標、培養新技能的良好感覺。人在設定新目標，致力達成這些目標的過程中，自尊也會隨之提升。

自我實現需求

自我實現位於需求層次中的最高階。**自我實現（self-actualization）**表示充分發揮自己的潛力，達成長期的個人成長目標。自我實現需求就是個人自我實現的需求——換言之，就是想要成功的需求。

就像成功，自我實現也是一趟旅程，而非終點。人不會在某個時候停下腳步，對自己說：「瞧！為了達成自我實現，我必須要做的一切都做到了。」人能夠發揮最佳表現的時候，就是處於持續成長的狀態時——願意接納新想法，立刻就能應用新知識，這些知識甚至包括從錯誤中汲取的教訓。

自主性

每個人都需要自主性，才能達成自我實現。**自主性（autonomy）**表示可以自由選擇、獨立行事、能夠進行獨立判

應用心理學

六種成就動機

（一）第一種成就動機（achievement motivation）是**專家身分（status with the experts）**，換句話說，就是自己在所處領域的領導力受到認可。（二）第二種成就動機是利慾心（**acquisitiveness**），也就是渴望得到某種有形之物，像是一定的金額、一台跑車或一艘船。許多人為自己熱愛的事物而活，也很討厭失去這些東西。（三）第三種成就動機是獨立成就（**achievement via independence**），意即渴望運用自己的技能與長處達成目標。這可能意味著要經過艱難吃力的學術訓練，才能成為外科醫師、科學家，或任何其他對專業能力有所需求的職業。（四）第四種成就動機是**同儕身分（status with peers）**。這與「專家身分」不同，因為坦白說，你的同儕未必是專家。許多人行事的動機都是來自朋友或職場同事如何看待自己。（五）第五種成就動機是眾所皆知的**競爭力（competitiveness）**。美國國家廣播公司（National Broadcasting Company，簡稱 NBC）創辦人大衛・沙諾夫（David Sarnoff）曾說：「競爭會讓產品得以盡善盡美，卻也通常會讓人展現出最惡劣的一面。」對你來說，不擇手段取勝有多重要？（六）第六種成就動機是**重視卓越（concern for excellence）**。「重視卓越」表示你每天都受到激勵，不論做什麼都盡可能全力以赴。在上述六種動機當中，只有「獨立成就」與「重視卓越」這兩個是真正的內在動機。

歷史上多數成就最為非凡的人，都是平凡可見的男男女女，他們都渴望表達內心的想法，想要解決某個問題。他們之中有許多人都因此財務無虞、博得名聲，但這些只是努力付出後所得到的副產物，而不是主要的動機。在所有成就動機當中，哪個最能激勵你？為什麼？

斷。自主性代表人可以掌控自己的人生、選擇要從事什麼活動、決定自己擁有什麼價值觀。

自主性對動機與表現的影響很大。當人缺乏自主性，就會覺得自己像個無能為力的玩家，參與著由他人操控的遊戲。於是，動機很快就會消失。然而，當人有了自主性，就會受到激勵，在學校和職場都能達成成功。舉例來說，可自由選擇要就讀什麼的學生，比起受父母控制的學生，具有更高的動機；員工如果對自己的工作擁有主控權，比起有個大小事都要管的主管，也會有更高的動機。你工作時，是否曾經有主管一直在你背後監督，擔心你可能會犯錯？像這樣被人控制，會剝奪你的自主性，因而降低動機。

現在該來檢視一下你的需求了。請利用**練習 37**，評估在你的日常生活中，較高層次的三種需求獲得了多少滿足。

練習 37　你的需求有獲得滿足嗎？

A　請閱讀下列陳述並勾選。

	不同意	有些 不同意	有些 同意	同意
1.　我和他人都相處融洽。				
2.　大家都對我很友善。				
3.　我生命中的人都很關心我。				
4.　我喜歡與我共事和一起上課的人。				
5.　我擁有自己感到滿意的親密關係。				
6.　我在學校和職場都擁有成就感。				
7.　認識我的人告訴我，我很擅長自己所做的事。				
8.　我在職場和學校都在學習有趣的新技能。				
9.　多數時候，我都能從自己所做的事以及自己是誰獲得成就感。				
10.　我經常有機會能展現自己的能耐。				
11.　我自行決定要怎麼過生活。				
12.　我不覺得有被勉強要去做、說或思考不符合「自己」的事物。				
13.　我很少被迫要做其他人叫我要做的事。				
14.　我覺得自己隨時都能表達看法與意見。				
15.　我覺得我就算做自己也沒有什麼問題。				

資料來源：改寫自 Edward L. Deci and Richard M. Ryan, "Basic Need Satisfaction in Life Scale." *Self-Determination Theory: An Approach to Human Motivation and Personality*, May 2002. University of Rochester.

B　得分：「不同意」1 分，「有些不同意」2 分，「有些同意」3 分，「同意」4 分。請將第 1 到第 5 項的得分加總。這些陳述談的是歸屬感的需求。如果得分低於或等於 15，代表你生活中的這個需求沒有完全獲得滿足。

歸屬感總分： _____

請將第 6 到第 10 項的分數加總。這些陳述談的是勝任感的需求。如果得分低於或等於 15，代表你生活中的這個需求沒有完全獲得滿足。

勝任感總分： _____

請將第 11 到第 15 項的分數加總。這些陳述談的是自主性的需求。如果得分低於或等於 15，代表你生活中的這個需求沒有完全獲得滿足。

自主性總分： _____

C 上述需求當中，哪些在你的生活中有獲得滿足，哪些則沒有？你覺得是生活中的什麼情況導致這種結果？

_____

_____

_____

_____

_____

_____

_____

_____

_____

_____

_____

_____

_____

_____

_____

_____

_____

_____

_____

_____

滿足需求

　　想像你列出了一生中最想做到哪些事的清單。清單上會出現什麼？很有可能你最想要的事，就是你最需要的事。假設你想要事業有成，並擁有一段雙方互相滋養彼此的感情關係。渴望事業成功與自尊和自我實現的需求有關。渴望有深愛自己的人生伴侶則來自對愛、接納、歸屬的需求。每個人內心深處都想要也需要同樣的基本東西——自我感覺良好、擁有使命感、性命與財務皆安全無虞、智識方面有所成長、在身體與感情上都與他人享有親密關係、受人同情與賞識。仔細想想你的想望與需求是什麼，這麼做有助於你專注在會帶來真正成功與幸福的事物上。

✓ 自我檢查

1. 何謂內在動機？（第 325 頁）
2. 需求與想望之間的差異為何？（第 332 頁）
3. 請列舉需求層次理論的各個階層。（第 333 頁）

動機與情緒

　　動機與情緒息息相關。這兩個詞的英文「motivation」與「emotion」都來自同一個拉丁文動詞，意思是「移動（move）」。人會朝著與愉悅心情有關的事物移動靠近，像是喜悅、愛、興奮，也會遠離與不愉悅感覺有關的事物，像是恐懼、悲傷、內疚。

　　其中有兩種相反的強烈情緒都屬於動機的一部分：恐懼與慾望。**恐懼（fear）**是因為預期會出現危險，而產生焦慮的不愉快感覺。在能夠影響動機的情緒當中，恐懼是最強大的其中一種。恐懼會引發往往沒必要的恐慌，也可能會讓人目標落空。

　　而慾望這種相反的情緒，就像一塊積極正向的強大磁鐵。**慾望（desire）**是一股有意識想達成滿意目標的渴望。慾望會引誘並鼓勵人擬定計畫、付出努力。慾望是你所在之處與想往何處之間的情緒狀態。想要取得成功，就必須有慾望。你必須想要有所改善才行。

　　恐懼和慾望會各自帶來不同的命運。恐懼面對的是過去，慾望則是展望未來。恐懼記得過往的痛苦、失望、失敗、不愉快，使人想起這些經驗可能會再次出現。慾望則會觸動愉快和成功的回憶，激發出創造新成功經驗的需求。恐懼的人會說：「我得要」、「我無法」、「我覺得有風險」、「我希望」；有慾望的人會說：「我想要」、「我可以」、「我看到機會」、「我會」。

恐懼　因為預期會出現危險，而產生焦慮的不愉快感覺。

慾望　有意識想達成滿意目標的渴望。

慾望的重要性

　　成功並非特權人士所專有，一般人不需要生來有錢、有天分或身體強壯，才能成功。成功取決於自身慾望、專心致志、堅持不懈。成功的祕訣就在於下更多苦功、嘗試別的方法、一心專注在想得到的結果上。擁有慾望，就會使人產生力求成功的精力與意志。不過，慾望如果要發揮上述作用，就必須輔以自律才行。你可能想要飛上月球，也許甚至想像過自己就站在月球表面，但實際上，少了自律能力，你連發射台都接近不了。

　　多數籃球迷永遠不會忘記麥可・喬丹（Michael Jordan）在球場上的卓越表現，他曾率領美國職籃（NBA）的芝加哥公牛

成功祕訣
走在通往目標的艱難之路上，慾望和自律得以讓人堅持下去。

*

隊（Chicago Bulls）創下驚人的總冠軍連霸紀錄。許多人認為他是職籃史上最偉大的選手。年紀較輕的球迷可能不知道，喬丹曾因為不夠有天分而被高中校隊淘汰。要是他在那麼年輕的時候就認輸，放棄自己熱愛的運動，如今會有何發展？年紀輕輕時就被否定，反而促使喬丹更努力練習，強化了想要成功的決心。喬丹為北卡羅來納大學教堂山分校（University of North Carolina at Chapel Hill）的籃球校隊柏油腳跟（Tar Heels）效力了三個賽季，是該隊在 1982 年奪下全國總冠軍的成員之一，他隨後在 1984 年加入 NBA 的芝加哥公牛。1991 年，他贏得了自己的首座 NBA 總冠軍，接著又在 1992 和 1993 年複製了同樣的成就，達成「三連霸」。喬丹轉戰職棒，小試身手後，沒多久便又在 1995 年重回公牛隊，再度率領球隊於 1996、1997、1998 年奪下總冠軍，並在 1995 ～ 96 年賽季創下了 NBA 例行賽的七十二勝最高紀錄。（譯註：此紀錄已被 2015 ～ 16 年金洲勇士隊的七十三勝打破。）

　　由於年輕時受挫的刺激，因而使自己登上了 NBA 的舞台，

專業發展

如何激勵員工？

　　根據蓋洛普的調查顯示，美國勞工有七成不是對工作「不投入」，就是「非常不投入」。這表示，管理階層必須瞭解要如何持續塑造一個讓員工積極進取、具有高生產力的環境。本章稍早也探討到，像是薪水和福利的外在獎勵，效果比不上內在獎勵。因為工作做得好而獲得認可，就算只是簡單說聲「謝謝」或稍加鼓勵，都遠比加薪或發放獎金的行為，更能夠讓員工投入到工作之中。

　　領導人與經理人如果建立起可供自由交流、表彰讚揚、給予回饋、教導訓練、展現自主的穩固團隊環境，就能提高生產力與員工投入程度。大家都想覺得自己受到老闆、公司、同事所重視，想要成為比自己「還大」的事物一部分。當員工受到尊重，也被鼓勵可多分享自己的意見時，就會獲得內在動機，想要為工作與公司付出更多。

你有何看法？

　　想一想你現在的工作場所，或是上一份工作。是什麼激勵你要做好工作？你的老闆或公司做了什麼，讓你覺得自己受到重視？當你想像自己在做理想的工作，或任職於一家很棒的公司時，能夠激勵你做好工作的是什麼？如果想更瞭解關於工作時的動機，請上 http://humanresources.about.com/od/glossarye/g/employee-motivation.htm，或用「員工動機」等關鍵字上網搜尋。

麥可・喬丹對此有何看法？他表示：「我籃球生涯有超過九千球沒投進，輸掉的比賽有將近三百場，曾有二十六次機會可以投進致勝的一球卻失手。我的人生一而再再而三失敗，而這就是為什麼我能夠成功。」

就像喬丹，歐普拉也透過自律與毅力克服遭人拒絕的挫折，成為廣播媒體界最富有也最具影響力的女性之一。歐普拉是這樣看待自己的經歷：「如果你一心只想著自己所沒有的一切，永遠都不會感到滿足。很多人都想與你共乘大型豪華轎車，但你真正想要的，是當豪華轎車拋錨時願意與你一同搭公車的人。我沒有把自己視為一名出身貧民區的貧苦女孩，長大後有所成就；我將自己看作是某個從小就知道要為自己負起責任，也必須有所成就的人。我依然腳踏實地，只是現在穿的鞋子比較好了。」

克服對失敗的恐懼

你可以達成什麼成就的唯一限制，就是你加諸在自己身上的限制。自我期望不高、沒有投注心力，都可能會讓達成目標的能力嚴重受限。同樣做得到這點的是影響力最為強大的一種恐懼——對於失敗的恐懼。

在某些情況下，害怕失敗可能會產生某種有利於自己的負面動機。當人為了避免失敗而全力以赴時，就會出現這種情形。如果你最近都沒在讀書，也好幾次考試都不及格了，也許就會很擔心是不是能取得學分，這股恐懼可能會促使你重拾讀書的習慣。但多數時候，對失敗感到恐懼會讓精力與動機都消耗殆盡。害怕失敗會導致人把注意力集中在採取行動或做出改變所造成的負面後果，因而降低動機。

對失敗感到恐懼經常是源自非理性的信念，擔心自己做了（或不做）某些事，就會產生糟糕的後果。舉例來說，恐懼失敗可能是基於對未知的恐懼，害怕會遭人拒絕、反對或羞辱，或是自己看起來很愚蠢或笨拙。在這些眾多恐懼之下，往往暗藏著更深層的恐懼：害怕自己不夠格。

成功祕訣
恐懼失敗會讓正向動機消耗殆盡。

接受恐懼

要克服對失敗的恐懼，首先要接受自己的恐懼。你要知道每個人都害怕會失敗，就連極有成就的人也害怕失敗。不過，成功人士能夠接受自己的恐懼，依然繼續向前邁進。

想一想以下的故事。有位知名演員曾在上台前精神崩潰。他被囑咐要好好休息，修復受損的神經系統。他很害怕，完全喪失了信心。過了一陣子，這名演員的醫生建議他，在自己家鄉的一小群民眾面前表演。當演員表示自己很怕會失敗時，醫生回說他只是把恐懼當作藉口，而恐懼並不是一個放棄的好理由。醫生告訴這位演員，成功人士會承認自己的恐懼，就算懷抱恐懼，也依然會向前邁進。於是，演員接受了自己的恐懼，上台為一小群觀眾表演。他的演出大獲成功，而表演結束後，他發覺自己雖然承認了恐懼，卻沒有讓這股恐懼使自己停下腳步。那一晚過後，他鞭策自己，到世界各地，為人數更多的觀眾表演，因為他很清楚自己可以克服恐懼，不讓恐懼結束自己的演員生涯。他很明白恐懼可能永遠都會在，但感到害怕這件事絕不會讓他再說要放棄表演了。

擴展舒適圈

舒適圈 人內心感到安全，也知道自己可以成功的地方。

一旦接受了恐懼，你就可以努力擴展舒適圈。**舒適圈**（comfort zone）是人內心感到安全，也知道自己可以成功的地方。

多數目標都需要稍微踏出舒適圈才能達成。追求目標，就意味著要踏入新領域、嘗試新事物，這麼做可能會相當具有壓力。沒有人會想要壓力大到讓自己放棄目標，因此，最好的行動方式就是逐步踏出舒適圈，每次都慢慢採取具有挑戰性卻不會令人感到不自在的一小步行動。把舒適圈想成是環繞著自己的一個圓圈，如圖 7.3 所示。每次接受新挑戰，就擴展這個圓圈，獲得愈來愈多的自由移動空間。

反思失敗

失敗 一種討厭的結果。

另一種克服恐懼失敗的方法，就是反思失敗代表的意義。**失敗**（failure）只是一種討厭的結果。失敗是一起事件，而非命運。事實上，失敗是一項可供使用的工具。失敗是種回饋，讓人知道哪裡需要努力改進。把失敗視為需要修正目標的學習經驗。失敗是繞遠路，不是死胡同。問問自己，從長遠來看，哪種情況會比較令人痛苦：追逐夢想失敗，還是就算一再錯失機會，依然追逐著夢想？想像你在二十年後的未來會是什麼模樣。當你回顧現在這個時刻，想起自己沒有冒險試試，會有何感受？你會滿腦子想著可能會有怎樣的不同發展嗎？

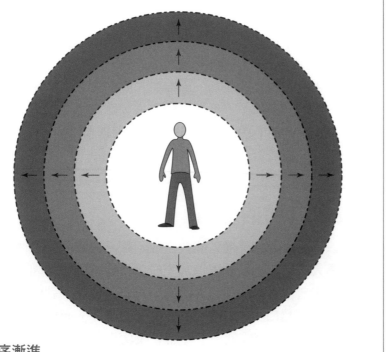

圖 7.3　擴展舒適圈

循序漸進

每次嘗試新事物，就會擴展舒適圈。為什麼用一次一小步的方式
來擴展舒適圈，會比一次一大步要來得好？

失敗是成功的一部分

失敗是人生的一部分。人每次想創新，就會冒著失敗的風
險。比方說，你在學開車時，只有試過，才會知道自己能不能成
功。要獲得成功，有時得努力嘗試很多次，但最終成功的時候，
人就會獲得自信，曉得自己可以成功做到新事物。

演員金・凱瑞（Jim Carrey）首次嘗試喜劇時被百般嘲諷，
兩年後才敢再次嘗試。他說：「我不知道是什麼鼓勵了我再試
一次。我只是覺得可以試試看。除非放棄，否則失敗不會是結
局。」

挫折與艱苦往往使人更為堅強。著名的勵志演說家厄爾・南
丁格爾講了一個關於他去大堡礁的故事。他注意到生長在受到保
護那一側礁石上的珊瑚，也就是海面平靜之處的珊瑚，看起來顏
色黯淡，毫無生氣。但是，經常受到大浪拍打的珊瑚則看起來很
健康，生氣蓬勃。厄爾問導遊為什麼會這樣。「非常簡單，」對
方回說，「位於潟湖那一側的珊瑚，在成長與生存方面都沒有遇

上挑戰，因此迅速死亡，而面對大海的珊瑚之所以能繁衍茁壯，原因就在於牠們每天都受到挑戰與考驗。」地球上的所有生命也是如此。人如果永遠不挑戰自己，就永遠不會有機會成功。我們可以選擇待在原地，也可以利用生命中的失敗與挫折，增強自己的實力，協助自己朝目標前進。

努力專注在過往的成功，忘掉過去的失敗。從錯誤中學習，再把這些錯誤從記憶中消除。不論過去失敗了多少次都不重要，唯一重要的，是你願意再次嘗試。請利用**練習 38**，評估自己如何看待失敗，以及可以如何擴展舒適圈。

克服對成功的恐懼

不只是對失敗的恐懼可能會造成阻礙，對成功的恐懼亦然。低自尊是人害怕成功以及害怕為了成功就得冒險的主因。一個人如果看不出自己具備的潛力與能力，那麼還沒開始就已經被擊敗了。你會想出藉口：「這種成功根本不值得。」而你其實要說的是：「我不值得這份成就。」然而，成功人士會認為自己值得成功。他們深知成功值得自己費力爭取。這種自我價值感會讓他們對成功保有一線希望。

害怕成功的心態會讓自己設定的任何目標都失敗，進而使自己拒絕改變。想一想喬伊絲的例子。喬伊絲想上社區大學，攻讀學位。她設定了目標，也列出了任務清單，想使其成真，但三年後她依然還在「考慮這件事」。喬伊絲想要就學，內心深處卻害怕真的上了學，那些沒上過大學的朋友或家人與自己的關係會因此生變。他們也許會用不同的眼光看待受過大學教育的喬伊絲，可能甚至覺得她很自負。

對抗恐懼

要找到辦法解決對成功的恐懼，就必須檢視可能阻礙著自己的想法與感受，再找出方法加以克服。

「就算成功，我依然不會快樂。」

如果你害怕成功會讓自己得不到滿足，就該重新檢視自己對成功的看法了。你是希望金錢、權力或來自他人的認同會讓自己感到快樂嗎？別忘了，成功與幸福是源自內在目標，像是親密關係、健全自尊、為了目標與價值觀而投注心力。另外，要在自己

練習 38　擴展舒適圈

A 如果你可以絕對肯定地很有把握不會出現任何失敗的可能性，你會想做或嘗試哪五件事？（請選出是你實際真正想為自己做的事，而不是為了要讓別人感到欽佩才做的事。）

例子

競選學生會會長

參加無伴奏合唱團的徵選

1. _____

2. _____

3. _____

4. _____

5. _____

B 在現實世界中，失敗——一種討厭的結果——一定有可能會發生。考量到這點，你在自己的實際生活中，有多大的可能會嘗試上述的五件事？請說明。

_____

_____

_____

_____

_____

C 假如你從中挑出任何一件事嘗試，結果卻失敗了，你會再試一次嗎？為什麼會，又為什麼不會呢？

_____

_____

_____

_____

D 想像自己從中挑出任何一件或一件以上的事嘗試,結果卻失敗了,於是就此放棄。再想像自己二十年後的未來模樣。當你在回顧時,想起你讓對失敗的恐懼阻止自己追求人生目標,有何感受?

_____

_____

_____

_____

_____

_____

E 請從你想做或嘗試的五件事中選出一件。制定一連串挑戰性愈來愈高的三個目標,全都有助於你在該領域擴展舒適圈。

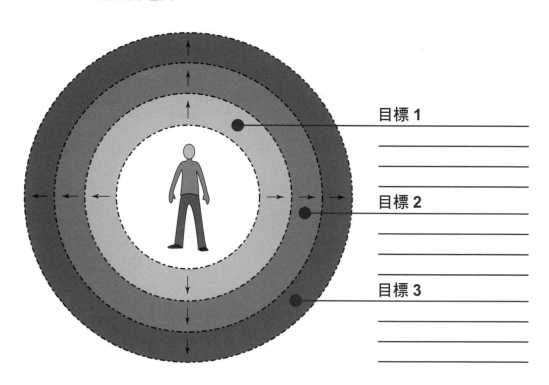

目標 1

_____

_____

_____

目標 2

_____

_____

_____

目標 3

_____

_____

_____

的各種不同面向都下功夫，才不會讓幸福快樂只取決於達成單一一個目標。

「我無法達到期望。」

一般人有時候確實會對成功人士抱持不切實際的期望。但請問問自己，你對自己抱有的不切實際期望，有沒有可能正削弱自己的動機。你是否覺得只有從一項成就接續到另一項成就，否則就是失敗？不用去管其他人抱有什麼期望——你只需要負責做自認重要的事就夠了。

「我成功的那一刻，恐怕就會搞砸了。」

成功不是意外，也不是可以隨意拿走的財產。你是否暗自擔心自己不夠好，總有一天會被人「揭穿」？這股恐懼會降低動機，使人打消冒險的念頭。允許自己嘗試新事物、展現創意、犯錯。

成功祕訣
允許自己犯錯。

「我一得到自己想要的東西，就不會再有動力去做任何事了。」

要記得成功本身是一種過程，而非結局。每一項成就都是立基於過往的成就，也在為未來的成就奠定基礎。為自己在多個不同的生活領域中設定數個目標，如此一來，你就總是會有某些可期待達成的東西。

「你愈成功，別人愈討厭你。」

你會害怕大家嫉妒自己的成就，是很正常的事。但你何不扭轉這股恐懼，想像自己的成功也許能啟發他人？運用自身成就使人受惠有很多種方法，像是給予指導、教導、講授、寫作。你也要檢視一下自己的態度，因為很多人都會暗自嫉妒成功的人，因而不喜歡他們。扭轉這種嫉妒之情，改為給予他人讚揚、認可、支持。這麼做的話，對方也可能會如此對待自己。

成功祕訣
利用成功，啟發他人。

「每個人都會覺得我自命不凡。」

別人確實有可能會雞蛋裡挑骨頭。不過，要記得最挑剔自己的那個人，就是你。如果你擔心自己做出的改變會影響你生命中

重要的人，就允許他們在看到你行為舉止有異或偏離價值觀時，能夠給予你誠實、公開、坦率的回饋。建立個人的人際支持網絡，這些人都欣賞並愛著你這個人，而不是你擁有的成就。

「我不想為了出人頭地，而踩著別人往上爬。」

真正的成功不需要利用他人。你可以也應該採取符合自己價值觀並尊重他人的行動，藉此獲得成功。你要相信你是可以在達成自己夢想的同時，也不剝奪他人達成目標的機會。

當人對成功感到恐懼，即便是最偉大的成就也可能會造成焦慮。舉例來說，當你工作獲得升遷，可能會開始擔心自己會讓老闆失望、與同事疏遠，或做出錯誤的決定。就算你達成了重要的目標，也無法享受其中。請利用**個人日誌 7.2**，想像自己在成功的情境之下，可能會出現什麼正面和負面的感受。

視覺化想像

先前已經看到恐懼——不論是對失敗還是對成功的恐懼——是如何讓人在朝目標前進時裹足不前。雖然接受恐懼、反思失敗的意義很有幫助，人也必須想像自己成功的樣子。當人在想像時，動機就會刺激自己採取行動。**視覺化想像（visualization）**是在心中詳盡描繪自己想要做到什麼的過程。如同積極自我對話，視覺化想像也駕馭著潛意識的力量。進行視覺化想像時，腦海中會看到經由圖像與符號組織處理的資訊。人會想像自己做出某些行為，使這些行為得以成真。

經由視覺化想像，你可以專注在自己想要的意象上，直到實現你所想像的一切。你可能會想像自己得到新工作、考試及格，或改善自己的記憶力和學習能力。如果你想要身體健康，可能會想像一個身強體健的自己在享受人生。這種想像有助於激勵你去運動、吃得健康。

許多研究都衡量了視覺化想像對運動表現有何影響。在其中一個研究中，一組籃球員實際練習了罰球，另一組則運用視覺化想像，「在心中」練習罰球。兩組改善的程度都一樣。如果運動——或任何其他技能——同時結合身體與心理方面的訓練，將有助於更進一步改善表現。

視覺化想像 在心中詳盡描繪自己想要做到什麼的過程。

成功祕訣
運用視覺化想像，駕馭潛意識力量。

個人日誌 7.2

勇於面對成功恐懼

請針對下列各個情境，寫下你可能會出現的三種正面感受以及三種負面感受。

你的教師在全班面前表揚你的某個研究專題表現傑出，並請你星期一向全班報告研究內容。

正面感受	負面感受

你和兩名朋友一起上了一堂進階課程。你是唯一成績拿優的學生。

正面感受	負面感受

你向本地報社投稿了幾篇幽默風趣的文章。報社編輯喜歡你的寫作風格，邀你每週寫一篇小專欄。

正面感受	負面感受

當你身處這些情境時，可以對自己說什麼來減少負面感受？

視覺化想像與成功

視覺化想像或心理模擬（mental simulation）並不是新概念了。每個人一生中都曾幻想過，並出演自己的「人生劇本」，意即腦中虛擬的實境秀或盛大史詩電影。奧運選手訓練的日子多達一千兩百天，全為了比賽期間短暫片刻的表現，而他們的演練幾乎都是在運動場外的腦中進行。

根據史上奪下最多奧運獎牌的麥可・菲爾普斯（Michael Phelps）所言，他的成功源自連泳池都還沒踏入就先在每場比賽前進行的視覺化想像。菲爾普斯說，他自七歲起就一直在進行視覺化想像，每晚睡覺前都會在腦中觀看他稱為完美表現的游泳影片，內心想像著明天的理想泳姿。著名奧運金牌得主也是滑雪世界盃冠軍的琳賽・馮恩（Lindsey Vonn）則表示，她的意象練習讓自己在滑雪道上擁有競爭優勢。她說：「我總是會在實際滑雪前，先想像整趟過程。等我抵達起滑門的時候，已經在腦海中滑了一百次，想像自己要如何轉彎。」琳賽不只在腦中預演視覺畫面，也會一邊前後移動自身重心，模擬賽道情況，彷彿她就踩在滑雪板上，同時還採用比賽時會用的特定呼吸法。

當史上最偉大 NBA 籃球員之一的麥可・喬丹被問到運動技能與心理技能哪個重要時，他說：「心理方面是最難做好的部分，我也認為心理素質是區分優秀選手與偉大選手的關鍵。」對於要如何運用心理意象，喬丹則表示：「我會想像自己想置身何處，想成為怎樣的選手。我非常清楚自己想達成什麼目標，也一心想著要做到。」美國國家美式足球聯盟（National Football League，簡稱 NFL）的四分衛培頓・曼寧（Peyton Manning）則用簡單易懂的方式如此表示：「有些人需要看到白板上畫的東西……我則喜歡在腦中看到各種意象！」

視覺化想像在每種運動中都備受關注，例如高爾夫冠軍朴仁妃會預先想像致勝揮桿，美國女子足球世界盃冠軍隊伍成員、史上首位在世界盃決賽獨得三分的卡莉・洛伊德（Carli Lloyd）則會在每場比賽前花點時間，想像自己與足球之間會出現的正面情境。

視覺化想像不是只有運動員可用。銷售主管、科學家、海豹部隊、舞者、音樂家、演員、父母、老師、學生每天都會運用到這種想像。其效果強大到連醫生有時都會採用引導式想像，作為治療患有癌症與愛滋病等病人的一環。醫生會鼓勵這些病患，想像自己的身體在對抗疾病。

成功祕訣

想像自己成功，就能成功。

*

過去十年來，視覺想像與內心演練所需的技巧，已經從過於簡化的正向思考概念，轉變為更有科學根據的方法，同時還納入高速攝影、數位化電腦讀數、停格影片重播、神經回饋技術、模擬科技。某些音樂、色彩、圖像、感官環境可以引發不同的腦波和情緒回應。許多人會聯想到電玩的**虛擬實境（virtual reality）**科技，具備多種有益的實際應用。

視覺化想像之所以行得通，是因為大腦會自動回應人用文字、圖片、情緒等方式所提供的資訊。先前也探討過，大腦的神經路徑可以重塑、改變方向。基本上，視覺化想像分成兩種類型：接受與預設。接受型視覺化想像可用來回答問題，或找到某個難題的解決辦法。在這種視覺化想像中，是人想出問題，或是提出難題。首先，問題會用符合邏輯的方式進行分析，以便瞭解得更透徹，接著，空白的畫面會在腦中成形，時候到了，答案或解決辦法就會浮現在這個畫面上。如果想回憶起看似遺忘或喪失的資訊，這項技巧格外有用。

預設型視覺化想像是讓人在生活中得償所願。人會反覆想像自己想要的事物，大腦就會將訊號傳送到全身，促使自己採取行動，帶來想要的結果。要確保你想像的是自己真正想要的事物，絕不要想像自己不希望發生的情況或事件。

虛擬實境 一種由軟體打造的人工環境，呈現方式會讓使用者暫時擱置信念，接受其為實際環境。

視覺化想像的步驟

以下為成功進行視覺化想像的具體步驟：

1. 想像自己在做某件事時，要想像成有動作的動作場景。以運動心理學的術語來說，就是視動行為複演法（Visual Motor Behavior Rehearsal，簡稱 VMBR），目的是要產生一條神經路徑，讓肌肉「記得」構成某個動作的活動順序。因此，請不要想像靜止不動的畫面。
2. 不只要想像成功的結果，也要想像帶來這個結果的每一步。奧運選手在抵達運動場之前，會在心中事先演練自己想做什麼、想要如何做好。他們會想像景象、聲音、溫度、觀眾、比賽對手，再集中想像自己的表現。有些人甚至還會想像出時鐘或計時器，確保腦中所掌握的時機與步調精確吻合。對大腦來說，彩排就等同是首演。
3. 想像與自己原則和道德價值觀保持一致的情況和事物。如果出現了矛盾，就比較不可能讓身心合作無間。
4. 最重要的一點是，你在想像自己時，要想像當下的自己，彷

彿你已經達成目標了。要確定你的視覺想像是從自己的角度看到的景象，而不是透過旁觀者的眼光在觀看。如果你是滑雪選手，腦中想像出來的畫面就彷彿肩上架了一台隱形電視攝影機，朝著你的目光在滑雪比賽中會集中的方向拍攝，身體感受到的感覺也一樣。如果你要演講，就應該想像坐在你前方的觀眾看起來會如何。

如果要強化視覺化想像的能力，就先從在心中記住周遭環境的一切開始著手。盡可能記住愈多景象、聲音、氣味、質感、滋味愈好。在腦中重現日出或日落的美景，在腳趾頭間感覺海灘上的潮溼沙粒。你愈好奇、觀察力愈敏銳、在身處環境中愈感到自在，就會發現自己的視覺化想像能力大幅提升。當你愈常透過心之眼看到勝利循環，就愈快能親自將其化為現實。要對身邊一切抱持更大的好奇心。在日常對話中更常運用視覺想像。當你聽別人說話時，試著在心中想像對方所描述的情況。讓文字形成意象、感受、感覺。把感受與意象連結在一起，便能夠更容易回想起兩者。

成功祕訣
想像自己是你想成
為的那個人。

當你與他人交談時，使用富有視覺意象的詞語，生動描述、類比、故事、隱喻、明喻都能在腦中勾勒鮮明畫面。這麼做可以讓你享有額外好處，也就是更善於交談、演講。

專注在積極正向的一面

要記得自我對話對潛意識具有很大的影響力。進行視覺化想像時，留意負面想法，用積極正向的看法阻止這些念頭。別一心想著疑慮，而要想著你想成為怎樣的人的自我形象。如果你一直感到焦慮，也發現自己一再從頭進行同樣的步驟，別感到灰心喪氣。最終，你會清楚描繪出自己的模樣，是你未來達成目標時將擁有的形象。反覆告訴自己，你目前正在贏得一個接一個的個人勝利。舉例來說，如果要達成你想要的正面自我形象，就想像自己是你想成為的那個人。很重要的是，每天都要這麼做。想像自己做出你想做出的改變——現在就這麼做。想像自己成為你想成為的那個人——現在就這麼做。

成功祕訣
一而再再而三運用
積極自我對話。

視覺化想像與正向思考

人會回應我們的想法、感受、行為，並據此做出反應。如果你積極展望未來，較有可能產生積極正向的結果。你也更有可能

吸引態度積極正向的人，可以協助你達成目標。視覺化想像讓你在心中想像達成目標的畫面，因此有助於你保持積極進取。這種方法也有助於你持續受到激勵，一心想著要達成目標——也就是成功。請利用**練習 39**，想像成功。

✅ **自我檢查**

1. 為什麼慾望對成功很重要？（第 341 頁）
2. 請定義失敗。（第 344 頁）
3. 視覺化想像是如何發揮作用？（第 352 頁）

練習 39　想像成功

A 請描述一個你覺得很難為自己或自身信念發聲的情境。也許是你沒有在課堂上發表意見，或是遭受非建設性批評時沒有捍衛自己，也可能是面對業務員時的態度不夠堅決。

_____

_____

_____

B 現在請運用視覺化想像，練習如何為自己發聲。想像與上述相同或類似的情境，但這一次，你用有禮卻堅定的方式為自己發聲。請在下方的空白處詳細列出整起事件的所有層面，包括場景（時間與地點）、在場的人、發生的事（包含說出口的話），以及你對這個正面的新情境有何感受。

場景：_____

人：_____

行動：_____

_____

_____

心情：_____

_____

C 請閉上眼睛，鉅細靡遺地想像上述情境至少三次。如果你下次又碰上類似的情境，是否覺得更有把握能夠為自己發聲了呢？請說明。

_____

_____

_____

_____

_____

D 現在請利用視覺化想像前往未來。想像自己十年後的模樣，你已經達成數個長期目標，成為了自己想成為的人。你會如何想像自己，又會想像自己身處何處？

_____

_____

_____

_____

你達成了什麼目標？

_____

_____

你培養了什麼重要關係？

_____

_____

你為別人所做的事情中，最讓你感到快樂的是哪一件？

_____

_____

E 你想像自己未來會積極正向，這幅模樣是否提高了你想達成目標的動機？請說明。

_____

_____

_____

_____

_____

關鍵詞

學習目標重點整理

- **對照內在動機與外在動機。** 內在動機源自內心，會驅使人去做自己喜歡也感覺良好的事。與內在動機相關的目標有建立人際關係、為他人付出、自我成長。外在動機則來自外界，會驅使人做出讓別人覺得自己看起來很有成就的事。與外在動機相關的目標有獲得財富、名聲或美貌。

- **描述要如何區別需求與想望。** 需求代表人為了生存繁衍而必須擁有的事物，想望則代表就算沒有也可以生存繁衍的事物。某個事物如果無法滿足身心，可能就是想望，而非需求。

- **說明為什麼人的行為會受需求所驅使。** 人多數有意識與無意識的行為都是為了要滿足需求。舉例來說，歸屬感的需求促使人花時間培養家人之間的關係以及友誼、戀情。人不滿足基本需求，就會生病死亡；而不滿足更高層次的需求，就無法充分發揮潛力。

- **舉出克服害怕失敗的數種方法。** 害怕失敗，就會害怕做出改變與冒險行事。因此，人必須接受自己的恐懼，再一小步一小步擴展舒適圈。

- **舉出克服害怕成功的數種方法。** 對成功的恐懼源自低自尊。駁斥使人恐懼成功的自毀想法與感受，便能克服這股恐懼。

- **描述視覺化想像，以及其如何能夠提升動機。** 視覺化想像讓人可以在心中詳盡描繪自己想要做到的行動。人在看到自己循序漸進地達成目標時，會更受到激勵，繼續採取行動，也會對自己取得成功的能力具有信心。

複習題目

1. 請對照正向動機與負面動機。
2. 為什麼內在動機比外在動機更為健康？
3. 簡單畫出需求層次的示意圖，並標上各個需求。
4. 請定義歸屬感、勝任感、自主性。
5. 為什麼人會恐懼成功？
6. 請說明視覺化想像的好處。

批判思考

7. **外在與內在動機**　每年有成千上百的人彼此競爭，想參加實境電視秀，例如《我要活下去》（Survivor）、《美國偶像》（American Idol）、《美國達人秀》（America's Got Talent）、《超級名模生死鬥》（Top Model）、《頂尖主廚大對決》（Top Chef）、《驚險大挑戰》（The Amazing Race）、《決戰時裝伸展台》（Project Runway）。參賽者雖然要在充滿壓力的環境下錄影、表演，卻有機會能夠贏得獎金並一舉成名。你覺得為什麼有那麼多人想要登上像這樣的電視節目？你覺得實境秀的參賽者是受到內在動機還是外在動機所驅策，還是兩者皆有？請說明。
8. **正視恐懼**　請描述你人生中曾出現的一個情境，是你因為恐懼而沒能冒險或追求你覺得很重要的事物。讓你害怕的原因是什麼？你有感受到任何對成功或失敗的恐懼嗎？你當時是如何處理這股恐懼？你現在克服恐懼時會採取怎樣不同的做法？

應用

9. **需求日誌**　請複習馬斯洛的需求層次理論，再為自己畫出一張圖表，每一列分別代表五種需求之一。想一想你每週都會做的活動，以及是什麼動機促使你滿足每種需求。舉例來說，你可能會因為生理需求而吃飯、購買食品雜貨，也可能會因為社交需求而與親朋好友互動。請寫下促成每種需求的首要動機。比方說，你可能覺得像上學這樣的重要活動會在許多方面給予自己激勵，像是社交、自尊、自我實現。
10. **視覺化想像**　請詢問一名摯友或家人，是否有任何事阻礙著對方達成目標。協助對方找出是什麼障礙、挑戰或恐懼。再請對方以生動的方式仔細想像，自己達成目標時的情境。討論會出現什麼積極正向的景象、感受、自我對話，並擬定行動計畫。

上網活動

11. **自我激勵**　請造訪 http://www.mindtools.com/pages/article/newLDR_57.htm，做一個小測驗，瞭解你的自我激勵程度。你會得到一個總分，以及四個領域的個別分數，這四個部分是培養最強大自我激勵能力的必備要素。

12. **需求層次**　請造訪 www.pammargetson.ca/quizzes_needs.asp，根據馬斯洛需求層次理論的所有五個階層，瞭解你目前的需求是否獲得滿足。

成功案例　　**「我要如何才能成功？」**

請回顧你是如何回答第 322 頁實際成功案例的問題。既然現在已經完成本章了，想一想你會如何回答這個問題。

完成故事　請扮演伊萊哲的導師，解釋害怕成功為何與低自尊有關。接著，再建議伊萊哲運用積極自我對話，處理他的自我懷疑想法。

「我真的有機會能享受一些『空閒』時間嗎？」

加入人群

身為一家網路公司的業務員，安娜‧柯斯塔斯正一路往上爬。某個星期五，同事問她晚上要不要一起出去玩。安娜必須準備星期一與客戶的簡報會議，卻還是決定要去，她心想：「我只要在週末全部準備好就行了。而且今天可是星期五，我需要喘口氣。」她請了保姆來帶小孩，便和同事一起去餐廳了。而接下來的週末時光，就迅速在足球比賽、採買食品雜貨、打掃家裡、洗衣服之間流逝了。

加班工作

轉眼就到了星期一早上。安娜送小孩去學校後，因為上班遲到，不得不直接衝到會議室進行簡報。回到辦公室後，她發現有一封緊急電郵，通知她公司的廣告費率有所變動。「噢不！這會改變一切！」她想。安娜進行簡報時，犯了重大疏失，提供了不正確的資訊。現在，她得再安排一場會議，工作進度也因此落後了一個禮拜。

你覺得呢？

更好的時間管理將如何讓安娜避免這種情形？

Chapter **8** 管理資源

許多人直到錢快花光時才在乎自己
有多少錢，其他人則用相同的態度
對待自己的時間。

——約翰‧沃夫岡‧馮‧歌德
（Johann Wolfgang von Goethe），作家

簡介

時間與金錢都是寶貴——卻有限——的資
源。為了達成個人目標，就必須有效管理時
間與金錢。

你將在第 8.1 節檢視如何充分利用時間。
學會事先擬定計畫，就能達成更多目標，專
注在優先事項上。你將在第 8.2 節學會如何
讓金錢為你所用。你將檢視自己的消費習
慣、學會編列預算、制定讓財務狀況與自身
目標和價值觀相符的計畫。

學習目標

完成本章後，你將能夠：

- 簡述時間管理與金錢管理的三大
  步驟。

- 描述時間的三大類型，以及開銷
  的三大類型。

- 說明要如何列出待辦清單、規劃
  時間表。

- 定義拖延，並說明其成因。

- 描述有效預算的標準。

- 列舉減少超支的方法。

掌控自己的時間

人人都兼顧著眾多責任，不論是學業、工作、家庭、社交生活，還是休閒活動。那要怎麼找到時間做全部的事呢？答案就是時間管理。**時間管理（time management）** 是以事先規劃、有效且高效的方式利用時間。時間管理不只是安排時間表、列出清單，而是要充分利用生命中的所有時間。由於時間從來不休息，因此時間管理其實就表示要在可用時間內管理做事的優先順序。

本書從頭到尾都在深入探討對你來說很重要的優先事項。時間管理有助於你根據這些優先事項，安排時間與生活。時間管理得當，你就能在長期目標上有所進展，同時還能騰出時間放鬆、陪伴友人、培養嗜好、進行其他你自認重要的活動。

一般人通常在時間和健康都耗盡前，都將這些最珍貴的資源視為理所當然。時間就像財富，是人生的原料。人可以等待時機，卻無法留著擇日再用。人可以浪費和打發時間，卻也同時嚴重傷害了自己的潛在機會。時間是給予機會的最公平雇主。每個人在世時，一週都有整整 168 個小時可用。好好想一想這件事！科學家無法再多發明任何一分鐘。超級有錢人也無法再買更多小時。英國女王伊莉莎白一世（Queen Elizabeth I of England）在她的統治時期是全世界最有錢有勢的女人，臨終時低聲說道：「我願用所有財產換得再多活一個時刻！」每個人都在擔心自己想做卻做不到的事，而不是實際做可以做卻不做的事。最讓人備感壓力的不是今日所經歷的事，而是對昨日做了或未做的事感到後悔，以及擔憂明日可能會發生的事。

時間管理步驟

你要如何看待時間——是看成一連串永無止盡的最後期限，還是一連串機會？不論你是誰、做什麼工作，都要每天一步步努力朝目標邁進。如果想用有效且高效的方式利用時間，就必須把時間當作可讓自己達成最重要目標的「資源（resource）」。資源是一種隨時可用、必要時便可動用的東西。

基本的時間管理方法並不複雜。時間管理包含了三個基本步驟——釐清時間花在哪裡、決定自己想做什麼、制定使其成真的

計畫：

> **步驟一**：分析自己如何運用時間
> **步驟二**：排定好事情的優先順序
> **步驟三**：規劃好要如何運用時間

現在來一一探討每個步驟。

步驟一：分析自己如何運用時間

管理時間的第一步，就是仔細檢視自己是如何利用時間。你知道自己的時間都真正花在哪裡嗎？當你留意自己一天當中是如何利用時間，可能會對結果大感驚訝。

人每天都會進行數十種活動，從穿衣打扮到檢查電郵。一種分析時間的實用方法，就是將每項活動歸類為以下三種時間類型之一：

- **承諾時間**（**committed time**）──指致力於學業、工作、家庭、志工、其他與長短期目標有關活動的時間。這些活動通常會在時間表中佔據固定長度的時間。
- **維持時間**（**maintenance time**）──指用來維持或照顧自己和周遭環境的時間。一般人每週都需要花時間睡覺、照料自己的健康狀況，以及做些日常雜務，像是打掃家裡或公寓、維修汽車、照顧寵物。維持時間要比承諾時間稍微更有彈性。
- **自由支配時間**（**discretionary time**）──指想做什麼就做什麼的時間。你可能會在自由支配時間的期間和朋友一起出門晃晃、培養嗜好、上網瀏覽，或是讀一本書。自由支配時間是最為彈性的時間類型。

上述每種時間類型在一週 168 個小時中各佔了多少？以蕾緹莎為例，她有全職工作，同時上夜校，攻讀企管碩士學位。蕾緹莎週一到週五每天工作 8 小時，每週擔任 4 小時的志工、上 3 小時的課。承諾時間加總起來就是 47 個小時，因此還有 121 個小時可供她隨意使用。真是如此嗎？蕾緹莎搭火車通勤上班，開車去上學，用掉了每天另外 2 小時的時間。她也得買教科書和日用品、做功課、閱讀與工作相關的文章。

這又為承諾時間增添了 38 個小時，因此還剩 83 個小時可用。再加上每晚睡 8 小時，每天煮菜、吃飯、打扮、做家事要花 2 小時，遛狗則是 1 小時，她每週只剩下 6 個小時的自由支配時

間。

你是不是像蕾緹莎，有太多事要做，時間卻不夠用？請完成**練習 40**，衡量自己的時間需求。想得到準確結果的話，就必須花一整個星期進行這項活動，仔細追蹤自己每天是如何利用時間。別隨便估計時間，要確保你記下當天每一個小時實際花在哪些事情上。

成功祕訣
知道自己時間用在哪裡至關重要。

步驟二：排定好事情的優先順序

一旦知道自己實際上是如何利用時間，你就準備好要進行第二步，也就是排定事情的優先順序了。如同所有的資源，時間也有限。因此，你必須找出哪些活動值得分到最多的時間。想做到這點，**就要排定優先順序**，也就是根據重要性來安排工作與活動。

好好研究自己的工作、學業、家庭、社會義務與活動。哪些與你的目標和價值觀最為相關？請參考你在第二章挑出的價值觀，以及在第三章為自己設定的目標。你有沒有想多花時間做的事？比方說，你是否馬上就有時間能跟上最新時事、運動或為自己「悅」讀？你有沒有覺得哪些事花掉太多時間了？比方說，如果你一心想完成學位，是否可以減少一些用來做家務的時間？或是購物或看電視的時間？一般來說，如果事情太多、時間太少，可以先縮減的是自由支配時間。這麼做可以留更多時間給與個人目標直接有關的活動。不過，別為了完成更多事情，而把玩樂與放鬆排除在生活之外。如果不給自己重新充電的時間，受害的將會是自身的活力與熱忱。

成功祕訣
留時間給與個人目標相關的活動。

別忘了要睡覺

如果你與多數人一樣，那你完成一切工作的神奇解決辦法就是大量減少睡眠時間。不幸的是，這麼做不只沒效率，也對健康有害。剝奪睡眠時間會讓人白天生產力較為低下，因此要花更多時間、更努力工作，才能完成同樣的工作量。這麼一來，又會減少更多睡眠時間。當一個人累的時候，就無法好好運用時間。人不只會很難進行創意思考和做決策，也很可能會拖慢工作速度、犯下錯誤、忘記資訊。

你如何知道自己是否睡眠充足？多數研究人員建議每晚至少睡七到八小時，有些人可能需要睡九小時或更久，才會覺得有獲得充分休息。如果你吃完午餐後、閱讀時，或是搭公車或坐車

成功祕訣
讓自己至少睡滿七小時。

練習 40　時間需求調查

A　請利用下方的表格，記錄自己一整週花在每項活動的時間長度（以一刻鐘為單位，取最接近的時數）。

承諾時間	時數
1.　上課出席率	
2.　讀書時間（作業、到圖書館念書等等）	
3.　上學／上班的通勤時間	
4.　工作／實習	
5.　志工／課外活動	
6.　家庭責任	
7.　宗教活動	
8.　其他（具體說明）	
維持時間	**時數**
9.　吃飯（正餐與點心）	
10. 家務（洗衣、食品雜貨採買、煮飯、打掃等等）	
11. 個人衛生／梳洗	
12. 修車	
13. 身體活動	
14. 睡眠	
15. 照顧寵物	
16. 其他（具體說明）	
自由支配時間	**時數**
17. 社交活動（建立／維持友誼、團體活動等等）	
18. 獨自進行的休閒活動（嗜好、閱讀、電視等等）	
19. 其他（具體說明）	
20. 其他（具體說明）	
總時數	

B 請將表格中的所有時數加總。一週共有 168 個小時。如果總時數大於 168，就是過度承諾了；如果小於 168，就是讓時間從自己手中溜走了。你是過度承諾，還是承諾不足？如果你屬於任一情形，那是多了還是少了幾個小時？

_____

_____

C 請各自加總每個時間類型共花了多少個小時，再分別除以 168。得到的結果就代表你一週花在該時間類型上的比例。

總承諾時間：_____　　　百分比：_____

總維持時間：_____　　　百分比：_____

總自由支配時間：_____　　　百分比：_____

請利用上述計算得出的百分比，簡略畫下你的時間圓餅圖。將每個圓餅圖截塊標上相應的時間類型。下方圓餅圖的每一個截塊代表 10%。

D 你對自己利用時間的方式滿意嗎？請說明。

_____

_____

_____

_____

時，往往感到昏昏欲睡，可能就是沒有睡飽。

睡眠不足的另一個原因是睡眠品質不佳。以下是幾種可以改善睡眠品質的方法：

- **運動**。人在身體感到疲憊時，入睡得更快，也睡得更沉。要獲得最佳睡眠效果，請在運動時間與睡覺時間之間留五六個小時的空檔。這麼做能讓體溫與活動量回歸正常。
- **避免午睡**。白天小睡片刻（二十到三十分鐘）可以讓人更警覺，但晚上就寢時會更難睡著。
- **對咖啡因說不**。避免攝取咖啡因，尤其是在下午和晚上的時候。含咖啡因的飲料和食物，像是可樂和巧克力，對身體的影響可能會持續長達十二小時。
- **別在床上工作**。請把床主要用來睡覺。如果你在床上念書、工作或看電視，可能會開始把睡覺空間與警醒聯想在一起，而不是想到休息。
- **固定上床時間**。每晚都在同樣的時間上床睡覺，就算週末也一樣（可以的話）。維持規律的時間安排將會有益於體內的生物時鐘。
- **放鬆**。建立一套放鬆身心的睡前習慣，使心情平靜，也能告訴自己的身體該上床睡覺了。你可以嘗試在睡前喝杯花草茶或溫牛奶，後者含有一種具輕微鎮靜作用的胺基酸。

重要還是緊急？

在排定事情的優先順序時，分析每項活動的緊急和重要程度也會有幫助。需要立刻採取行動的事屬於緊急，但只有在與一個或多個個人目標有關時，才可劃分為重要。你的期末專題也許是手邊最重要的任務，但還有兩個月才要交，所以並不緊急。正在響的電話是緊急的事，但這通電話可能重要也可能不重要。致力將大部分的時間花在緊急且重要的事情上。一種區分必要活動與不必要活動的實用便利方法，就是利用像**個人日誌 8.1** 中的圖表。這張圖表包含四個部分，分別代表四種不同的活動：重要且緊急、重要但不緊急、緊急但不重要、不重要也不緊急。

成功祕訣
將大部分的時間花在緊急且重要的事情上。

更有效利用時間

你是否曾覺得自己整天大多花在處理不太有意義的瑣事上？如果是的話，就仔細想想 80/20 法則（又稱為帕雷托法則

排定生活的優先順序

想像你要在接下來的一個禮拜完成下列任務。請判斷你覺得每件事有多重要且／或緊急，再一一填入下方對應的格子。

採買食品雜貨．看電影．整理舊文件和帳單．洗衣服．開始找暑期打工．把衣服送乾洗店．準備星期五的考試．回電給最好的朋友．修車子的爆胎．繳逾期信用卡帳單

	緊急	不緊急
重要		
不重要		

〔Pareto Principle〕）。這個法則表示投入與產出（或努力與結果）之間的關係並不一致。舉例來說，多數人把 80% 的時間投注在會產生 20% 進展的活動上，而 20% 的時間則花在會產生 80% 進展的活動上。換句話說，80% 的工作是完成於 20% 的工作時間內。這意味著 80% 的時間是花在與個人目標無關的活動上。

為了避免落入這種陷阱，將 80% 的時間與精力安排用於最優先的事項上，其餘的 20% 則花在優先程度較低的事情。這麼

一來，就能在同樣的時間內獲得更多成果。每個人都應該視為優先程度低的活動包括：

- 把時間用在與讓你感覺不佳的人相處
- 分心事物，像是看每則臉書貼文、每則推文或 Instagram，或是看任何電視節目
- 自己不喜歡或做得不好的工作，而這些工作都可以忽略不管、委派給他人，或甚至雇人來做
- 可以省點錢卻花大量時間的工作，像是自己洗車，或剪下自己不會用的食品優惠券
- 自己覺得「應該」要做其實卻覺得無所謂的活動，例如某些家事
- 緊急但長期而言卻不重要的活動

請一邊完成**練習 41**，一邊思考 80/20 法則。哪些活動其實對你來說無所謂？哪些事只是因為你覺得應該要做才去做？只要減少這類討厭的活動，就能空出時間去做更重要的事。

步驟三：規劃好要如何運用時間

你現在應該更懂得要如何管理時間，也更瞭解要如何讓時間為你所用。那你就準備好可以進行時間管理第三也是最重要的步驟：擬定自己要如何利用時間的全面計畫。最有效的做法就是列出待辦清單和規劃時間表。

列出待辦清單

待辦清單（to-do list）是一份個人檢核表，列出必須在一定時間內（例如一週）完成的任務與活動。把所有活動集結在一起，就很容易能看出哪些是最緊急且重要的事，也可以看出哪些可以一次全部解決。比方說，如果你得繳好幾張帳單，一次全部繳清，可以讓你更快解決這些任務，減少半途受到干擾的機會。或許你也可以一趟就完成去郵局、乾洗店、購物中心、菜市場所要辦的事。

每天都隨時參考待辦清單，盡一切努力按清單內容行事。每完成一項任務，就在該任務旁打一個大勾。習慣每完成一項大任務時，就用喜歡的東西來獎勵自己。這會是讓自己準時完成計畫的良好誘因。

利用待辦清單具有幾項好處，你開始習慣使用後就會發現：

待辦清單 一份個人檢核表，列出必須在一定時間內（例如一週）完成的任務與活動。

練習 41　檢視優先事項

A 請回顧你在練習 40 中完成的時間需求圖表，選出你想花更少時間在哪兩三個特定的生活領域上。請在下方的空白處一一寫下這些領域，再列出你很樂意剔除這些領域的哪些特定活動，或是你可以做出什麼改變，減少需要花在這些領域的時間。要記得，可達成的小改變會比永遠不會發生的大改變要來得好。（回顧一下第 284 頁的練習 30 也許會有幫助。）

例子	
家務	衣服洗完就立刻整理好。
	習慣就算家裡有點雜亂也沒關係。
	每兩週吸一次地，而不是每週。
1.	
2.	
3.	

B 你為什麼選擇不做這些特定活動？

C 請選出你想花更多時間的兩三個領域。請在下方的空白處一一寫下，再列出如果你有時間會想做這些領域的哪些特定活動。

例子	
飲食	準備更健康的餐點。
	自備午餐，而不是吃速食。
1.	每週和家人吃一次飯。
2.	
3.	

D 你為什麼選擇加入這些特定活動？

_____

_____

_____

E 請描述你這週就可以開始進行的一兩項新活動，以及可以剔除的一兩項舊活動。同時要確保這些活動減少和增加的時間幾乎差不多。

_____

_____

_____

- 在紙上記下任務後，就不必擔心自己會忘記某個任務，或因此分了心。
- 列出清單有助於區分真正重要的事與不要緊的事（將 80/20 法則謹記在心）。
- 把任務寫下來，將會讓人有動力展開行動，準時完成任務。
- 任務完成就核對打勾，將會讓人覺得自己有生產力以及成就感。打勾記號也能作為一種視覺提醒，表示自己準備好可以繼續進行下一項任務了。

待辦清單的重點不在於「保持忙碌」，而是利用時間去做自認長期而言很重要的事物。

規劃時間表

時間表 一張顯示任務必須要在哪個日期、什麼時間完成的圖表。

完成待辦清單後，就可以打造**時間表（schedule）**，一張顯示任務必須要在哪個日期、什麼時間完成的圖表。利用時間表來安排時間，具有多項好處。首先，事先規劃好時間，就能在納入休閒時間的同時，依然可以完成待辦清單上的項目。以日、週，甚至是以月為單位的規畫都有助於調整自身步調。第二，規劃時間有助於避免浪費時間。每次完成任務後，卻不知道接下來應該要做什麼，就是在浪費時間。第三，有了時間表，就可以避免因為想要做多於一天或一週的工作量，而注定失敗的情況。第四，在時間表寫下所有活動與「完成」日期，便可以用圖表的方式提醒自己接下來一星期要做什麼事。

成功祕訣
要確保自己知道每項任務會花多少時間。

要有效規劃時間表，就必須對待辦清單上的每項任務要花多少時間有實際概念。人很容易就會低估某件工作會花多少時間，尤其是當該工作取決於他人會出多少力的時候。如果你不知道某件事會花多少時間，就請教曾經完成這件事的人。

成功祕訣
每天都仔細查看時間表。

時間表可以採用任何形式，只要你覺得行得通就可以了。許多人會用智慧型手機或平板電腦來規劃每日與每週的時間表，也會掛上月曆或年曆，隨時追蹤長期目標的進展。不論選擇哪種形式，重點都在於每天要仔細查看時間表，為計畫或活動做好準備。舉例來說，如果你幾週後就要上台報告了，就在行事曆記下報告日期，再安排什麼時候要研究、寫作等等。別等到最後一刻才開始動工。**練習 42** 將協助你列出待辦清單並規劃時間表。別擔心要做得完美無瑕，把這個活動當成是入門指南就行了。

練習 42　時間管理練習

A　請在下方待辦清單中的「任務」一欄，寫下你未來一週必須要做的所有任務與活動。省略很明顯是每天一定會做的事，例如吃飯、上班、睡覺，但要納入採買食品雜貨等任務。請在「完成日期」一欄中設定每項任務或活動的完成期限。

20_____年第_____週之待辦清單		
任務	完成日期	重要程度

B　現在請排定任務與活動的優先順序。請在上方的「重要程度」一欄，為列出的每項任務標示 1 到 3 之間的一個數字，1 代表非常重要，2 代表重要，3 代表有點重要。

C 請利用上述待辦清單，為下週規劃時間表。先安排被列為非常重要的任務，並在一旁畫上星星。（你可能會想把工作量較大的任務拆成較小的任務，再為每件小任務指定不同的完成日期。）接著安排被列為重要的任務，如果還有時間的話，就把被列為有點重要的任務也排進去。請在接下來的一週利用這份時間表。

20_____年第_____週之待辦清單	
星期	活動
星期一	
星期二	
星期三	
星期四	
星期五	
星期六	
星期日	

D 這份時間表是否有助於你安排時間？請說明。

_____

_____

_____

找出你的黃金時段

在安排任務時，將最重要與最艱鉅的任務排在自己的工作黃金時段會相當有幫助。這個時段是指人最有活力的時候，也就是一天當中精神與體力都處於最佳狀態的時段。每個人在一天之中表現最佳的時候都不一樣。多數人在早上表現最佳，少數人則覺得接近傍晚時狀態最好。**個人日誌 8.2** 可協助你判斷自己的工作黃金時段。

個人日誌 8.2

你的黃金時段是什麼時候？

請圈選「是」或「否」，回答下列每個問題。

1. 你喜歡一大早就展開一天的生活，就連週末也是如此？	是	否
2. 你比較喜歡把課排在早上嗎？	是	否
3. 你是否會在早上感到懶散遲鈍，直到醒了一個小時左右才有精神？	是	否
4. 你是否試圖把課排晚一點，才能睡久一點再起床？	是	否
5. 你是否熬夜過了半夜十二點，也沒有太大的問題？	是	否
6. 你是否在下午五點會開始感到疲倦，晚上八點過後卻又會感到有精神？	是	否
7. 你是否覺得晚上十點前上床會很難入睡？	是	否
8. 你是否在早上八九點的時候會處於最佳狀態？	是	否
9. 你早上起床時，是否通常覺得警醒？	是	否

如果你對問題 3、4、5、6 的回答為「是」的話，可能就是夜貓子。如果你對問題 1、2、7、8、9 的回答為「是」的話，可能就是晨型人。請利用這份資訊，微調時間表，讓自己更具生產力。

處理拖延

拖延 把事情拖到最後一刻才做的習慣。

時間管理的最大好處之一，就是有助於克服拖延的問題。拖延（procrastination）是把事情拖到最後一刻才做的習慣。拖延可能會帶來影響不大的後果，例如因為沒有準時還圖書館的書，而要繳逾期罰款，卻也可能造成嚴重後果，比如被當或失業。偶爾出現拖延的情形很正常。然而，當拖延成了習慣，就可能侵蝕自決與自我期望。人愈拖延，就愈難阻止這種情況發生。

拖延對成功與否影響甚鉅。想一想成績全優與只有乙水準的學生之間，關鍵的差異是什麼。是智力嗎？是知識嗎？還是學習技巧？根據研究，成績全優和只有甲或乙水準的學生之間，真正的差異在於全優的學生會早人一步展開行動。他們會準時買好課本、課前就先預習、很快就開始寫作業。他們不會拖延。

為何拖延

在做不喜歡的工作時，每個人都偶爾會有所拖延，但為什麼有些人拖延的情形如此頻繁？許多人拖延，是要避免為自己的人生負責。他們告訴自己：「我只有十五分鐘可以準備那次考試——拿到乙不算糟！」這種情形稱為「自我設限（self-handicapping）」，也就是為了替糟糕表現隨便找個藉口，而製造通往成功之路上的障礙。由於自我設限的人會在成功之路上自行設置障礙，因而讓自己免於失敗。他們可以指出自己「受限」之處——時間不夠、睡眠不足、忘了念書、得了感冒——才是真正的元凶。

成功祕訣
愈拖延，問題就愈嚴重。

其他人之所以拖延，則是因為他們是完美主義者。他們太想要把某件事做到完美無瑕，所以如果只是做得好，就會覺得自己很失敗。因此他們拖延因循，直到最後一刻才突然陷入恐慌之中。

還有些人認為自己應該要等到「有心情」了，才開始進行計畫。不幸的是，他們愈是拖延，就愈不可能有心情採取行動。原本只是某個小麻煩，例如繳帳單，就會慢慢演變成令人不知所措的大事件，比如要繳滯納金、應付債權人等等。你可以透過**練習43**，來瞭解自己是否有拖延的習慣。

開始行動！

阻止拖延的最佳辦法，就是做某件——任何——有助於達

練習 43　你會拖延嗎？

A 請閱讀下列陳述，根據敘述內容有多符合自己的情況，在相應欄位中打勾。

	完全 不同意	有些 不同意	有些 同意	完全 同意
1.　我會捏造理由，讓自己不必解決某個問題。				
2.　我需要有壓力，才能實際展開困難的計畫。				
3.　我會累積成堆的郵件、報紙、未繳帳單、壞掉的物品或需要 　　修補的衣物。				
4.　如果我不想進行某件計畫，就會把相關事物藏在看不到的地 　　方，才不會讓自己想起這件事。				
5.　我有時會希望，如果拖延得夠久，問題就會自動消失。				
6.　我太晚開始準備考試，因此無法考得和我知道自己有盡全力 　　時一樣好。				
7.　我作業常常遲交，因為我需要額外時間使其完美。				
8.　我還沒完成舊的工作，就開始進行新的任務。				
9.　參與團隊工作時，我會試著讓別人完成自己沒辦法完成的 　　事。				
10.　如果我對某件事沒興趣，就是沒辦法逼自己去做。				
11.　我在工作或讀書時，經常發現自己會做起白日夢。				
12.　如果我有工作得做，房間卻一團亂，就會開始打掃房間，而 　　不是做正事。				

B **得分**：「完全不同意」1 分，「有些不同意」2 分，「有些同意」3 分，「完全同意」4 分。

你的總分是多少？＿＿＿＿＿＿＿＿＿

0–20　你不是習慣性會拖延的人，可能只是偶爾會出現拖延的問題。

21–30　你有一定程度的拖延問題。努力在事情還沒惡化成危機之前，就事先進行規劃，
　　　　早一步展開行動。

31–40　你經常拖延，給自己帶來不必要的壓力。戒除拖延的習慣將使你大為受益。

41–48　你是拖延高手。勇於面對拖延問題背後隱藏的恐懼，藉此擺脫這個習慣。

C 請描述你往往會拖著不做的任務。你覺得為什麼自己會拖延不去做這些事？

_____

_____

_____

_____

_____

_____

_____

_____

_____

_____

D 你今天就可以採取哪個行動，趕上之前一直拖著不做之事的進度？

_____

_____

_____

_____

_____

_____

_____

_____

_____

_____

_____

成目標的事。將自己的計畫拆成幾個小步驟，一次只要完成一個就好。舉例來說，告訴自己只要花個十五分鐘寫那篇小論文的大綱、清理廚房流理台，或是為履歷表挑出一種撰寫格式。把計畫拆成許多小部分後，就比較不會覺得招架不住了，可能還會發現自己不由自主地樂在其中。

另外，要養成事先規劃的習慣。別一直拖著不展開計畫，要及早著手進行。你可能會想先從簡單的任務開始做起，再一步步解決更困難的工作，或者你可能比較喜歡一開始就先從困難的任務下手，使其無法構成阻礙。採取行動有助於維持動力，同時也能預防拖延的情形。牢記以下的簡單事實：愈早展開計畫，愈早能夠完成。這麼一來，你也能留更多時間給其他活動，讓自己可以不用籠罩在計畫未完成的壓力之下，盡情享受這些活動。

成功祕訣
將計畫拆成多個部分，再一次解決一個就好。

一套可行的方法

為了避免拖延，同時可以充分利用時間，就必須研究和試驗不同的時間管理方法與策略，找出哪個與自己的個性最合。比方說，如果你喜歡隨興自在的做法，就別試著逼自己按表操課。你反而要打造能夠配合自己的時間表，讓你能夠專注在自己想要以及重視的事物上。空出一定的時間，做讓自己感覺良好的事，不論這是指吸房間的地板，還是花時間陪家人。這些都將有助於你打造自己想要的生活。

✅ 自我檢查

1. 時間可分為哪三種類型？（第 365 頁）
2. 列出待辦清單有哪些好處？（第 371 頁）
3. 何謂拖延？（第 378 頁）

時間管理訣竅

以下的檢核清單改寫自萊爾・蘇斯曼（Lyle Sussman）於路易斯維大學（University of Louisville）擔任管理學教授時所採用的教學內容。

1. 將所有你負責管理的人員與專案記錄在筆記型電腦、平板電腦或智慧型手機裡。記下他們的名字、電子郵件地址、電話號碼。將這些資訊備份到不同的「雲端」平台上。這些資訊也包含了你所有的密碼。
2. 每次做出承諾就立刻寫下來，再添加到智慧型手機行事曆並設置提醒。
3. 當週要做的事前一週就先規劃好，當天要做的事也一樣前一天就先計劃好。每週一開始花四十分鐘，每天一開始或前一晚花十五到二十分鐘，規劃好事情處理的優先順序。將「待辦」清單設置為智慧型手機或平板電腦的螢幕保護程式。同時自問：「我這週和新的一天要完成什麼？」
4. 別再浪費工作日的頭一個小時了。私人簡訊、臉書貼文、閒聊八卦，這三種展開工作的習慣會降低生產力。
5. 雖然每個人都得一心多用，但還是請一次做一件事，並把事情做好。展開和停下每個活動時，都會需要花些時間。
6. 事先為會議設定時間限制。你可以設定手機鬧鐘，告訴你什麼時候該結束對話。
7. 將來電與回電都安排在雙方都最方便的時間。
8. 試著一份文件處理一次就完成，包括信件、備忘錄、報告在內，絕不要超過兩次。別什麼都不做就把事情擱置一旁。
9. 別打開不重要的垃圾郵件或電郵。至少有 25% 的信件能丟到垃圾桶，你也不會想碰上網路釣魚、電腦被駭、遭到詐騙。
10. 找出自己一天當中精神最好的時候。將最具挑戰性的計畫都安排在這個時段。精神不濟的時候就處理簡單的工作。
11. 當你感到活力開始下滑時，就稍作休息。對許多人來說，這種情形會出現在下午三點左右；有些人則覺得是一大早或是午餐過後。
12. 獲得充足的休息、營養、運動。感覺不佳，就無法拿出最佳表現。
13. 在一天當中空出個人放鬆的時間。別在午餐時間工作。略過重要的能量攝取以及紓壓時間，既不是高尚的行為，也無法補充營養。
14. 讓自己更常放短假。工作愈賣力，就愈需要平衡工作與運動休閒的時間。
15. 整天下來都不斷自問：「現在的時間最適合拿來做什麼事？」隨著一天慢慢過去，把重點放在最不能不做完的事情上。

你有何看法？

如果請你將上述某些或全部活動納入每天或每週的例行公事之中，實際可行的程度會有多高？這份清單是否看起來很嚇人？如果是的話，將重要的活動排定優先順序，再從最簡單的開始處理。若想更有效管理時間，可能會妨礙自己的障礙有哪些。

錢很重要

就像管理時間一樣，管理金錢也是一種技能。事實上，金錢管理是人所能學會最重要的技能之一。**金錢管理（money management）**是指聰明運用金錢，達成個人目標。瞭解金錢有助於你享有更多的人生主控權，對未來抱持更高的信心。

大家在學校都會學英文、數學、歷史、科學，卻只有少數人學到要如何在凡事以錢為基礎的社會中過生活。許多年輕人進入職場時，對日常生活所需的開銷多寡只有模糊概念。一般人都是一邊花錢，一邊學習如何運用金錢，卻往往養成不健康的消費習慣、累積卡債。只要明智理財，就能避免碰到上述的財務困境，也能確保自己可以在財務無虞的情況下追求夢想。

金錢管理　聰明運用金錢，達成個人目標。

財富與幸福

那麼金錢到底是什麼？金錢只是一種方便交易的媒介，用以換取物品與服務。金錢並不保證能帶來幸福。事實上，基本需求獲得滿足後，再多的財富也無法帶來更多的滿足感。有錢人未必快樂，窮人未必不快樂。

想一想會令你感到愉快與滿足的人、活動、事物。你需要金錢才能擁有嗎？還是你覺得漫步在海灘上、讀本好書、花時間陪親朋好友，就能讓你引以為樂？要記得，儘管金錢確實能換來某些奢侈品，卻無法讓人生中的挑戰消失。

你與你的錢

每個人都對金錢抱有不同的感受。不幸的是，對金錢抱持強烈情感的人，通常很難理性處理手上的錢。比方說，有些人把金錢視為一種心靈慰藉，連一毛錢都怕得不敢花。其他人則將金錢與個人價值劃上等號，致力於買下昂貴財產。還有的人對金錢感到恐懼，盡可能完全不去想這件事。不去思考金錢的人往往只活在當下，拿到薪水就花個精光，幾乎不會動腦考慮財務方面的規畫與目標。你對金錢抱持什麼態度？請在**個人日誌 8.3**中寫下自己的想法。

成功祕訣
金錢有助於滿足基本需求，但無法買到幸福。

個人日誌 8.3

你如何看待金錢？

對我來說，金錢是_____

_____

我的財務目標是_____

_____

如果錢包裡有 3,000 元，我會_____

當我想到要繳帳單時，我感到_____

我搞不懂金錢的一件事是_____

對我來說，規劃退休是_____

我擔心自己沒有足夠金錢可以_____

金錢讓我可以享受_____

_____

我不需要金錢也能享受_____

_____

_____

關於金錢的童年經驗

父母樹立的榜樣會強烈影響一個人對金錢的態度。你成長過程中，家裡是如何運用金錢？金錢是否為壓力與爭吵的來源？父母是否同時使用多張信用卡？帳單是否總是遲繳或快逾期了才繳？金錢是否被拿來當作學業表現良好的誘因或獎勵？你知道自己家裡的錢從哪裡來，又是如何存起來和如何花掉的嗎？你有沒有零用錢，以及一筆屬於自己的預算？你可能從父母身上承襲了對金錢不理性且自我挫敗的想法與感受。若是如此，挺身面對這些問題，並利用第五章所學的 ABCDE 法提出質疑，至關重要。

金錢是種工具

人對金錢所能抱持的最有用態度，就是講求實際。把金錢視為一種工具。人人都需要這種工具，才能照顧到食物、遮風避雨之處、衣物、醫療照護的基本需求。每個人也需要這項工具，才能達成重要目標。人生有許多重大階段——求學、買車、租或買房子、養兒育女、創業、旅行、退休——全都需要用到錢。而身處資本主義的社會時，金錢也是展現自身價值觀的一種強大工具。我們可以從採取自己所支持經營方式的公司購買產品，也可拒絕向採取自己所抵制經營方式的公司購買產品。我們也可以支持從事自己所重視之工作的慈善團體，像是學校、環保團體、人群服務組織。

成功祕訣
將金錢視為達成目標的工具，而非目標本身。

管理財務

玩大富翁的時候，人人都能輕鬆**管理財務（finances）**，也就是金錢資源。當自己擁有的錢財、房產、選項都攤在眼前時，要做出策略性決策並不難。

在現實生活中，管理金錢則要複雜得多了。信用卡讓人可以花自己所沒有的錢。稅單、保費帳單和其他帳單似乎都會同時寄來。直接從銀行帳戶扣款的簽帳金融卡在自動提款機、超市、加油站、其他店家都可以使用——有那麼多支出管道，怎麼可能一一把帳記得清清楚楚？

雖然要記帳記到分毫不差的地步可能有其困難，但每個人都必須知道自己擁有多少財產，以及現在和未來想如何運用這些錢。許多美國人幾乎只要少了一筆薪水，就等於是遊民了——甚至連身價上百萬美元的職業運動員，似乎也會在一眨眼之間就身陷負債之中。擁有一套財務策略，有助於你照顧到自己的需求，同時還能追求夢想，而不必把心力耗費在擔憂上。這不表示你永遠不能用錢犒賞一下自己，但確實代表了你可以確保自己付得了帳單，也能存錢以備不時之需。

維持財務健全的基本訣竅很簡單：花得比賺得少。這聽起來再明顯也不過了，卻需要妥善規劃與善用自律能力。想要理財得當，那就遵循以下三個步驟：

步驟一：分析自己如何運用金錢。
步驟二：排定好開銷的優先順序。

財務 金錢資源。

成功祕訣
財務規畫有助於讓人感到安心。

成功祕訣
維持財務健全的基本訣竅，就是花得比賺得少。

步驟三：規劃好要如何運用金錢。

是不是覺得這些步驟似曾相識呢？它們與你學到要如何管理時間的是相同的步驟：分析、排定優先順序、規劃。

步驟一：分析自己如何運用金錢

精進理財技巧的第一步，就是瞭解自己是如何用錢。你知道錢都花去哪裡了嗎？一種分析支出的實用方法，就是將每筆開銷歸類為以下三種類型之一：

- **固定承諾費用（fixed committed expenses）**——是必要開銷，與按月繳納的房租、汽車貸款、一般貸款等無異。
- **變動承諾費用（variable committed expenses）**——是每個月都會有所變動的必要開銷，像是餐費和洗衣費、學費和教科書費用、保險費、汽車修理與登記費用、度假支出、生日與節日的禮物費。
- **自由支配費用（discretionary expenses）**——是因生活方式不同而出現的開銷，帶有獎勵性質，但嚴格來說並非必要。常見的自由支配費用包括休閒娛樂、出外用餐、電影、雜誌、有線電視服務、點心零食。

固定與變動的開銷是多數人必須負起的最大責任，但自由支配的費用卻可能以出乎意料的速度迅速累積。你會吃外食嗎？你會去看運動比賽或電影嗎？你會搶購特價品，連那些自己不需要的東西也買嗎？自由支配的花費沒有什麼大問題，只是當你把錢花在自己想要的東西時，可能就沒有足夠的錢可以支付所需了。

因此，理財技巧最為重要的一點，就是能夠分辨什麼是承諾費用，哪些則是自由支配費用。每次買東西，就問問自己：這是必要支出，還是出於生活方式的開銷？食物是必要支出，但如果商店自家品牌的果醬就足夠了，還要買進口的特級果醬嗎？那在咖啡廳喝卡布奇諾，而不是在家喝普通咖啡呢？

想要瞭解自己的消費習慣，最好的方法就是把所有開銷記錄成冊。記帳可以讓人看到自己每天是如何花錢，也能看出自己是否有任何不好的消費習慣。

有些人發現自己在看似微不足道的東西上花了驚人的龐大金額。比如說，荷彥記帳後發現，早上喝咖啡的習慣每個月總共會花掉 4,500 元。珍娜計算後，發現自己每年為了買生日禮物，會花上 18,000 元。

成功祕訣
因生活方式而出現的開銷會迅速累積。

記帳確實需要用點心，卻是瞭解自己消費習慣的最佳方法。請利用**練習 44**，打造自己的記帳本。

步驟二：排定好開銷的優先順序

步驟二是排定優先順序，釐清哪些開銷重要，哪些不重要。把個人價值觀和目標當作標準，決定自己要如何用錢。你想去國外旅行嗎？想買房或買車嗎？想對自認重要的理想有所貢獻嗎？你也許一心一意致力於世界和平，但如果你的衣櫥都塞不下鞋子或運動用品了，你有可能正把錢花在錯誤的地方。你必須做點財務規畫，確保自己的花費與個人價值觀和目標一致。

在規劃的同時，也要思考自己必須花多少錢在基本需求上，例如居住、交通、食物、健保。你想要自己住，還是願意與室友共住？你需要有車，還是可以共乘，或是利用大眾交通工具？你打算每週一次、每週兩次，還是每天都吃外食？如圖 8.1 所示，多數美國人花在居住、交通、食物、健保的費用，佔了逾四分之三的收入。支付完保險費、娛樂費用，以及其他如教育方面等開銷，通常可花在其他事情上的錢就所剩不多了。

成功祕訣
別把錢花在無關緊要的東西上。

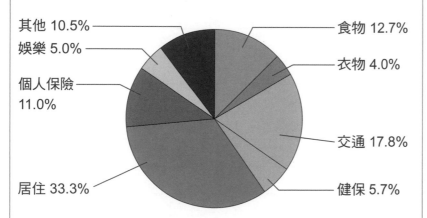

| 圖 8.1 | 錢都花到哪裡去了 |

其他 10.5%
娛樂 5.0%
個人保險 11.0%
居住 33.3%
食物 12.7%
衣物 4.0%
交通 17.8%
健保 5.7%

消費類型
居住與交通是美國人最大的開銷。如果住在自己買不起房子的地區，可能就得把 40% 的收入拿來支付房租或房貸。你覺得為什麼美國人的交通費用會如此高呢？

資料來源：Bureau of Labor Statistics, 2006.

練習 44 開銷記帳本

A 請花一週的時間，一五一十記下自己花了多少錢。隨身攜帶一本小筆記本，記錄每次買東西的日期、費用類型、消費金額。請確保小額消費也包含在內，像是從販賣機買的東西。記完一週的帳以後，將記錄的資訊填入下方的表格，並將每筆開銷歸類到固定承諾費用、變動承諾費用或自由支配費用的其中一個類型。

日期	開銷	花費	類型
例子			
8 月 26 日	乾洗費	350 元	變動承諾
8 月 26 日	卡布奇諾	80 元	自由支配
日期	開銷	花費	類型
總計			

B 請各自加總這三種類型的消費金額，再將每個類型的支出費用除以整週開銷的總金額。得到的結果就是該類型費用在總支出中佔的比例。

總固定承諾費用： _____　　總支出百分比： _____

總變動承諾費用： _____　　總支出百分比： _____

總自由支配費用： _____　　總支出百分比： _____

請利用上方計算得出的百分比，繪製自己開銷情況的圓餅圖。將每個圓餅圖截塊標上相應的類型。下方圓餅圖的每一個截塊代表 10%。

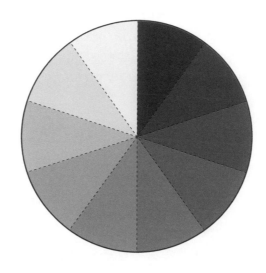

C 你對自己花錢的方式滿意嗎？請說明。

_____

_____

_____

_____

_____

_____

別忘了儲蓄

你也要確保自己有把儲蓄納入財務規畫當中。多數美國人每賺 10 美元，都存不到 1 美分的錢。然而，多數財務專家都建議，至少要存年收入的 10%。把錢存起來，可以讓人應付預料之外的開銷，也能使人感到安心。

儲蓄也有助於達成目標。在計劃要如何消費之前，必須先思考要存多少錢，才能達成自己最重要的人生目標。許多內在目標，例如建立關係、將自己的時間貢獻給社區，顯然都不用花半毛錢，但有些內在目標確實至少需要花點錢。舉例來說，升學進修大概就需要花錢；養小孩也會需要用到錢；慈善捐贈也需要錢。試著把儲蓄視為基本必需品，而非奢侈品。就算身陷債務，也試著每週留一小筆錢，以備不時之需。

成功祕訣
致力於把收入的 10% 存起來。

專業發展

投資未來

規劃未來的時候，值得花點時間好好考量眾多因素，再決定自己的下一份工作、理想工作或是預期的職涯方向。多數人出於財務需求，必須接受自己找到的第一份工作，才能維持生計。他們很少有人會主動詳細擬定長期計畫，思考要如何達成個人、事業、財務方面的目標。少了這樣的規畫，你可能就會發現自己被困在無意義的工作中，這份工作可能也與你為什麼當初選擇繼續進修毫無關係。明智之舉便是針對自己所處的領域，盡可能多方研究，判斷目前以及未來的就業選擇。找出全國（或全世界）有哪些地區為自己身處的領域提供了最多的機會。哪幾家公司在招募你有興趣的職位，就以這些公司為目標。研究各個不同城市的居住費用與薪資全距，再打造有將推估預算納入的目標與行動計畫。在替未來打下基礎時，準備得愈周全，成功的機會就愈高。

你有何看法？

對於自己想靠什麼賴以為生、想住哪裡、想賺多少，你是否擁有一個包含短期與長期目標的計畫？如果需要更多可協助你做出上述決策的資訊，請前往以下任一網站：

http://oedb.org/ilibrarian/100_best_lifehacks_recent_college_grads/
http://swz.salary.com/costoflivingwizard/layoutscripts/coll_start.aspx
http://visual.ly/average-expenses-recent-graduates

步驟三：規劃好要如何運用金錢

管理金錢的第三也是最後一個步驟，就是列出預算，確保每一分錢都花得有意義。**預算（budget）**是一種理財計畫，具體表明要如何在一段特定時間內用錢。多數人在列預算時，都以一個月為單位，因為信用卡、電話費、房租或貸款都是按月繳納。

預算會同時顯示收入與支出。**收入（income）**是人在一段固定時間內獲得的所有金錢。這包括薪水以及任何其他支付的款項，像是小費、還款、利息，甚至是津貼。支出包含所有每個月的承諾和自由支配費用。

好好花時間列預算。草草列出的預算可能比完全沒有預算還要更糟，因為這種預算可能會讓你誤以為自己的開銷遠比實際上還來得少。有效預算符合以下標準：

- 實際且準確，將接下來一個月會有的所有開銷都納入考量。
- 收支平衡，支出等於或少於收入。
- 以個人目標與價值觀為中心。
- 有餘力可儲蓄。
- 必要時可進行調整。

利用**練習 45** 學習列預算時，請將上述準則謹記在心。

充分運用資源

先前已經看到，維持財務健全的基本訣竅，就是花得比賺得少。不論是《財富》雜誌五百大企業的執行長，還是窮學生，這個道理都同樣適用。如果你就像許多人一樣，花得比賺得多，就只有三個實際的可能選項：開源、節流，或兩者皆要。獲得加薪、找到薪水較高的工作，或同時做兩份（或三份）工作，通常並非易事。不過，減少花費是每個人都做得到的事。

想到要減少支出，許多人往往還沒開始就感到灰心喪氣。誰想要每晚都吃起司通心麵，或是每天都穿同樣的衣服？不過，減少花費不代表要犧牲所有樂趣。在針對要如何減少花費時，把自己當成是在檢視陌生人財務狀況的分析師。哪些地方把錢花個精光？可以減少哪些花費？盡可能想出更多的創意點子。

預算 具體表明要如何在一段特定時間內用錢的理財計畫。

收入 在一段固定時間內獲得的所有金錢。

成功祕訣
抗拒超支的誘惑。

練習 45　預算工作表

A 請利用以下表格，為平常一個月的生活規劃收入與支出。如果要知道自己每月的變動承諾費用，就算出整年的總變動承諾費用，再除以 12。舉例來說，汽車保險每年要花 27,000 元的話，每個月就必須為這項支出預留 2,250 元。請將預期（規劃）的金額填寫在第二欄，再把實際花費填入第三欄，核對預估金額是否正確。

收入

項目	預估金額	實際金額
薪資		
禮金／津貼		
還款		
其他（具體說明）		
總月收入		

支出

項目	預估金額	實際金額
儲蓄／應急基金		
應急基金		
為目標存錢（具體說明）		
目標存錢（具體說明）		
總儲蓄金額		
固定承諾費用		
居住（房租或房貸）		
汽車費用		
育兒費／子女撫養費		
信用卡費用		
學生貸款		
電話費		
住家保險費		
汽車保險費		

健保費		
其他（具體說明）		
其他（具體說明）		
總固定承諾費用		
變動承諾費用		
食物（雜貨、午餐等等）		
水電瓦斯費		
寵物支出		
汽車修理		
汽車登記		
網路費		
牙醫診療費		
衣物		
洗衣費		
乾洗費		
交通（油錢、公車費、計程車費）		
個人護理用品		
剪髮／髮型設計		
居家維修與用品		
醫療照護（診療費、藥費）		
學費		
其他（具體說明）		
其他（具體說明）		
總變動承諾費用		
自由支配費用		
外食		
娛樂（電影、戲劇、出遊）		
有線電視		

書籍與教材		
雜誌與報紙		
健身俱樂部會費		
度假資金		
運動		
居家升級（家具、裝潢）		
禮物		
慈善捐款		
其他（具體說明）		
其他（具體說明）		
總自由支配費用		
總月支出		

B 你預算中的支出是少於、等於，還是多於收入？如果是多於收入，你打算如何補足差額？

_____

_____

C 你是否有為了儲蓄而留一筆錢？有的話，留了多少，為了什麼目的而留？沒有的話，又為什麼不留這筆錢呢？

_____

_____

D 預算中的預估金額與實際金額相比後，結果如何？請說明。

_____

_____

_____

消費、消費、再消費

　　以前，消費有所節制很容易就能做到。每週去一趟銀行，存入薪水的支票，再提領足以應付接下來一週生活的現金。沒有多餘的現金，就沒有多餘的消費。

　　如今，人很容易就會消費、消費、再消費更多。幾乎每個學生手上都有一張或更多的信用卡，本身也具有購買力。但超支會使人陷入負債，因而無法達成目標。美國平均每戶都有一疊信用卡，以及逾 8,000 美元的卡債。這正是愈來愈多人申請破產的一個原因。

改掉購物習慣

　　許多人之所以過度消費，是因為出現了衝動購買和娛樂購物的行為。第六章也提過，**衝動購買（impulse buying）**表示你

衝動購買　未經規劃，便憑著一時衝動花錢。

花錢是因為看中某個東西，突然渴望擁有，而不是因為事前就計劃好要購買。雜貨店會把像是糖果和雜誌等吸引人的產品擺在結帳台旁邊，使人容易衝動購買。就連 Amazon.com 等線上零售商也採用個人化推薦方式，向購物者推薦他們可能會加入購物車的產品，藉此賺進大把鈔票。

「娛樂購物（recreational shopping）」表示不分實體商城或線上商店，把購物當作一種娛樂消遣。娛樂購物在現代社會很常見，要避免或限制這種行為的最簡單方式，純粹就只是別再把購物當成分散注意力的手段。改為計劃花費低廉或免費的出遊活動，像是健行、運動，或在朋友家煮晚餐。找到可以和他人共享且富有創造力的有趣嗜好。

如果想要避免衝動購買和娛樂購物，就反覆提醒自己，只買自己真正需要且計劃要買的東西就好了。你真的需要這個耐火的皮夾，還是那個電動皮膚刮刀嗎？在買之前，先自問下列問題：

- 我真的需要這個物品嗎？
- 我是否更需要別的東西？
- 我還得繳其他什麼帳單？
- 我有在預算中列入這個物品嗎？
- 我為了買下這個物品而要花的錢，真的值得賺這筆錢所花的時間嗎？
- 我是否已經擁有類似的東西了？
- 我能否借到類似的東西來取代購買？
- 是否還有比較不貴的選項也一樣好？
- 這真的是購買的好時機嗎？
- 我是否比較過不同商店的價格和品質了？
- 我是否想投注使用、維持、清潔、儲存、修理、處理這項物品所需的精力？
- 我買這個東西是否是想滿足某個心理需求？

買東西之前，停下來自問上述的問題，可有助於自己限制花費，並更有自覺。你也可以利用**個人日誌 8.4**，檢視過去消費時所犯的錯，藉此變得更有自覺。

成功祕訣
購物是種昂貴嗜好。

善用信用

另一種掌管財務的重要方法，就是善用信用。**信用（credit）**是一個人在必須將錢還給貸方之前可以運用的總金

個人日誌 8.4

三思而後行

想一下你在過去一兩年曾買過什麼，現在卻希望自己沒買，請想出四個例子，這些可能是指產品，像是衣服或居家用品，也可能是服務，像是娛樂或旅行。想尋找靈感的話，看看自己四周的居住空間，或是重新檢視過去的信用卡明細表。請在下方的表格中，描述每筆購買、當時購買的原因、為什麼你現在認為自己不該花那筆錢。

購買	為什麼購買	為什麼希望自己沒有購買

如果你下次受到誘惑，想進行類似的購買時，可以採取什麼行動？

額。使用信用時，其實就是在貸款。信用交易可以簡單得如用信用卡支付油錢，也可以複雜到像是借六百萬元的貸款買房。

信用很有用，是因為信用可以讓人當下取得產品或服務，之後再實際支付。舉例來說，如果你透過信用的方式買車，可以每個月固定分期付款，直到繳清車錢為止。這讓編列預算變得很容易。刷信用卡比攜帶現金更安全，也比開支票更容易，信用卡帳單也能提供很有用的購買紀錄。

信用 一個人在必須將錢還給貸方之前可以運用的總金額。

信用的危險之處

不幸的是，信用卡很容易就會讓人累積債務。你很容易就會記不清自己花了多少錢，也很輕易就會出現衝動購買的行為。幾

乎每間大型連鎖店現在都提供信用卡，因此消費者皮夾裡有五張或甚至十張信用卡是很常見的現象。

你也會很難掌握所有信用卡帳單，尤其是當每張帳單的繳款截止日都不同的時候。滯納金都很高。此外，如果沒有每個月都繳清信用卡帳單，欠的不只是當初購買的消費金額，還有利息。利息累積的速度相當驚人。假設你為了度假，用信用卡刷了 60,000 元。如果你只付每月最低應繳金額，將需要花十一年才能付清這次的假期。而在這期間，你同時也要付將近 60,000 元的利息，讓這次假期所花的費用加倍。你是那些濫用信用的數百萬人之一嗎？自問你是否會利用信用：

- 繳逾期帳單，尤其是用其他張信用卡
- 買 150 元或少於 150 元的物品
- 支付度假費用
- 支付自己並未存錢要進行的高額購買
- 即便可以付現

如果你回答上述問題時都是「是」的話，就是在仰賴信用卡，支付自己其實付不起的東西。

如果你已經負債了，能不花錢就不花錢，並把（扣除儲蓄部分的）每一毛錢都用來還債。如果你有多張信用卡，就把所有債務都整合到利率最低的那一張。你也可以聯絡債權人，或向消費者信貸諮詢服務請教，想出要用何種方式還款。

信用紀錄

使用信用的方式不只會影響當下的財務狀況，也會對未來造成影響。這是因為信用狀況會記錄成電子檔，稱為信用紀錄，雇主、房東、其他人都能隨時查閱。**信用紀錄（credit record）**是列出進行信用交易之人的財務習慣紀錄。

信用紀錄 列出進行信用交易之人的財務習慣紀錄。

有些稱為徵信機構的公司會販售個人信用紀錄的資訊。當你到銀行申請新的信用卡或貸款時，銀行會請一家或以上的這類公司提供一份報告，瞭解你之前借了多少、還了多少、是否無法準時還款。

如果想要買房、租車或買車，或是租公寓，擁有良好的信用紀錄至關重要。有些雇主甚至會查詢潛在員工的信用紀錄。如果想建立良好信用，帳單來了就繳清、避免背負龐大債務、不要開空頭支票。想改善不良信用紀錄的話，就採取低信用額度，例如

在本地商店開立信用帳戶，按時繳款。這麼做可以向潛在貸方、雇主、房東顯示你值得信賴。

顧全大局

　　經濟學家凱因斯（John Maynard Keynes）曾說：「金錢的重要性源自其連接了現在與未來。」人負債時，時間大多花在手忙腳亂想彌補過去，而不是規劃未來。如果你不記清楚自己把錢花在哪裡，可能會在連自己也沒發覺的情況下，就揮霍了大筆錢財。你努力賺來的錢，應該要用在對自己最具意義的事物上。聰明的消費與儲蓄習慣可讓你能夠自由擬定未來的計畫。

成功祕訣
金錢將現在與未來聯繫在一起。

 自我檢查

1. 何謂預算？（第 391 頁）
2. 何謂衝動購買？（第 395 頁）
3. 使用信用的優缺點為何？（第 396 頁）

關鍵詞

時間管理（第 364 頁）　　金錢管理（第 383 頁）　　衝動購買（第 395 頁）

待辦清單（第 371 頁）　　財務（第 385 頁）　　　　信用（第 397 頁）

時間表（第 374 頁）　　　預算（第 391 頁）　　　　信用紀錄（第 398 頁）

拖延（第 378 頁）　　　　收入（第 391 頁）

學習目標重點整理

- **簡述時間管理與金錢管理的三大步驟**。時間管理的三個步驟是：（一）分析自己如何運用時間；（二）排定好事情的優先順序；（三）規劃好要如何運用時間（待辦清單與時間表）。金錢管理的三個步驟是：（一）分析自己如何運用金錢；（二）排定好開銷的優先順序；（三）規劃好要如何運用金錢（預算）。

- **描述時間的三大類型，以及開銷的三大類型**。時間的三大類型是：（一）承諾時間，將心力投注在與目標相關活動的時間；（二）維持時間，照顧自己所花的時間；（三）自由支配時間，想做什麼就做什麼的時間。開銷的三大類型是：（一）固定承諾費用，每月金額都相同的必要開銷；（二）變動承諾費用，每月金額都有所變動的必要開銷；（三）自由支配費用，因生活方式不同而出現的開銷，嚴格來說並非必要。

- **說明要如何列出待辦清單、規劃時間表**。要列出待辦清單，就寫下所有必須在一定時間內（例如一週）完成的所有任務與活動。每完成一項，就打勾表示做完了。規劃時間表的方式，則是寫下任務與活動以及完成日期。

- **定義拖延，並說明其成因**。拖延是把事情拖到最後一刻才做的習慣。造成拖延的原因，可能是自我設限、完美主義或缺乏自我激勵。

- **描述有效預算的標準**。有效預算會符合以下標準：實際且準確，將接下來一個月會有的所有開銷都納入考量；收支平衡，支出等於或少於收入；以個人目標與價值觀為中心；有餘力可儲蓄；必要時可進行調整。

- **列舉減少超支的方法**。減少超支的方法包括善用信用；停下來分析每次的購買，檢查是否為衝動購買；選擇購物以外的活動作為娛樂消遣。

複習題目

1. 承諾時間與自由支配時間的差異為何？
2. 請列出使用待辦清單的三項好處。
3. 為何排定任務與活動的優先順序很重要？
4. 情緒如何影響人與金錢之間的關係？
5. 為何分析自己的消費習慣很重要？
6. 信用的優缺點為何？

批判思考

7. **時間管理** 列出待辦清單以及規劃時間表，雖然可以省下時間，卻也需要花時間去做。你會為自己建立待辦清單嗎？如果會的話，你覺得多有幫助？有幫你省下時間嗎？如果你沒有為自己列出待辦清單，又是如何完成事情？想一想利用待辦清單與時間表的優缺點。

8. **自願簡樸** 自願簡樸（voluntary simplicity）是一種生活方式，力求消費節儉、注重環保、重視個人與人際關係的成長，而非物質上的財富與可炫耀的成就。抱持自願簡樸信念的人通常會改變生活方式，工作（也賺）得更少、慾望變少、花得也更少。這種生活與消費的方式吸引你嗎？為什麼吸引你，又為什麼不吸引你呢？這種生活方式可能會在哪些方面為你帶來挑戰？你可能會懷念「物質世界」的哪些部分？你可能會從這種生活方式中獲得什麼？

應用

9. **理財導師** 請找兩三位你認識的人，他們在財務方面都「很成功」。安排時間訪問他們，瞭解他們如何理財。他們在記錄自己的消費時有多仔細？他們存的錢佔了收入的百分之多少？他們可以提供什麼訣竅，讓你能夠按照預算行事？請彙整你的訪問結果。你可以如何將他們的任一習慣納入自己的生活當中？考慮向其中任何一人詢問，對方是否願意再與你見面，查看你是否有進步，也許還能當場給予一些「金錢指導」。

10. **終結拖延** 把你一直拖著不做的重要任務或是尚未完成的計畫，列成清單。清單中可以納入的任務包括簡單得像洗衣服、寄出履歷表、工作面試後撰寫感謝信，或繳一份每月會有的帳單。先挑出你最不想做的任務。選今天或明天，空出十五分鐘，完成這項任務。蒐集任何該任務所需的工具，計時器設定為十五分鐘。計時器響了後，停下手邊的工作。你完成了多少？這項任務是否比想像中要來得容易？你是否有受到激勵，想繼續做下去？你是否覺得自己想立刻開始進行下一項任務？每天都持續這個習慣，也許在設定計時器時，可以延長為三十分鐘。你會很驚訝自己在一週內實際完成了多少工作！

上網活動

11. **管理大學生活**　不分年紀或攻讀領域，對每個學生來說，如何管理大學生活都相當具有挑戰性。除了到校上課或參與線上課程外，學生可能也有打工或正職工作，同時還要應付社交活動、家庭義務、健身目標、財務管理。幸運的是，許多應用程式都能協助學生處理各種活動，不論是統整上課講義、大綱、專題，還是一一記下有什麼作業，或是記錄消費、達成儲蓄目標、管理社交生活。上網搜尋適合自己的應用程式。想快速入門的話，請造訪以下網站：

    http://mashable.com/2013/08/08/apps-for-college

    http://buzzfeed.com/regajha/apps-every-college-student-should-download-right-now

12. **管理學貸**　由於學生為了確保未來能成功而貸款，現在已經愈來愈難搞清楚究竟有多少學貸了。過去八年來，學貸增長了 300%，逾 3,700 萬名美國人因為教育而負債。你在申請和償還學貸時，應該要採取什麼預防措施？你要如何保護自己的未來？請自行上網搜尋，研究學貸與有助於管理學貸資源的最新資訊。你可以從下列網站著手：

    https://businessinsider.com/how-to-pay-student-loans-faster-2014-5

    https://www.debt.org/students/

成功案例	「我真的有機會能享受一些『空閒』時間嗎？」

請回顧你是如何回答第 362 頁實際成功案例的問題。既然現在已經完成本章了，想一想你會如何回答這個問題。

完成故事　請寫一小張便條紙給安娜，建議她採用待辦清單和時間表，解釋為何這麼做能有助於她維持工作進度，同時還有時間可以享樂。

「我要如何為自己發聲？」

步步高陞

喬目前一帆風順。他剛完成會計的副學士學位，校方也同意讓他轉到四年制大學就讀。喬決定在繼續求學前，先到全國數一數二知名的會計公司實習六個月。這份實習工作雖然只有最低工資，喬卻很興奮自己將能獲得實際經驗，結識可靠的專業推薦人。

忍氣吞聲

沒多久，喬就碰上難題了。他的主管杜利達斯先生從未能回答喬工作上的問題，卻總是能夠抽出時間批評喬的工作表現。喬核對數字時都會再三仔細檢查，杜利達先生卻總是吹毛求疵。喬懷疑他上司根本不曉得自己尖酸刻薄的話會造成什麼影響，也希望自己能夠說點什麼改善情況──但要說什麼？他向同事尋求建議，他們卻都勸他把嘴閉上就好。喬灰心沮喪到考慮要辭掉工作，一天都不想待了。

你覺得呢？

喬要如何處理他與主管之間的衝突呢？

9 溝通與關係

真正卓越的領導能力，不只會讓人
願意跟隨，更能夠激勵這些人成為
領袖，為未來世代的大好機會奠定
基礎。

——康朵莉札・賴斯（Condoleezza Rice），
前美國國務卿

簡介

本書一路讀下來，你已經研究過自己的各
個面向，思索了自己人生想要什麼。你將在
最後一章學到如何與他人產生連結。

第 9.1 節將聚焦在人際溝通。你將探索溝
通過程，學習如何成為有效溝通的說者與主
動的聽者，並檢視可以如何運用溝通技巧，
解決與他人的衝突。你將在第 9.2 節探索關
係的本質，瞭解人際關係是如何形成與發
展，以及可以採用什麼技巧強化這些關係。

學習目標

完成本章後，你將能夠：

- 描述溝通的六大要素。

- 簡述非語言溝通的形式與作用。

- 列出有效表達與主動傾聽所需的
  多種技巧。

- 說明刻板印象、偏見、同理心之
  間的關係。

- 定義何謂親密，並說明要如何在
  一段關係中培養親密感。

- 舉出令人滿意的親密關係之特徵。

- 說明如何有效處理衝突。

細談溝通

溝通 傳達或交換訊息的過程。

溝通究竟是什麼？**溝通**（communication）是傳達或交換訊息的過程。訊息（message）則表示一個人的想法或感受。訊息可以用文字表達，也可以用聲音、手勢、行動或臉部表情來傳達。舉例來說，挑眉、嘆氣或尖叫都是一種訊息。訊息甚至可以透過音樂、舞蹈、視覺藝術、表演或任何其他表現形式來傳達。

人之所以溝通有很多原因：傳達事實與想法、分享感受、下達命令、說服他人、娛樂眾人，甚至是為了欺騙。不過，溝通最重要的功能就是在人與人之間建立並維持聯繫。人要藉由溝通，才能漸漸認識彼此，不論雙方的溝通管道是親自碰面、經由電話，還是透過多種線上社群平台。人也要藉由溝通，才能維持既有的人際關係。當人不想和對方交談，或覺得彼此無話可說時，顯然就表示雙方的關係出問題了。

擁有絕佳溝通技巧的人，享有最快樂的人際關係。這些人擁有更堅韌的友誼、感情關係、家人關係，也與同事相處得更融洽。擁有絕佳溝通技巧也會讓人成為備受歡迎的員工。雇主在找工作人選時，向來都希望對方擁有絕佳溝通技巧，以及仰賴良好溝通的技能，例如團隊合作能力、領導能力、人際處理能力。

人際溝通

人際溝通 通常採面對面方式的一對一溝通。

溝通共有四種基本技巧：聽、說、讀、寫。本章將聚焦在「說」和「聽」，這是人際溝通中最常用到的兩種技巧。**人際溝通**（interpersonal communication）是通常採面對面方式的一對一溝通，往往自然發生，且不拘禮節，因此與其他溝通形式大為不同，例如書面溝通、公開演講、大眾（媒體）傳播。

你每次與另一人互動，就是在進行人際溝通。就算你不開口說話，肢體語言也會透露出不少關於自己在想什麼、有何感受的線索。事實上，就算你沒意識到，肢體語言也會傳達出訊息。

許多人一天花很多時間講話和聽別人說話，然而，這並不代表這些人就善於溝通。良好溝通需要運用多項能力——自覺、文化意識、誠實、對他人抱有尊重與惻隱之心、願意接納他人的觀點。請花點時間完成**練習 46**，評估自己有多瞭解溝通。

> **成功祕訣**
> 善於溝通的人具有自覺。

練習 46　你對溝通有多瞭解？

A　請閱讀下列關於溝通的陳述，再根據你認為每項敘述是「對」還是「錯」，勾選對應的方框。

	對	錯
1.　與說話者目光接觸，表示你對對方所說的話感興趣。		
2.　臉部表情有助於你清楚表達自己的訊息。		
3.　時間與地點對溝通有很大的影響。		
4.　向他人表示尊重，是良好溝通的一環。		
5.　向正在說話的人略微傾身，表示你對對方正在說的話有興趣。		
6.　良好溝通能力是可以學習的技能。		
7.　觀察肢體語言是傾聽的一環。		
8.　能夠在不生氣或罵人的情況下表示不同意，至關重要。		
9.　保持沉默是一種鼓勵對方繼續說下去的方式。		
10.　如果有人跟你說了私人問題，給予建議可能會讓對方覺得你不是真的有在聆聽。		
11.　說話者的肢體語言可以透露出這個人是在說謊，或是隱瞞了什麼事。		
12.　當有人不知道該怎麼表達時，不要「幫忙」接話打斷對方，相當重要。		
13.　良好傾聽的一部分，就是試著理解他人的觀點。		
14.　情緒自覺有助於避免出現溝通失敗的情形。		
15.　傾聽是一種心理歷程。		
16.　傳達訊息所用的媒介會影響解讀訊息的方式。		
17.　無聲的示意方式，例如肢體語言，可以傳遞高達九成的訊息。		
18.　一般人有時候不會意識到自己肢體語言所傳達的訊息。		
19.　每個人運用肢體語言的方式都不同。		
20.　善於溝通的人會為自己的感受負起責任。		

B 得分：上述所有關於溝通的陳述都是對的。在「對」的方框中打愈多勾，表示你對良好溝通愈瞭解。你在「對」的方框共打了幾個勾？＿＿＿＿＿＿

上述所有關於溝通的陳述都是對的，你是否對此感到驚訝？請說明。

_____

_____

_____

_____

_____

_____

_____

C 為什麼向他人表示尊重是良好溝通的一環？

_____

_____

_____

_____

_____

_____

D 你自認善於溝通嗎？為什麼這麼認為，又為什麼不這麼認為呢？

_____

_____

_____

_____

_____

_____

溝通的要素

　　溝通是一種過程，雙方來回交流彼此的想法與感受。這個過程遠比多數人意識到的還要更複雜。每次的交流都包含了六種不同要素：發訊者、訊息、管道、收訊者、回饋、情境。現在來一一檢視。（請見圖 9.1）

發訊者

　　發訊者（sender）會將想法或感受轉換成訊息，再將這份訊息傳達給另一人。發訊者可以是作家、講者，或是運用身體動作來傳遞非語言（無文字）訊息的人。

訊息

　　訊息是發訊者要表達的想法或感受，呈現的方式可以是書面、口語或非語言的形式。假設你和一名友人正在參加派對，你

圖 9.1　溝通的要素

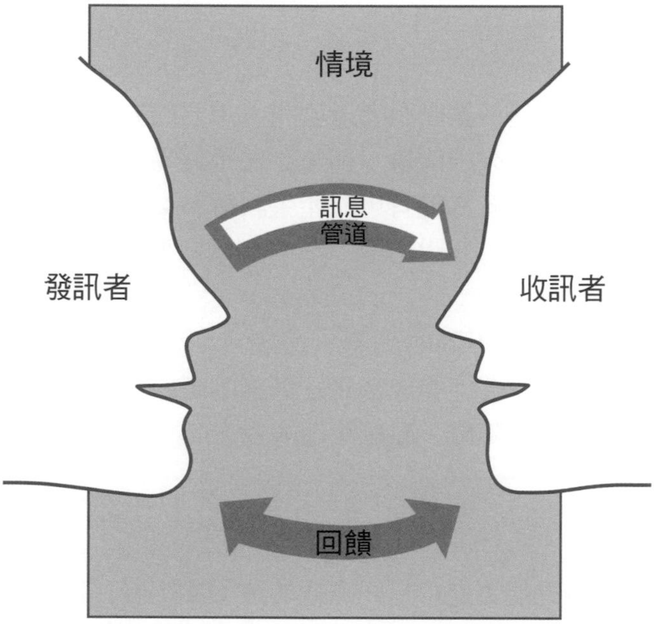

發訊與收訊
任何溝通都需要有發訊者、訊息、管道、收訊者、回饋、情境。
哪些溝通管道會讓收訊者無法立刻給予回饋？

準備要回去了。你可以用很多種方式表達這個訊息：可以說出像是「走吧」的話，可以用智慧型手機傳送一則簡短訊息，可以朝出口示意，或者甚至可以把朋友推出門外。

管道

管道 傳遞訊息時所用的媒介。

管道（channel）是傳達訊息時所用的媒介。管道會大幅影響對方如何解讀訊息。假設你的老闆在語音信箱裡留言，要你去她辦公室討論一件專案。想一想如果她是將訊息撰寫成正式備忘錄，或是雇用以歌唱方式傳遞訊息的人到你家，給你一個驚喜，那你會如何解讀這份訊息。

情境

情境 溝通發生的時間與地點。

情境（context）是溝通發生的時間與地點。就像管道，情境也對溝通過程有很大的影響。假設你正在教師的辦公室，討論是否有可能調整成績。如果這個對話是發生在人擠人的派對、喪禮接待處，或是所有同學都在聽的班上，會出現什麼不同變化？你會說出一樣的話嗎？你會得到一樣的回應嗎？留意情境能有助於自己使用適當的字眼，預測對方會如何反應。

溝通失敗

溝通的目的是要讓收訊者以發訊者想要的方式來解讀訊息。這個目的雖然聽起來很簡單，卻未必總是輕易就能達成。溝通的過程相當複雜，很容易就有可能產生誤解。你是否曾聽到人家說「好」，但其實對方想說的是「不」？你是否曾說出沒有惡意的話，卻有人誤會了？

每個人都各有不同的經歷、目標、期望、想法、觀念、感受、情緒，這些都可能會成為良好溝通的阻礙。當人因為物理、情緒或文化方面的障礙，而無法理解對方時，溝通就會失敗。

成功祕訣
良好溝通需要投注心力。
＊

物理障礙

物理障礙是能否進行良好溝通的最明顯阻礙。比如說，背景噪音或環境吵雜，就可能會讓人很難聽到說話者的聲音。如果你身體不舒服，或是說話者的口吻令人不悅，你可能就會很難理解自己聽到什麼或要怎麼解讀。說話者的外表也可能會是一種物理障礙。想像一下，如果你的老師有天穿著小丑裝來上課，專心聽

講會有多困難。有些物理障礙根本無法克服，例如震耳欲聾的背景噪音。其他像是試圖同時進行兩個對話等障礙，則可以藉由自覺加以改變或減少。分析造成困擾的原因，再想辦法改善問題。

情緒障礙

溝通的過程不只涉及實際的身體，也包含了心理層面。因此，障礙也可能顯現在情緒上。諸如悲傷、興奮、無聊或焦慮等情緒，都可能使人難以專心聽其他人在說什麼。想像你剛得知自己贏了樂透，或朋友死於車禍，下一堂課能夠專心聽講到什麼程度？

成功祕訣
情緒覺察有助於良好溝通。

收訊者

收訊者（receiver）負責理解或接收發訊者的訊息。收訊者解讀訊息的方式，取決於其個性、過往經歷、有多少興趣、情緒狀態、對討論話題的瞭解程度。發訊者與收訊者之間的關係，也會影響收訊者如何解讀訊息。舉例來說，如果老闆叫你放下手邊的工作，去做她的費用報表，你可能毫不猶豫照辦。然而，如果是你的室友叫你放下手邊的工作，完成她的數學作業，你又會做出何種反應？

成功祕訣
每個人解讀訊息的方式各有不同。

回饋

回饋（feedback）是收訊者對訊息的回應。發訊者需要回饋，才能瞭解收訊者如何解讀自己的訊息。回饋有很多種形式——同意、不同意、問題、困惑、憤怒、愉快。回饋可能包含話語（「我明白」）、示意（「嗯哼」）或行為（點頭、微笑、跑走）。

矛盾情緒也可能對溝通造成負面影響。話語能夠表達想法，因此混亂不清的想法會產生混亂不清（且令人困惑）的訊息。比方說，當你對某個人抱持矛盾的情感時，就無法清楚傳達訊息。你可能會發現自己講話結巴、吞吞吐吐，或是說出無心的話。

說者與聽者都會把自身情緒帶入每次的對話當中，可能因此導致雙方產生誤解。舉例來說，當你對最好的朋友感到極為火大時，可能會很難選用適當的字眼，或組織條理清晰的語句。你可能會以扭曲的方式解讀他的話，或是採取選擇性傾聽（selective listening），選擇只聽自己想聽的話，忽略其他部分。大家經常

成功祕訣
話語能夠表達想法，使人說話清楚、思考清晰。

用選擇性傾聽，阻礙自己不去聽訊息中威脅到自尊的那些內容。

要克服情緒障礙，就需要情緒覺察。人在認清並接受自己的感受後，便會意識到自身情緒是如何影響自己的溝通能力。

語言與文化障礙

兩個人要進行溝通的話，理想上應該要說相同的語言。但就算人有共通的語言，並不代表他們就共享同樣的文化背景。如果溝通的對象來自不同的文化族群或地理區域，運用陌生的用語和概念，可能會很難與之溝通。每個文化都具有各自的語言和非語言溝通慣例，許多可能都會讓外人感到困惑。舉例來說，在保加利亞，上下點頭代表「不」，左右搖頭代表「好」；豎起大拇指的手勢在全球多數地區都是肯定的意思，在澳洲卻是侮辱行為。

文化禁忌或禁令也可能使人格外難以理解訊息。假設你為了向新認識的英國人表示自己對他有興趣、想更瞭解他，因此問對方從事什麼工作。不幸的是，這個問題在英國被認為是無禮之舉，因為他們會認為這是在問一個人的收入。要避免產生像這樣的誤解，你可以培養「文化意識（cultural awareness）」，也就是能夠看出不同文化的相異之處，以及這些差異如何影響跨文化互動。由於現代人生活在地球村之中，瞭解自己打算造訪的國家有什麼溝通規範，認識自己每天都會與其有所互動、來自其他文化背景的人，是非常重要的。具備文化意識，也意味著意識到自己的文化是如何影響自身行為。

現在該來把以上所學的溝通知識應用到現實情況中了。你將透過**練習 47** 觀察到溝通要素的實際運作情形。

> **成功祕訣**
> 文化差異會對溝通有所影響。
> *

非語言溝通

想一想在不說半個字的情況下，你有多少方式可以表達自己的感受。你可以使用手勢、臉部表情、身體動作，甚至是發出聲響。回想你最後一次上課感到無聊的時候。你是不是一直在瞄手錶？是不是有打哈欠？還是嘆氣？

這些無聲的示意方式或線索，都是非語言溝通的實例。**非語言溝通（nonverbal communication）**是不用言語就能傳達或交換資訊的過程，也就是不靠言語來「說話」。你知道人還可以在打電話的時候用非語言的方式溝通嗎？微笑就能夠改變語調。

比起說出口的話語，非語言線索可以透露更多訊息。這些線

> **非語言溝通** 不用言語就能傳達或交換資訊的過程。

練習 47　分析溝通

A 請找兩個你從未見過的人，觀察他們之間進行的對話。把溝通的所有六大要素都記下來：發訊者的身分或角色、訊息的內容、傳達訊息的管道、收訊者的身分或角色、回饋的內容、對話發生時的情境。

發訊者：＿＿＿＿＿＿＿＿＿＿＿＿＿＿＿＿＿＿＿＿＿＿＿＿＿＿＿＿＿＿＿＿

訊息：＿＿＿＿＿＿＿＿＿＿＿＿＿＿＿＿＿＿＿＿＿＿＿＿＿＿＿＿＿＿＿＿＿

管道：＿＿＿＿＿＿＿＿＿＿＿＿＿＿＿＿＿＿＿＿＿＿＿＿＿＿＿＿＿＿＿＿＿

收訊者：＿＿＿＿＿＿＿＿＿＿＿＿＿＿＿＿＿＿＿＿＿＿＿＿＿＿＿＿＿＿＿＿

回饋：＿＿＿＿＿＿＿＿＿＿＿＿＿＿＿＿＿＿＿＿＿＿＿＿＿＿＿＿＿＿＿＿＿

情境：＿＿＿＿＿＿＿＿＿＿＿＿＿＿＿＿＿＿＿＿＿＿＿＿＿＿＿＿＿＿＿＿＿

你可以釐清發訊者和收訊者之間的關係嗎？如果可以的話，你是如何明白的呢？如果無法的話，為什麼不行？（語言和非語言的資訊都要納入考量。）

＿＿＿＿＿＿＿＿＿＿＿＿＿＿＿＿＿＿＿＿＿＿＿＿＿＿＿＿＿＿＿＿＿＿＿＿＿

＿＿＿＿＿＿＿＿＿＿＿＿＿＿＿＿＿＿＿＿＿＿＿＿＿＿＿＿＿＿＿＿＿＿＿＿＿

＿＿＿＿＿＿＿＿＿＿＿＿＿＿＿＿＿＿＿＿＿＿＿＿＿＿＿＿＿＿＿＿＿＿＿＿＿

＿＿＿＿＿＿＿＿＿＿＿＿＿＿＿＿＿＿＿＿＿＿＿＿＿＿＿＿＿＿＿＿＿＿＿＿＿

＿＿＿＿＿＿＿＿＿＿＿＿＿＿＿＿＿＿＿＿＿＿＿＿＿＿＿＿＿＿＿＿＿＿＿＿＿

是否有任何物理、情緒或文化上的障礙影響了這場對話？請說明。

＿＿＿＿＿＿＿＿＿＿＿＿＿＿＿＿＿＿＿＿＿＿＿＿＿＿＿＿＿＿＿＿＿＿＿＿＿

＿＿＿＿＿＿＿＿＿＿＿＿＿＿＿＿＿＿＿＿＿＿＿＿＿＿＿＿＿＿＿＿＿＿＿＿＿

＿＿＿＿＿＿＿＿＿＿＿＿＿＿＿＿＿＿＿＿＿＿＿＿＿＿＿＿＿＿＿＿＿＿＿＿＿

＿＿＿＿＿＿＿＿＿＿＿＿＿＿＿＿＿＿＿＿＿＿＿＿＿＿＿＿＿＿＿＿＿＿＿＿＿

B 請根據你有參與的對話，描述同樣的溝通要素。

發訊者：_____

訊息：_____

管道：_____

收訊者：_____

回饋：_____

情境：_____

你與另一個人是什麼關係，你覺得這點如何影響了對話？比如說，你們的關係如何影響你的措辭、語調等等？

_____

_____

_____

_____

_____

_____

_____

是否有任何物理、情緒或文化上的障礙影響了這場對話？請說明。

_____

_____

_____

_____

_____

_____

_____

索有助於人對正在交談的對象有點概念——知道他們是誰、擁有什麼想法與感受。有人雙手交叉抱胸時，可能是有所防備。雙手叉腰可能顯示出那個人具有攻擊性。當有人往下看或從你身上移開目光時，可能是感到不自在或內疚。眼神能夠展現驚訝或生氣的情緒。

最重要的非語言訊息是自信。微笑、良好目光接觸、姿勢筆挺、握手堅定有力，全都能展現一個人的自信。微笑是讓人敞開心胸的共通語言，是從你窗中透出的光，讓人知道你內心滿懷關愛、樂於分享。當你伸手要與人握手時，便顯示你重視對方。這項傳統由來已久，因為雙手互握表示沒有藏著武器。任何不握手的人都會被投以懷疑的眼光。想想其他人與你握手時的情形。你在哪些情況下有做出正面回應？堅定有力的握手（不是緊握不放，也不是軟弱無力的握手）會讓人留下富有自信的印象。

非語言溝通的功能

非語言溝通具有許多功能。這種溝通可用來維持人與人之間的聯繫、傳達事實與想法、分享感受、下達命令、說服他人、娛樂眾人，或是甚至欺騙他人。非語言溝通最常見的功能可分為三大類：進行對話、給予回饋、澄清口語訊息。

成功祕訣
非語言的示意方式通常會透露比話語還要多的訊息。

＊

進行對話

進行對話表示展開對話，使其順利進行，再結束對話。一般人會用手勢和臉部表情來表示自己有話想說，或想要長篇大論一番。舉例來說，如果你開口時，有人還沒講完，對方可能會講得更大聲，或用手示意「等一下」。非語言線索也能結束對話。有人在跟你聊天時，如果你起身、坐立不安、看著手錶，顯然就是一副要結束對話的樣子。

給予回饋

非語言溝通的第二項功能就是給予回饋。非語言回饋能透露大量關於對方有什麼想法和感受的線索。假設你是店長，正在考慮應徵銷售員職位的兩名人選：派翠克和黛拉。派翠克在面試期間面帶微笑，當你在說明工作的詳細內容時，他傾身向前，聚精會神地聆聽。這表示「我對你所說的話真的很有興趣」和「我的態度積極正向」。另一方面，黛拉一臉得意地笑著，往後靠著椅

成功祕訣
非語言線索經常能表示一個人的所思與所感。

＊

子坐，雙手交叉抱胸。這傳達出的訊息是「我一點也不在乎你說的話」和「我做這份工作是大材小用」。你會想雇用哪個？

澄清訊息

溝通的第三項功能就是澄清口語訊息。像是語調或肢體語言等非語言線索，通常可以傳達遠比話語還要多的資訊。假設室友告訴你碗盤很髒。如果她在說話的時候，語帶歉意，目光低垂，你可能會認為她很後悔又把髒碗盤留在水槽裡了。但假如她說同一番話時，語氣卻充滿敵意，指責著你呢？同樣的一句話就傳達出完全不同的訊息了。

非語言線索也有可能完全洩漏說話者的感受與其所說的話有所矛盾。你公司的社長可能說今年不會解雇任何人，但如果他來回挪動雙腳，避開眼神上的接觸，你也許會認為他曉得某件沒有說出來的事。

非語言溝通的形式

非語言溝通不只功能豐富，形式也同樣多變。這種溝通方式可以納入任何或所有的五感——視覺、聽覺、觸覺，甚至是嗅覺和味覺。撫摸可以展現愛，吹口哨可以表示「看這裡！」點頭則可以表達同意。人可能去約會時會噴古龍水或香水，以傳達「我富有魅力」的訊息。二手車商可能會在自家商品噴上新車的味道，以說服買家他的車子就像新的一樣。如果你的另一半在家煮了美味的一餐，想給你驚喜，你會作何感想？假如對方在你的咖啡裡倒了一整杯的鹽呢？上述所有行為都傳達出強烈訊息。

成功祕訣
仔細留意所有五感的非語言線索。

非語言溝通最常見也最重要的三種形式分別為嗓音、個人距離、肢體語言。嗓音涉及了聽覺，個人距離涉及了視覺、觸覺、嗅覺，肢體語言則涉及了視覺。

嗓音

嗓音是一種強大的工具。一個人的嗓音可以藉由改變語速（快或慢）、音高（高或低）、音量（大聲或小聲）、語調（富有同情、嘲諷挖苦、哀訴抱怨等等），而使聲音有所變化。上述的種種因素都會影響訊息。比方說，大聲說話會讓你看起來很激動或充滿敵意。講話很快會讓人覺得你很焦慮、興奮或急切。根據使用的語調不同，訊息可能會被解讀為語帶真誠、諷刺、怒

氣，或者幾乎是任何其他的可能結果。

個人距離

個人距離（personal distance）指的是你與正在溝通的人之間相隔多遠。一般北美民眾在與陌生人或泛泛之交說話時，通常會站在離對方至少 1.2 公尺遠的地方。多數人與朋友、家人、同事交談時，則會維持 0.5~1.2 公尺之間的距離。人會把低於 50 公分的距離留給與自己關係最親密的人，像是好友和伴侶。因此，你在自己和他人之間拉開的實際距離，可以透露出兩人是何種關係的大量線索。

肢體語言

肢體語言（body language）指的是臉部表情、姿態、姿勢。臉部表情包含了嘴唇、眉毛與額頭、眼睛的變化。「臉部表情（facial expression）」是一個人情緒的主要非語言線索。舉例來說，挑眉表示驚訝或害怕，皺眉則暗示緊張、擔心或陷入深思，看著遠方可能顯示這個人感到無聊。臉部表情是人類心理基本中的基本，因此要壓抑或假裝需要花很大的功夫。

「姿勢（gesture）」是手臂、雙手、雙腿、兩腳的動作。姿勢得以用來展現情緒、闡明看法、將對話導往某個方向，或甚至表示自己隸屬某個社會團體（想一想某些俱樂部所用的祕密握手方式）。

「姿態（posture）」是人坐著或站著時所採取的姿勢，同樣也透露出關於自己是什麼人的大量線索。姿勢筆挺會讓人聯想到自信與權威，低頭駝背則顯示地位卑微或懷有情緒負擔，就像大家常說的「背負重擔」。傾身向前表示熱切的態度與對他人的興趣，向後靠則可能傳遞出有地方不對勁的訊息。改變姿態也可能會改變人如何看待自己，坐直或站直可以讓人充滿自信。

肢體語言 臉部表情、姿態、姿勢。

成功祕訣
人的聲音與身體是強大的溝通手段。

✻

解讀非語言線索

解讀非語言線索並非總是容易的。首先，幾乎所有非語言線索都含有多重意義。比方說，根據情境的不同，笑聲可以代表很多不同的意思。如果你是在某個笑話的笑點笑出聲，可能就是表示「我覺得這很好笑」。但笑聲也可能代表緊張、諷刺或揶揄，還可以作為紓壓手段，提振身邊的人的精神。

應用心理學

情緒智力

由於我們所處的世界正迅速變遷，特別是在社群網絡方面，因此，光靠智商（IQ）或心智智力（mental intelligence）已經不足以讓我們得以過上成功又充實的人生了。人人必須學會培養 EQ，也就是情緒智力（emotional intelligence），指的是能夠理解、辨別、隨時留意自身以及他人的感受。雖然 IQ 與 EQ 對於人是否能成功具有一定的重要性，但研究人員認為，IQ 的影響力只佔了差不多一成（最高到 25%），其餘都取決於 EQ。情緒智力處理的是以下的行為類型：自覺、自我管理或自我規範、動機、同理心、關係管理或人際／社交技能。情緒智力高也有助於人管理壓力，因為這表示人能夠適應變化，並在面對挑戰時展現韌性。許多頂尖組織都深知具備情緒智力的領袖有何價值，也各個進行著培訓與指導計畫，想提高自家員工的 EQ 程度。

你有何看法？

你覺得為什麼情緒智力如此重要？在哪些情況下，EQ 可能會比 IQ 還要派得上用場？相較於提高 IQ，如果大家培養的是 EQ，將如何讓整個社會受惠？學校是否應該把 EQ 納入教學與考試的範圍？

非語言暗示也會受環環相扣的文化、性別、個人差異所影響，如圖 9.2 所示。

每個文化對於在什麼地點、什麼時候、和誰在一起時可以展現情緒，都有不同的規矩。此外，運用姿勢、觸碰、個人距離、其他非語言暗示的方式也會因文化而異。舉例來說，在阿拉伯文化中，持續熱切的眼神接觸比起北美和歐洲的文化要更為頻繁，後者會將這種眼神接觸視為侵擾的舉動。

在使用非語言暗示的方面也男女有別，就算是來自同樣的文化背景也是如此。例如，女性比男性要更常微笑、眼神更常有所接觸。她們也展現出更多服從溫順的非語言行為，像是目光低垂、不擋到他人的行進路線、允許他人打斷自己。

成功祕訣
溝通方式，男女有別。

每個人在運用非語言溝通時，也都帶有個人色彩。還記得那位談到解雇的公司社長嗎？你感覺到他在說謊，是因為他重心在兩腳之間來回轉換，還避免有目光接觸。但如果是你女友一邊說她愛你，一邊採用同一套肢體語言，你就知道這代表她感到緊張脆弱。這是因為你已經學會要如何解讀她特有的肢體語言了。

由於上述種種因素都會影響非語言溝通，因此，根據同時出

圖 9.2　　影響非語言溝通的因素

文化差異

性別差異

個體差異

置入情境

不同的文化族群、男性或女性、不同的個體，都會以不同的方式運用非語言暗示。你覺得什麼原因能解釋女性比男性更常採用服從溫順的非語言暗示？

現的口語訊息、發訊者的文化背景與性別、溝通當下的情境來解讀非語言線索，至關重要。請完成**練習 48**，進行一場破譯非語言溝通的實驗。

改善溝通技巧

就像所有其他技能一樣，溝通技巧也是經由學習與練習培養而成。你現在已經更瞭解溝通的不同面向，便可實際運用這份知識，改善自己的溝通技巧。

如何進行有效溝通

在心中想像一下你認為是溝通高手的某個人。讓這個人與眾不同的特點是什麼？像這樣的人可能會做到以下幾點：

- 談吐清晰
- 運用大量生動詞彙
- 善用正向肢體語言
- 實話實說
- 樂於接受回饋
- 留意聽者的非語言暗示

成功祕訣
尋找善於有效溝通的人作為榜樣。

＊

練習 48　肢體語言紀錄表

A 請仔細留意室友、摯友或家人經常使用的姿勢、臉部表情、姿態。舉例來說，對方是否經常翻白眼表示惱怒，或是用手舞足蹈的方式顯示自己很快樂？請列出對方的幾個肢體語言習慣，並寫下你認為這些習慣所代表的意義。

肢體語言	意涵

B 請和你所觀察的人一起回顧上述清單。對方是否對任何觀察結果感到訝異？對方是否同意或不同意你在第二欄所寫下的解讀意涵？請說明。

C 請現在仔細留意自己常用的姿勢、臉部表情、姿態。列出你的肢體語言習慣以及其所代表的意義。如果你覺得客觀觀察自己很困難，請一位家人或好友協助你。

肢體語言	意涵

D 是否有任何觀察結果讓你感到訝異？譬如，你是否開始注意到以前並不曉得自己有的習慣？請說明。

_____

_____

_____

_____

_____

_____

_____

_____

_____

- 對他人的感受與觀點表示尊重

現在就來檢視幾種可用來培養這些技巧的方法。

建立詞彙量

想要有效溝通,就需要能夠用言語表達自己的所思與所感。英文單字有一百萬個以上,一般人卻只能使用五十萬個。建立詞彙量有助於找到正確字眼,來表達自己的想法。由於一般人大多是用文字在思考,擴展詞彙也意味著擴展思考方式。

廣泛閱讀自己感興趣的主題,努力建立詞彙量。看到不熟悉的字就停下來,從上下文推測意思,再查字典,看是否有猜對。

率直誠實

善於有效溝通的人都會表現得很坦率真誠,不虛情假意。不誠實或工於心計都可能會破壞你的可信度、聽者的興趣、對方對你的信任。相比之下,誠實會創造出積極正向的溝通氛圍。目光有所接觸是建立融洽關係和展現誠實的好方法。同時也要確保避免傳達出自相矛盾的訊息,例如口中說一切都會沒事,肢體語言展現的卻是另一回事。你是否曾為了顧及某人心情,而說了善意的謊言,這個謊言卻像滾雪球一樣愈滾愈大?要避免出現這種傷人傷己的情況,一開始就要誠實以對,但要表現得圓融得體。

樂於接受回饋

善於有效溝通也意味著樂於接受回饋,不是只為了聽到自己的聲音才開口說話。試著保持開放心胸,接納各種回饋,就算是不想聽到的話也一樣。特別留意非語言回饋,因為這能有助於察覺對方的感受。如果你看出自己說的話使對方產生負面感受,可以試著用不同的方式表達訊息。如果你意識到自己犯了錯、說了令人困惑的話,或是傷到某人,就承認自己錯了,並為此道歉。這麼做有助於建立信任、預防衝突。

表示尊重

尊重他人能夠建立信任並展現善意,兩者對良好溝通都不可或缺。即便你不同意他人,也要盡其所能去理解並尊重他們的觀點。尤其是當你與來自其他背景和文化的人互動時,這點格外重

要。把每次對話都當成是進行開誠布公溝通的機會。這麼做會讓對方感到更安心自在，使雙方能夠真正交流彼此的想法。

　　另一種向他人展現尊重的重要方式，就是為自己的感受負起責任。你是否曾發現自己說出像「你讓我非常火大」或「你快讓我抓狂了」的話呢？像這樣用「你」開頭的情緒性訊息，稱為**「你」陳述**。這種陳述表示出一個人是如何看待他人，經常是將自己的問題或負面感受怪罪在後者身上。說話時與其用「你」開頭，不如試著以「我」或「我覺得」的字眼來起頭：「我覺得很生氣，因為你早上沒跟我說再見」、「我很擔心，因為你晚歸卻沒打電話告訴我」。將重點從「你」轉為「我」，顯示出你為自己的感受負起責任。多加解釋自己的感受也是個好主意，因為這有助於他人理解自己的觀點：「我覺得很生氣，因為你早上沒跟我說再見，這讓我不知道你是否還愛我」、「我很擔心，因為你晚歸卻沒打電話告訴我，這會讓我開始想像你遇到車禍了」。請利用**個人日誌 9.1**，練習使用**「我」陳述**。

成功祕訣
為自己的感受負起責任。

懂得主動傾聽

　　溝通是雙向的交流。一個人說話時，另一人需要傾聽，而且是主動傾聽。**主動傾聽（active listening）** 代表以理解的態度傾聽，全神貫注聆聽對方所說的話。與只是聽到的身體歷程不同，主動傾聽是種心理歷程。主動傾聽需要三項技巧，首字母組合起來便是耳朵的 EAR——鼓勵（encouraging）、專心（attending）、回應（responding）

主動傾聽 以理解的態度傾聽，全神貫注聆聽對方所說的話。

鼓勵

　　「鼓勵」他人代表展現自己想聽的渴望。要做到這點，你可以提出開放式問題，讓回答包含了各種可能性。比起要求用一兩個字回答的封閉式問題，開放式問題在探查資訊時更為有效『你對哪些職業感興趣？」就是開放式問題，而「你已經選好職業了嗎？」則是封閉式問題。

　　你在與人交談時，可以用不同方法，鼓勵說話的人繼續表達想法，例如：

- 直接請對方繼續說下去（「繼續說啊」、「你剛才說……」）
- 使用簡單的幾個字、聲音或姿勢，讓對方知道你有在聽（「嗯，嗯」、「真的啊！」、「我明白」、點頭、微笑）

個人日誌 9.1

「我」陳述

請將下列的每個「你」陳述改為「我」陳述。使用「我覺得……，因為……」或「我覺得……，是當你……，因為」。

例子

你從來都沒做到自己保證的事。

我覺得很失望，因為你沒有遵守承諾，這讓我覺得你不重視我們之間的關係。

你總是在我說話時打斷我。

_____

你就是得批評我，對吧？

_____

你又跟往常一樣遲到了。

_____

你必須幫忙做更多家事。

_____

你每次做出這麼幼稚的行為，都讓我覺得很煩。

_____

用「我」這個字來為這些陳述起頭時，感覺如何？

成功祕訣
抗拒想打斷對方的衝動。

- 保持沉默，讓對方有機會繼續說下去
- 運用正向肢體語言，像是眼神接觸和略為前傾的姿勢，表示自己很感興趣

　　抗拒想打斷對方、替對方接話或「幫」對方表達訊息的衝動。不要太常提出問題，因為問題會將對話重心從聽者身上轉回到自己身上。

專心

　　主動傾聽的第二個要素是用心聆聽，或是「專心」，也就是保持專注警覺，樂於接收資訊。

　　要專心傾聽可能會很困難，特別是當人感到疲累或無聊的時候。要提高自己對討論主題的興趣，就試著將其與自己的某個經驗連結在一起。另外，當對方還在說話時，要小心自己想著接下來要說什麼的習慣。由於人思考的速度比說話要快上好幾倍，因此很容易就會滿腦子想著要說什麼，而不是聽說話的人在說什麼。然而，當你陷入深思時，就無法用心聽任何人說話了。想一想當你發覺某人不是真的在聽你說話時，自己作何感想。你是否曾經在跟誰講電話時，對方為了接其他電話，一再讓你在電話這端等候？如果你不用心傾聽的話，對方可能會覺得受傷或生氣。

專心　保持專注警覺，樂於接收資訊。

回應

　　主動傾聽的第三個要素是「回應」，或給予建設性回饋。避免讓自己想要有所批判或給予建議、批評或輕視說話者的情緒，或是企圖把話題轉向自己。大家都知道得到冷漠回應時會是什麼感覺，例如聽到「那有什麼了不起？」或是「這讓我想起當時……」。

　　與其用像這樣的評語來消除說話者的擔憂，不如運用換句話說和反映的技巧。**換句話說（paraphrasing）**是重述訊息的事實內容，**反映（reflecting）**則是重述訊息的情緒內容。換句話說和反映顯示你有在聽，也接納和重視對方。你可以在同一個陳述中結合換句話說和反映的技巧，例如「聽起來你覺得（訊息的情緒內容），是因為（訊息的事實內容）」。請在**練習 49** 試試上述技巧。

換句話說　重述訊息的事實內容。

反映　重述訊息的情緒內容。

傾聽與領導力

　　即便是最啟發人心的領導能力，少了建設性溝通也無法發揮效果，但要如何做到建設性溝通呢？光靠技巧並不夠。我們必須時常自問，自己採用的是以職位權力為主的舊有非贏即輸方式，還是以關係權力為主的全新雙贏方式。我們對其他人感興趣，只是因為他們對自己有用處嗎？我們所擁有的關係是否主要是為了滿足「自己」的需求？對於自己想得到的獎勵，我們是否都盡可能付出得愈少愈好？

練習 49　給予回饋

A　請將下列每個無效回應，改為有將訊息換句話說並反映訊息的主動傾聽回應。

「我已經在這裡工作五年了，哈維先生依然在我開收據時緊盯著我，好像我會從抽屜裡拿走現金一樣。我再也受不了了！」

無效回應：別擔心啦，他就是那種人。

主動傾聽回應：聽起來你覺得很挫折，是因為你覺得他盯著你代表不信任你。

「我男友快讓我抓狂了。我出門工作，想著我們要怎麼繳房租時，他卻把所有時間都花在玩電腦遊戲上。我不知道該怎麼辦才好！」

無效回應：我男友更糟。有時候，你就是不論好壞都得照單全收。

主動傾聽回應：

「我真的很難過數學考試拿到那種成績。我苦讀了整個學期，卻依然只有乙。」

無效回應：至少你的成績不是丙。

主動傾聽回應：

「昨晚保母不小心把我的狗放出去，害她被車撞。我大受打擊，我覺得我沒辦法去上班了。」

無效回應：看開點。只是撞到狗，至少不是人。

主動傾聽回應：_____

_____

_____

_____

「我得到一份很棒的工作，可以為市長效力。一定有很多符合資格的應徵者，真不敢相信他們最後選了我！第一天上班很緊張，卻也很興奮。」

無效回應：我相信你會一切順利。你可不可以也幫我在那裡找份工作？

主動傾聽回應：_____

_____

_____

_____

就算有全世界最好的溝通技巧，也無法瞞過多數人太久。然而，如果你對人際關係的本質瞭解透徹，學習新的管理溝通技巧可以使一切大為不同。擁有自主權的團隊需要新的溝通方式。你在傳統的工作團隊中需要的是順從，在擁有自主權的團隊中則需要進取心。單向溝通（宣布決定、發號施令）會限制團隊成員的投入程度。負責率領或監督團隊的人如果還是把自己當「老闆」在發號施令，團隊成員就會接收到有人會指示自己要怎麼做的訊息。管理擁有自主權團隊的人必須學會提出開放式問題，培養能真正把答案聽進去的技能。

傾聽是一門失落的藝術，人人都必須重拾才行。很少人會真的把他人的話聽進去，通常是因為一般人都忙著思考自己等一下要說什麼。進行商談時，原本清楚易懂的溝通經常受到權力鬥爭、勝人一籌的伎倆、想要使人欽佩而非表達想法的念頭所扭曲。不論是在職場或日常生活，如何傾聽幾乎就和如何說話同等重要。真心傾聽他人想要什麼，可以帶來更多業績、做成更多生意、更進一步提高生產力。雖然人未必總是或可以滿足所有需求，瞭解這些需求卻能穩固彼此之間的關係。

不用傾聽來表示尊重，便是在說「你對我不重要」。結果將會造成生產力降低（既然我待在這裡沒意義，為什麼還要努力？）、員工離職（誰想在不覺得受到重視的地方工作？）、曠工（我只是輪子中的小齒輪，只有在犯錯時才會被注意到）、報復（對方只有在抱怨得夠大聲時才會聽進去）、銷售損失（對方似乎不懂我需要什麼）、懸而未決的交易（我無法讓對方理解，就像在跟一面磚牆講話般）。真心傾聽可以解決理應棘手的五花八門問題。

就算你擁有絕佳的簡報技巧，也能以具有權威又說服力十足的方式向自己率領的人開口，依然要盡你所能將團隊會議轉換成富有創造力的對話，也就是你提出開放式問題，尋求所有在場人員的回饋與貢獻。每個人都可以提供有用的點子。最瞭解問題的人，通常會有最棒的點子。組織內的人可以向上學習，也可以向下學習。唯一神聖不可侵犯的就只有核心願景與價值觀。進行開放式對話的過程將改善工作表現。每個人能夠取得愈多資訊愈好。

最重要的是，別認為來自團隊的任何建議或意見很愚蠢或無關緊要。人在同儕面前表現愚蠢時，不只是一大難堪的經驗，也會扼殺這個人未來想要提出可能會被認為是「荒誕不羈」想法的渴望。一般人在溝通時最常犯下的錯，就是說自己想說的話，而

談競爭優勢──你的求職信

許多求職者都想知道在寄履歷給潛在雇主時，附上求職信是否依然被視為有必要或受到鼓勵的舉動。事實上，求職信經常被求職者當成事後才想到或不重要的附件。這是錯誤的觀念，你有可能因此錯失機會，無法通過最初的篩選，得到面試的機會。即便現今應徵工作的程序主要都在線上進行，求職信依然有其重要性。根據一家頂尖諮詢調查公司所進行的研究，受訪的高階主管有 91% 都表示，求職信在評估應徵人選時相當有用。

求職信實際上是一封行銷個人的信函，讓人進行簡單的自我介紹，提供吸引人的「基本理由」，說明為何自己是這份工作的最佳人選。要打造成功的求職信，一些重要訣竅包括：

- ·簡明扼要：盡可能用一頁就呈現條理清晰的內容，分成簡單幾個段落就好。
- ·突顯自身：讓讀者立刻就能認識你。
- ·量身打造：表明自己與該工作和公司有何地方可供參照或有所關聯。
- ·將自己的資格和技能與工作條件相連結。
- ·舉例說明自己為何會讓工作團隊大為加分。
- ·極其重視：在表示自己對該工作與公司的興趣時，展現興奮之情。

要記得，如果你不撰寫並寄出求職信，就會有其他人主動出擊。

你有何看法？

求職信可以如何像履歷一樣發揮作用，讓你得到工作面試的機會？如果想瞭解更多關於撰寫出色求職信的訣竅與工具，同時也能參考實例和範本，請上 http://jobsearch.about.com/od/coverlettertips/fl/cover-letter-tips-2014.htm。

不是聽必須聽進去的話，再留意自己可以提出什麼想法。當你想要讓人投票給你時，比起花二十週展現自己多有趣，你只要表現出對他人有興趣，二十分鐘內就能獲得更多選票，這番話確實有其道理。

如何成為賦權領袖／教練

領袖能賦權於他人，建立信賴關係。他們每天都將自己最好的一面展現在外表、行走、談吐、傾聽、反應的方式上。他們專精於真正有效的溝通方式，不只為傳達資訊或講述內容負起百

分之百的責任，也會確實接收資訊或聽出每個其所接觸之人真正想表達的意思。領袖都深知第一印象具有強大的影響力，也很清楚人際關係是否能夠建立起來，取決於展開對話後的頭四分鐘。成功的教練會說：「我會讓對方很高興有與我交談。」最能清楚彰顯出領導者具有效能的，莫過於使人放鬆的微笑和溫暖人心的表情，一邊主動介紹自己，一邊伸手，同時看著對方的眼睛，提出對方自認重要之生活領域的相關問題，展現自己有興趣認識對方。領袖都知道所有溝通技巧中最重要的一個，就是重視他人。

理解領導力的一個好方法，就是將其視為放手讓團隊成員盡情發揮最佳表現的過程。現今，商業團隊的成員都表示，自己最想要的就是能夠在上司不干預的情況下，擁有工作的自主權。置身這個發展迅速的世界，經營最為卓越的公司顯然都認為，領袖掌握愈多權力，就愈不應該使用。

真正領導力的關鍵，在於傾聽團隊成員的想法，再為他們打開大門，讓他們能夠引導自己。祕訣就是「賦權」，主要的激勵方式則是真心的關切與賞識。

一名領袖能夠說出的最重要五個字是：「我以你為傲。」
最重要的四個字是：「你覺得呢？」
最重要的三個字是：「你好嗎？」
最重要的兩個字是：「謝謝。」
而所有當中最重要的一個字就是：「你！」

不論是身為領袖、經理、同儕、同事、朋友、父母、重要他人，在任何一段關係中，正面訊息都有助於對方在情感上更能接受。當人用非積極正向的態度給予他人負面回饋時，不管是用口語還是非語言的方式，其實都會強化他們腦中最初造成負面行為的負面神經路徑。[1]

人有自主權可以解決自己的問題時，大腦會釋出大量神經傳導物質，例如產生正能量的腦內啡和腎上腺素。因此，當領袖會「提問」而不是「命令」，能夠給予指導和支持而不是責罵與糾正，將會是更有效能的領導者。一般人如果可以親自體驗自行建立關係、自行獲得見解的過程，將會最有收穫。如果改變是隨著時間慢慢發生且涉及雙方的互動，人會更願意接受改變，也樂於改變。這就是為什麼研究顯示，儘管光靠培訓計畫有可能讓生產力提高28%，如果後續再加上指導，則有可能讓生產力提升高達88%。如今，經理人的作用比較像激勵人心的教練，而不太像以往主管和上司的角色。[2]

當你回想自己生命中最愛也最尊重的人時，這些人會是不論發生什麼事，一定都會親自支持你的人。只要實際把自己的團隊當作自己的「績效評估」記分員，你就會為了組織投入所需的時間與精力，藉由尊重團隊成員，持續事先告知不分好壞的消息，贏得他們的尊重。薪資最低或最低階的人，往往與顧客互動最密切，因此也最能察覺到無法像廣告一樣提供優質產品與服務的問題。想在變動劇烈且競爭激烈的經濟環境中獲得成功，設置一套可提供積極建議的制度，重視並獎勵讓組織能更有效且高效的創新之舉，至關重要。

大衛・奧格威（David Ogilvy）是廣告業龍頭奧美廣告公司（Ogilvy & Mather）的創辦人，以前都會給每個剛上任的經理一個俄羅斯娃娃，裡面裝著五個愈來愈小的娃娃。放在最小娃娃內的訊息寫道：「如果我們每個人都雇用我們認為能力低於自己的人，公司將會充滿侏儒。但如果我們每個人都雇用能力高於自己的人，將會成為一家滿是巨人的公司。」如今的商場不再是以數量取勝的競賽，真正比的是「誰能激發團隊的潛力」。全球市場絕對不是公平的競爭環境，也毫無就業保障可言，因為製造外包和服務功能降低了利潤率，所以身處這種環境時，當務之急便是如何讓花在已雇用「人力資本」上的投資，取得報酬最大化。

以下是賦權於團隊成員的十個訣竅：

1. 一一記錄他們的成就，他們才不能假裝這些成就不存在。絕不要讓團隊成員忽視自己的成就和得以成功的潛力。

2. 指引他們要如何在逆境中尋找機會。結果不論有多負面，都能提供先前無法採取的選項。

3. 分派可以讓他們展現才能的工作。把重大責任轉交給團隊成員，便顯示出你對他們有信心，也讓他們有機會可以在挑戰性愈來愈高的任務取得成功。

4. 教導他們如何從他人身上得到自己想要的結果。教會自己的團隊成員表現得自信肯定，而不要太過激進或過於消極。

5. 向他們展現傾聽的驚人力量，這是一種達成個人成功的主動積極策略。當你的團隊成員更善於傾聽，也因此受惠後，就會對自己感覺更為良好。

1. R. Boyatzis, (2012, January)."Neuroscience and the Link Between Inspirational Leadership and Resonant Relationships."Retrieved from *Ivey Business Journal*.

2. G. Olivero, K. Denise Bane, R. Kopelman, "Executive Coaching as a Transfer of Training Tool: Effects on Productivity in a Public Agency."*Public Personnel Management*, Winter, 126,4, (1997) 461–469.

6. 確切告訴他們你對他們的期望，也要瞭解他們對你有何期望。多數下屬與團隊成員不滿意管理階層的原因，就是不知道管理階層的期望。

7. 可以批評表現，但不要針對人。批評的本意應該是「我不喜歡你在這件案子的表現，但我確實喜歡你這個人。」

8. 不只讚美他們本身，也要稱讚他們的表現。你不會只想讓自己的團隊成員一直感到高興，而會想讓他們知道哪裡做對了，他們才能再次成功做到同樣的事。

9. 持續讓他們參與進行中的培訓計畫。這會讓他們覺得自己受到肯定，仔細為他們挑選的培訓計畫也能更進一步提高他們的效能。

10. 想要提高忠誠度的話，比起金錢誘因和津貼，每天都鼓勵與讚美團隊成員的舉動看起來更不可或缺。

　　成就日益增加的時候，一個人對其他領域具有的自信和能力也會隨之成長。成就愈多，人在看待自己帶來創造性成長的非凡能力時，視野也會更加寬廣。其實，每個商業問題說到底都是會影響商務決策和成果的「人」的問題。尋求由下而上的回饋，而不是制定由上而下發布的命令與政策。要成為他人眼中的巨人，並在發展迅速的全球市場中成功，就仰望那些在你手下做事的人！全面成功指的是持續追求值得去做的理想，實現這個理想是為了嘉惠他人，不是犧牲他人。而成功就是學習、分享、成長的過程。

✔ 自我檢查

1. 請列舉阻礙良好溝通的三項障礙。（第 410 頁）
2. EAR 分別代表什麼？（第 423 頁）
3. 好的領袖應該具備哪些溝通技巧？（第 425 頁）

關於關係

　　沒有人能獨自成功。不論你是誰、上哪間學校、做什麼工作，永遠都需要與他人打交道。你愈對他人的想法、感受、需求表示尊重與同情，他們也愈會如此對待你。因此，理解他人、與他人和睦相處，對自己能否成功至關重要。

　　為了身心著想，每個人都需要擁有**關係（relationship）**，也就是與他人建立起來的有意義聯繫。健康的關係不只能滿足人的關係需求，也能提升自尊，讓人懂得理解與支持他人。健康的關係不會憑空出現，而是需要自覺、同理心、良好溝通，才能培養而成。這一節將探討與朋友、伴侶、同事、熟人、同儕、其他人建立並維持正向關係所需的技能。

關係　與他人建立起來的有意義聯繫。

團體關係

　　先來看看團體。**團體（group）**是互相影響且共享目標的一群人（通常有三人或三人以上）。每個人都至少會屬於一個團體，例如家族團體、學校或學生團體、族群團體或宗教團體。人之所以需要團體有很多原因。其中最重要的是：

團體　互相影響且共享目標的一群人（通常有三人或三人以上）。

- 團體能夠滿足歸屬感的基本需求。
- 團體成員的身分能夠予人名聲並受人認可。
- 團體成員能夠在艱困時期給予支持。
- 團體成員能夠提供陪伴。
- 團體成員可以給予鼓勵，協助我們達成目標。
- 團體成員可以共享知識、技能、心情、經驗。
- 身為團體的一員有助於我們形塑自己的集體身分。

　　一般人會選擇一些自己所屬的團體，但不是全部。人有可能會選擇加入俱樂部、學校或公司，但不選擇自己的家庭、同年齡層的群體，或自己所屬的族群團體。有些團體也可能比其他的要更具凝聚力（更能發揮功能且團結）。比起規模較小的團體，像種族團體等非常大型的團體通常凝聚力會較低。面臨大量內部衝突的團體，比如某些政黨，不和的嚴重程度有可能會導致雙方分道揚鑣。

團體規範

所有團體都有規範或是標準，為成員應有的行為提供指引。這些規範可能是正式，也可能是非正式的規定。多數學校和企業都有正式規範或是行為準則，規定著像是可以穿和不能穿哪些衣服等相關事宜。在個人辦公室或教室裡可能也會有非正式規範，像是什麼時候可以休息一下，或是舉手才能發言。家族團體也有自己的規範，通常是以每個人在團體中的地位為根據。多數家庭都有關於隱私、家裡不能亂罵髒話、家務分工的規範。有些家庭規範與文化或宗教傳統有關。舉例來說，許多家庭都會訂下關於衣著、社交活動、宗教儀式的規矩。

成功祕訣
仔細想想團體規範是如何影響自己的行為。

從眾

當人置身團體之中，就會表現出與獨自一人或與另一人相處時的不一樣行為。一個常見的例子就是從眾。**從眾（conformity）**是因為想要遵守某個團體的規範而改變行為。人在從眾時，會為了獲得團體接納，而改變真實自我的某個面向。比方說，如果大部分同學所抱持的意見都與自己相左，我們可能就不會在班上發言。

從眾 因為想要遵守某個團體的規範而改變行為。

從眾未必一定是壞事。人每次遵守社會常規時就是在從眾，像是耐心排隊等候，或是觀影時保持安靜。這些社會成規有助於維持秩序，打造公平與互相尊重的氛圍。

不幸的是，人經常在重大議題上出現從眾行為，為了獲得他人的接納，而在自己的信念或價值觀上妥協讓步。低自尊的人往往會比高自尊的人要更快從眾，因為前者害怕其他人不會喜歡自己的真實樣貌。極端的從眾行為可能會導致「去個人化（deindividuation）」，一種自制力與自覺降低的狀態，可能會使人做出單獨一人絕不會做的行為，像是參與暴動，或以肢體攻擊他人。

成功祕訣
當人渴望從眾，就會失去真實自我。

團體迷思

一種常見的從眾行為是團體迷思。團體迷思（groupthink）是一種團體成員所採用的簡化思維，因為比起批判思考，他們更關心是否能維持和樂融融的氣氛。團體迷思經常發生在當某個團體必須迅速或在壓力之下做決策的時候，或是當某個團體都由相似的人所組成，而這些人都不想考量各種不同的觀點。

團體迷思最有名的一個實例，就是做出發射「挑戰者號」（Challenger）太空梭的糟糕決定，該太空梭在 1986 年剛升空後就爆炸了。雖然許多美國航太總署（NASA）人員都警告，太空梭中有個關鍵零件並不安全，但比起仔細研究所有資訊，決策者更關心是否能提前發射太空梭。關於危險零件的類似警告，也有人在 2003 年「哥倫比亞號」（Columbia）太空梭爆炸前提出。

團體迷思不是只會發生在攸關性命的時候。想像你所隸屬的團隊，負責改善你學校的職涯諮商過程。然而，團隊成員沒有著手處理棘手問題，反而更關心是否能維持愉快的社交氛圍。沒有人想因為提出有創意的想法，而破壞現狀。持有不同意見的人保持沉默，最終改變心意，決定同意團隊領袖自己最得意的點子。最後，你的團隊會想出不切實際的計畫，毫無成功的可能性。

要避免出現團體迷思，團體的成員與領袖都必須重視多元性，鼓勵大家表達不同意見。要指望團體中的每個人都表示贊同，可說是不切實際的想法，但致力於達成共識——團體多數（但非全部）成員都表示同意——是實際可行的事。

成功祕訣
欣然接受多元意見。

多元性

與從眾相反的是多元性。**多元性（diversity）**表示多樣性。多元性隨處可見，每個團體和個體的每個面向都能看到。個體層面的多元性顯現在個別差異上，像是價值觀、宗教信仰與實踐、政治立場、性取向、身心障礙。社會層面也具有多元性，呈現在群體差異上，例如種族、文化、國籍、語言。

多元性 多樣性。

多元性是任何群體的一大力量來源，包括了公司、學校、運動隊伍、社會。不過，人可能會因為個體與社會上的差異而產生衝突。你很容易就能和與自己相似的人相處融洽，尤其是當對方與你共享價值觀和目標的時候。而要對與自己不同的人保持開放心胸，可能就困難多了。你會和與自己不同的人互動嗎？請在**個人日誌 9.2** 誠實評估自己的狀況。

拒絕刻板印象與偏見

你要如何學會享受所有在生命中碰上的不同又不尋常之事，同時也能享受自己身為獨一無二個體的存在？祕訣就是拒絕抱有刻板印象和偏見。**刻板印象（stereotype）**是對某一群人的特質抱有一套過度簡化的看法。刻板印象經常談的是不同的種族團體，但也可能針對不同於自己年齡層、性別、性取向、宗教、體

刻板印象 對某一群人的特質抱有一套過度簡化的看法。

個人日誌 9.2

瞭解多元性

你的社交世界有多多元？請填寫下列空白處。

在我互動的人當中，種族與我不同的人：

_____

_____

在我互動的人當中，性取向與我不同的人：

_____

_____

在我互動的人當中，國籍與我不同的人：

_____

_____

在我互動的人當中，文化背景與我不同的人：

_____

_____

在我互動的人當中，與我抱持不同宗教信仰的人：

_____

_____

在我互動的人當中，擁有與我不同身心障礙的人：

_____

_____

在我互動的人當中，擁有與我不同政治理念的人：

_____

_____

當你和與自己不同的人互動時，是否感到自在？請說明。

重或外表的人。刻板印象往往會產生**偏見（prejudice）**，一種對某個團體和其成員所抱持的負面感受或態度。人會沒有多加考慮，就用刻板印象對他人妄下結論。不幸的是，這麼做會讓人無法領會人與人之間的個別差異。

刻板印象和偏見通常都是源自恐懼和誤解。舉例來說，較年長的人看到電視報導關於幫派的新聞後，也許就認為所有年輕人都可能是不良分子。青少年可能出於對長大變老的恐懼，產生了對老年人的偏見。一般人也可能受父母或朋友影響，而抱持同樣的刻板印象，只因為自己從來不花時間去細想這些觀念是否正確。

人都會具有一種無意識的動機，認為自己所屬的團體比其他相似的團體要來得優越。如果我們年輕、是異性戀、是基督徒，或一頭棕髮，往往會認為自己比年紀較大、同性戀、穆斯林，或金髮的人要更優秀，也不管這些人可能本身有多值得尊敬。

歧視（discrimination）是根據某個特徵而用不同方式對待人或團體的行為。偏見會造成的正是人的實際行為。我可以對某人採取正面態度（比如因為族裔背景而雇用對方為員工），也可以不對某人採取同樣的態度（因為對方的族裔背景而不予雇用）。這兩種偏見對待的方式都一樣有害，也都沒有聚焦在對方正面的優點與貢獻。

正面刻板印象

那所謂的正面刻板印象（positive stereotype），像是「非裔美國人都擅長運動」或是「亞裔美國人數學都很好」──這種觀念不會有害，對吧？錯了，確實會有害。像這樣的正面刻板印象，會在符合這種刻板印象的團體成員身上施加壓力。如果他們無法或不想遵循這種刻板印象，通常會遭受批評，因而建立起低自尊。

正面刻板印象也可能會掩飾對某個團體的負面觀感。想一想近期針對美國人如何看待亞裔美國人的一項調查。絕大多數的受訪者都稱讚亞裔美國人的家族關係密切，表示他們都是誠實的生意人，也欽佩他們對教育的投入。然而，包含明確表示自己對亞裔美國人抱持非常正面態度的許多人在內，有四分之一的受訪者坦承自己並不贊同亞裔美國人與白種美國人通婚，也不會投票給亞裔美國人的總統候選人。這個結果顯示出，對某個層面抱持正面態度，可能伴隨著對另一個面向的負面態度。

偏見 對某個團體和其成員所抱持的負面感受或態度。

成功祕訣
別假定自己所屬的團體就一定比其他團體來得優越。

歧視 根據某個特徵而用不同方式對待人或團體的行為。

成功祕訣
正面刻板印象經常會掩飾負面觀感。

你與刻板印象

刻板印象會阻礙批判思考，限制自己看待他人的方式。這些刻板印象也會限制我們如何看待自己本身、自己的身分、自身的潛能。身為人的我們都有權決定自己的身分，挑戰有些人可能會對我們抱持的刻板印象。你可能抱有哪些刻板印象？請在**個人日誌 9.3** 中挑戰這些看法。

個人日誌 9.3

你的圈子

請在下方中央的圓圈寫上你的名字。接著，在環繞中央圓圈的四個圓圈內，各自寫上你所認同的團體名稱。

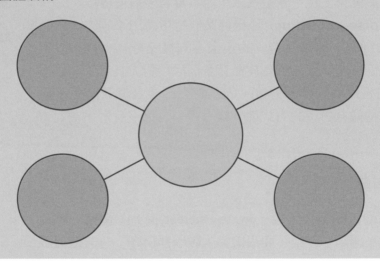

請想出分別與這些團體有關，卻與你不符的刻板印象。按照下列格式，為每個團體各寫一句話：

「我是……，但我『不』是／會……」

例子

我是素食者，但我「不」會吃樹枝。

我是＿＿＿＿＿＿＿＿＿＿＿，但我「不」是／會＿＿＿＿＿＿＿＿＿＿＿。

我是＿＿＿＿＿＿＿＿＿＿＿，但我「不」是／會＿＿＿＿＿＿＿＿＿＿＿。

我是＿＿＿＿＿＿＿＿＿＿＿，但我「不」是／會＿＿＿＿＿＿＿＿＿＿＿。

我是＿＿＿＿＿＿＿＿＿＿＿，但我「不」是／會＿＿＿＿＿＿＿＿＿＿＿。

培養同理心

人是可以對抗刻板印象和偏見，同時對他人保持開放心胸，方法就是培養同理心。**同理心（empathy）**表示對他人的感受、想法、經驗有所覺察，也很敏感。同理心代表從他人的角度看待其人生，體驗他們的痛苦、好奇、希望、恐懼。同理心也代表看著馬拉松選手跑到三十二公里處時，覺得自己雙腿很痠。

你對任何人都可以表現出同理心，無論對方是屬於不同世代、另一個國家的公民，或只是某個抱持不同觀點的人。與其馬上就批評或批判他人，不如試著從他們的角度看待整個情況。他們有何感受？他們害怕什麼？他們最關心什麼？他們的答案可能會出乎意料與你的很類似。從他人的角度看待一切，體會他們的心情，我們就能調整自己的態度、回應、行動，才不會讓人感覺受傷。

人一生會扮演許多角色：學生、員工、伴侶、父母、親戚、朋友。不論擔任哪個角色，能夠向他人展現同理心都會有幫助。例如，假設你班上的另一名學生，在學習課程內容時不像你一樣快。你對此會如何回應？沒有同理心的人可能會說：「比爾學得太慢了，什麼也沒學到。他真失敗。」然而，當你感同身受時，可能會說：「我可以理解為何比爾會對上次的講課內容感到困惑。希望他會去找講師，請對方給予額外指導。」如果你碰上了問題，會希望其他人如何回應？

同理心有助於跳脫自身，在自己與他人和整個世界之間的關係中，尋求意義與真誠態度。參與團隊工作、與伴侶或室友同住，或只是當個好朋友、親戚或社會的一份子，關懷他人都是不可或缺的技能。時不時就檢查自己是否具有同理心，看看哪些地方能夠加以改善。問問自己：

- 如果我是我的伴侶，對於和我共享生活會有何感想？我會覺得自己有給予支持嗎？覺得自己獨立嗎？有趣嗎？通情達理嗎？是平起平坐的伴侶嗎？
- 如果我是我的孩子，對於擁有像我一樣的家長會有何感想？我會覺得自己有耐心嗎？善於鼓勵嗎？積極正向嗎？有給予支持嗎？不批判嗎？
- 如果我是我的教師，對於擁有像我一樣的學生會有何感想？我會覺得自己顯得很用心嗎？很有興趣嗎？很好奇嗎？很有紀律嗎？關心班上的其他學生嗎？

同理心 對他人的感受、想法、經驗有所覺察，也很敏感。

成功祕訣
將心比心要快，批評則要慢。

- 如果我是我的老闆，對於擁有像我一樣的員工會有何感想？我會覺得自己是名好員工嗎？有生產力嗎？可靠嗎？負責嗎？合作起來很愉快嗎？
- 如果我是剛抵達美國的移民，感覺會如何？我會覺得受到孤立嗎？感到害怕嗎？不確定該信任誰嗎？受到挑戰嗎？感到樂觀嗎？充滿希望嗎？
- 如果我是小孩子，這個世界在我眼中會是如何？很大嗎？很困惑嗎？令人興奮？令人害怕？難以理解？還是有趣？

同理心與自覺

　　同理心是建立在對自己和自己與這個世界有何關係的認知上。當你將自己視為一個更大全體的一部分時，就會對周遭的人事物予以尊重。個人成功不只建立在自尊上，也奠基於對身邊人事物的尊重。哲學家艾倫・沃茨（Alan Watts）書寫過關於印度、中國、日本的思想觀念，認為人不應該把自己視為試圖掌控外在世界的獨立個體。人反而應該將自己看作是這個世界的一部分，也是共享這個世界的其中一員。

　　成功人士很清楚自己不知道，也不可能瞭解自己世界的所有一切。他們很清楚自己的遺傳、環境、人格都會影響自己如何看待這個世界、如何思考。你是否曾聽過某人說「我們無法互相理解」或「你不會懂」？這些話可以解釋成「你無法像我一樣思考」或「我不懂你為什麼會那麼想」。因此，不難想像為什麼在全世界、家人之間、國與國之間，有如此多的誤解和鬥爭。每個人看待生命的方式都不同，行事作風也大相逕庭。

　　你是否會因為很多人都與自己不同而感到困擾？你是否曾擔心自己在別人眼中看起來很奇怪或與眾不同？每個人都不一樣，是因為每個人都很獨特。我們在有生之年會遇到許多不同的人，走過許多不同的地方，擁有許多不同的體驗。對我們來說，很多這些人、地、經驗將看起來非常奇怪又陌生。有時候，其他人也會覺得我們看起來奇怪又不同。我們都可以享受所有在生命中碰上的不同又尋常之事，同時也能享受自己身為獨一無二個體的存在。隨著交通與科技的發達，全球變得愈來愈小。來自世界各地的人因此而集結，某一洲所發生的事件都會影響其他各大洲。留意身邊的世界，瞭解其與自己有何關係，將會提升整體幸福感。

人際關係

團體關係是集體身分的核心所在。相比之下，人際關係則是關係身分的核心所在。就像人際溝通是指兩人之間的溝通，**人際關係（interpersonal relationship）**則是指兩人之間的關係。要擁有成功的個人與職業生活，建立健全的人際關係必不可少。比起擁有有害關係或忍受寂寞的人，享有健康人際關係的人比較快樂，也比較不為壓力和疾病所苦。

人際關係 兩人之間的關係。

親密

每個人都有形形色色的人際關係，像是家庭關係、感情關係、友誼關係、學校和工作關係、熟人關係。最重要的關係是人的親密關係，也就是彼此很親密的關係。**親密（intimacy）**是指一種分享真實內在自我而產生的親近、關愛、互相接納之情。親密未必會牽扯到性。比方說，友誼的關係可以極為親密，性關係則有可能少了親密感。

親密 一種分享真實內在自我而產生的親近、關愛、互相接納之情。

親密關係與一般關係有幾個重大差異。人身處親密關係時會：

- 知道另一人的大量私密資訊
- 對另一人抱有比多數其他人還要更深厚的感情
- 經常為另一人的生活帶來有意義的影響
- 將兩人視為一體，當成是「我們」
- 信任彼此
- 希望並期望這段關係會永遠持續下去

雖然一般人每天都會見到許多一樣的人，像是同事、同學、鄰居、教師，卻只會和非常少數的人變得很親密。事實上，多數人在任何時候都只會有為數不多的親密關係。親密需要時間培養，不只是單純知道某個人生活的種種細節而已。人有可能很瞭解某個人，比如室友，卻與對方不親密。一段關係要發展成親密關係，雙方都必須向彼此坦承自己的想法與感受。健康的親密關係不只會出現這種坦誠舉動，雙方也會互相尊重另一人的目標和個人界線。

成功祕訣
培養親密需要時間、信任以及情感上的坦誠相見。

廣度與深度

親密關係的另一個特徵，就是兼具廣度與深度。關係具有**廣**

管理網路身分

　　由於大量的交流機制與網站僅一指之遙，懂得謹慎行事與明辨是非有其必要。我們與「朋友」分享的個人意見與活動，可能一下子就流傳開來，傳遍全世界。在這些分享中，可能有關於自己的個人資訊會對專業形象造成傷害，也許因此危及到重要工作或事業機會。當訊息快速冒出，有時還帶有情緒，也有可能包含圖片時，很容易就會遭到誤解或誤傳。比方說，要在臉書上控制你也許有權或可能無權批准標註的照片是否出現，可能會格外困難。

　　仔細思考自己想呈現給全世界看的個人形象或「品牌」是什麼，至關重要。面對多不勝數的社群網站，人人都應該挑選那些對提高成功機會最為有益、最有成效的網站。

加入特定的線上社群網站，無疑能增加自己接觸到潛在工作和事業機會的可能性。考慮看看定期搜索自己的名字，監管自己當前在網路上呈現的形象以及提供的資訊。熟悉最新的工具與技巧，以打造正面的網路身分，有效行銷自己。

想一想

　　你是否曾思考過個人專屬的網路社交策略？你認為這種策略可能會帶來哪些好處？請上網搜尋「建立社交網絡」。以下是幾個可供入門的連結：

https://topdogsocialmedia.com/11-tips-create-powerful-personal-brand-online/

https://sproutsocial.com/insights/building-social-media-presence/

度（**breadth**）時，表示身處這段關係的人會談論各式各樣的話題。而關係具有**深度（depth）**時，表示身處這段關係的人會談到直接涉及內在自我的話題。成功的親密關係通常極有廣度與深度——這些人會討論各種話題，並大量透露自己內心的想法與感受。一般的關係雖然有可能具備廣度，卻缺乏深度。舉曼蒂和傑拉多這兩位同事的關係為例。多數日子，兩人都會在食堂聊天，無所不談，從週末計畫到老闆對珠寶的品味。不過，他們的對話都會避開某些話題，像是自己的戀情、對未來有什麼期望和夢想。雖然這兩個人花了大量時間與彼此相處，他們的關係卻幾乎稱不上是親密。

　　研究自己關係的廣度與深度，會是評估這些關係親密程度的一個好方法。請利用**練習 50**的表格，檢視自己的親近關係。

自我揭露

自我揭露　與對方交流自己真正的想法、渴望、感受。

　　人要如何在一段關係中培養親密感呢？建立親密關係的主要方法就是自我揭露。**自我揭露（self-disclosure）**是與對方交流自己真正的想法、渴望、感受。當我們說某人「很真誠」或「不

練習 50　親近關係

A　請寫下與你關係親近的人的名字，最多六人，並描述他們與你的關係（例如妻子、父親、朋友）。接著，描述你們彼此會分享什麼重要的想法與感受，以及不會分享（或者尚未分享）什麼重要的想法與感受。

姓名／關係	我們分享	我們不分享

B　你對自己關係的親密程度滿意嗎？為什麼滿意，又為什麼不滿意呢？

_____

_____

_____

_____

C 你會想要和清單上的任何一個人分享更多想法與感受嗎？如果想的話，你想分享什麼，原因是什麼？如果不想的話，為什麼不想呢？

_____

_____

_____

_____

_____

_____

_____

_____

D 只有非常少的人會將自己的一切透露給另一個人。你是否有任何永遠不會分享給任何人的私密想法或感受？請說明。

_____

_____

_____

_____

_____

_____

_____

_____

做作」，通常就是在表示這個人善於自我揭露。自我揭露代表要讓他人看見真正的自己。只要在情感上坦誠相見，你就會讓另一人知道自己在乎這段關係。

成功人士會向他人展現真實的自我，不會只是透露自己感到自在的事物。一般人通常會在自己四周建起一道牆，只透露自己認為他人應該要看到的部分。因為大家太害怕自己會冒著容易受到傷害的風險。然而，這麼做會讓人無法充分發揮潛力，也可能會成為建立充實關係的障礙。自我揭露會隨著一次次的實踐，愈來愈容易做到。當你展現自己真正的模樣時，就會贏得自己以及他人的尊重。這會鼓勵你更進一步揭露自我。

其他人對你有多瞭解呢？根據「周哈里窗（Johari window）」模型（圖 9.3），所有關於一個人的資訊都屬於以下四大類型之一：

- **開放我（open self）**代表你所瞭解的自己，也沒有必要不讓別人知道。
- **隱藏我（hidden self）**代表你所瞭解的自己，卻不想讓別人知道。
- **盲目我（blind self）**代表其他人能在你身上看到，你自己卻看不到的部分。
- **未知我（unknown self）**代表沒有人能在你身上看出的部分，像是未知的天賦、能力、態度，以及遭到遺忘和壓抑的經歷和情緒。

想要讓一個團隊、一個團體或多個團體的成員更加瞭解彼此，上述的溝通模型格外有效。每個人可以透過揭露資訊，建立對彼此的信任（縱向擴展開放我的象限）。而藉由接受建設性回饋，人也可以更瞭解自己，知道如何改進自身（橫向擴展開放我的象限）。

擴展開放我是有益之舉。只要揭露自我並提高自覺便可做到。

成功祕訣
若要建立親密關係，就得揭露真實自我。

成功的親密關係

親密關係是生活中如此根本的一部分，因此經常被視為理所當然。然而，人的身分、日常生活、情緒狀態全都深深取決於這些關係。所以，人人都有必要為自己的關係投入時間與精力。

要培養良好關係，沒有所謂一體適用的方法。不過，想要在

成功祕訣
自覺是人際關係中不可或缺的一環。

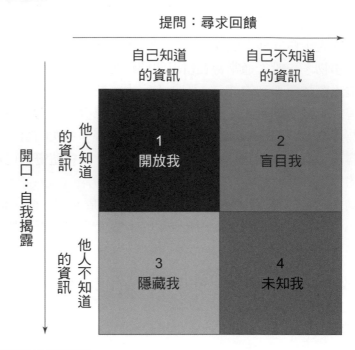

圖 9.3　周哈里窗

提問：尋求回饋 →

	自己知道 的資訊	自己不知道 的資訊
他人知道 的資訊	1 開放我	2 盲目我
他人不知道 的資訊	3 隱藏我	4 未知我

開口：自我揭露 ↓

揭露還是不揭露

周哈里窗可顯示人對自己有多瞭解，以及自己如何與他人互動。
在這四個自我當中，你覺得哪一個包含了最多關於自己的資訊？
請說明。

資料來源：改寫自 Joseph Luft, Group Processes: An Introduction to Group Dynamics
(Palo Alto, CA: National Press, 1970).

情感上獲得回報，親密關係就必須具備以下所有的三項特徵：

- 分享
- 社交性
- 情緒性支持

　　分享意味著自我揭露，以及擁有共通點，例如興趣和消遣活
動。分享也表示在有需要的時候，能夠提供工具性支持。善於社
交代表能夠一同享樂，享受彼此的陪伴。

　　提供情緒性支持則代表自己在乎對方的想法與感受，也展現
出自己欣賞且喜愛對方，並能給予對方鼓勵。這就是一段關係的
感情核心。如果想為朋友或伴侶提供情緒性支持，同時讓自己能
因此獲得更多支持，那就致力：

- 保持自覺，懂得覺察情緒

- 展現同理心,而且是真正地將心比心
- 實踐主動傾聽
- 考量到對方的動機與需求
- 表現出擔憂、關心、真心有興趣
- 給予鼓勵和情緒性支持
- 避免做出傷人的行為,例如不誠實、自私、依賴、試圖控制、身心虐待

想當個能給予支持的朋友或伴侶,需要努力以及全心投入,但最終獲得的報償將遠勝過自己付出的一切。

成功祕訣
人愈投入一段關係,
從中獲得的就愈多。

自尊與成功關係

另一種保證可以與他人建立健康關係的方法,就是努力培養自尊。為什麼呢?你愈覺得自信、快樂、自在,就愈能信任自己的伴侶或好友,相信對方的好意,也相信自己能夠維持健康、互惠的長期關係。

低自尊的人經常活在恐懼之中,害怕被關係中的另一人拒絕。預期自己會遭拒的人總是很擔心另一人背地裡想結束這段關係。人在面對這種擔憂不安時,往往會懷有敵意、顯得孤僻,或是充滿嫉妒與控制欲。他們也可能做出相反的舉動,任憑他人隨意踐踏、虐待自己。上述情況都會破壞關係的品質,讓被拒絕的結果更有可能實際發生。相比之下,有信心能維持關係的人,更享受自己所擁有的關係,而這也會讓他們變得更為堅強。

處理關係衝突

不論關係多和諧融洽,偶爾都會出現衝突。**衝突**(conflict)是當個體或團體之間因需求、價值觀、情緒或權力相抵觸,而產生的意見不合情況。衝突指的可以是與朋友爭執、與同事爭論、與配偶爭吵。衝突之所以發生,通常是因為人在以下其中一個方面意見相左:

衝突 當個體或團體之間因需求、價值觀、情緒或權力相抵觸,而產生的意見不合情況。

- **需求**——每個人都不斷努力想滿足自己的需求。當人試圖滿足自己的需求卻不成功,並覺得可以怪在別人身上時,就會產生衝突。當人忽視或不管自己或他人的需求時,也可能會出現衝突。
- **價值觀**——當雙方抱持對立的價值觀,尤其是在人把自己的個人價值觀和絕對的是非對錯混為一談時,就可能產生嚴重

衝突。

- **情緒**——當人在諸如政治、教育或宗教等會引發情緒的議題上意見相左時，通常就會出現衝突。當人忽視或不管自己或他人的情緒時，也可能會產生衝突。

- **權力**——當人試圖利用權力，例如命令他人照自己的方式來，衝突經常就會出現。當一個人或團體感覺到另一人或另一個團體試圖要控制自己時，也可能會產生衝突。

成功祕訣
衝突可以強化關係。

衝突經常伴隨著惱火、受挫、憤怒的情緒。不過，儘管這些情緒都令人不快，衝突卻是人類互動很自然正常的一部分。事實上，衝突其實還可能有益。衝突可以帶來成長、創新、新思維，也能提供討論重要想法與感受的機會。你過去是否曾處理過衝突？請在**個人日誌 9.4** 中寫下自己的個人經驗。

解決衝突

有效溝通是解決衝突的關鍵。良好溝通有助於以積極正向的方式解決衝突，溝通不良則無助於解決衝突，也經常會讓衝突惡化。面對衝突時，很重要的是：

- **從對質的情況中抽身**。接受有問題存在，再專注於事實上，而不是亂指責。
- **主動傾聽**。試著從他人的觀點去理解。全神貫注去聆聽，克制自己不批判。
- **表明自己的需求**。坦誠自己的需求，也要記得你和其他人都同樣有權能滿足你的需求。
- **想出解決衝突的多種選項**。腦力激盪出解決衝突的可能辦法，再一一探討每個方法會多有效。
- **致力於解決方案**。選定解決的辦法後，就徹底執行，做到自己承諾的事。這將顯示出你尊重他人的需求，也是認真想解決衝突。

成功祕訣
專注在解決辦法上，而不是亂指責。

以坦誠與相互尊重的態度實行上述策略，雙方至少都能讓自己的部分需求獲得滿足，因而皆成為「贏家」。好的衝突解決辦法不只能解決手邊的問題，也能讓身處關係中的雙方對彼此有更深的認識。

個人日誌 9.4

處理衝突

請描述你在過去一年內曾捲入的三場人際或團體衝突，地點分別是職場、學校、家裡。造成衝突的原因是什麼？你是如何處理這些衝突，還是沒有處理？

職場

原因：

如何處理：

學校

原因：

如何處理：

家裡

原因：

如何處理：

你對自己處理這些衝突的方式感到自豪嗎？如果是的話，為什麼呢？如果不是的話，下次可以改進什麼部分？記得善用第五章的 ABCDE 法來處理困境。

尊重與成功

就像良好溝通，良好關係也取決於你是否尊重他人和自己。每個人都是獨特的個體，皆有權盡情活出自己的人生。在運動、商業、教育或任何其他生活領域取得成功的人，都懂得接納自己的獨一無二之處。他們對自己感到自在，也願意讓他人知道並接受自己真實的模樣。他們很清楚，膚色、宗教、出生地或財務狀況都無法決定一個人的價值。態度積極正向且富有同理心的人，自然而然就會吸引朋友與支持者。他們很少有必須單打獨鬥的情況。

✅ 自我檢查

1. 請定義從眾。（第 434 頁）
2. 刻板印象與偏見之間有何差異？（第 435 頁）
3. 請列出造成衝突的四個原因。（第 447 頁）

關鍵詞

溝通（第 406 頁）	話句話說（第 425 頁）	歧視（第 437 頁）
人際溝通（第 406 頁）	反映（第 425 頁）	同理心（第 439 頁）
管道（第 410 頁）	關係（第 433 頁）	人際關係（第 441 頁）
情境（第 410 頁）	團體（第 433 頁）	親密（第 441 頁）
非語言溝通（第 412 頁）	從眾（第 434 頁）	自我揭露（第 442 頁）
肢體語言（第 417 頁）	多元性（第 435 頁）	衝突（第 447 頁）
主動傾聽（第 423 頁）	刻板印象（第 435 頁）	
專心（第 425 頁）	偏見（第 437 頁）	

學習目標重點整理

- **描述溝通的六大要素。**這六個要素分別是：（一）發訊者，發出訊息的人；（二）訊息，想法或感受；（三）管道，傳達訊息的媒介；（四）收訊者，接收訊息的人；（五）回饋，收訊者的回應；（六）情境，傳達訊息的時間與地點。

- **簡述非語言溝通的形式與作用。**最重要的非語言線索是個人距離、嗓音、肢體語言。這些線索的功能是讓人進行對話、給予回饋、澄清訊息。

- **列出有效表達與主動傾聽所需的多種技巧。**有效表達的必要技巧包括運用生動詞彙、表達清楚誠實、樂於接受回饋、表示尊重。主動傾聽的必要技巧則是鼓勵、專心、回應（EAR）。

- **說明刻板印象、偏見、同理心之間的關係。**刻板印象是對某一群人抱有過度簡化的看法，通常會導致偏見，也就是對該團體抱持負面觀感。同理心有助於人克服刻板印象和偏見。

- **定義何謂親密，並說明要如何在一段關係中培養親密感。**親密是一種分享真實內在自我而產生的親近、關愛、互相接納之情。親密是透過自我揭露培養而成。

- **舉出令人滿意的親密關係之特徵。**令人滿意親密關係的三大特徵，就是分享、善於社交、提供情緒性支持。

- **說明如何有效處理衝突。**如果要處理衝突，就專注在事實上、腦力激盪出可能的解決辦法、一一探討每個辦法能夠多滿足雙方的需求。致力於解決辦法，並徹底執行。

複習題目

1. 情緒可能會如何造成溝通失敗？
2. 何謂文化意識？
3. 請舉出三個非語言溝通的例子，並說明其代表的意義。
4. 請定義換句話說和反映。
5. 為何正面刻板印象會有害？
6. 何謂自我揭露，又為何重要？

批判思考

7. **建立融洽關係**　融洽關係是指與他人建立起雙向的聯繫，也是任何關係的基礎。有些人輕易就能建立融洽關係，其他人則需要很努力才能做到。建立融洽關係需要擁有同理心、善用良好的傾聽技巧、留意肢體語言。想一想自己的人際關係，你覺得自己在建立融洽關係時有多不費力？自己又是如何做到的呢？想要與剛認識的人更有效地建立融洽關係，你可以採取哪些方法？

8. **建立詞彙量**　廣泛閱讀且擁有龐大詞彙量的人，一般都被認為比較聰明，職業成就通常也較高。你覺得背後的原因是什麼？在高科技世界中反覆出現的詞語以及眾人傳訊息的行為，可能會如何為詞彙量的建立帶來有害影響？大眾普遍使用來自「簡訊語言」的簡短縮略詞，可能會對人可以用有智慧的方式思考、寫作、說話之能力造成什麼影響？

應用

9. **非語言溝通**　請找一天，花三十分鐘觀察在公共場合的人，比如在購物中心或公園。你注意到他們使用了什麼樣的非語言溝通？請一一記下他們不同的臉部表情和姿勢，再寫出你認為其所代表的意思。接著，找一部專業講者的短片來看。注意對方在演講時所運用的非語言姿勢。把觀察到的細節都寫下來。講者採用的姿勢是如何讓人更容易理解訊息？

10. **關係品質**　請五名女性和五名男性完成下列兩項陳述：「真正的朋友會 ＿＿＿＿＿＿」，以及「我的理想戀人會 ＿＿＿＿＿＿」。請所有受訪者說明為什麼自己會如此完成這些句子。將你的受訪結果與同學的相比較。你們是否得到了類似的回答？女性與男性的回答是否有所不同？準備好自己的筆記，以進行課堂討論。

上網活動

11. **多世代溝通** 此時此刻，人類有四個主要世代正一同生活、工作、與彼此互動。這不只對家族關係，也對工作環境帶來了挑戰。就連個人關係也可能受到價值觀、信念、行為的差異所影響，這些差異都有可能造成溝通困難。自行上網研究一下，瞭解這些各有不同的世代以及其特徵。你在自己的生活中，曾因為世代差異而在溝通方面碰上什麼挑戰？你覺得什麼策略會有助於改善世代之間的溝通與合作？請上網搜尋關於世代差異的資訊。以下是一些入門文章：

    http://www.fdu.edu/newspubs/magazine/05ws/generations.htm

    https://www.staffmanagement.com/blog-multigenerational-workforce-communication-styles/

    http://www.wmfc.org/uploads/GenerationalDifferencesChart.pdf

12. **你的溝通風格與技巧** 每個人生來就具有一定的人格特質，許多都對自己的溝通方式有很大的影響力。人也會受童年時的教養與經歷所影響，形塑出特定的溝通行為。每個人都會發展出自己可能選擇要強化或改變的溝通風格。你在本章也學到可以培養一些具體技巧，大幅改善溝通方式。請造訪下列網站，進行幾個小測驗，更深入瞭解自己的具體溝通風格與技巧：

    https://www.proprofs.com/quiz-school/topic/communication

    https://www.queendom.com/tests/take_test.php?idRegTest=2288

成功案例 「我要如何為自己發聲？」

請回顧你是如何回答第 404 頁實際成功案例的問題。既然你現在已經更瞭解何謂尊重他人的溝通方式以及如何處理衝突，想一想你會如何回答這個問題。

完成故事 請假裝自己是個熱心助人的同事，寫一封電子郵件給喬，說明他可以如何以自信肯定的溝通方式、「我」陳述、解決衝突策略，改善他與上司的關係。

結語

「成功心理學」對每個人都具有不同的意義。而共通之處似乎比起物質成就，更多是源自積極正向的信念與態度，儘管兩者都同樣重要。有句俗話現在依然適用：「天助自助者。」如何應對逆境以及每天變化莫測的挑戰，將會是能否實現目標的關鍵因素。

一個人在生命中真正需要的不是處於毫無壓力的狀態，而是奮力達成值得去做的目標。成功人士知道要如何集中精力達成預期的成果，而不是專注在可能出現的問題上，他們也很清楚要一心想著成功會帶來的報償，而不是失敗會招致的不利。善用智慧、技能、天賦，將為外在生活帶來正面報償。肩負起充分運用自身天賦與時間的個人責任，將會使幸福、成功、健康、財務保障都顯著提升。這點適用於每個人。真正成功的領袖，也就是達成經濟獨立、擁有自由時間，或是為社會做出偉大貢獻的人，正是那些實際認真肩負起個人責任的人。最終，遠比起任何局外人，我們本身才是那個擁有最偉大能力，得以偷走自己時間、天賦、成就的人。

多年來的研究與個人的慘痛教訓，都讓我們確信了對於成功必須付出代價的恐懼，正是人之所以抗拒改變的其中一個原因。成功確實有其代價，包括：

- 負起戒除壞習慣與放棄無用假設的責任。
- 負起以身作則的責任。遠離無助於自己獲得成功的同儕團體，因為這些人往往會造成阻礙。
- 率領自己與他人邁向全新的陌生旅途。一路上也更致力於達成目標，並願意延宕享樂。
- 願意面對來自他人的批評與妒忌，這些人都是想讓我們與他們一樣停滯不前。

上述便是一般人認為成功所需付出的一些代價，導致他們滿腦子想著過往的經驗或對未來的期望，因而逃離當下這個時刻。相比之下，領袖不會因為成功的代價而感到沮喪氣餒。他們會展開行動，創造積極正向的衝勁。這些人都決心要發揮潛能，引頸期盼著自身天賦與生活需求之間的永無止盡交流。就像企業必須消弭人與人之間的界線、消除內部的階級體系，作為個體的你也必須重新打造自己，以滿足知識時代日新月異的需求。這意味著你就是自己的執行長。開始把自己想成是旗下只有一名員工的服務公司。擔任你自己的執行長，就必須具有遠見，懂得如何設定目標、分配資源。由於你主要關切的就是確保自己能否在市場中生存下去，因此在做每個決定時，都必須採用策略思維。這種為自己未來負責的心態，過去只對自雇人士來說至關重要，但現在對每個人都是不可或缺的一環。現今的典型勞工不再只會有單一職業，多數人一輩子會從事數種職業。

雖然你必須成為自己人生的執行長，永遠以公司彷彿只有一名員工的方式來採取行動，但懂得如何擔任團隊領袖也對你的未來具有同等的重要性。隨著世界變化日益劇烈，新的地球村也成了在地的鄰近區域，人不再能獨自就包辦所有事。然而，這並非要

我們依賴他人，而是建立**相互依賴的關係**，將每個遇到的人都當作潛在顧客，某個自己未來也許能與之建立策略聯盟的人。領袖能賦權於他人，建立信賴關係。他們專精於真正有效的溝通方式，不只為傳達資訊或講述內容負起百分之百的責任，也會確實接收資訊或聽出每個其所接觸之人真正想表達的意思。領袖都知道所有溝通技巧中最重要的一個，就是重視他人。

　　儘管生命中有很多事是人所無法掌控，但你我都對許多境況與情形擁有很大的主控權——遠比多數人願意承認的還要多。

　　為了獲得情緒安全感，每個人都必須培養兩項必要能力：**與變化和不確定性共存的能力，以及為了長期目標而延遲即時享樂的能力**。如果想做出更適當的人生抉擇，可以實踐哲學家萊因霍爾德・尼布爾（Reinhold Niebuhr）的簡單建言：「請賜我接受無法改變之事的平靜之心，改變可以改變之事的勇氣，以及懂得辨別不同的智慧。」這意味著**我接受不可改變之事（I Accept the Unchangeable）**，也就是早已發生的一切。木已成舟，無法改變。因此，我心懷愉快的回憶，懂得從過去經歷的難題汲取教訓。我唯一能控制的就是**改變可改變之事（Change the Changeable）**，也就是我要如何回應已發生的事，以及在當下這個時刻要做出何種決定。我愈將犯下的錯單純只當成學習經驗，愈能夠掌控未來所做的決定，也能重新連接大腦，將失敗看作是未來成功的肥料。我愈是想著自己開心愉快的經驗，愈能在艱困時期懂得惜福。

　　人生要有所成就，就必須不斷激勵自己朝目標邁進，同時也必須是自己心甘情願想這麼做。你要樂意對自己說：「我正走在對的道路上。我做得還不錯。我正在成功。」一般人往往太過擅長找出自己的缺點與失敗。我們真正應該要做的是變得同樣擅長看出自己的成就。有什麼事是你現在正在進行，卻是一個月前、六個月前、一年前沒在做的事？有什麼習慣改變了？將自己進步的情形繪製成圖表。只做好一次或兩次相當容易。真正的勝利是不斷有所進展。要持續成功有其難度，部分原因是重拾舊習和以往的生活方式實在太容易了。長期下來，你必須定期給予自己回饋，監督自己的表現。以積極正向的方式自我強化，持續朝目標邁進。別等著某個頒獎典禮、升遷機會、朋友或導師來賞識你的表現。自己動手做！現在就動手。每天都為自己付出的努力感到自豪。

　　透過下列幾個行動來提醒自己讓內心的渴望之火持續熊熊燃燒：

- 隨身攜帶這句格言：我在人生中獲得的報償，將反映我所提供的服務與貢獻。
- 設立**屬於自己**的標準，而不是與他人做比較。成功人士知道他們必須競爭的對象是自己，而非他人。自己的人生是自己在過。
- 允許自己的隊友、下屬、孩子犯錯，卻無需害怕受到懲罰或遭到拒絕。向他們展現錯誤是學習手段，可成為獲得成功的踏腳石。

- 打破日常和每週的例行公事。跳脫讓自己感到自在的常規慣例。拔掉電視插頭一星期。試著幾天不傳訊息、不發推文。上班時選不同的路線，或搭不同的交通工具。與來自完全不同產業的人共進午餐，閱讀與自己目前所處領域完全不同的出版物。
- 在自己的日常對話中，刻意努力將「我無法」改為「我可以」，將「我會試看看」改為「我能！」你會發現，「我可以」適用於每天會遇到的95％挑戰。簡單改變語意，有助於你培養新的積極正向態度，一心想著自己做得到也能做的事。
- 記得：「想法成就自我。」將所有心力與精力都集中在自己現在想達成的目標上。
- 忘掉失敗會帶來的後果。失敗只是暫時改變了前進方向，讓你能夠為下一次的成功導正方向。有心想成功的人，必須學會將失敗視為對登頂過程有益且不可避免的一部分。
- 與自己約法三章。建議你寫下一份與自己的協議。向自己保證，你不會把失敗當成是比學習經驗還要嚴重的事，而這個經驗則能讓你更快到達自己想去的地方。
- 持續自我激勵，保持積極肯定的自我對話。不論是在職場、家裡或在網球場上，你的潛意識都會把所有的話一字不漏記錄下來。與其說「應該要」，不如說「能做到」；與其說「要是」，不如說「下次」；與其說「對，但是」，不如說「為何不？」與其說「問題」，不如說「機會」；與其說「困難」，不如說「有挑戰性」；與其說「我會試看看」，不如說「我能」；與其說「也許可以」，不如說「我的目標」；與其說「有天」，不如說「今天」。
- 忘掉所謂的完美。接受自己的缺點，將其視為挑戰與學習經驗。它們是讓你得以成長的種子。
- 表明自己不再受消極負面所掌控，不論這是指負面想法、消極的人，還是負面形式的娛樂。
- 無論做什麼，絕不要讓自己的目標迷失在潛意識深處。將它們帶到光天化日之下，每天都將其磨亮，如此一來，你就絕不會失敗。恐懼則與目標相反。老是想著問題，問題就愈嚴重。一心想著要找到解決辦法，內心就會朝這個主要念頭靠攏。期望會使人受到激勵。你心裡所想、所內化的一切，終將化為現實。
- 建立一套充滿活力的日常慣例。建立積極正向的慣例或習慣，而不是消極負面的例行程序，將有助於更有效完成工作。為什麼地鐵是能源效率最好的交通方式呢？因為地鐵是沿著軌道跑。想著自己一天要有條理次序，而不是按日常慣例行事。別擔心總是一成不變、要保持整潔，或一切都要各就各位。有條理次序就是能夠做自己真正選擇去做的事，而且不接下過多自己所能處理的工作量。有條理次序能讓你騰出時間。讓自己習慣健康的日常慣例，瞭解自己可以對人生掌控到什麼地步。

　　無論你個人有什麼經歷，無論你遇到的人抱持著多憤世嫉俗的世界觀，無論你接

收到多少負面訊息——與其待在黑暗之處，不如選擇看向光明。與其滿腦子想著家裡、鄰里、國家、世界出了什麼問題，不如動手設法解決。從觀眾席起身，離開看臺，不再只是出一張嘴，而是全神貫注在想要的結果、成功的報償、健康與成就的意象。想著充足之處，而非匱乏之處。你的宇宙就存在於左耳到右耳之間，那個提供無限靈感的來源——你的大腦，你的控制中心。

　　你的認知就是你的現實。不論你是否有意識到，你的世界其實是建構自直接與間接經驗、信念、偏見、誤解、事實、流行、謬誤、永恆真理的虛擬世界。別忘了神經科學所給予的教誨。人的決定是先受引發情緒的因素所影響，接著才是邏輯。情緒主宰了決策過程。人對自身心理活動的影響力，遠比一般認為的還要少。大約95%的思考都是無意識的慣性過程。人的記憶無法如實呈現經驗。記憶會在人未察覺的情況下不斷變動。比起臉書的相簿，記憶更像是不斷在剪輯的音樂影片，充滿了真實與想像的片段。當人記得某件事，大腦便是處於「重新連接」神經元之間連結的過程，這個過程其實會改變大腦的結構。大腦重新連接的能力可以帶來成功，打造與健康相關的神經路徑，對想發揮個人與團隊的最佳表現來說最為關鍵。

神經科學與領導力

　　根據世界經濟論壇（World Economic Forum），一般人在2020年以及未來最需要具備的技能，將會是複雜問題解決、批判思考、創造力、判斷與決策、認知彈性。個人是否有培養更高階的「學習敏捷力」（learning agility）——適應、調整、學習新知、迅速改掉舊習的能力——將會是組織競爭力、進步、存續的關鍵。

　　神經科學領域正逐漸被納入頂尖商學院的課程當中。麻省理工學院（MIT）史隆管理學院（Sloan School of Management）提供為期兩天的「神經科學領導力」課程（Neuroscience for Leadership），而哥倫比亞大學商學院（Columbia Business School）為期三天的「神經領導力」進修課程，註冊率在過去兩年提高了50%。

　　賓州大學（University of Pennsylvania）華頓商學院（Wharton School of Business）則提供全新的高階主管教育學程「運用神經科學帶來商業影響力」（Leveraging Neuroscience for Business Impact），授課內容涵蓋投入、動機、創造力、決策、消費者偏好、領導力、團隊建立的最新研究。該學程是奠基於「華頓神經科學先導計畫（Wharton Neuroscience Initiative）的最先端研究成果」，也是以華頓商學院的腦科學商業概論（Introduction to Brain Science for Business）企管碩士學位課程為基礎。

　　神經領導力研究機構（NeuroLeadership Institute）是領導力神經科學方面的全球頂尖研究組織與先驅，已經與包含微軟、信諾（Cigna）、禮來（Eli Lilly）在內等多家公司合

作，運用來自神經科學領域的最新思維，協助他們「重新打造」績效管理系統。

健康神經科學與未來

隨著神經科學開始應用在人的健康與福祉上，我們正邁入神經科學的全新時代。其探討的重點多半集中於虛擬實境的應用潛力，是否能透過重振消費者娛樂、社群媒體、購物、教育、旅行等市場，來改革經濟。你在讀這份資訊的同時，上千名科學家與專業人士正在取得新專利、篩選既有專利，想找出提升腦適能與大腦能力的最創新系統，這些很有可能在未來幾年成為主流趨勢。

你不久就會開始注意到虛擬實境和神經科學在各個領域取得驚人進展，例如疼痛管理、復健，以及如何治療像創傷後壓力症候群（post-traumatic stress disorder，簡稱PTSD）等焦慮疾患，和像是害怕飛行、害怕蜘蛛、害怕高處、害怕針頭、害怕演講、害怕狹小空間等恐懼症。許多公司都踏入即時神經監測的領域，發展監測大腦活動並採用先發治療即時回應的系統。你能理解其中的潛力嗎？只要有監測型或穿戴式裝置，就有可能預料到疾病發作、可能中風的情況，甚至是事先就預測心臟病有可能發作。換句話說，醫學所謂的預防指日可待。

而且，沒錯，科幻小說已經成為科學事實了，腦機介面（brain computer interface，簡稱 BCI）的新興領域將人所想的命令與許多電子裝置連結在一起，這些裝置包括但不限於智慧型手機、家電、生物回饋設備、保全系統。未來主義者一直以來相信人的想法不只能創造有形物體，例如船艦、飛行器、太空船、建築物、電腦、智慧型手機、全球通訊、機器人、無人機、自動駕駛汽車，他們也早就知道人的想法能夠引導並控制有形發明，造福眾生。

愛因斯坦說對了。想像力比知識來得重要，因為知識只限於人目前知曉與瞭解的一切，想像力則包含了整個世界，以及人從今以後將會知曉與瞭解的一切。

當想像力集中運用在創造改善生活的想法、夢想、情緒、目標時，就會成為《成功心理學》。

感謝分享。

丹尼斯・魏特利

詞彙表

ABC 模式 ABC model 這個人類行為模式是指觸發事件（A）會產生非理性信念（B），這個信念則會造成負面的行為後果（C）。

ABCDE 法 ABCDE method 一種藉由質疑非理性信念來處理負面想法與感受的方法。

成就 accomplishment 人經由努力、技能或堅持不懈而完成的任何事。

正確 accuracy 事實真相。

觸發事件 activating event 在 ABC 模式中，會引發非理性且自毀信念的負面事件。

主動傾聽 active listening 以理解的態度傾聽，全神貫注聆聽對方所說的話。

調適 adapting 擁有能夠改變的彈性。

有氧運動 aerobic exercise 持續進行的節律性身體活動，會暫時讓心跳與呼吸速率加快。

肯定 affirmation 積極正向的自我陳述，有助於想像自己是積極進取、富有愛心、受人認可的人。

攻擊 aggression 意圖傷害某人或東西的行為。

全有全無思維 all-or-nothing thinking 一種認知扭曲，使人以非黑即白的態度看待一切，沒有半點灰色地帶。

無氧運動 anaerobic exercise 高強度運動，可強化肌肉，需要進行短時間的高強度爆發式活動。

憤怒 anger 不滿、憤恨或帶有敵意的強烈感受。

抗體 antibodies 免疫系統製造用來對抗疾病的蛋白質。

焦慮 anxiety 泛指沒有任何特定成因的擔憂緊張之情。

堅定 assertiveness 捍衛自己的權益，卻不會威脅到他人的自尊。

專心 attending 保持專注警覺，樂於接收資訊。

態度 attitude 使人傾向以某種方式採取行動的信念或看法。

自律神經系統 autonomic nervous system (ANS) 神經系統中負責監控多數非自主功能的部分，包含心跳與流汗。

自主性 autonomy 可以自由選擇、獨立行事、能夠進行獨立判斷。

逃避 avoidance 不願面對令人不自在的情況或是心理方面的實際狀況。

行為 behavior 人所思、所感或所為的一切。

歸屬感 belongingness 與他人建立的充實關係。

生物回饋 biofeedback 一種治療技術，運用電子設備測量與顯示病患身體歷程的資訊（例如心跳），協助該病患能夠更加控制這些變化。

盲目我 blind self 在周哈里窗中，其他人可以在某個人身上看到，這個人卻看不到的資訊。

身體意象 body image 人對自己身體與外表所抱持的想法與感覺。

肢體語言 body language 臉部表情、姿態、姿勢。

腦機介面 brain computer interface (BCI) 將人腦連結至電腦和智慧型裝置，利用前者的想法讓後者執行某些功能。

大腦重新連結 brain rewiring　重複特定想法，可促進身體復原與形成健康習慣，藉此在腦中打造新的神經路徑。

廣度 breadth　1. 在批判思考中，指某個陳述將其他論點和觀點納入到什麼程度。　2. 在關係中，指一個人與另一人會談論多少話題。

預算 budget　具體表明要如何在一段特定時間內用錢的理財計畫。

杞人憂天 catastrophizing　過分誇大任何小事的負面後果。

管道 channel　傳遞訊息時所用的媒介。

臨床心理師 clinical psychologist　專門診斷並治療有情緒困擾的人的心理師。

封閉式問題 closed question　提問方式讓對方只需用一兩個字回答的問題。

認知 cognition　心智處理任何形式資訊的過程。

認知扭曲 cognitive distortion　自我批評且不合邏輯的思考模式。

認知療法 cognitive therapy　心理治療的一種技巧，其所根據的概念是一個人的想法會影響感受。

集體身分 collective identity　人所扮演的社會角色以及所屬社會團體的總和。

集體主義 collectivism　一種人生觀，重視團體目標勝過個人目標，也比較傾向根據團體認同而非個人屬性來定義自己的身分。

舒適圈 comfort zone　人內心感到安全，也知道自己可以成功的地方。

承諾時間 committed time　致力於學業、工作、家庭、志工、其他與長短期目標有關活動的時間。

溝通 communication　傳達或交換訊息的過程。

勝任 competence　把事情做好的能力。

抱怨 complaint　與另一人分享自己的苦惱、不安或擔憂。

有條件正向關懷 conditional positive regard　只在對方有特定表現後，才給予愛和接納，尤其對象是孩童時。

衝突 conflict　當個體或團體之間因需求、價值觀、情緒或權力相抵觸，而產生的意見不合情況。

從眾 conformity　因為想要遵守某個團體的規範而改變行為。

意識心智 conscious mind　大腦中負責控制人有所覺察之心理歷程的部分。

意識 consciousness　一個人在特定時刻對自身感覺、想法、感受的覺察。

共識 consensus　團體多數（但非全部）成員都表示同意。

結果 consequences　一項行動帶來的必然影響。

建設性批評 constructive criticism　針對特定行為的批評，通常會提到對方的優點，並提供改善建議。

情境 context　溝通發生的時間與地點。

因應 coping　勇於面對險惡情況。

因應技巧 coping skills　有助於應付壓力與其他令人不快情況的行為。

皮質醇 cortisol　一種可調節新陳代謝與血壓的類固醇激素，當身體感受到壓力時會將其釋放到血液中。

信用 credit　一個人在必須將錢還給貸方之前可以運用的總金額。

信用紀錄 credit record　列出進行信用交易之人的財務習慣紀錄。

批判思考 critical thinking　主動自省的思考方式。

批評 criticism　包含針對某個錯誤的看法、評判或陳述的任何評語。

文化意識 cultural awareness　指人能夠看出不同文化的相異之處，以及這些差異如何影響跨文化互動。

文化 culture　大型社會群體共享且世代相傳的行為、觀念、態度、傳統。

簽帳金融卡 debit card　一種塑膠金融卡，可以同時當作提款卡和信用卡使用。

負債 debt　1. 欠貸方的錢。　2. 欠貸方錢的狀態。

決定 decision　在多種選項或可能行動方案中所做出的一個理智抉擇。

決策過程 decision-making process　透過一連串合乎邏輯的步驟，找出並評估各種可能性，再做出最佳選擇。

去個人化 deindividuation　一種自制力與自覺降低的狀態，可能會使人做出單獨一人絕不會做的行為。

否認 denial　拒絕面對痛苦的想法和感受。

憂鬱症 depression　一種特徵為感到強烈悲傷、無望、無助的疾病。

深度 depth　1. 在批判思考中，指從表面向下深入，探討議題的本質。　2. 在關係中，指一個人與另一人討論的話題之重要性與切身相關程度。

慾望 desire　有意識想達成滿意目標的渴望。

絕望 despair　無助與挫敗的不愉快感受。

破壞性批評 destructive criticism　針對人的態度或其他方面的批評，而不是聚焦在特定行為上。

自由支配費用 discretionary expenses　因生活方式不同而出現的開銷，帶有獎勵性質，但嚴格來說並非必要。

自由支配時間 discretionary time　想做什麼就做什麼的時間。

歧視 discrimination　根據某個特徵而用不同方式對待人或團體的行為。

厭惡 disgust　對某人或某事反感或嫌惡的負面感受。

質疑 dispute　以自己所遭遇情況的事實來面對非理性信念。

惡性壓力 distress　負面事件所造成的壓力，對身體與情緒都會產生負面影響。

多元性 diversity　多樣性。

向下比較 downward comparison　一種社會比較，將自己與在特定領域較無成就的人相比較。

夢想 dream　對未來所懷有的志向、希望或願景，可賦予人生目標。

80/20 法則 80/20 rule　投入與產出或努力與結果之間關係並不一致的理論。

困窘 embarrassment　當人認為其他人在自己身上找到缺點時，所出現的不愉快感受。

情緒 emotion　一種主觀感受，伴隨著身體與行為上的改變。

情緒覺察 emotional awareness　認清、辨識、接受自己情緒的過程。

情緒化推理 emotional reasoning　一種認知扭曲，指人認為只要自己感覺是真的，就一定是真的。

情緒性支持 emotional support　給予信任、同理心、關心、愛、關切、無條件認同。

同理心 empathy　對他人的感受、想法、經驗有所覺察，也很敏感。

鼓勵 encouraging　一種主動傾聽的技巧，展現出想聽的渴望。

腦內啡 endorphins　腦內可作為天然止痛藥的蛋白質。

逃離反應 escape response　讓人不去想麻煩事的行為。

尊重 esteem　1.（動詞）懂得欣賞人或物的重要性或價值。　2.（名詞）欣賞與尊崇。

倫理 ethics　用來確立可接受行為與判斷對錯的原則。

良性壓力 eustress　正面事件所帶來的壓力，可使人精神為之一振。

外在障礙 external obstacle　外界因素所造成的阻礙，例如某個人或某個事件。

外在 extrinsic　外部。

外在目標 extrinsic goals　與在別人眼中看起來有成就、贏得獎勵或避免出現負面後果有關的目標。

外在動機 extrinsic motivation　源自外界的動機。

臉部表情 facial expressions　一種肢體語言，包含了嘴唇、眉毛與額頭、眼睛的變化。

失敗 failure　一種討厭的結果。

恐懼 fear　因為預期會出現危險，而產生焦慮的不愉快感覺。

回饋 feedback　在溝通過程中，收訊者對訊息的回應。

篩選 filtering　一種認知扭曲，會讓人阻礙正向想法進入腦中，只聚焦在負面事物上。

利息 finance charges　貸方索取的費用，通常以欠款多寡來計算。

財務 finances　金錢資源。

固定承諾費用 fixed committed expenses　每月金額都相同的必要開銷。

框架效應 framing effect　由於決定、問題或難題的表達方式，使人在決策過程中產生偏見。

社會性別 gender　一組用來定義男性與女性的特徵。

性別偏見 gender bias　人因其性別而遭受不同或不公平的對待。

性別角色 gender role　一套規定男性與女性應該要有何種行為舉止的規範。

姿勢 gestures　一種肢體語言，包含了手臂、雙手、雙腿、兩腳的動作。

目標 goal　一個人想得到也投注心力去達成的結果。

團體 group　互相影響且共享目標的一群人（通常有三人或三人以上）。

團體迷思 groupthink　一種團體成員所採用的簡化思維，因為比起批判思考，他們更關心是否能維持和樂融融的氣氛。

內疚 guilt　當人認為自己的行動傷害到他人時，所出現的負面感受。

習慣 habit　經由重複而成為無意識的自動行為。

幸福 happiness　一種積極正面看待自身生活而產生的安適狀態。

麻煩 hassles　日常生活中會造成壓力的惱人小事。

無助思維 helpless thinking　一種認知扭曲，認為自己的人生不受自己掌控。

隱藏我 hidden self　在周哈里窗中，一個人對自己的瞭解，卻不想讓別人知道的資訊。

需求層次 hierarchy of needs　一張由五大人類需求所構成的示意圖，從最基本的到最複雜的需求依序排列。

「我」陳述 "I" statement　關於某個問題的陳述，以「我」開頭，表達自身感受，卻沒有因為該問題而怪罪另一人。

理想自我 ideal self　人想成為或覺得應該要成為的那個人。

身分 identity　一個人決定如何向這個世界定義自己。

重要 important 與個人目標或工作目標有關。

衝動 impulse 突如其來的渴望或感覺，可能會導致人做出未經計劃的不明智舉動。

衝動購買 impulse buying 未經規劃，便憑著一時衝動花錢。

誘因 incentive 為了激勵人去做某件事而提供的獎勵。

收入 income 在一段固定時間內獲得的所有金錢。

個人身分 individual identity 可以將自己區別出來的身心特徵。

個人主義 individualism 一種人生觀，比起團體目標，更重視個人目標，也比較傾向根據個人屬性屬性而非團體認同，來定義自己的身分。

內心的批評之聲 inner critic 不斷用消極自我對話轟炸自己的批判聲音。

工具性支持 instrumental support 給予像是金錢、勞力、時間、建議、資訊等資源。

智能 intelligence 一組讓人得以解決特定類型實際問題的能力。

興趣 interests 個人偏好的特定主題或活動。

內在障礙 internal obstacle 人內心的因素所產生的阻礙，例如完美主義或動機偏低。

人際溝通 interpersonal communication 通常採面對面方式的一對一溝通。

人際關係 interpersonal relationship 兩人之間的關係。

親密 intimacy 一種分享真實內在自我而產生的親近、關愛、互相接納之情。

內在 intrinsic 內部。

內在目標 intrinsic goals 與一個人喜歡也有助於其成長之事物有關的目標。

內在動機 intrinsic motivation 源自內心的動機。

非理性信念 irrational belief 一種扭曲且自毀的想法或假設，會干擾人的思維。

專業化技能 job-specific skill 可以做特定任務或工作的能力。

周哈里窗 Johari window 自覺與自我揭露的模型，可顯示一個人對自己以及他人對自己的瞭解程度。

喜悅 joy 一個人在達成目標後所感受到的快樂感覺。

批判 judgmentalism 譴責人事物的習慣，就因為這些人事物不順你的意。

知識 knowledge 對某一特定主題領域之事實或原理的瞭解。

標籤 label 人用來定義自己是誰的過度簡化表達方式。

人生教練 life coach 激勵專家，協助客戶找到目標和做出能通往更有成就人生的必要改變。

邏輯 logic 正確推論並從事實得出正確結論的過程。

logos 科學、研究，psychology（心理學）一詞的其中一個希臘字源。

寂寞 loneliness 因獨處而感到悲傷。

長期結果 long-term consequences 一項行動所帶來通常無法預測的長遠影響。

長期目標 long-term goal 計畫要在更久遠未來達成的目標。

愛 love 喜愛、熱愛或依戀某人的感覺。

神奇思維 magical thinking 認為一個人的想法可以控制事情的發展。

維護時間 maintenance time 致力於維持或照顧自己和周遭環境的時間。

冥想 meditation 專注在單一特定要素上，例如一種聲音、一個字詞、一幅景象或是呼

吸，使心靈平靜並放空頭腦。

訊息 message　一個人要表達的想法或感受，為溝通的內容。

讀心 mind reading　一種認知扭曲，指人對自己有不好的看法時，就認為其他人也是如此看待自己。

錯誤 mistake　現在希望過去可以採取不同做法的任何事。

金錢 money　一種方便交易的媒介，用以換取物品與服務。

金錢管理 money management　聰明運用金錢，達成個人目標。

動機 motivation　促使人採取行動的力量。

需求 need　人為了生存繁衍而必須擁有的事物。

負面逃離反應 negative escape response　可讓人暫時感覺好一點，最終卻會讓問題惡化的逃離反應。

負面動機 negative motivation　為了避免負面後果而做某件事的驅力。

負面思考 negative thinking　專注在自身、他人、周遭世界的缺點與問題上。

神經系統 nervous system　神經細胞所組成的系統，在大腦與身體其他部位之間來回傳遞訊息，藉此調控人的行為。

神經元 neurons　神經系統中負責透過化學物質與電子訊號傳遞訊息的細胞。

神經科學 neuroscience　深入瞭解人類想法、情緒、行為的科學。

非語言溝通 nonverbal communication　不用言語就能傳達或交換資訊的過程。

規範 norms　確立人身處特定社會位置或社交場合時適當與不適當行為的標準或規定。

障礙 obstacle　任何妨礙自己達成目標的阻礙。

開放式問題 open question　提問方式讓對方可以給出各種回答的問題。

開放我 open self　在周哈里窗中，一個人對自己的瞭解，也沒有必要不讓別人知道的資訊。

樂觀 optimism　預期會出現可能最好結果的傾向。

以偏概全 overgeneralizing　根據有限證據，就做出粗略負面的結論。

換句話說 paraphrasing　重述訊息的事實內容。

副交感神經系統 parasympathetic nervous system　自律神經系統中負責讓身體在經歷充滿壓力緊急狀況後平靜下來的部分。

被動攻擊 passive-aggression　向他人展現的間接、偽裝攻擊行為。

完美主義 perfectionism　認為自己只有在完美的時候才有價值。

堅持 persistence　就算受人反對、遭受挫折、偶有疑慮，也依然堅持下去的能力。

個人數位助理（PDA）personal digital assistant　一種小型無線電子裝置，提供基本的記錄工具，例如待辦清單與時間表。

人格 personality　相對穩定的行為模式，可將一個人與其他所有人區別開來。

針對個人 personalizing　假定一切在某種程度上都和自己有關。

悲觀 pessimism　預期會發生可能最壞結果的傾向。

安慰劑效應 placebo effect　一種由安慰劑藥物或治療所產生的有益效果，無法歸因於安慰劑本身的藥物特性，因此必定是出於病患相信治療有效。

正面逃離反應 positive escape response　可以讓人感覺好一點，也不會讓問題惡化的逃離反應。

正向動機 positive motivation　做某件事的驅力，因為這麼做將使自己朝目標邁進。

正面刻板印象 positive stereotype　對某個團體和其成員的特質抱有正面卻過度簡化的看法。

正向思考 positive thinking　專注在自己、他人、周遭世界的好的一面上。

可能自我 possible selves　一個人未來有可能實際成為的那個人。

姿態 posture　一種肢體語言，指人坐著或站著時所採取的姿勢。

精確 precision　確切。

偏見 prejudice　對某個團體和其成員所抱持的負面感受或態度。

自豪 pride　獲得個人成功時所出現的正面感受。

排定優先順序 prioritize　根據重要性來進行安排。

內在自我覺察 private self-awareness　意識到自己私下、內心一面的傾向。

內在自我意識 private self-consciousness　意識到一個人私下、內心一面的傾向。

追問 probing　要求給予籠統或模糊批評的人具體說明。

拖延 procrastination　把事情拖到最後一刻才做的習慣。

漸進式肌肉放鬆 progressive muscle relaxation　一種紓壓方法，藉由繃緊再放鬆肌群，紓緩緊繃狀態。

psyche　精神，psychology（心理學）一詞的其中一個希臘字源。

心理學家 psychologist　研究人類行為的人，其目標是要描述、預測、解釋、（在某些情況下）改變這些行為。

心理學 psychology　研究人類行為的科學。

公眾自我覺察 public self-awareness　意識到自己向外展現、屬於社交方面的傾向。

公眾自我意識 public self-consciousness　意識到一個人在社交場合中展現之面貌的傾向。

理情行為療法 rational emotive behavior therapy (REBT)　一種處理問題的方法，聚焦在找出非理性信念，再將其轉換成有用的理性信念。

收訊者 receiver　在溝通過程中，負責理解或接收訊息的人。

娛樂購物 recreational shopping　將購物當成一種娛樂消遣，尤其是在商城。

反映 reflecting　重述訊息的情緒內容。

後悔 regret　希望自己當初做了不同決定的感受。

關係身分 relational identity　人如何看待與重要他人有關的自己。

關係 relationship　與他人建立起來的有意義聯繫。

資源 resource　一種隨時可用、必要時便可動用的東西。

回應 responding　一種主動傾聽的技巧，給予對方建設性回饋。

責任 responsibility　主動自行做出決定，並接受這些抉擇帶來之後果的能力。

網狀活化系統 Reticular Activating System　腦中負責在意識心智與潛意識心智之間過濾資訊的區域。

榜樣 role model　具備你想擁有特質的人。

悲傷 sadness　為失去而感到傷心的陰鬱情緒。

時間表 schedule　一張顯示任務必須要在哪個日期、什麼時間完成的圖表。

選擇性傾聽 selective listening　選擇只聽自己想聽的話，忽略其他部分的過程。

自我 self　認為自己是獨一無二有意識存在的感覺。

自我接納 self-acceptance　認清並接受自己的真實面貌。

自我實現 self-actualization　充分發揮自己的潛力，達成長期的個人成長目標。

自覺 self-awareness　將注意力集中在自己身上的過程。

自責 self-blame　一種認知扭曲，指不論真正原因為何，都把一切怪罪在自己身上。

自我意識 self-consciousness　時常思索並觀察自身的傾向。

自我挫敗態度 self-defeating attitude　以消極負面的方式看待自己，導致自己注定失敗。

自決 self-determination　決定自己的人生要怎麼走。

自主 self-direction　設定清楚明確目標並努力達成的能力。

自律 self-discipline　讓自己學會採取達成目標所需的必要行動，同時不會因壞習慣而分心。

自我揭露 self-disclosure　與對方交流自己真正的想法、渴望、感受。

自尊 self-esteem　對自己抱有信心與尊重。

自我期望 self-expectancy　相信自己能夠做到人生想做的事。

自我設限 self-handicapping　為了替糟糕表現隨便找個藉口，而製造通往成功之路上的障礙。

自我誠實 self-honesty　可以清楚看出自己優缺點的能力。

自我催眠 self-hypnosis　使自己進入意識降低的狀態，讓潛意識能夠更容易接受正面訊息。

自我形象 self-image　人對自己抱持的所有信念。

自我呈現 self-presentation　改變行為以便在他人心中留下好印象。

自我對話 self-talk　人對自己所說的話或對自己的看法。

發訊者 sender　在溝通過程中，將想法或感受轉換成訊息，再將這份訊息傳達給另一人的人。

生理性別 sex　生物學上的男性或女性。

羞恥 shame　經歷個人失敗後所出現的負面感受。

短期結果 short-term consequences　一項行動所造成通常可預測的立即影響。

短期目標 short-term goal　目標具有具體行動計畫，可在未來一年內達成。

羞怯 shyness　在社交場合中感到焦慮，起因是擔心他人會如何看待自己。

技能 skill　經由學習與練習而獲得可以做到特定事情的能力。

社會比較 social comparison　比較自己與他人的特質和成就的行為。

社會角色 social role　一套規定人在身處特定社會位置或社交場合時應該要如何表現的規範。

社會支持 social support　讓人覺得自己受到重視、關心，並與社群建立起連結的他人言行。

刻板印象 stereotype　對某一群人的特質抱有一套過度簡化的看法。

壓力 stress　人的身心對生活需求所做出的反應。

壓力源 stressor　任何造成壓力的事物。

潛意識心智 subconscious mind　大腦中負責控制人並非主動覺察之心理歷程的部分。

成功 success 在工作與個人生活中創造意義時所帶來的終生實現。

交感神經系統 sympathetic nervous system 自律神經系統中負責讓身體準備好面對充滿壓力緊急狀況的部分。

太極 一種古老中國武術,透過流暢緩和的動作與深呼吸,提高身體平衡與專注力。

禁忌 taboo 指文化上禁止說、碰或做什麼的慣例。

時間管理 time management 以事先規劃、有效且高效的方式利用時間。

待辦清單 to-do list 一份個人檢核表,列出必須在一定時間內(例如一週)完成的任務與活動。

特質 trait 人不論在什麼情況下都會表現出特定行為的傾向。

可轉用技能 transferable skill 可用在各種任務與工作上的能力。

觸發點 trigger 引起憤怒的人或情況。

不確定性 uncertainty 不知道某個決定會為自己和他人帶來什麼後果。

無條件正向關懷 unconditional positive regard 無論對方有什麼特殊行為,都能給予愛和接納,尤其對象是孩童時。

未知我 unknown self 在周哈里窗中,沒有人能在某個人身上看出的資訊,像是其未知的天賦、能力、態度,以及遭到遺忘和壓抑的經歷和情緒。

振奮人心事物 uplifts 日常生活中微小卻正面的片刻與活動,有助於紓壓。

向上比較 upward comparison 一種社會比較,將自己與在特定領域更有成就的人相比較。

緊急 urgent 需要立刻採取行動。

價值觀 values 人選擇要堅持的信念與原則。

變動承諾費用 variable committed expenses 每月金額都有所變動的必要開銷。

惡性循環 vicious cycle 一起負面事件造成另一起負面事件的連鎖效應。

虛擬實境 virtual reality 一種由軟體打造的人工環境,呈現方式會讓使用者暫時擱置信念,接受其為實際環境。

視覺化想像 visualization 在心中詳盡描繪自己想要做到什麼的過程。

想望 want 人就算沒有也可以生存繁衍的事物。

擔憂 worry 由於深入思考最壞情形而產生的苦惱與焦慮。

瑜伽 yoga 一種身心靈運動,包含伸展、呼吸練習、放鬆,有時也會納入冥想。

「你」陳述 "you" statement 關於某個問題的陳述,以「你」開頭,指責另一人是問題的元凶。

致謝

麥格羅希爾出版公司（McGraw-Hill）想向我們重要無比的審稿人，致上最誠摯的感激與最深切的謝意，本書能夠成功編纂，都是多虧了他們的回饋。少了你們，我們就無法完成本書！謝謝你們！

Jodie Peeler	Newberry College	jodie.peeler@newberry.edu
Michelle Conklin	El Paso Community College	mconkli1@epcc.edu
Mercedes Clay	Defiance College	mclay@defiance.edu
Elisabet Vizoso	Miami Dade College	evizoso@mdc.edu
Maleeka T. Love	Western Michigan University	maleeka.love@wmich.edu
Kristina Ehnert	Central Lakes College, Brainerd, MN	kehnert@clcmn.edu
Candace Weddle	Anderson University	cweddle@andersonuniversity.edu
Gina Floyd	Shorter University	gfloyd@shorter.edu
Susan Loughran	St. Edward's University	susanl@stedwards.edu
Laura Skinner	Wayne Community College	lsskinner@waynecc.edu
Jane Shipp	Tennessee College of Applied Technology Hartsville	jane.shipp@tcathartsville.edu
Amanda Mosley	York Technical College	amosley@yorktech.edu
Jean A. Wisuri	Cincinnati State Technical and Community College	jean.wisuri@cincinnatistate.edu
Terri Fields	Lake Land College	tfields@lakelandcollege.edu
Carol Scott	Texas Tech University	carol.scott@ttu.edu
Kim Long	Valencia College	klong@valenciacollege.edu
Dian Stair	Ivy Tech Community College	dstair@ivytech.edu
Dr. Brenda	Tuberville Rogers State University	btuberville@rsu.edu
Miriam Chirico	Eastern Connecticut State University	chiricom@easternct.edu
Carra Miskovich	RCC	cmmiskovich@randolph.edu
Sandy Lory-Snyder	Farmingdale State College	snydersb@farmingdale.edu
Eden Pearson	Des Moines Area Community College	efpearson@dmacc.edu
Gretchen Starks-Martin	College of St. Benedict/St. John's University	gmartin@csbsju.edu
Michael Kkuryla	SUNY Broome Community College	kuryla_m@sunybroome.edu

Kimberly Schweiker	Lewis and Clark Community College	kschweiker@lc.edu
Lenice Abbott	Waubonsee Community College	labbott@waubonsee.edu
Linda Gannon	College of Southern Nevada	linda.gannon@csn.edu
Jennifer Scalzi-Pesola	American River College	scalzij@arc.losrios.edu
Donna Wood	Holmes Community College	dwood@holmescc.edu
Joseph Goss	Valparaiso University	joseph.goss@valpo.edu
DJ Mitten	Richard Bland College	dmitten@rbc.edu
Micki Nickla	Ivy Tech Community College	mnickla@ivytech.edu
Jon Arriola	Tyler Junior College	jarr5@tjc.edu
Julie Jack	Tennessee Wesleyan College	jjack@twcnet.edu
Ginny Davis	Tulsa Community College	ginny.davis@tulsacc.edu
Keith Klein	Ivy Tech–Bloomington, IN	kklein@ivytech.edu
Kathryn DiCorcia	Marist College	Kathryn.DiCorcia@Marist.edu
Ruth Williams	Southern Technical College	rwilliams@southerntech.edu
Stephen Coates-White	South Seattle College	stephen.coates-white@seattlecolleges.edu
Susan Silva	El Paso Community College	ssilva10@epcc.edu
Russell Kellogg	University of Colorado, Denver	russell.kellogg@ucdenver.edu
Valarie Robinson	University of North Florida	vrobinso@unf.edu
Vickie Brown	Daytona State College	brownv@daytonastate.edu
Linda Girouard	Brescia University	linda.girouard@brescia.edu
Dixie Elise Hickman	American InterContinental University, Atlanta	dhickman@aiuniv.edu
Paige Gordier	Lake Superior State University	pgordier@lssu.edu
Amy Oatis	University of the Ozarks	aoatis@ozarks.edu
Misty Joiner	Bainbridge State College	misty.joiner@bainbridge.edu
Frank Sladek	Kirkwood Community School	fsladek@kirkwood.edu
Barbara Putman	Southwestern Community College	bputman@southwesterncc.edu
Donna Musselman	Santa Fe College	Donna.musselman@sfcollege.edu
Faye Hamrac	Reid State Technical College	fhamrac@rstc.edu

M. Sheileen	Godwin King's College–Wilkes-Barre, PA	sheileengodwin@kings.edu
Anastasia Bollinger	GMC	abollinger@gmc.cc.ga.us
Kerry Fitts	Delgado Community College	kfitts@dcc.edu
Dennis Watts	Robeson Community College–Lumberton, NC	dwatts@robeson.edu
Cindy Burgess	Dickinson State University	cindy.burgess@dickinsonstate.edu
Stephanie Foote	Kennesaw State University	sfoote@kennesaw.edu
Michelle Detering	Lansing Community College	Deteringm@gmail.com
Kevin Ploeger	University of Cincinnati	kevin.ploeger@uc.edu
Judi Walgenbach	Amundsen Educational Center	judi@aecak.org
D. Mills	Salt Lake Community College	dmills5@brunmail.slcc.edu
Ruth Williams	Southern Technical College	rwilliams@southerntech.edu
Barbara Sherry	Northeastern Illinois University	B-Sherry@neiu.edu
Christi Boren	San Jacinto College	christi.boren@sjcd.edu
Nicki Michalski	Lamar University	nicki.michalski@lamar.edu
Pamela Moss	Midwestern State University	pam.moss@mwsu.edu
Walter Huber	Muskingum University	whuber@muskingum.edu
Pamela Bilton Beard	Houston Community College–Southwest	pamela.biltonbeard@hccs.edu
Laura Jean Bhadra	Northern Virginia Community College–Manassas	Lbhadra@nvcc.edu
Bonnie Kaczmarek	MSTC	bonnie.kaczmarek@mstc.edu
Jessica Hasson	CSUCI	jessica.hasson@csuci.edu
Julieta Garcia	MDC	Jgarci29@mdc.edu
Joan M. Valichnac	Northland Pioneer College	jvalichnac@npc.edu
Kitty Spires	Midlands Technical College	spiresk@midlandstech.edu
Catherine Griffith	Argosy University	thegriffithsok@aol.com
Keith Ramsdell	Lourdes University	keith.ramsdell@lourdes.edu
Juli Soden	El Camino College	jsoden@elcamino.edu
Elisa Velasquez	Sonoma State University	elisa.velasquez@sonoma.edu
Toni Woolfork-Barnes	Western Michigan University	toni.woolfork-barnes@wmich.edu
Katy Luallen	Butte College	Katyal74@yahoo.com
Paulette Clapp	Public	pegc133@yahoo.com

Cy Samuels	Palm Beach State College	samuelss@palmbeachstate.edu
Mark A. Dowell	Randolph Community College	madowell@randolph.edu
Kim Jameson	Oklahoma City Community College	kjameson@occc.edu
Gail Malone	South Plains College	gmalone@southplainscollege.edu
Patricia Riely	Moberly Area Community College	patricit@macc.edu
Cari Kenner	St. Cloud State University	cmkenner@stcloudstate.edu
Todd Butler	Jackson College	butlertodda@jccmi.edu
Sterling Wall	UWSP	swall@uwsp.edu
Valamere Mikler	University of Phoenix	vmikler@email.phoenix.edu
Valamere Mikler	Miami Dade College–Kendall Campus	vmikler@hotmail.com
Gretchen Wrobel	Bethel University	g-wrobel@bethel.edu
Darla Rocha	San Jacinto College	darla.rocha@sjcd.edu
LuAnn Walton	San Juan College	waltonl@sanjuancollege.edu
Gary R. Lewis	Southern Technical College–Fort Myers	glewis@southerntech.edu
Deana Guido	Nash Community College	dguido@nashcc.edu
Christopher Lau	Hutchinson Community College	LauC@hutchcc.edu
Deborah Kindy	Sonoma State University	deb.kindy@sonoma.edu

延伸閱讀

- Adler, Ronald B., and Neil Towne. *Looking Out, Looking In: An Introduction to Interpersonal Communication.* 12th ed. New York: Holt, Rinehart, and Winston, 2007.

- Allen, David. *Getting Things Done: The Art of Stress-Free Productivity.* New York: Penguin, 2002.

- Altman, Kerry Paul. *The Wisdom of the Five Messengers: Learning to Follow the Guidance of Feelings.* Baltimore: Sidran, 2007.

- Bassham, Gregory, William Irwin, and Henry Nardone. *Critical Thinking: A Student's Introduction.* 3rd ed. New York: McGraw-Hill, 2007.

- Begley, S. "The Brain: How the Brain Rewires Itself." New York: *Time*, January 19, 2007.

- Boyatzis, R. "Neuroscience and the Link Between Inspirational Leadership and Resonant Relationships." *Ivey Business Journal,* January 2012.

- Branden, Nathaniel. *Taking Responsibility: Self-Reliance and the Accountable Life.* New York: Simon and Schuster, 1997.

- Buckingham, Marcus, and Donald O. Clifton. *Now, Discover Your Strengths.* Tulsa, OK: Gardners, 2005.

- Byrne, Rhonda. *The Secret.* New York: Simon & Schuster, 2006.

- Congleton, C., B. K. Holzel, and S. W. Lazar. "Mindfulness Can Literally Change Your Brain." Boston: *Harvard Business Review,* January 2015.

- Covey, Stephen. *The Seven Habits of Highly Effective People.* New York: Simon & Schuster, 2004.

- Davis, Martha, Elizabeth Robbins Eshelman, and Matthew McKay. *Relaxation and Stress Reduction Workbook.* 6th ed. Oakland, CA: New Harbinger, 2008.

- Deci, Edward. *Why We Do What We Do: The Dynamics of Personal Autonomy.* New York: Putnam's Sons, 1995.

- Dickson, Amanda. *Wake Up to a Happier Life: Finding Joy in the Work You Do Every Day.* Salt Lake City, UT: Shadow Mountain, 2007.

- Ellis, Albert. *How to Stubbornly Refuse to Make Yourself Miserable about Anything.* New York: Kensington, 2006.

- Feldman, Robert S. *Understanding Psychology.* 9th ed. New York: McGraw-Hill, 2009.

- Fenigstein, A., M. F. Scheier, and A. H. Buss, "Public and Private Self-Consciousness: Assessment and Theory," *Journal of Consulting and Clinical Psychology* 43 (1975): 522–527.

- Fernandez, A. "10 Neurotechnologies About to Transform Brain Enhancement and Brain

Health." *SharpBrains,*November 10, 2015.

- Fiore, Neil.*The Now Habit.*Chagrin Falls, OH: Findaway World, 2008.

- Frankl, Viktor.*Man's Search for Meaning.*Boston, MA: Beacon Press, 2006.

- Freston, Kathy, and C. Oz Mehmet.*Wellness: A Practical and Spiritual Guide to Health and Happiness.*New York: Weinstein, 2008.

- Gamble, Teri Kwal, and Michael Gamble.*Communication Works.*9th ed.New York: McGraw-Hill, 2007.

- George, B. "Mindfulness Helps You Become a Better Leader." *Harvard Business Review,*October 2012

- Goleman, Daniel.*Emotional Intelligence.*10th ed.New York: Bantam, 2005.

- Hanna, Sharon L.*Person to Person.*5th ed.Englewood Cliffs, NJ: Prentice Hall, 2007.

- Herman, Kenneth.*Secrets from the Sofa: A Psychologist's Guide to Achieving Personal Peace.* Bloomington, IN: iUniverse, 2007.

- Jakes, T. D., and Phil McGraw.*Reposition Yourself: Living Life Without Limits.*New York: Simon & Schuster, 2007.

- James, G. "How to Rewire Your Brain for Success." *Inc.Magazine,*May 19, 2014.

- Jeffers, Susan J.*Feel the Fear and Do It Anyway.*20th ed.New York: Random House, 2006.

- Lawrence, Judy.The Budget Kit: The Common Cents Money Management Workbook.5th ed.New York: Kaplan Publishing, 2007.

- Leno, Jay.*Leading With My Chin.*New York: Harper Collins.1996.

- Levy, B. R., M. D. Slade, S. R. Kunkel, and S. V. Kasi, "Longevity Increased by Positive Self Perception of Aging." *Journal of Personality and Social Psychology.*83, (2002): 261–270.

- Michener, James.*Chesapeake.*New York: Random House, 1978.

- Miller, Dan.*No More Mondays: Fire Yourself—And Other Revolutionary Ways to Discover Your True Calling at Work.*New York: Doubleday, 2008.

- Morgenstern, Julie.*Time Management from the Inside Out.*2nd ed.New York: Henry Holt & Company, 2004.

- Murray, P. N., Ph.D. "How Emotions Influence What We Buy." *Psychology Today,*February 26, 2013.

- Orman, Suze.*9 Steps to Financial Freedom.*Rev. ed.New York: Crown, 2006.

- Pausch, Randy, and Jeffrey Zaslow.*The Last Lecture.*New York: Hyperion, 2008.

- Raftery, Tom. "Artificial Intelligence and the Future of Jobs." *Digitalist Magazine,*November 29, 2017.

- Randall, K. "Neuromarketing Hope and Hype: 5 Brands Conducting Brain Research." *Fast Company,* September 15, 2009.
- Rock, D. and J. Schwartz. "The Neuroscience of Leadership." *Strategy-Business,* May 30, 2006.
- Rominiecki, J. "Management Lesson From Neuroscience (Part I)." *The Center for Association Leadership,* September 2009.
- Rowling, JK. "The Fringe Benefits of Failure, and the Importance of Imagination," *Harvard Magazine Inc.,* June 5, 2008.
- Rubin, G. "Stop Expecting to Change Your Habits in 21 Days." *Psychology Today,* October 21, 2009.
- Ryan, J. R. "What Neuroscience Can Teach Leaders." *Bloomberg Business,* August 12, 2011.
- Schweizer, K. "Marketers' Next Trick: Reading Buyers' Minds." *Bloomberg Business,* July 2, 2015.
- Seligman, Martin. *Learned Optimism.* New York: Knopf, 2006.
- Shriver, Maria. *Just Who Will You Be? Big Question. Little Book. Answer Within.* New York: Hyperion, 2008.
- Stevens, A. P. "Learning Rewires the Brain." *Science News for Students,* September 2, 2014.
- Tellegen, Auke. Multidimensional Personality Questionnaire, Minneapolis, MN: University of Minnesota Press, 1993.
- Thaler, Richard H., and Cass R. Sunstein. Nudge: *Improving Decisions about Health, Wealth, and Happiness.* New Haven, CT: Yale University Press, 2008.
- Tolle, Eckhart. *A New Earth: Awakening to Your Life's Purpose.* New York: Penguin, 2008.
- _____. *The Power of Now: A Guide to Spiritual Enlightenment.* Novato, CA: New World Library, 2004.
- Waddington, Tad. *Lasting Contribution: How to Think, Plan, and Act to Accomplish Meaningful Work.* Beverly Hills, CA: Agate, 2007.
- Waitley, Denis. *Empires of the Mind.* New York: Quill, 1996.
- _____. *The Joy of Working.* Rev. ed. New York: Random House, 1995.
- _____. *The New Dynamics of Goal Setting.* London: Nicholas Brealey, 1997.
- _____. *The New Dynamics of Winning.* New York: Quill, 1995.
- _____. *The Psychology of Winning.* New York: Berkley Books, 1992.
- _____. *Seeds of Greatness.* New York: Simon & Schuster, 1988.
- _____. *The Winner's Edge.* New York: Berkley Books, 1994.

- Ward, Marguerite. "AI and Robots Could Threaten Your Career within 5 Years." *CNBC Online,* October 5, 2017.
- Willett, Walter C., P. J. Skerrett, and Edward L. Giovannucci. *Eat, Drink, and Be Healthy: The Harvard Medical School Guide to Healthy Eating.* New York: Free Press, 2005.
- Williams, R. "Management Rewired: What Can Brain Science Tell Us About Leadership?" *Psychology Today,* September 19, 2009.
- Ziglar, Zig. *Over the Top.* Nashville, TN: Thomas Nelson, 2007.
- _____. *See You at the Top.* 25th ed. New York: Pelican, 2000.
- Ziglar, Zig, Jim Savage, Krish Dhanam and Bryan Flanagan. *Top Performance: How to Develop Excellence in Yourself and Others.* Grand Rapids, MI: Baker, 2004.

國家圖書館出版品預行編目(CIP)資料

成功心理學：50 個發現與反思，找到工作與生活的意義與
價值 / 丹尼斯 . 魏特利 (Denis Waitley) 著；王婉卉譯 . -- 初
版 . -- 臺北市：日出出版：大雁文化事業股份有限公司發行，
2024.01
　面；　公分
譯自：Psychology of success : maximizing fulfillment in
　　　your career and life, 7th ed.
ISBN 978-626-7382-44-8(平裝)

1. 成功法 2. 自信

177.2　　　　　　　　　　　　　　　　112019891

成功心理學（二版）
50 個發現與反思，找到工作與生活的意義與價值

Psychology of Success: Maximizing Fulfillment in Your Career and Life, 7 edition
by Denis Waitley
Copyright: © 2010 BY THE MCGRAW-HILL COMPANIES, INC.
This edition arranged with McGraw-Hill Professional
through Big Apple Agency, Inc., Labuan, Malaysia.
Traditional Chinese edition copyright:
2024 Sunrise Press, a division of AND Publishing Ltd.

作　　　者 丹尼斯‧魏特利 博士 (Denis Waitley Ph.D.)
譯　　　者 王婉卉
責任編輯 李明瑾
封面設計 林奕文
內頁排版 陳佩君
發 行 人 蘇拾平
總 編 輯 蘇拾平
副總編輯 王辰元
資深主編 夏于翔
主　　編 李明瑾
行　　銷 廖倚萱
業　　務 王綬晨、邱紹溢、劉文雅
出　　版 日出出版
發　　行 大雁出版基地
　　　　　地址：新北市新店區北新路三段 207-3 號 5 樓
　　　　　電話：(02)8913-1005　傳真：(02)8913-1056
　　　　　讀者服務信箱 E-mail:andbooks@andbooks.com.tw
　　　　　劃撥帳號：19983379 戶名：大雁文化事業股份有限公司
二版一刷 2024 年 1 月
定　　價 900 元
版權所有‧翻印必究
ISBN 978-626-7382-44-8